위-디오니시우스 전집

위 디오니시우스 전집

Pseudo-Dionysius

ⓐ2007 은성출판사
초판 발행: 2007년 4월 25일
저자: 위 디오니시우스
번역자: 엄성옥
발행처: 도서출판 은성
등록: 1974년 12월 9일 제9-66호
주소: 서울시 강동구 성내동 538-9 은성빌딩 5층
전화: (02) 477-4404
팩스: (02) 477-4405
http://www.eunsungpub.co.kr
e-mail: esp4404@hotmail.com

출판 및 판매에 관한 모든 권한은 본 출판사가 소유하고 있습니다. 출판사의 사전 서면 허락 없이 상업적인 목적으로 번역, 재제작, 인용, 촬영, 녹음 등을 할 수 없음을 알려드립니다.

Printed in Korea.
ISBN: 89-7236-346-4 33230

Pseudo-Dionysius

위 디오니시우스 전집

엄성옥 옮김

목차

개설   9

신의 이름들 | *The Divine Names*

제1장   69
제2장 통일되고 구별된 하나님의 말씀 그리고
    거룩한 통일성과 구분이란 무엇인가   84
제3장 기도의 힘; 복된 히에로테우스와 경건,
    그리고 신학에 관한 우리의 저술들에 관하여   97
제4장   103
제5장 "스스로 존재하는 자"에 관하여, 그리고 패러다임들에 관하여   143
제6장 생명에 관하여   155
제7장 지혜, 정신, 말씀, 진리, 믿음에 관하여   159
제8장 능력, 의, 구원, 대속, 그리고 불공평에 관하여   168
제9장 광대함과 작음, 동일함과 상위, 유사성과 부동성,
    쉼, 움직임, 평등에 관하여   176
제10장 전능한 자, 옛적부터 계신 이, 그리고 영원과 시간에 관하여   185
제11장 화평, 존재 자체, 생명 자체, 능력 자체,
    그 밖에 이런 식으로 불리는 것들에 관하여   189
제12장 지극히 거룩한 자, 만왕의 왕, 만주의 주, 신의 신 등에 관하여   197
제13장 온전한 자와 한 하나님에 관하여   200

신비신학 *The Mystical Theology*

제1장 하나님의 어두움이란은 무엇인가?   209
제2장 만물 위에 계신 만유의 원인과 연합하며 찬양하는 방법   213
제3장 긍정의 신학은 무엇이며, 부정의 신학은 무엇인가?   215
제4장 인식할 수 있는 모든 것의 탁월한 원인 자체는 인식될 수 없다.   218
제5장 모든 개념적인 것의 탁월한 원인이신 분은 개념적이 아니다.   219

천상의 위계 | *The Celestial Hierarchy*

제1장 장로 디오니시우스가 동료 장로 디모데에게	223
제2장 거룩한 하늘나라의 일들은 닮지 않은 상징들을 통해서도 계시된다	227
제3장 위계란 무엇이며, 그것이 주는 유익은 무엇인가?	236
제4장 "천사"라는 이름의 의미	240
제5장 하늘나라의 거룩한 존재들을 "천사"라고 부르는 이유	245
제6장 천사들의 위계 중에서 첫째 계급은 무엇이고, 중간 계급은 무엇이며, 마지막 계급은 무엇인가?	247
제7장 세라핌, 케루빔, 트론즈에 관하여, 그리고 그들이 속한 첫째 위계에 관하여	249
제8장 제2계급: 주관하는 자들, 능력들, 권세들에 관하여	257
제9장 권품천사, 대천사, 천사, 그리고 그들의 위계에 관하여	262
제10장 천사들에 관한 결론	267
제11장 천상의 존재들 모두가 공통적으로 "하늘의 권세들"이라고 불리는 이유	270
제12장 인간 고위 성직자들이 "사자들"(angel)이라고 불리는 이유	272
제13장 세라핌이 이사야 선지자를 깨끗하게 한 이유	274
제14장 전통적인 천사들의 수효는 무엇을 의미하는가?	282
제15장	283
교회의 위계 | *The Ecclesiastical Hierarch*	295
편지들 | *The Letters*	387
참고문헌	433

개설

　500년경에 시리아에는 동방의 어느 신비가보다 더 강력하게 서방 세계에 영향을 미친 수도적 저술가가 살았다. 아직까지도 신분이 밝혀지지 않은 이 인물은 "신비 신학"이라는 용어를 만들어냈을 뿐 아니라, 하나님과 세계의 관계에 대한 변증적 견해를 체계적으로 표현했는데, 이것은 천 년 이상 사변적 신비 체계의 근원이 되었다.1)

　보나벤투라(Bonaventura) 못지않은 권위에 따르면, 성경의 영적 의미는 세 종류의 가르침을 담고 있다: "교리적 의미, 도덕적 의미, 그리고 신비적 의미(하나님과 영혼의 연합에 관한 것). 첫째 의미는 어거스틴이, 둘째 것은 그레고리가, 그리고 셋째 것은 디오니시우스가 가르친다."2)

　저자는 사도 바울이 아테네에서 개종시킨 아레오바고의 디오니시

---

1) 디오니시우스의 저술은 네 개의 논문과 10편의 편지로 구성된다: *The Divine Name* (DN), *The Mystical Theology*(MT), *The Celestial Hierarchy*(CH), *The Ecclesiastical Hierachy* (EH), and *The Letters* (Ep.).
2) Bonaventure, *The Reduction of the Arts to Theology*(S. Bonaventure Opera Omnia 5:321).

우스라는 인물을 빌렸다(행 17:34). 그와 같은 집단에 속한 사람들도 역시 신약 성서에 등장하는 인물들의 이름을 사용했다. 그러나 그가 히에로테우스라고 부른 그들의 지도자는 그렇게 하지 않았다.3) 이 인물의 정체를 밝히려는 많은 시도에도 불구하고, 디오니시우스라는 역사적 인물은 여전히 신비로 남아 있다. 그러나 여기서는 그를 위-디오니시우스라는 현대의 명칭으로 부르지 않고 그냥 디오니시우스라고 부르겠다.4)

그의 저술들 역시 이해하기 어렵다. 신조어들이 가득한 거의 주술적이라고 할 수 있을 정도로 특유한 문체로 기록된 그의 저술들은 난해하며 논쟁의 대상이 된다. 수세기 동안 이 디오니시우스의 전집은 사도적 권위에 준하는 것으로 여겨졌으나, 루터가 1520년에 공개적으로 "디오니시우스는 매우 유해한 인물이다. 그는 기독교보다 플라톤 철학을 받들고 있다"고 공격하기 전에도 로렌조 발라(Lorenzo Valla)와 에라스무스(Erasmus)와 같은 인문주의자들은 그 신빙성에 대해 의심을 품기 시작했다. 이런 사도적 권위에 의심을 품었고 루터는 공식적으로 "디오니시우스는 가장 유독한 인물이다. 그는 기독교화 하는 것보다 훨씬 더 많이 플라톤화 했다"고 공격했다.5)

---

3) A. Guillaumont "Étienne bar Soudaili," DS 4:1481-88; and I. Hausherr, "L'influence du 'Livre de Saint Hierothée,'" *Études de spiritualité orintale*, Orientalia Christiana Analecta (Rome: Pontificium Institutum Studiorum Orientalium, 1969), pp. 23-58.

4) R. Roques, "Denys l' Aréopagite (Le Pseudo-)," DS 3:249-57; and, more fully, idem, "La question dionysienne," in his *Structures théologiques de la Gnôse á Richard de Saint-Victor* (Paris: Presses universltaires de France, 1962), pp. 63-91.

5) Martin Luther, *Babylonian Captivity of the Church* (Weimarer Ausgabe 6,

오늘날에 이르기까지 많은 사람들, 특히 로마 가톨릭 신자들은 디오니시우스의 사도적 신빙성을 옹호해 왔으며, 역사학계는 그가 플라톤주의 저술들, 특히 프로클루스의 저술들을 사용한 것은 그가 기원 5세기 후반 이전에는 저술 활동을 할 수 없었음을 증명한다고 주장했다.6)

오늘날도 루터처럼 디오니시우스가 플라톤 철학을 신봉하고 있다는 불평은 제기되고 있다. 심지어 잔 바네스트(Jan Vanneste)와 같은 디오니시우스 연구가들은 이 미지의 저자가 기독교 신학자라기보다는 신플라톤주의 철학자라고 본다.7) 다른 학자들, 예를 들어 블라디미르 로스키(Vladimir Lossky)는 정반대의 입장을 취하여, 디오니시우스는 "신플라톤주의자로 가장한 기독교 사상가, 즉 신플라톤주의의 철학적 방법을 통달함으로써 신플라톤주의가 장악하고 있는 기반을 정복해야 한다는 자신의 책임을 제대로 파악하고 있는 신학자"로 보았다.8)

---

562).
6) H.-D. Saffrey, "New Objective Links between the Paeudo-Dionysius and Proclus," in *Neoplatonism and Christian Thought*, ed. Dominic J. O'Mera (Albany: SUNY Press, 1982), pp. 64-74.
7) Jan Vanneste, *Le mystére de Dieu: Essai sur la structure rationelle de la doctrine mystique de Pseudo-Dionysius l'Aréopagite* (Brussels: Desclée, 1959), e.g., pp. 21 and 221; and esp. idem, "Is the Mysticism of the pseudo-Dionysius Genuine?" *International Philosophical Quarterly 3* (1963): 286-306; Ronald F. hathaway, *Hierarchy and the Definition of Order in the Letters of Pseudo-Dionysius* (Hague: Nijhoff, 1969).
8) Vladimir Lossky, *The Vision of God* (London: Faith Press, 1963), pp. 99-100;. Endre von Ivánka in *Plato Christianus: Übernahme und Umgestaltung des Platonismus durch die Väter* (Einsiedeln: Johannes Verlag, 1964), esp, pp. 262-89; idem, "La signification historique du 'Corpus Areopageticum,'"

현대에 디오니시우스에 대한 가장 중요한 신학적 찬사를 저술했다고 볼 수 있는 폰 발타사르(Von Balthasar)는 디오니시우스가 "신플라톤주의적 환경을 기독교화한 것은 그 자신의 신학적 작업의 부수적 효과"라고 여긴다. 디오니시우스는 자신의 신학적 작업을 "신학과 미학, 진리와 아름다움의 분명하고 실현된 종합"이라고 묘사했다.9)

다른 해석가들은 중간적인 입장을 취해서, 삼위일체, 창조, 하나님께로의 복귀 등에 관한 기독교의 가르침을 표현하기 위해서 신플라톤주의적 범주들을 채택한 것, 그리고 특히 기독론에서 자주 등장하는바 신학적으로 부적절하거나 문제가 되는 듯이 보이는 영역들을 가리키면서 행한 전환 안에서 디오니시우스 전집이 근본적으로 기독교적인 영감을 받은 것임을 인정한다.10)

더 큰 문제는 디오니시우스 전집의 비전적(秘傳的)인 분위기와 연

Recherches des sciences religieuses 36 (1949), pp. 15-19. Bouyer, *Spirituality*, pp. 399-401도 보라.

9) H. Urs von Balthasar, *The Glory of the Lord*, vol. 2, *Studies in Theological Style: clerical Styles* (New York: Crossroad, 1984), pp. 144-210 ("Denys"; quotation from pp. 148-49.

10) E.g., René Roques, *L'univers dionysien: Structure hierachique du monde selon le Pseudo-Denys* (2nd ed.; Paris: Cerf, 1983); idem, Structures théologiques mentioned above. Bernard Brons, *Gott und die Seinden: Untersuchtngen zum Vehältnis von neuplatonischer Metaphysik und christlichen Tradition bei Dionysius Areopagita* (Göttingen: Vandenhoeck & Ruprecht, 1976), e.g., p. 327. 신플라톤주의와 디오니시우스의 관계에 대해서는 다음을 보라: E. Corsini, *Il trattato 'De Divinis Nominibus' dello Pseudo-Dionigi e i commenti neoplatonici al Parmenide* (Turin: Giappichelli, 1962): and esp. Stephen Gersh, *From Iamblichus to Eriugena: An Investigation of the Prehistory and evolution of the Pseudo-Dionisian Tradition* (Leiden: Brill, 1975).

관이 있다. 많은 구절에서, 자격이 없는 자들에게는 거룩한 성서와 성례전들의 신비한 비밀들을 감출 것을 분명히 말하며, 이 비전주의가 진정으로 "거룩을 사랑하는 자들"에게만 점진적으로 계시될 수 있는 신비를 지닌 구원의 경륜의 일부라고 설명한다.11) 비록 모두가 이 사랑이 진정으로 실현될 수 있는 교회 생활에 동참하지만, 모든 신자들이 거룩을 사랑하는 사람이거나, 그러한 사람들이 되는 것은 아니라고 디오니시우스는 가정하는 듯하다.12)

한편, 폰 발타사르는 디오니시우스가 세례 받지 않은 사람에게 성만찬 참여를 금지하는 전통으로서 *disciplina arcani*라는 언어를 사용한 것은, 어떤 사람들을 배제하고자 하는 비전주의에서 비롯된 것이 아니라, 자신의 신학의 근본적 형태 즉, 신비로 남아 있는 것은 점진적으로 드러내는 것을 전달하기 위한 적절한 철학적이고 심미적인 도구를 발견하려는 소원에서 비롯된 것이라고 주장한다.13) 디오니시우스는 기독교 신비주의의 역사에서 특별히 중요한 인물이지만, 계속 수수께끼요 문제 거리로 남는다. 라틴 신비주의 역사에 끼친 그의 공헌 중 가장 중요한 것을 알아보려면, 그의 신학 체계의 구조를 살펴보아야 한다.14)

---

11) 특히 *Ep.* 9.1 (1105c-8B); *CH* 2, 5 (140AB, 145A); *EH* 1.4 (376c); 4.III.2 (476BC)를 보라.
12) Charles André Bernard, "La doctrine mystique de Denys l' Aréopagite," *Gregorianum* 68 (1987), 7.564를 보라.
13) Von Balthasar, *Glory of the Lord*, 2:152-54.
14) 그의 사상과 영향력을 전반적으로 파악하기 위해서는 "Denys l' Areopagite" DS 3:244-429)를 보아야 한다. I. p. Sheldon-williams, "The pseudo-Dionysius," in *The Cambridge History of Later Greek and Early Medieval Philosophy*, ed. A. H. Armstrong (Cambridge: Cambridge University Press,

현재 남아 있는 것 중 디오니시우스 전집의 핵을 이루는 것은 네 개의 논문과 10개의 편지이지만, 저자는 적어도 일곱 개의 다른 저서가 있음을 언급하고 있다. 많은 사람들은 후기의 저서들을 허위로 여기지만, 그럴 필요가 없다.15)

현재 남아 있는 저서 중 가장 길고 중요한 저서인 『하나님의 이름들』(*The Divine Names*)은 13개의 장으로 구성된다. 이 책은 주로 창조주이신 하나님에게 개념적인 용어나 명칭을 부여하는 적극적인 신학, 혹은 긍정 신학을 다루고 있지만, 특히 9장과 13장에서는 부정 신학의 중요한 요소들을 소개한다.16)

앙드레 폰 이반카(Endre von Ivánka)는 이 책이 플라톤과 프로클루스 및 헬라 교부들에 기초한 신적 단정에 관한 일련의 논문들로 이루어져 있다고 주장했다.17)

『하나님의 이름들』에 이어서, 디오니시우스는 『상징 신학』

1967), pp. 451-72; and Paul Rorem, "The Uplifting Spirituality of Pseudo-Dionysius," in *Christian Spirituality: Origins to the Twelfth Centuy*, ed. Bernard McGinn and John Meyendorff, WS 16 (New York: Crossroad, 1986), pp. 132-51; Andrew Louth, *Denys the Areopagite* (Wilton, CT Morehouse-Balow, 1989); Weller Völker, *Kontemplation und Ekstase bei Pseudo-Dionysius Areopagita* (Wisbaden: F. Steiner, 1958); and Paul Rorem, *Biblical and Liturgical Symbols within the Pseudo-Dionysian Synthesis* (Toronto: Pontifical Institute of Medieval Studies, 1984).

15) Rogues, *Structures théologiques*, pp. 132-34; and von Balthasar, *Glory of the Lord* 2:154-64.
16) DN에서는 그 이전의 저서가 최소한 네 권이 존재하는 것으로 가정한다: (1) *The Outlines, or Theological Representations*; (2) *On the Properties and Orders of Angels*; (3) *On the Soul*; (4) *On the Just Divine Judgement*.
17) von Ivánka, *Plato Christianus*, pp. 228-42. 구조에 대한 다른 견해로는 von Balthasar, *Glory ot the Lord* 2:189-90을 보라.

(*Symbolical Theology*)에 관한 중요한 논문을 저술했는데, 이것은 현재 남아 있지 않지만, 그가 시기적으로 늦게 저술한 저서에서는 언급되었다.18)

그 후, 간략하면서도 힘이 있는 책 『신비 신학』(*The Mystical Theology*)을 저술했다. 그는 이 책으로 유명해졌으며, 중세 시대에 영국에서는 『무지의 구름』의 저자가 이 책을 *Deonise Hid Divinite*라는 제목으로 번역했다. 그는 이 논문과 그 이전에 저술한 저서들의 관계를 다음과 같이 요약한다.

> 이전에 저술된 책들에서, 나는 주로 가장 숭고한 범주에서부터 가장 비천한 범주로 내려가면서 논증했다…그러나 이 책에서의 논증은 낮은 것에서부터 초월적인 것을 향해 올라간다. 그런데 높이 올라갈수록 언어는 주춤거리게 되며, 상승을 넘어서 초월한 상태에서는 언어는 완전히 침묵하게 된다. 왜냐하면 그것은 결국 언어로 설명할 수 없는 분과 하나가 되기 때문이다.(『신비 신학』 3 [1033C; p. 139])19)

이렇게 위로 향하는 방법 중 낮은 단계들이 남아 있는 두 개의 논문의 주제가 된다. '인간의 위계'라고 번역되는 것이 더 나을지도 모르겠지만, 『교회의 위계』(*The Ecclesiastical Hierarchy*)는 교회의 예전과 직무가 신비적 해석 과정에서 어떤 기능을 발휘하는지

---

18) E. g., *DN* 1.8 (597B; p. 57); *MT* 3 (1033B; p. 141); *CH* 15.6 (336A; p. 187); 77.9.1, 6 (1104B, 1113B; pp. 280, 288).

19) Rorem, "The Place of the Mystical Theology in the Pseudo-Dionysian Corpus," *Dionysius* 4 (1980): 87-98.

에 대해 다룬다.20) 『천상의 위계』(*The Celestial Hierarchy*)는 우리가 하나님께로 올라가는 데 있어서 천사들이 자기가 맡은 역할을 하려면 아홉 계급에 대한 성서의 묘사를 어떻게 이해해야 하는지에 대해 조사한다.

현재 남아 있는 열개의 편지들은 논문들 안에서 항상 분명하게 드러나지는 않는 상호관계들을 이해하는 데 있어서 매우 중요한 역할을 한다.21) "거룩한 찬가들"에 대한 언급도 있는데, 이것은 현재 남아 있지 않다.22)

하나님의 이름들

장	전거
1. 일반적 서론: 알려질 수 없으나, 그럼에도 많은 이름이 주어짐	
2. 하나님의 일치적이고 차별적인 이름들	I. 선(Good)에 관한
3. "선"이라는 이름에 대한 서론	논문
4. "선"이라는 이름의 분석	(『국가론』 IV-VI)
1-9: 선과 미	
10-17: 선과 에로스	
18-35: 악은 무엇인가	
5. 삼중 구조에 대한 서론: 존재-생명-지혜 존재(ousia)로서의 하나님	II. 신플라톤주의적
6. 생명(zoé)으로서의 하나님 삼중 구조	삼중 구조에 관한 논문

---

20) *Dionysius the Pseudo-Areopagite: The Ecclesiastical Hierachy*, translated and annotated by Thomas L. campbell (Lanham, MD: University Press of America, 1981)을 보라.
21) Hathaway, *Hierachy and the Definition of Order*를 보라.
22) E.g., *CH* 7.4 (212B; p. 166).

7. 지혜(sophia)로서의 하나님 등
　　[7.4 지혜로서의 성자(logos-sophia)
　　[8. 능력으로서의 성부(dynamics)

9. 상반된 명칭들의 변증법
10. 전지전능하고 영원하신 하나님　　　　III. 콘스탄티누스의
　　[11 평화(eirēmē)로서의 성령　　　　　　 삼중구조에 관한
12. 여러 가지 성서적 이름　　　　　　　　　　논문

13. "지속적인" 명칭들로서의
　　완전한 분과 하나인 분

　　디오니시우스가 관심을 가진 신학적 중심은, 만물이 표명되지 않은 근원과 연합하게 하기 위해서 절대적으로 불가지한 하나님께서 창조 안에 자신을 현현하신 방법을 탐구하는 데 있다.
　　디오니시우스의 프로그램은 거룩한 에로스(divine Eros)가 우주의 많은 신 현현들로 나타나는 우주적인 프로그램인데, 이 현현들은 자신의 다수성을 넘어서 단순한 통일체로 돌아가려고 노력한다. 디오니시우스는 복귀 과정에서 지성적인 인간 주체의 역할이 중요하다고 여기지만, 어떤 의미에서 그의 표현은 오리겐이나 에바그리우스보다 훨씬 더 우주론적이고 객관적이다. 현존하는 그의 저서들 안에는 신학적 인간론은 존재하지 않으며, 다만 암시되어 있을 뿐이다.
　　중요한 것은 전체 우주의 존재와 선과 아름다움이다. 디오니시우스는 "조금이라도 생각을 하는 사람이라면, 눈에 보이는 아름다운 것들은 눈에 보이지 않는 사랑스러움의 상징이라는 것을 인식한다"고 말했다(『천상의 위계』 1 [121D; p. 146]).

초월적인 아름다움의 본질에 대한 성찰과 상징들의 필요성과 적절한 사용에 대한 고찰은 그가 중세 시대의 심미적 이론에 영향을 미친 이유를 이해하기 쉽게 해준다(특히 『천상의 위계』 1-3; 『하나님의 이름들』 9.5; *Ep*.9).23) 디오니시우스의 신학의 전반적인 경향이 심미적이라고 한 폰 발타사르의 주장은 옳다:

> 데니스(디오니시우스)는 모든 기독교 신학자들 가운데 가장 심미적인 사람으로 간주될 수 있다. 왜냐하면 우리가 이 세상에서 알고 있는 심미적인 초월 즉, 감각적인 것인 현현들로부터 현현되는 영적인 것으로의 초월은 세상으로부터 하나님에게로의 초월 즉, 세상으로부터 하나님에게로의 초월신학적·신비적 초월을 이해하기 위한 공적인 도식을 제공해 주기 때문이다.24)

디오니시우스의 저술들의 객관적 특성은 그의 사상이 지닌 몇 가지 특성을 설명하는 데 도움이 된다. 그의 저술에는 명시적인 인간론이나 도덕적 이론이 거의 존재하지 않는다. 왜냐하면 『교회의 계급구조』에 제시되어 있는 복귀 과정의 실천적 측면은 에바그리우스에게서 보는 것처럼 덕의 실천을 통한 무정념(*apatheia*)의 획득이 아니라, 예전과 교회의 직무를 마술적으로(*theurgical*) 사용하는 것과 관련되어 있기 때문이다.25)

성서에 대한 디오니시우스의 태도도 최소한 오리겐 시대 이후의

---

23) Otto von Simson, *The Gothic Cathedral* (New York: Harper & Row, 1964)을 보라.
24) Von Balthasar, *Glory of the Lord*, 2:168; of.2:154.
25) Sheldon-Williams, "The pseudo-Dionysius," p. 459.

헬라 교부들에게서 발견되는 것과 다소 다르다. 그는 성경 주석을 저술하지 않았다. 이 말은 성서("신적 신탁"이 그의 표준적인 표현이다)가 그의 사고의 중심이 아니라는 말은 아니다.26) 디오니시우스는 성서의 저자들이야말로 독창적 신학자들이며, 그들의 하나님 경험은 신적 본성에 대한 그들의 상징적이고 개념적인 묘사의 신빙성을 보장해 준다고 말한다.27) 그는 분명히 상징적인 면과 이성적인 측면에서 자신의 긍정적 신학의 원천으로 성서를 의존하고 있다. 『하나님의 이름들』 2.7에 있는 중요한 본문에서, 그는 자신의 현존하지 않는 저서 『신학적 개요』(*The Theological Outlines*)에서 "참된 설명"에 따라(즉 긍정적으로), 그리고 "지성의 작용을 초월하는 방법으로"(즉 부정적으로) 성서에 의해서 계시된 신적 본성 내의 연합들과 분화들"을 다룬 방법에 대해 논한다. 같은 곳에서, 디오니시우스는 성서는 신적 본질 자체를 계시하는 것이 아니라(이것은 누구도 할 수 없는 일이다), 오직 "우리가 분명히 알 수 있는 활동들, 즉 신화하며, 존재의 원인이 되며, 생명을 낳으며, 지혜를 주는 활동들만 계시한다"고 주장한다(『하나님의 이름들』 2.7 [644D-45B]).28)

---

26) Roques, *L'univers dionysien*, pp. 210-25; and esp. Rorem, *Biblical and Liturgical Symbol*.
27) Theresia Benedicta a Cruce [Edith Stein], "Ways to Know God: The 'Symbolic Theology' of Dionysius the Areopagite and its Factual Presuppositions, *The Thomist* (1946), p. 401.
28) S. Gersh, "Ideas and Energies in Pseudo-Dionysius the Areopagite," in Studia Patristica 15, ed. E. A. Livingstone [Berlin: Akademie Verlag, 1984], pp. 291-300); Gregory of Nyssa, To Ablasius (PG 45:119-29; translated in W. G. Rusch, The Trinitarian Controversy [Philadelphia: Fortress, 1980], pp. 152-56).

디오니시우스가 많은 성경 구절들을 의지함에도 불구하고, 어떤 사람은 디오니시우스가 체계적인 관심을 우선시하여 성경 본문을 지나치게 세분화하는 경향이 있음을 감지한다. 디오니시우스는 방법론적 문제들을 다룰 때에는 성서의 실제적 본문과 거리를 두지만, 그는 아마도 자신의 방법이 근본적인 성서 해석 원리로서 성서에서 계시되었다고 주장했을 것이다.

디오니시우스와 그 이전의 기독교 저자들, 특히 오리겐 및 카파도키아 교부들과의 관계는 이교 플라톤주의자들과의 관계 못지않게 복잡하다.29) 디오니시우스를 기독교 신비 신학자라기보다는 신플라톤주의 철학자로 보는 사람들은 그가 기독교의 자료들보다는 이교의 자료들을 더 직접적으로 차용했다고 강조하지만, 그는 기독교와 이방의 자료들을 폭넓게 활용했다.

우리는 디오니시우스가 자신이 물려받은 많은 사상의 표준들을 종합한 방법을 간단히 고찰함으로써 플라톤화 대 기독교화의 문제점에 접근하는 유리한 지점에 도달할 수 있을 것이다.

디오니시우스의 종합에 접근할 수 있는 많은 방법이 있다. 형이상학적 발판들이 그렇듯이, 디오니시우스의 구조적 원리도 궁극적으로 독창성 때문에 체계화되지 못한 치밀한 사변을 소개하는 손쉬운 방식을 제공한다. 이런 원리들 중에서, 디오니시우스가 가끔 그의 사상의 중심으로 인용하는 원리는 머무름(*monē*), 발현(*proodos*), 그

---

29) 디오니시우스와 초기 그리스 교부들의 관계의 중요성을 다룬 책은 Völker, *Kontemplation und Ekstase; von Ivánka, Plato Christiamus*; and Roques, "A propos des sources du Pseudo-Denys," in *Structures theologiques*, pp. 726-40.

리고 복귀(*epistrophē*)라는 프로클루스의 삼중 구조이다. 『신학의 요소들』 중 명제 35에서, 프로클루스는 이 원리를 이렇게 표현한다.

> "그러나 결과는 단순히 남아 있든지, 혹은 단순히 진행하든지, 혹은 상반되는 용어들을 결합하든지, 아니면 중간의 것을 나머지 둘과 결합하든지, 혹은 셋 모두를 결합해야 한다. 배제에 의해서, 모든 결과는 그 원인 안에 머물고, 그것으로부터 나아가고, 그것에게로 돌아온다."30)

이런 머무름과 나아감과 복귀의 원동력이란 상반되는 것들을 연결하기 위한 중간적 조건이 필요하다는 플라톤의 원리를 확대한 것으로서(*Timaeus* 31C), 어떻게 미지의 하나님이 복귀에 의해서 일치를 되찾기 위해서, 넘쳐흘러 자신의 결과들로 분화되면서도(*proodos*) 항상 자신과 탁월하게 동등하게 남아 있을 수 있는지에 대한 디오니시우스의 변증적 견해에 대한 객관적인 관점이라고 할 수 있는 것을 제공해 준다. "이름 없는 것"(Nameless Itself)과 동일한 "모든 신성을 초월하는 빛"은 "모든 상태, 운동, 생명, 상상력, 추측, 명칭, 토론, 사상, 개념, 존재, 휴식, 거주, 일치, 제한, 무한, 실존 전체로부터 완전히 떨어져 있다." 즉, 그것은 항상 그 자체 안에 머문다(*monē*). "그러나 그것이 선의 토대이므로, 그리고 단순히 존재함에 의해서 모든 것의 원인이 되므로, 이 신과 같이 자애로운 섭리를 찬양하려면 완전히 창조를 의지해야 한다(즉, 긍정적 신학의

---

30) *Proclus: The Elements of Theology*, a revised text by E. R. Dodds (2nd ed.; Oxford: Clarendon, 1963), p. 39.

방법인 *proodos*에 의해서)."

그러므로 "만물은 그것을 열망한다. 지적이고 이성적인 것들은 지식(영지)에 의해서, 그보다 낮은 계층은 인식에 의해서, 그리고 그 나머지 계층은 살아 있음의 활동에 의해서 그것을 열망한다." 즉, 부정적으로 만물이 그 원천으로 돌아간다(『하나님의 이름들』 1.5 593 CD; p. 54).[31]

이 삼중 구조는 디오니시우스의 전집 안에 있는 다양한 논문들의 중요한 강조점들을 이해하기 위한 모델이 된다. 『하나님의 이름들』은 주로 발현(*proodos*)을 다루며, 『교회의 위계』와 『천상의 위계』는 복귀의 낮은 단계를 다룬다. 『신비 신학』은 복귀의 이야기를 완성하며, 아무리 탁월한 표현으로도 하나님의 본질을 묘사할 수 없다는 결론을 맺는다.

우리는 또한 여러 종류의 신학과 그것들의 상호작용이 이해력의 수준과 관련하여 이해되는 디오니시우스의 체계에 대한 주관적, 혹은 인식론적 관점에 주목할 수 있다.[32]

물론, 디오니시우스의 입장에서 보면, 다양한 신학들은 분리된 과목들이 아니라 하나님에 대하여 이야기하는 상이한 방법들이다. 상징적 신학은 감각 지식(sense knowledge)에 의존하고, 긍정적인 신학은 이성의 수준에서 작용하며, 이성을 초월하는 이해의 방식들

---

[31] *CH* 1.1 (120B); *EH* 9.111.3 (429AB); *DN* 4.14 (712CD); *MT* 3 (1033c); etc. Gersh, *From Iamblichus to Eriugena*, pp. 217-29에서 보다 상세한 내용을 볼 수 있다.

[32] Roques's, "Les 'théologies' dionysiennes: notions, fonctions et implications," in *Structures théologiques*, pp. 135-50.

은 부정의 신학이나 신비 신학에서 사용된다(『신비 신학』 1, 3).

이 견해는 디오니시우스가 기독교 역사에서 신학(*theologia*)이라는 용어를 진보시킨 공헌을 이해하는 데 특히 도움이 된다. 디오니시우스는 신의 자기 계시를 객관적으로 묘사하는 데 관심을 기울였지만, 인식론 자체에 대해서는 거의 다루지 않는다.

디오니시우스의 체계에 대한 제3의 관점, 감추인 하나님과 계시된 하나님을 근본적으로 구분한 것에 대한 관점을 가정해 볼 수 있다(『하나님의 이름들』 1.2). 창조 안에 현현된 하나님에 의해서 외에는 감추인 하나님에게 접근할 수 없으므로, 신학은 하나님-세상이라는 관계에 대한 고찰, 즉 디오니시우스가 새로 만들어낸 용어—*thearchia*와 *hierarchia*—를 통해 독특하게 제시한 관계에 대한 고찰에서 시작된다.33)

가이우스에게 보내는 두 번째 편지는 숨어 계신 하나님과 계시된 하나님 사이의 구분(즉 *Thearchy*, 창조의 원리)을 다음과 같이 설명한다.

> 모든 것을 능가하시는 분이 어떻게 그 신성(*thearchia*)의 원천을 초월할 수 있으며, 모든 선의 근원을 초월할 수 있는가? 만일 신성과 선이 우리를 선하게 만드는 은사의 본질을 의미한다면, 그리고 만일 신성과 선을 초월하시는 분을 비길 데 없이 모방하는 것을 의미한다면, 그것은 가능하다…(*Ep.* 2 1068A-69A; p. 263)

---

33) Roques's, *L'univers dionysien* (pp. 111-15); Bernard, "La doctrine mystique," pp. 533-37; and von Balthasar, *Glory of the Lord* 7:201-2.

감추인 하나님과 계시된 하나님의 구분을 의미하는 *thearchy*은, 디오니시우스가 창조 안에서 그 자신을 교통하시는 삼위 하나님을 나타내기 위해 만들어낸 새로운 용어이다. 예를 들어, 『천상의 위계』 7에서는, "이 신(*Thearchy*)은 하나의 단자(*Monad*)이며 삼격적 일치(*trihypostatic Unity*)"로서 만물을 영원히 포옹하며, 그 섭리는 만물에게 미친다는 메시지를 전하는 최고 계급의 천사들을 찬양한다(7.4 [212C; p. 166]).[34]

물론 *thearchia*는 하나님을 지칭하는 많은 긍정적 명칭들 중 하나이지만, 디오니시우스는 이 용어를 만들면서 창조에 대한 자신의 기독교적 이해가 전통적인 신플라톤주의에 초래한 변화를 알려줄 용어가 필요했음을 표현하려 한 듯하다. *thearchia*, 그리고 그것과 상관이 있는 *heirarchia*는 분명히 디오니시우스적이고 영혼 창조설을 지지한다: 삼위일체 신(*thearchy*)이신 하나님은 주로 거룩한 위계(*heirarchia*)로 인식된 우주의 원리이다. 즉 신적인 것들이 다중 질서를 이루어 나타난 현현이다. 하나님에게로의 복귀를 가능하게 하는 정화, 조명, 완전 등의 능력은 단지 신(*thearchy*)에 참여하고 있는 것들이기 때문에, 피조된 우주의 위계에 현존한다.[35]

*thearchia*는 기독교 사상사에서 별로 주목을 받지 못한 반면, **heirarchia**는 가장 유력한 신조어 중 하나가 되었다. 디오니시우스는 이 단어를 여러 가지로 정의했는데, 가장 중요한 것은 『천상의 위

---

34) *DN* 1.2 (588CD); 1.4 (693B).
35) *EH* 5.1.7 (508D; p. 239). Cf. *CH* 3.3 (168A). Dom Placid Spearritt, "The Soul' Participation in God according to Pseudo-Dionysius," *Downside Review* 88 (1970): 378-92을 보라.

계』 3.1에서 제공된다.

"내 견해로는, 위계란 하나의 거룩한 질서(*taxis hiera*), 가능한 한 신적인 것에 가까이 근접한 활동(*energeia*)이며 이해의 상태(*epistēmē*)를 말한다."(164D; p. 153)

그것은 "나름대로 계발의 신비를 거룩하게 실행해 나가는 하나님의 아름다움의 형상"이며, "모든 거룩한 구성 요소들의 완벽한 총체"이다(『천상의 위계』 3.2 [165B; p. 154]).36)

신(*thearchy*)이 삼위일체, 즉 기독교적 삼위일체이기 때문에, 모든 위계가 삼위일체적 현현에 능력을 부여하는 기능을 성취하려면 그것은 하나이면서 셋이어야 한다(『교회의 위계』 5.1). 각 위계는 완전하게 하는 단계, 계발해 주는 단계, 즉 깨끗하게 하는 단계를 포함한다. 그리고 모든 위계는 행동하는 사람들, 묵상하는 사람들, 행동의 영향을 받는 사람들을 포함한다.

디오니시우스는 구약 시대에 지배적이었던 율법의 법적 위계에 대해서는 거의 말하지 않는다.37) 법적인 위계는 신약 시대 교회의 위계를 위한 길을 예비해 주었고, 신약 시대 교회의 위계는 유형적인 법적 위계와 천상의 위계를 이루는 천사들의 계급 구조의 영적 실체를 중재한다.

---

36) *EH* 1.3 (373c; p. 197).
37) *EH* 3.111.4 (432B); 5.1.2 (501BD); *Ep.* 8 (1089G); and the discussion in Roques, *L'univers dionysien*, pp. 171-74.

교회의 위계는, 전례 집전자가 거행하는 성례전적 의식들에 대한 적절한 해석에 의해서 다양한 계층의 신자들이 신화된다. 세 계급의 거룩한 대리인들은 세 집단의 기독교인들을 신화하기 위해 세 가지 의식을 사용한다. 왜냐하면 "위계의 목표는…존재들로 하여금 가능한 한 하나님을 닮으며 그와 하나가 되게 하는 것"이기 때문이다(『천상의 위계』 3.2 [165A; p. 154]).

부제(副祭)는 정결하게 해주며, 사제는 조명해주며, 주교들은 완전하게 해주는데, 이들이 세례, 성찬식, 그리고 도유식 등의 성례전을 거행한다(『교회의 위계』 2-4, 5). 이것은 정화 과정에 있는 세례 문답자들, 조명을 받고 있는 중인 세례 받은 사람들, 그리고 완전에 이르는 과정에 있는 수도사들의 유익을 위해 실시된다(『교회의 위계』 6).38)

분명히, 디오니시우스는 기독교인들이 모두 수도사가 되거나 주교가 되어야 한다고 생각하지는 않았다. 왜냐하면 위계와 관련하여, 신화는 어느 계층에 속하느냐 보다는, 질서가 주어진 전체의 상호관계 안에 나타난 신의 행위를 파악하는 방법에 달려 있기 때문이다.39)

천상의 위계도 그 내적인 원동력과 광범위한 의미에 있어 비슷한 방법으로 기능한다. 세 집단의 천사들(각각의 집단은 다시 셋으로 나누어진다)은 성서의 상징적 표현 안에 계시되어 있다.40) 첫째 집단 혹은 계층은 완전히 하나님과 연합해 있으며, 빛의 원천인 치품

---

38) *EH* 1.111.5-6 (536D-37C; pp. 248-49).
39) Von Balthasar, *Glory of the Lord*, 2:201-2.
40) *CH* 6.2 (200D)에서는 그 구분이 히에로테우스에게서 비롯된다고 말한다.

(熾品) 천사(Seraphim), 빛을 전달하는 지품(智品) 천사(Cherubim), 그리고 그것을 받는 좌품(座品) 천사(Thrones)로 구성된다(『천상의 위계』 7). 중간 계층의 천사들은 상위 계층으로부터 받은 것을 하위 계층에 전해 주며, 각기 적절한 기능을 하는 주품(主品) 천사(Dominations), 역품(力品) 천사(Virtues), 능품(能品) 천사(Powers) 등이 있다(『천상의 위계』 8). 마지막으로, 가장 낮은 계층에서는 "신 같은 권품(權品) 천사(Principalities), 대천사(Archangels), 천사(Angels)" 등이 동일한 법칙에 따라 작용한다(『천상의 위계』 9).

우리의 향상 운동에서 천상적 위계의 기능은 우리가 천사가 되려고 노력한다거나 천사들의 중재를 통해서 하나님에 도달한다는 것이 아니라, 신적 아름다움의 다중 현현인 천사들에 대한 적절한 해석과 이해는 신비적이고 신화시켜 주는 것이라는 데 유의해야 한다.41)

위계들에 대한 디오니시우스의 묘사는 후기 신플라톤주의, 특히 프로클루스에게서 발견되는 중간적이고 존재론적 수준의 복합적인 삼중 구조를 상기하게 한다. 여기서 디오니시우스가 기독교화 하기보다 플라톤화 했다는 루터의 예리한 비난이 다시 강조된다.

디오니시우스가 위계 및 위계와 신(*Thearchy*)의 관계를 이해하는 방식에서 신플라톤주의의 신세를 크게 지고 있지만, 『하나님의 이름들』을 연구해 보면 창조를 기독교적으로 이해하기 위해서 아테네의 신플라톤주의를 개작하면서 내적인 변화를 이루었음을 알

---

41) 이것은 특히 CH 15.1 (328A; p. 182)에 분명히 드러난다.

수 있다. 그가 이루어낸 변화는 두 분야에서 특히 두드러진다: 신적 선(divine Good)을 보편적 에로스(universal Eros)로 제시하는 방법, 그리고 존재-생명-지성의 삼중 구조를 창조주를 지칭하는 (아직도 긍정적이기는 하지만) 참된 이름으로 사용하는 방식. 이런 운동들에 대한 연구는 디오니시우스의 창조론과 그의 플라톤화의 성격을 공정하게 평가하는 데 있어서 중요하다.

이미 살펴본 것처럼, 오리겐은 그리스도와 영혼의 만남을 기술하기 위해 아가서의 에로틱한 언어들을 채택하면서 하나님 자신이 에로스(EROS I)라고 인정하게 되었다. 오리겐과 일부 신플라톤주의자들, 특히 플로티누스와 프로클루스를 토대로 하여 에로스가 플라톤에게서 발견되는 순수히 중간적 힘으로서의 역할을 초월하는 것으로 확대하여, 우주적이고 신적인 에로스의 이론을 만들어냈다. 이 이론은 그가 기독교 신학에 미친 가장 심오한 공헌 중 하나이다.42)

플라톤은 에로스가 성적으로나 영적으로 자신에게 없는 것을 소유하고 싶어 하는 열망이라고 주장했다. 에로스를 신들에게 속한 것으로 생각할 수는 없지만, 그것은 우리로 하여금 신들처럼 되기를 갈망하게 만들어준다. 즉 그것은 미(아름다움)를 향해 올라가는 영혼 안에 있는 원동력이다.

그러나 만일 에로스가 아름다움을 소유하기보다는 아름다움을 만들어 내려는 갈망으로 이해된다면(이것도 플라톤에게서 발견된다),

---

42) Gabriel Horn, "Amour et extase d'après Denys l'Aréopatite," *Revue d'Acétique et de la mystique* 6 (1925): 278-89; John M. Rist, "A Note on Eros and Agape in Pseudo-Dionysius," *Vigiliae Christianae* 20 (1966): 235-43; and Bernard, "La a doctrine mystique," pp. 557-54.

일부 신플라톤주의자들은 이런 생각을 확장시켜 에로스를 전체 우주에 편만해 있는 힘으로 여길 뿐만 아니라, 신들, 심지어 제일 원리에까지 적용할 수 있다고 보았다. 플로티누스는 "선(Good)은 사랑스러운 것이며, 사랑이며, 자신에 대한 사랑이다"라고 결론짓는다(『엔네아즈』 6.8.15).

그러나 그는 일자(the One)에 대한 이 견해의 함축적 의미를 발전시키지 않았거니와, 우주적인 힘인 에로스를 충분히 분석하지도 않았다. 프로클루스는 그의 『제일 알키비아드에 대한 주석』에서, 우월한 것들이 모든 차원에서 열등한 것들을 사랑하는 섭리적 사랑(*erōs pronoetikos*)과 열등한 것들이 자기보다 우월한 것들과 연합하려고 노력할 때에 발휘하는 복귀의 사랑(*erōs epistrptikos*)을 구분함으로써 우주적 분석을 개진했다. 그러나 프로클루스는 제일 원리를 에로스와 동일시하지 않았다.

『하나님의 이름들』 1-4장에서, 디오니시우스는 먼저 신에 대한 통일된 명칭과 구별된 명칭들과 관련된 일반적인 원리를 제시한 후에, 보편적이고 통일된 명칭들을 다루려는 자신의 주된 목표로 나아간다(『하나님의 이름들』 2.11). 플라톤적인 방식으로 고찰되는 첫 번째 명칭은 "가장 중요한 명칭인 '선'(Good)이며, 이것은 신의 모든 발현을 설명해 준다"(『하나님의 이름들』 3.1 [680B]). 『하나님의 이름들』 제4장 전체를 점유하고 있는 선의 분석에서, 선의 자기 반사적 본질(이것을 보여주는 가장 훌륭한 상징은 빛이다), 그리고 궁극적 원인으로서 만물을 움직이는 선의 능력은 저자로 하여금 선과 아름다움의 동일성을 고찰하게 하며, 결국 선-미

(Good-Beauty)와 동일한 것으로, 그리고 신이 위계 안에서 자신을 표현할 때에 사용하는 역동적인 힘으로 간주되는 Eros I을 상세히 논하게 한다. 만약 하나님에 대한 긍정적인 명칭들 중에서 선(Good)이 어떤 우선권을 갖는다면, 그 이유는 그것이 에로스(Eros) 혹은 신적 "열망"으로 이해되기 때문이다.

우주의 위계 안에서의 모든 운동은 위로부터 오는 것이며, 근본적으로 에로스적이다. "만물은 아름다운 것(The beautiful)과 선을 바라고, 열망하고, 사랑해야 한다. 이것 때문에, 그리고 이것을 위하여, 하위의 것이 상위의 것에게 복귀하며, 동등한 것들이 서로 교제하며, 상위의 것이 섭리적으로 하위의 것을 향한다"(『하나님의 이름들』 4.10 [708A; p. 79]).

물론 이 모든 것을 프로클루스에게서 발견할 수 있다. 그러나 다음의 것은 새로운 것이다. 디오니시우스는 "그래서 우리는 만물의 원인이 그의 풍성한 선하심 안에서 만물을 사랑하시며, 이 선하심 때문에 그 분은 만물을 만드시고, 만물을 완전케 하시며, 만물을 결합하시고 만물을 회복시키신다고 담대하게 주장할 수 있을 것이다"라고 말한다(『하나님의 이름들』 4.10).

디오니시우스는 결론적으로 신을 에로스(Eros)로 정의한다: "신적 에로스(Divine Eros)는 선을 위한 선의 선이다"(『하나님의 이름들』 4.10 [708B]).[43]

오리겐과 마찬가지로, 디오니시우스도 자신이 에로스를 성경적

---

43) *Esto kai ho theios er?s agathos agathou dia to agathon*. Rist, "Note," pp. 239-41을 보라.

용어인 아가페와 동일시한 것을 변호할 필요를 느꼈고, 그 두 가지 용어는 동일한 신적 실재를 의미하기 때문에 상호 교환해서 사용할 수 있다고 주장했다(『하나님의 이름들』 4.11). 그러나 그는 여전히 에로스라는 용어를 선호한다. 왜냐하면 『천상의 위계』 3.4에서 보듯이, 이 용어의 유형성과 "닮지 않은 닮음"이라는 외형적 부적절함이 그것을 신비적 해석 과정에서 더욱 효과적으로 만들기 때문이다. "참된 에로스"(Real Eros)는 하나의 형상에 불과한 육체적 매력에서 발견되는 것이 아니라, "신적 에로스의 단순성" 안에서 발견된다(『하나님의 이름들』 4.12 [709C]).

위계적 우주에서, 에로스는 "아름다운 것(The Beautiful)과 선(Good) 안에서 하나의 통일체, 동맹, 특별한 혼합을 이루어낼 수 있는 능력"(709D)이다. 이 능력은 신(Thearchy) 안에 선재하며, 거기서부터 나와서 발현과 복귀라는 우주적 맥박 안에서 창조 세계에 전해진다.

디오니시우스는 한 걸음 더 나아가 신적인 에로스는 몰아적인 것이며, "사랑하는 자가 자신에게 속하지 않고 사랑받는 자에게 속하는" 상황을 만들어 낸다고 주장한다(『하나님의 이름들』 4.13 [712A]).

그러나 어떻게 하나님이 몰아적인 것이 되겠는가? 어떻게 하나님이 자신에게서 벗어나 사랑하는 것에게 속할 수 있겠는가? 디오니시우스의 대답은 신(Thearchy)에 대한 그의 이해의 근원을 꿰뚫고 있다:

자애로운 열망의 만물을 향한 아름답고 선한 풍성함 안에 있는 우주의 원인이, 만물을 향한 사랑의 돌봄 안에서 자신에게서 벗어나야 한다고 말해야 한다. 말하자면, 신은 선에, 사랑(*agapē*)에, 열망(*erōs*)에 현혹되어, 자신의 거처에서 나와 만물 안에 거하게 된다. 그가 이렇게 할 수 있는 것은 그가 만물 안에 거하면서도 자신 안에 머무를 수 있는 초자연적이고 몰아적인 능력 때문이다.(『하나님의 이름들』 4.13 [712A; p. 82])

다시 말해서, 하나님만이 자기 비움의 완전한 몰아의 상태에서 완전히 자신 밖으로 나갈 수 있다. 왜냐하면 그만이 완전히 만물을 초월하면서 절대적으로 자기 안에 머물 능력을 가지고 있기 때문이다. 하나님은 자신이 만물과 상관없이 자신을 사랑하는 것과 동일한 근거, 동일한 이유에서 만물 안에서 자신을 사랑하신다. 디오니시우스는 하나님에 대해서 그의 신플라톤주의 선배들과 동일한 변증적 견해를 소유하지만, 이 변증적인 이해를 에로스(Eros)이신 하나님이라고 표현한 최초의 인물이다.

디오니시우스의 견해에 의하면, 에로스는 초월적일 뿐만 아니라 충분히 우주적이다. 신(Thearchy)이 전적으로, 그리고 완전히 에로틱하기 때문에, 위계도 역시 그래야 한다. 하나님은 만물이 돌아가려 하는 열망의 대상이며, 개인적인 위계의 모든 차원에 의해서 참여된 열망 그 자체이다. "그는 항상 활동하며, 자동적이며, 선 안에 선재하며, 선에게서 흘러나와 존재하는 모든 것에게로 이동하며, 다시 선에게로 복귀하는 열망이다"(『하나님의 이름들』 4.14 [712D; pp. 82-83]). 디오니시우스의 우주를 형성하는 사랑의 순환에서, 우리

는 발현할 때에 몰아적이 되는 신과 복귀할 때에 실현되는 몰아적 상태를 소유한 우주를 보게 된다.44)

하나님과 우주 사이의 관계를 이해하는 방식인 이 중요한 플라톤적인 에로스의 변형에 두 번째 중요한 변화를 추가할 수 있다. 그것은 특히 디오시니우스가 존재-생명-지혜의 삼중 구조를(신플라톤주의의 존재-생명-지성의 삼중 구조를 변형시킨 것) 다루고 있는 『하나님의 이름들』 5-7에서 특히 분명해진다.

여러 학자들 중에서도 특히 코르시니(E. Corsini)와 거쉬(S. Gersh)의 작업은 우선적으로, 디오니시우스가 이 삼중 구조를 변형시킨 것이 고백자 막시무스(Maximus the Confessor)와 스코틀랜드인 존(John the Scot)에게 중요한 것이었으며 후대의 많은 인물들에게 중요한 반향을 불러일으킨 기독교적 신플라톤주의의 전통 창조에서 얼마나 중요한 것이었는지를 보여 준다.45)

존재-생명-지성이라는 신플라톤주의적 삼중 구조는 이성(*nous*)의 활동에 대한 플로티누스의 분석으로부터 발달되어 나왔다. 그리고 그것은 후대의 신플라톤주의에서 제일 원리로부터의 방사(emanation)의 주된 차원의 특성들을 이해하는 방법, 즉 단일체로부터 다수가 파생된 방법을 이해하는 방법으로서 중요한 역사를 소유했다. 프로클루스에게는 존재-생명-이성(*on-zōē-nous*)은 미지의 일자(Unknown One)에게서 직접 흘러나온 지고한 삼중 구조로

---

44) 특히 Horn, "Amour et extase," pp. 784-88을 보라.
45) Corsini, *Ill trattato 'De Divinis Nominibus*,' e.g., pp. 42-44, 115, 156ff; and Gersh, *Iamblichus to Eriugena*, e.g., pp. 17-23, 157-66, 190, etc.

서, 그것들의 특성과 활동은 복잡한 9중 구조 안에 있는 모든 실체의 차원에 스며 있다.

프로클루스와 후대의 신플라톤주의자들은 플라톤의 『파르메니데스』의 첫 번째 가설의 부정적인 속성들이(『파르메니데스』 137C-142B) 일자에게 적용되며 두 번째 가설의 긍정적 서술들은 (『파르메니데스』 142B-157B) 삼중 구조에 적용된다고 해석함으로써 이 원리를 이 교리를 발견하였다.

그러나 디오니시우스와 그의 제자들의 견해에 의하면, 첫 번째로 "만들어진" 삼중 구조를 모든 다양성의 실체의 근원으로 삼는 것은 우주 및 그 안에 있는 모든 것의 직접적인 원인이 되시는 창조주에 대한 기독교의 믿음에 어긋나는 것처럼 보였다. 거쉬(Stephen Gersh)는 이것을 다음과 같이 표현했다:

> "…비록 원래의 일치의 증식이 기독교적 신플라톤주의자들의 근본적인 문제이지만, 그들은 그것을 중개자들의 선임에 의해서 해결하려 하지 않고, 다양성의 근원을 제일 원리 자체 안에 둠으로써 해결하려 했다."46)

『하나님의 이름들』 제5장에서, 디오니시우스는 "선"이라는 명칭에 대한 고찰에서 존재-생명-지혜의 삼중 구조로 전환하며(5.1 [816Bff.; pp. 76ff.]), 이 삼중 구조가 실체의 하위 계층에게 섭리적 활동을 행하는 일련의 신들이라고 간주하는 이교의(프로클루스의) 공식들을 분명하게 비판한다.

---

46) Gersh, *Iamblichus to eriugena*, p. 138.

나는 선(Good)과 존재(Being)를 별개로 생각하지 않으며, 생명(Life)과 지혜(Wisdom)를 별개로 생각하지 않는다. 또 각기 계층이 다른 수많은 원인들과 상이한 신성들, 즉 우월한 신성과 열등한 신성이 있어 모두 상이한 결과들을 만들어낸다고 주장하지도 않는다. 나는 이 모든 선한 발현들에게는 하나의 하나님이 있으며, 그분은 내가 말하는 거룩한 명칭들의 소유자라고 주장한다…(『하나님의 이름들』 5.2[816C-817A; p.97])[47]

『하나님의 이름들』 2.11에서 "존재"(being)와 같은 흔한 하나님의 이름들이 "획일적으로 차별화되어서…그의 하나의 실존이 자체로부터 많은 것들을 존재하게 한다는 사실 때문에 하나의 실존이 여럿이라고 말한다"(2.11 [649B; p. 66])는 것과 관련하여 자신이 소개한 변증학을 적용하면서, 디오니시우스는 선 자체와 같은 원래의 삼중 구조를 첫 번째 산물로 보는 것이 아니라, 긍정적으로 (cataphatically) 고찰된 신성(Thearchy)으로 봄으로써 신플라톤주의의 역사에서 중요한 전환점을 만들었다.

디오니시우스의 이 변증적인 신관은, 이 주장이 항상 다른 두 개의 주장과 결합되어야 한다고 요구한다. 첫째, 부정적이어서 (apophatically) 불가지한 제일 원리가 존재-생명-지혜의 삼중 구조를 불러일으키며, 이 삼중 구조는 존재가 생명보다 우월하고 생명은 지혜를 능가하는 위계로 볼 수 있다고 디오니시우스는 계속 주장한다.[48]

---

47) *DN* 11.7 (953D); of, 1.3 (589BC).

둘째, 삼중 구조를 신들로 보는 이교의 견해에 대한 디오니시우스의 공격에서, 초월적 원인이신 하나님이 통일된 방법으로 그것들을 이미 포함하고 있으므로, 그 용어들 사이에는 종속이 존재하지 않는다고 강조하는 일련의 대조적인 주장들을 발견한다.49) 디오니시우스가 신플라톤주의의 삼중 구조를 개작하고 개정한 복잡한 방식을 이해하려면, 이 세 가지 주장을 함께 고려해 보아야 한다.

이런 변화의 중요성은 창조론의 측면에서도 찾을 수 있다. 디오니시우스는 분명히 하나님을 특별한 특성을 가지고 있는 개체들인 만물의 직접적이고 즉각적인 원인으로 보았다.50) 하나님이 중개자들을 통해서 활동하시지 않으시므로, 각각의 유형적인 존재들은 고등한 비물질적인 패러다임이나 형태에 참여하는 한도 내에서만 하나님과 관계를 갖는다. 만물—심지어 실체를 가진 유형적인 사물들—은 몰아적인 거룩한 에로스의 선한 현현들이며, 이 에로스가 발현하여 만들어진 것들은 질서 있는 위계를 이룬다.

각각의 사물은 신의 이성이 피조되어 반영된 것이다. 하나님은 자신을 앎으로 만물을 아시되 "물질적인 것은 비물질적으로, 나눌 수 있는 것은 나눌 수 없이, 다중성은 하나의 행동으로" 아신다(『하나님의 이름들』 7.2 [896B; p. 108]).

디오니시우스는 계속 방사(emanation)의 비유들을 사용하기 때문에(대 알버트, 보나벤투라, 토마스 아퀴나스 등도 그렇게 했다),51)

---

48) 특히 *DN* 5.4-6 (811G-820D)을 보라.
49) Gersh, *Iamblichus Eriugena*, pp. 158-65.
50) Booth, *Aporetic Ontology*, pp. 76-80.

개설 | Introduction   37

그는 생산을 하나의 신적 필연으로 만들고 하나님이 열등한 물질적 실존과의 직접적인 접촉에서 자신을 보호하기 위해서 중개자들을 통해서 활동하게 함으로써 기독교의 창조론을 제대로 표현하지 못하는 하나님-세계 관계에 대한 견해를 개진했다는 비난을 받아왔다. 이 설명만큼 진리와 거리가 먼 것은 있을 수 없다.52)

물론 디오니시우스는 방사와 관련하여 후기 신플라톤주의의 언어를 사용하여 창조에 대한 위계적 견해를 제시하지만, 그리고 위계들이 자체의 질서 내에서 서로와의 관계 안에서 상호 작용하는 방식 안에 중간적인 인과율이 있다고 인정하지만,53) 그의 우주에서 가장 중요한 것은 각각의 실체들이 만물을 창조하신 신(*Thearchy*)을 절대적으로 의존하는 직접적인 관계이다.54) 인간적인 관점에서 본다면, 위계의 활동들에 대한 이해는 신적 에로스에 대한 모든 피조물의 직접성을 드러내 준다. 이것이 디오니시우스의 독특한 기독교적 신플라톤주의의 핵심이다.

신비주의에 대한 디오니시우스의 이해는 위에서 살펴본 적이 있는 변증적 분류와 분리할 수 없다. 신적 임재에 대한 특별한 경험들

---

51) Gersh, *Iamblichus to Eriugena*, p. 207 n.18, and p. 217.
52) von Ivánka, *Plato Christiamus*, pp. 262-89; Louth, *Origins*, pp. 116-77; Booth, *Aporetic Ontology*, pp. 76-80; and esp. Gersh, *Iamblichus to Eriugena* pp. 20-23, 204-6, 227-29, 283-88. Also helpful is O. Semmelroth, "Gottes geeinte Vielheit: Zur Gotteslehre des Ps.-Dionysius Areopagita," *Scholastik* 25 (1950), pp. 393-94.
53) Jean Pépin, "Univers dionysien et univers augustinien," in *Aspects de la dialectique: Recherches de philosophie* II [Paris: Desclée, 1956], esp. pp. 196, 205-8.
54) Gersh, *Iamblichus Eriugena*, p. 172-77,

을 다룬 자서전적 이야기에 의해서 신비주의를 정의하는 사람들의 입장에서 보면, 그의 신비주의가 지닌 객관적인 성격은 수수께끼가 된다.55) 디오니시우스가 특별한 하나님 체험을 허락받은 사람들의 증언에 호소하지 않은 것이 아니라, 자신에게 그러한 지식이 있다고 여기지 않았다. 그는 항상 직접적으로나 간접적인 스승들, 즉 모세와 바울, 카르포스(Carpos)와 히에로테우스(Hierotheus)와의 관계에서 신비주의에 대해 말한다.

그렇게 하면서, 그는 신자의 신비한 삶의 교회적 실체를 증거하는 개인적인 이야기들을 옹호해온 기독교 선조들이 세워놓은 전통을 고수한다. 이것은 그의 전집의 교육적 성격에 더 부합할 것이다. 폴 로램(Paul Rorem)은 이것을 "모든 신자들이 직접 사용할 의도를 지닌 것이 아니라 이 영적 여행을 하는 사람들을 지도할 계층의 안내서로 사용될 지침서나 안내서인 듯한 느낌을 가진다"고 말한다.56)

디오니시우스의 전집은 어떤 종류의 영적 여행을 드러내 주는가? 디오니시우스의 주요 개념들을 분석하고 몇 가지 기본적인 가정을 기술해 보는 것이 그것의 윤곽을 이해하는 데 도움이 될 것이다.

처음부터 우리는 디오니시우스 신비주의가 근본적으로 교회적이고 예전적인 성격을 가졌음을 강조해야 한다. 우리를 하나님과의 연합으로 복귀시켜 주는 신비한 과정, 혹은 상승 과정은 플로티누스가 말한 것처럼 "단독자(the alone)가 단독자(the Alone)에게" 가는 고독한 여행이 아니라, 교회 생활의 본질적 세 가지 측면이 상호 작

---

55) W. R. Inge, *Christian Mysticism* (London: Methuen, 1899), pp. 104-10.
56) Rorem, *Biblical and Liturgical Symbols*, p. 149.

용함으로써 얻어지는 과정이다.

이 세 가지 측면은 (1) 교회의 위계 내에서 자신이 자치하는 위치에 따라서 거행된 (2) 거룩한 예전들의 행위 속에서 그리고 행위를 통하여 (3) "거룩한 신탁들"(성서)을 올바르게 이해함이다.

에바그리우스는 기도를 주로 개인적인 관상 수련이라고 이해하면서 "만약 당신이 신학자라면, 참으로 기도하게 된다"고 주장했다. 디오니시우스라면 참된 신학자가 되기 위해서는 예전적으로 기도해야 한다고 주장했을 것이다: "디오니시우스에게 있어서 그의 신학 전체는 하나의 신성한 예전적인 행위이다."[57] 두 저자 모두 참된 신학자가 되려면 후대에 신비가라고 불려야 할 것이라는 데 동의한다.

두 번째 기본적 가정은 복귀(*epistrophē*)와 상승(uplifting)이라는 디오니시우스의 이해와 관련된다.[58] 헬라 철학자들과 기독교 저자들이 사용하였던 상승과 여행이라는 주제는 항상 일차적으로 영적인 과정을 나타내는 비유로 간주되었지만, 디오니시우스에게서는 비유적 특성이 오리겐이나 에바그리우스에게서 발견되는 것보다 강조된다.

피조된 위계 전체를 신의 질서있는 현현으로 보는 디오니시우스의 개념을 고려할 때, 신체의 다양한 단계들을 통과함에 의해서 진정으로 하나님께 올라가는 것이 아니라, 각 단계들의 중요성을 그 근원인 감추인 하나님과의 내적 연합을 획득하기 위한 수단으로 사용할 때에 하나님께 올라갈 수 있다.[59]

---

57) Von Balthasar, *Glory of the Lord* 2:153.
58) *CH* 9.2 (267B); 15.4 (3335)를 보라.

어거스틴은 위로 올라가는 것은(*transire*) 영혼 안에서(*intrare*) 올라가는 것이라고 주장한다. (어거스틴보다 내성적이지 못한) 디오니시우스에게 있어서 상승은 제럴드 맨리 홉킨스(Gerald Manley Hopkins)가 사용한 용어를 사용한다면 "내면의 강조"(instressing)에 가깝다.60)

마지막으로, 우리는 기본 가정들을 통해서 디오니시우스가 *mystikos*라는 수식어 및 그에 상응하는 용어들을 사용한 방식에 주목한다. 알렉산드리아의 클레멘트 시대에, 이 용어는 벌써 기독교의 소유가 되어 성서, 의식, 기도 등 안에 숨겨진 신적 실체가 현현하는 은밀한 방식을 표현하기 위해 사용되었다.61)

마카리우스의 것으로 간주되는 저술에서는, 이것이 심지어 하나님과의 연합 혹은 동참을 수식한다(이것은 기독교 문헌에서 최초로 "신비한 연합"이라는 용어가 등장한 것이다). 그러나 이 단어에 중요성을 부여하여 기독교 사상에서 계속 그 혜택을 누리게 한 사람은 디오니시우스로서, 자신의 저술의 주요한 본문에서 종종 그 단어를 사용했다.62)

물론 디오니시우스는 "신비 신학"(*theologia mystikē*)이라는 개

---

59) Louth는 이것을 훌륭하게 표현한다(Origins, p. 171).
60) Cf. Christopher Devein, S.J., *The Sermons and Devotional Writings of Gerard Manley Hopkins* (Oxford University Press, 1959], pp. 283-84.
61) 이 용어의 역사에 대해 알려면, Louis Bouyer, "Mysticism: An Essay on the History of the Word," in *Understanding Mysticism*, ed. Richard Woods (Garden City: NY Doubleday Image Books, 1980), pp. 42-55; idem, "Die mystische contemplation bei den Vatern."을 보라.
62) Chevallier, *Dionysiaca* 2:1634을 보라.

념을 만들어낸 것으로 유명하다. 이 기술적인 용어는 특별한 종류의 경험을 의미하는 것이 아니라 하나님 안에 있는 하나님의 신비를 다루는 지식이다(*monē*).63) 디오니시우스가 신비 신학을 상징적 신학이나 긍정적인 신학과 구분했지만, 이것은 기능들의 분류이지, 별개의 종류의 신학을 말하는 것은 아니다. 따라서, 모든 형태의 상호작용이 어두움과 침묵 속에서 하나님과의 연합을 획득하는 것을 목표로 하는 한, 그의 사상 전체가 신비적이라고 해도 틀린 말은 아니다.64)

이처럼 근본적으로 객관적인 의미를 전제로 하여, 이제 우리는 디오니시우스가 다소 주관적인 방법, 혹은 경험적인 방법으로 "신비적"이라는 단어를 사용했는지 살펴볼 수 있다.

이런 방향으로의 움직임이 있다는 증거로 『하나님의 이름들』 2.9의 중요한 본문을 들 수 있다. 여기에서 그는 자기의 스승 히에로테우스가 "거룩한 신학자들"(즉 성서 저자들)로부터 직접 얻었거나 혹은 그들의 저술을 공부하여 얻은 교리에 대하여 말하면서, 보다 고귀한 유형의 지식, 제3의 지식에 대하여 말한다.

히에로테우스는 이 지식 안에서 "…보다 거룩한 영감에 의해서 그것들(즉, 거룩한 진리들)을 전수받아 하나님의 일들을 배울 뿐만 아니라 경험하며, (이렇게 말할 수 있을지 모르겠지만) 그것들과의 일치(sympathy)를 통해서 인간으로서는 배울 수 없는 신비한 연합과 믿음을 전수받았다"(『하나님의 이름들』 2.9 [648B]).65)

---

63) Bernard, "La doctrine mystique," p. 525을 보라.
64) Rorem, "Uplifting Spirituality," pp. 132-33, 196을 보라.

여기서는 "정신적 노력에 의해서 아는 것"(*mathein*)과 "특별한 경험에 의해서 아는 것"(*pathein*)을 구분했는데, 이것은 아리스토텔레스의 유명한 단편에서 신비 안에서 획득된 지식을 묘사하기 위해서 사용된다.66)

이 관점은 후기 신플라톤주의에서 마술적 활동을 가능하게 해주는 다양한 수준의 실체들의 결속을 묘사하기 위해서 사용된 *sympatheia*라는 용어를 사용하면서 더욱 고조된다.67) 디오니시우스의 수식어구("이렇게 말할 수 있을지 모르겠지만")는 신플라톤주의적인 용도의 또 다른 변형을 암시한다. 디오니시우스에게 있어서 일치(sympathy)는 상부 세계에 접근하기 위해서 물질적인 것들이 사용되는 존재론적인 결속이 아니라, 위계들의 내적 의미를 신의 현현으로 해석하는 것을 지향하는 것이다.

히에로테우스를 다룬 이 구절들과 디오니시우스가 다른 훌륭한 신비가들, 즉 모세, 바울, 카르포스를 다룬 구절들을 비교해 보면,68)

---

65) *Eine kai ei tinos emyēthē theioteras epipnoias, ou monon mathōn, alla kai pathōn ta theia; kak tes pros auta sympatheias, ei outō chre phanai, pros tēn adidakton auton kai mystikēn apotelestheis henōsin kai pistin..*
66) Aristotle frg.15 (see W, D. Ross, *Aristotelis fragmenta selecta*, vol.12 in *The Works of aristotle*, ed. W. D. Rosa (Oxford: Clarendon, 1908-31), p. 84). 다음을 보라: Werner jaeger, *Aristotle* (Oxford: Clarendon, 1948), p. 160; M. Harl, "Le langage de l'expérience religieuse chez lea pères grecs," *Rivista di storia e letteratura religiosa* 15 (1977), pp. 6-7, 12-16.
67) *The Elements of Theology* prop. 140 (ed. Dodds, p. 124); p. E. Rorem, "Iamblichus and the Anagogical Method in Pseudo-Dionysian Liturgical Theology," in *Studia Patristica*, vol. 18, ed. E. A. Livingstone (Oxford and New York: Pergamon, 1982), pp. 453-60을 보라.
68) 모세는 *MT* 1 (1000?-1001A); 바울은 *DN* 4.13 (712A) and *Ep.* 5 (1073A-1076A); and 카르포스는 Ep. 8.6 (1097B-1100D)에서 다루어진다.

하나의 분명한 모형이 떠오른다. 이 신비가들이 받은 특별한 경험, 지식, 환상(*theopteia* [Ep. 8.6; 1097C]) 등은 『교회의 위계』에서 전례 의식을 표현하기 위해 사용한 표현을 상기하게 한다.

그래서 만약 디오니시우스가 "신비적"이라는 용어에 보다 실존적 차원의 요소들을 포함시켰다고 말할 수 있다면, 이 경험의 배경과 상황은 전례적이고 교회적이라고 할 수 있다. 『신비 신학』은 『교회의 위계』와 분리될 수 없다.69)

『신비 신학』 제1장에서 모세는(필로와 닛사의 그레고리에게서도) 이상적 신비가, 즉 먼저 정화(*katharsis*)를 거치고 나서, (하나님의 본질이 아니라) 하나님의 자리에 대한 관상(*theōria*)을 획득하며, 마지막으로 하나님과의 연합(*henōsis*)을 획득한 사람으로 등장한다.

> 여기에서, 그는 만질 수 없고 볼 수 없는 것에 몰두하여 정신이 인식할 수 있는 것은 모두 버리며, 모든 것을 초월하여 계신 분께 완전히 속하게 된다. 여기에서 그는 자기 자신도 아니고 다른 사람도 아니며, 모든 지식의 무지의 무활동에 의해 연합되며, 아무것도 알지 않음에 의해서 이성을 초월하여 안다.(『신비 신학』 1.3 [1001A; p. 137])

이 삼중 형식은 오리겐에게서 어렴풋이 윤곽이 그려졌고, 에바그리우스가 실천(*praktikē*)과 두 종류의 관상(*theōria*)을 구분한 데

Rorem, *Biblical and Liturgical Symbols*, pp. 133-42을 보라.
69) 이것은 Bouyer(*Spirituality*, pp. 711-12)와 Rorem(*Biblical and Liturgical Symbols*, pp. 140-42)이 강조한 것이다.

서 반영되었던 것으로서 디오니시우스의 전집 전체, 특히 『교회의 위계』와 『천상의 위계』에서 나타난다(『교회의 위계』 5.I.3, 7; 6.III.5-6; 『천상의 위계』 3.2; 7.2-3; 10.1).[70]

이 형식은 그 후 수세기 동안 신비적 순례를 이해하는 가장 평범한 방법으로 사용되었다. 그러나 디오니시우스가 정화, 조명, 완전 혹은 연합이라는 이 삼중 형식을 사용한 것은 신자의 생활에서의 다양한 양식의 신학의 작용에 대한 그의 이해에 따라서 고찰되어야 한다.

『편지 9』의 유명한 구절이 훌륭한 출발점을 제공한다:

> 신학적 전통은 이중 측면을 가지고 있다. 하나는 말로 표현할 수 없고 신비한 측면이고, 또 하나는 공개적이고 보다 분명한 것이다. 전자는 상징 사용과 비밀 전수에 호소한다. 후자는 철학적인 것으로서 논증의 방법을 사용한다…전자는 설득을 사용하고, 주장되는 것의 진실성을 강요한다. 후자는 행동하고, 가르칠 수 없는 신비를 사용하여 영혼들을 하나님의 임재에 확고하게 둔다.(Ep. 9.1 [1105D; p. 283])[71]

"신학적 전통"이라는 용어는 오늘날 우리가 신학이라고 부르는 것보다 광범위한 것이다. 즉 긍정적으로는 하나님에 대한 진리를 가르치기 위해서, 부정적으로는 모든 "논증"을 거부하는 방식으로 거룩한 신비를 임재하게 하기 위해서 성경과 전례를 사용하는 교회의 삶 전체로 묘사할 수 있는 실체이다.

---

70) Rogues, *L'univers dionysien*, pp. 94-101을 보라.
71) Rorem, *Biblical and Liturgical Symbols*, pp. 50-52를 보라.

논증될 수 없는 것을 현존하게 하는 일은 두 가지 차원에서 이루어진다. 성경과 전례에서 사용되는 상징들의 유형적 차원에서, 그리고 명칭들의 부정 및 궁극적으로 긍정과 부정 모두를 제거함으로써 영혼을 신적 비밀과 연합하게 하는 개념적/지적 차원에서 이루어진다.

여기에서 디오니시우스의 방법의 기초들 중 하나를 소개하자면, 긍정과 부정의 필요성이다(어떤 사물을 먼저 긍정함이 없이 어떻게 부정할 수 있겠는가?). 물론 부정은 신적 초월성과 보다 직접적인 관계를 갖기 때문에, 이 변증의 각 단계에서는 부정의 요소가 우선권을 가진다.

『천상의 위계』 제2장에서, 디오니시우스는 하나님이 비슷한 상징들과 비슷하지 않은 상징들을 통해서 계시됨을 주목한다. 비슷한 상징이란 말씀, 정신, 존재와 같은 개념적인 명사들이며, 비슷하지 않은 상징들은 물질세계에서 취한 것들이다(『천상의 위계』 2.3 [140C; p. 149]).

그러나 개념적인 수준에서도 "전혀 비슷하지 않은 계시들", 즉 하나님을 "보이지 않음, 무한함, 파악할 수 없음" 등의 부정을 통하여 묘사하는 계시들이 있다. "하나님은 결코 존재를 갖는 사물들과 같지 않으며, 우리는 하나님의 이해할 수 없고 말할 수 없는 초월성과 불가시성에 대한 지식이 전혀 없기"(140D) 때문에, 지적인 수준에서는 물론이요 "우리의 정신을 영적 영역으로 끌어올리는 데에 유사한 것들보다는 부조화한 것들이 더 적합한" 상징적 차원에서도 긍정의 방법보다 부정의 방법이 우월하다. "그러므로 참된 부정들, 그리고 그것들과 전혀 일치하지 않는 비유들은 마땅히 신적인 것들에게

경의를 표한다"(『천상의 위계』 2.5 [145A; pp. 152-53]).

만물은 하나님을 드러내기도 하고 감추기도 한다. 모든 피조된 하나님의 현현의 구성 요소인 "부동(不同)의 유사성"은 긍정되어야 할 유사성이면서 동시에 부정되어야 할 부동성(不同性)이다.72) 그러므로, 우주는 하나님의 형상으로서 필요하지만, 하나님의 표현은 될 수 없다. 왜냐하면 하나님은 그 무엇으로도 제대로 표현될 수 없는 분이시기 때문이다.73)

그러나 긍정적인 요소를 충분히 활용함으로써, 즉 우주의 아름다움 안에 몰입함으로써, 우리는 하나님은 항상 우리의 생각할 수 있는 것 이상으로 존재하고 계시다는 사실을 발견하는 데 필요한 표현들의 부정에 변증적으로 이를 수 있다.

이 변증법은 디오니시우스가 "신학적 전통"이란 부른 것의 다양한 기능을 점진적으로 활용하는 데 중요하다. 상징적인 수준에서, 우리는 성서와 전례의 긍정적인 상징들 안에서 하나님을 발견하는 동시에, 비슷하지 않은 상징들의 충격을 통해서 물질적 수준을 넘어 의미의 개념적 수준에 도달해야 한다는 것을 인정하기 시작한다. 개념적 수준에서 우리는 하나님에게 명칭을 부여하는데, 이때에도 하나님께로 이어지는 부동성의 참된 심원함을 이해하기 위해서는 모든 개념적 의미를 포기해야 한다는 것을 배우기 시작한다.74) 부정의 신학의 역사에서 디오니시우스의 특별한 공헌은 바로 이 점에 있다.

---

72) Rorem, "Uplifting Spirituality," p. 136.
73) von Balthasar, *Glory of the Lord*, 178-84을 보라.
74) Sheldon-Williams, "The pseudo-Dionysius," p. 463을 보라.

디오니시우스는 하나님과 관련된 모든 서술에서 부정이 긍정보다 우월하다고 주장하면서(『하나님의 이름들』 13.3; 『신비 신학』 1-5; 『천상의 위계』 2.3), 불충분한 부정과 신적인 것에만 적합한 초월에 의한 부정을 구분했다.75)

그러나 이 두 가지 방식 모두 필요하다: "그러므로 하나님은 만물 안에서 알려지며, 만물과 구분된다. 하나님은 지식(영지)을 통해서 알려지며 무지(unknowing)를 통해서도 알려진다"(『하나님의 이름들』 7.3 [872A; pp. 108-9). 무지를 통한 앎이 디오니시우스의 부정의 신학의 핵심이다.

잔 바네스트(Jan Vanneste)는 디오니시우스의 부정의 신학을 이해하는 데에는 세 용어—부정(*aphairesis*), 무지(*agnōsia*), 연합(*henōsis*)—가 중요하다는 것을 제시한다.76) 처음 두 개는 적절한 의미에서 부정의 신학에 속하고, 세 번째 것은 그 신학의 목표인 신비 신학에 속한다. 즉 긍정과 부정을 초월한다. 부정(*aphairesis*)은 "한쪽으로 치움" 혹은 "부정적인 추상"이라고 표현될 수 있다. 즉 하나님의 초월적인 완전함을 제대로 표현하지 못하는 모든 술어들을 하나님에게서 의식적으로 제거하는 작용에서 발견되는 부동의 상징들과 개념적으로 유사한 것이다. 디오니시우스는 『신비 신학』 제2장에서 긍정의 신학과 부정의 신학을 비교하면서 다음과 같이 말한다:

---

75) *DN* 7.2 (869A; p. 107.
76) Vanneste, *Le mystère de Dieu*, passim, esp. pp. 218-24. 디오니시우스의 부정의 신학을 아는 데는 Lossky, "La thèologie negative dana la doctrine de Denys Areopagite"도 도움이 된다.

우리는 긍정들(thesesin)을 찬양하는 것과는 아주 다르게 부정들을(aphaireseis) 찬양해야 할 듯하다…최하위의 것에서 가장 중요한 것으로 올라갈 때에, 우리는 모든 것을 부정하게 된다. 그래야만 우리는 모든 존재들 가운데 알려진 모든 것에게 숨겨져 있는 무지를 숨김없이 알게 된다…(1025B; p. 138)

디오니시우스의 전집에는 이 "부정의 방식"을 사용한 예가 무수히 많다. 『하나님의 이름들』 7, 9, 13과 『신비 신학』 3과 같은 대표적인 구절들은 이 방법에 대한 훌륭한 이해를 제공해 준다.

부정은 디오니시우스의 신비 어휘에서 또 하나의 중요한 용어인 무지로 이어진다.[77] 폰투스의 에바그리우스의 목표는 "삼위일체의 본질적 지식"이었는데, 그보다 더 분명히 부정적이었던 디오니시우스는 모든 지식(knowing)을 부정하기를 원한다.

디오니시우스가 격찬하는 이 무지는 정확하게 무엇인가? 분명히, 이것은 결코 기술되거나 정의될 수 있는 개념이나 내용이 아니다. 이것은 정신의 상태로서, 하나님의 객관적 불가지성과 주관적으로 관련이 있다. 모순된 사실들을 역설적으로 주장함을 통해서만 이것에 대해서 말할 수 있다: 무지는 하나님에 대한 유일하게 참된 지식이다. "이 긍정적으로 완전한 무지는 알려져 있는 모든 것을 초월하시는 분에 대한 지식이다"(Ep. 1 [1065AB; p. 263]).[78]

디오니시우스는 무지에 대하여 말하는 두 가지 방법을 가지고 있

---

77) Chevallier, *Dionysiaca* 2:1586을 보라.
78) Vanneste, *Le mystère de Dieu*, p. 170.

는데, 이는 그가 상징적 신학과 합리적 신학 사이를 구분한 데 걸맞는 것이다. 본래의 의미에서 신비 신학은 모든 형상과 명칭들 너머에 있으며, 그렇기 때문에 그것에 대해서 말하거나 쓸 수 없다. 그러나 신비신학은 상징적 신학과 합리적 신학의 도움을 받아 기록될 수 있다. 이 신학들은 모든 말을 초월하는 것을 제안하기 위해서 변형된 의미로 사용되는 상징적이고 개념적인 담화의 세계로부터 취한 용어를 신비 신학자에게 빌려준다.

디오니시우스는 숨어 계신 하나님께 도달하는 것을 비유적으로 묘사하기 위해서 모세가 하나님을 만나기 위해서 시내 산에 올라간 이야기(출 19-20장)에서 이끌어낸 어두움(*skotos, gnophos*), 구름(*nephelē*), 침묵(*sigē*)의 용어를 상징적인 담화의 세계로부터 취한다.79) 모세는 보는 일으로부터 완전히 해방되어 "진실로 신비한 무지의 어두움 속에 뛰어든" 사람의 표본이다(『신비 신학』 1.3 1001A).

그는 모세가 구름 속에서 하나님을 만난 이야기에 호소하면서, 필로에서부터 시작되었고, 닛사의 그레고리가 확실하게 나타낸 전통을 따르고 있다.80) 어두움의 신비주의는 이교도 신플라톤주의자들에게서 발견할 수 없는 것이라는 데 유의해야 한다. 이것은 분명히

---

79) *MT* 1.1 (997B-1000A); 1.3 (1000c); 2 (1025AB); 3 (1033B); also Ep. 1 (1065A); 5 (1073A)을 보라.
80) Henri-Charles Puech, "La Ténèbre mystique chez le Pseudo-Denys l'Aréopagite." Cf. Vanneste, *Le mystére de Dieu*, pp. 161-81; and especially Rogues, "Contemplation, extase et ténèbre mystique chez le Pseudo-Denys," *DS* 2:1885-1911. MT 1.3을 Gregory of Nyssa의 Life of Moses 2.162-69, in *Grégoire de Nysse. La vie de Moïse* (SC ibis: 80-84)와 비교해 보라.

성경적인 부정주의가 빛을 나타내는 비유적 표현을 많이 사용하는 고대 말의 이교 신학에 대한 비판이라고까지 생각해볼 수 있다.[81]

물론 디오니시우스가 신적 어두움이라는 주제를 고안해낸 것이 아니며, 원칙적으로 하나님의 완전한 불가지성을 의미하기 위해서 객관적인 의미로 그것을 사용했다. 그러나 이 불가지성은 우리가 오직 무지를 통해서만 하나님께 도달할 수 있다는 것을 가리킨다는 사실은, 14세기의 『무지의 구름』에서처럼 후대에 디오니우스의 표현을 주관적으로 사용한 것이 반드시 변칙적인 것은 아님을 의미한다.[82]

이해가 미치지 못하는 것들을 제시하기 위하여 디오니시우스가 언어를 사용하는 두 번째 방식은 보다 복합적이다. 디오니시우스는, 하나님은 알 수 없는 분일뿐만 아니라 "그 알 수 없음을 능가하는 분"(*hyperagnostos*)이라고 주장한다(『신비 신학』 1.1; 997 A]). 이것은 무엇을 의미하는가?

디오니시우스는 신비한 과정에서 부정이 긍정보다 우월하지만, 하나님과의 연합에 이르기 위해서는 긍정과 부정 모두가 초월되어야 한다고 가르친다. 『하나님의 이름들』 2.3-4에서 보듯이, 때로 디오니시우스는 통일된 하나님의 이름들은 "말로 형언할 수 없는 것 이상이며, 알 수 없는 것 이상"이라는 사실을 강조하기 위해서 "선 이상의 것"(More-than-Good), "하나님 이상의 하나

---

81) Puech, "La Ténèbre mystique," p. 140의 견해를 따른 것이다.
82) Puech는 디오니시우스의 암흑의 주관적인 측면과 객관적인 측면을 인정한다 ("La Ténèbre mystique," pp. 122, 125).

님"(More-than-God), "존재 이상의 존재"(More-than-being)와 같이 탁월한 수식어, 즉 "초월적-용어들"(hyper-terms)을 사용한다. 그 이유는 삼위일체는 그 분화되지 않은 통일성 안에 "만물의 긍정, 만물의 부정, [그리고] 긍정과 부정을 초월하는 것을 가지고 있기 때문이다"(『하나님의 이름들』 2.3-4 [640B-641A; pp.60-61]).[83] 『신비 신학』을 끝맺는 위대한 부정의 찬송이 주는 마지막 메시지는 하나님은 긍정과 부정을 초월하신다는 것이다:

그것은 긍정과 부정을 초월한다. 우리는 그것이 아니라 그 곁에 있는 것을 긍정하거나 부정할 뿐이다. 왜냐하면 그것은 모든 긍정을 초월하며, 만물의 완전하고 유일한 원인이며, 또한 모든 한계를 초월하는 단순하고 절대적인 본성에 의해서 모든 부정도 초월하기 때문이다.(5 [1048B; p. 141]; 또한 1.2 [1000B])

위와 같은 결론에 도달하면서, 디오니시우스는 가끔 토머스 토머직(Thomas Tomasic)이 "충돌 진술"(collision statement)이라고 부른 것, 즉 하나님과 관련하여 상반되고 모순되는 서술들을 변증적으로 결합한 것들을 종종 사용한다.[84] 이것들은 때때로 『파르메니데스』[85]의 첫째 가설을 상기하게 하는 한 쌍의 반대되는 것들로 이루어진 부정이며, 또 어떤 곳에서는 두 번째 가설에서처럼 한 쌍의

---

83) Corbin, "Negation et transcendance," pp. 47, 58-63, 69. J.-L. Marion, *L'idole et la distance* (paris: Grasset, 1971).
84) Thomas Michael Tomasic, "The Logical Function of Metaphor and oppositional Coincidence in the Pseudo-Dionysius and Johannes Scotus Eriugena," *Journal of Religion* 68 (1988), pp. 364-66.
85) E.g., *MT* 5 (1048A; p. 141). Cf . *DN* 13.3 (981A).

반대되는 것들로 이루어진 긍정이다.86) 그 밖에 충분히 변증적인 방법으로 하나님께 적용할 수 있는 상반되고 모순되는 서술들을 긍정하기도 하고 부정하기도 하는 본문들이 있다.87)

디오니시우스가 긍정과 부정, 그리고 방금 언급했던 세 가지 탁월한 서술 형태를 복잡하게 사용했기 때문에, 많은 분석과 논란이 이루어져 왔다. 어떤 사람들은 그것들과 후기 신플라톤주의에 나타난 긍정적 서술과 부정적 서술이라는 형태와의 관계를 강조했지만,88) 어떤 이들은 하나님과 관련하여 그가 사용한 이 표현 방식(God-lauguage)의 적합성을 평가하려 해왔다. 디오니시우스는 언어에 대한 요구들을 타파하기 위해서 어느 교부보다 더 많은 언어(그 나름의 매우 특별한 언어)를 사용했는데, 이것은 지금까지도 논란이 되는 부분이다.

다음과 같은 등식에 의해서 디오니시우스가 하나님에 대해 사용한 다양한 표현의 논리를 증명할 수 있다:

1. 하나님은 x 이다(이것은 비유적으로 참이다).
2. 하나님은 x 가 아니다(이것은 신비적으로 참이다).
3. 하나님은 x 도 아니고 x 아닌 것도 아니다(이것은 연합적으로 참이다).

세 번째 서술 형태는 (2번에서 등장한) "단순한" 초월을 가리키는

---

86) E.g., *DN* 9.1-10 (909B-917A); cf, 13.2 (980A).
87) E.g., *DN* 5.10 (825B; p. 103); *DN* 7.3 (872A; p. 109); *Ep.* 3 (1109D; p. 286); cf, *DN* 19.3 (980c).
88) Gersh, *From Iamblichus to Eriugena*를 보라.

것이 아니라, 디오니시우스가 다소 무절제하게 사용한 초월적-용어들을 통해서 지적한 특별한 탁월함의 형태를 가리킨다.89) 코르빈(Michel Corbin)은, 이 "초-탁월"(sur-eminence)의 형태는 일상적으로 탁월한 언어를 넘어서, 'x가 아닌 것이 최고의 x보다도 더한 x이다'는 형식을 따라 이중 부정을 형성한다고 주장한다.90) 이것이 디오니시우스의 의도에 어긋나는 것이 아니라 할지라도, 이것은 디오니시우스가 부정들의 다양성의 작용을 통하여 알리려 했던 신비를 지나치게 문자적으로 공식화한다.91)

무지의 의미를 둘러싸고 있는 주변적인 문제들 때문에, 디오니시우스의 신비적 해석의 목표는 무지가 아니라 연합이라는 사실을 간과해서는 안 된다. 이 둘 사이의 관계를 결정하기는 쉽지 않다: 무지는 연합이라는 내실로 들어가는 문지방인가, 아니면 어떤 면에서 무지는 연합과 동일한 것인가? 이 두 용어는 개념적인 언어를 초월하는 임재의 수준을 다루고 있으므로, 이 질문은 약간 인위적인 질문이다. 그러나 디오니시우스가 그 용어들을 사용한 것은 그 둘 사이에 어느 정도의 차이점이 있음을 제시하는 듯하다.

인간이 신적 임재와의 직접적인 관계를 획득하는 방법의 특성을 규정한 것이라고 할 수 있는 연합의 개념이 후대에 중요하게 된 것 역시 디오니시우스가 후대의 전통에서 발휘한 영향력을 나타내 준

---

89) E.g., *hyperagnōstos* in *DN* 1.5 (593B) and *MT* 1.1 (997A); *hyperochitos* in *Ep.*.1 (1065A); *hyperphaēs* in *DN* 1.8 (797A).
90) Corbin, "Negation et transcendance," pp. 58-59, 69.
91) 디오니시우스가 부정의 부정을 특별히 강조하지 않은 것이 이것을 지적해 주는 하나의 증거이다.

다. 물론 하나님과의 연합이란 새로운 개념이 아니었지만, 디오니시우스가 그 용어를 사용함으로써 새로운 중요성을 부여하게 되었다.

디오니시우스는 그의 스승 히에라테우스가 "신적인 것들과의 신비적 연합"을 얻었다고 주장했다(『하나님의 이름들』 2.9). 이것이 현대에 디오니시우스를 유명하게 만들어준 기술적 용어를 사용한 유일한 곳이지만,[92] 여러 곳에서 연합(*henōsis*) 및 그와 관련된 용어들이 복귀(*epistrophē*)의 목표와 관련하여 등장하는 곳이 많다.[93]

『신비 신학』 제1장에서 디오니시우스는 디모데에게 "…인식되고 이해되는 모든 것을 뒤로 하고, 모든 존재와 지식을 초월하시는 분과의 연합을 얻기 위해서 위를 향해 정진"하라고 권면한다. 『하나님의 이름들』 7.3에서는, "정신을 크게 초월하는 연합 안에서… 무지를 통해서 임하는 가장 거룩한 신 지식"을 획득하는 것에 대해 말한다(872B; p. 109). 연합은 신자가 목표를 성취하는 배경이 된다고 디오니시우스가 주장한 전례적인 배경과 분리되어서는 안 된다.

『교회의 위계』 3.1에서는 "거룩하게 전수해 주는 모든 활동은 우리의 조각난 삶을 결합하여 하나로 신화(神化)되게 해 준다. 그것은 우리들 가운데 존재하는 구분들을 가지고 신적 일치를 만들어 낸

---

92) *Mystical Union and Monotheistic Faith*, ed. M. Idel and B. McGinn (New York: Macmillan, 1989), pp. 185-93을 보라.
93) *henōsis*는 디오니시우스의 글에서 58회 이상 사용되지만(Chevallier, *Dionysiaca* 2:1597을 보라), 항상 신비적 연합의 의미로 사용되는 것은 아니다. 특히 Vanneste, *Le mystère de Dieu* chap. 4를 보라.

다. 그것은 우리에게 일자(the One)와의 교제와 연합을 가져다 준다"고 말한다(『교회의 위계』 3.I.1 [424CD; p. 209]).[94]

『신비 신학』 1.3에서, 디오니시우스는 연합의 표현을 모세에게 적용하면서, "모든 지식에 대한 완전히 무지한 비활동성에 의해서 탁월하게 연합되는 것"에 대해 말한다(1001A; p. 137). 이 용어는 후대의 신비가들, 특히 16세기 이후에 신비가들이 종종 논했던 보다 높은 연합의 단계에서의 수동성을 시사해 준다. 그러나 그것들의 지나치게 많은 차이점들을 복창하여 상이한 사고 세계에 들어가지 않도록 조심해야 한다.

연합 및 그와 연관된 용어들을 많이 사용하고 있음에도 불구하고, 디오니시우스는 연합의 본질에 대해서 상세히 설명하지 않으며, 많은 저자들과는 달리 그것을 특정의 넓은 전통 안에 두는 데 도움이 될 신약성서의 증거 본문들과 연결시키지도 않는다. 그러나 한 가지는 분명하다: 하나님과의 연합은 신화(神化)에 의해서 생각되어야 하며, 신화는 "가능한 한 하나님과의 연합 안에서, 그와 비슷하게 되는 것이다"(『교회의 위계』 1.3 [376A; p. 198]).[95] 신화(theōsis)란, 위계 안에 참여함으로써 이성과 지성을 부어 받은 존재들에게 하나님이 주시는 선물이다(『교회의 위계』 1.4).

> "우리는 인간의 위계를 본다…그것은 계층적으로 우리를 상승시켜 신화의 일치 안에 들어가게 해주는 감각할 수 있는 다양한 상징

---

[94] 성찬식과 연합에 대해서 보다 상세히 알려면 *EH* 3.III.7-9 (436D-437C)을 보라.
[95] *CH* 12.3 (293B)에서는 연합, 신화, 하나님을 닮음 등이 연결되어 있다; cf, *DN* 8.5 (893A).

들 안에서 배가된다"(『교회의 위계』 1.2 [373AB; p 197]).96)

디오니시우스는 연합과 신화를 동일시하면서, 이미 기독교 사상에서 표준적인 주제가 된 것에 더하여 새로운 형태의 변증적 신비주의를 시도했다. 예를 들어, 디오니시우스는 하나님을 묘사할 때에 새로운 어휘를 사용하여 "신화되는 것들의 신성(Thearchy)"으로 묘사하지만, 영혼이 본성적으로 신적인 것인가 하는 중요한 교리적 문제에 관하여 기독교의 신비 이론과 이교의 이론을 구분한 기독교 선조들의 견해에 동의한다. 우주가 있기 전에 지적 존재들이 창조되었다고 주장하는 오리겐과 에바그리우스도 참된 신성과 차용된 신화를 뚜렷하게 구분했다.

디오니시우스는 이 문제에 관해서는 대부분의 교부들보다 훨씬 플라톤적이지 못하며, 선험적 창조를 주장하지 않는다.97) 그러므로 신성(Thearchy)과 영혼의 관계에 대한 그의 견해는, 변증법이 등장하기 전의 기독교 신비가들보다 탁월하기도 하고 열등하기도 하다: 영혼은 신적이며, 독특한 형태의 하나님과의 연합을 성취할 수 있지만, 하나의 현현으로서만 신적이며, 하나님의 상승시켜주시는 에로스에 의해서만 연합되고 신화된다. 신화는 생득적인 것이 아니라 선물이다.

신화의 연합(divinizing union)은 다른 두 가지 중요한 용어와 중요한 관계를 가진다: 헬라 교부 신비주의에서 중심 되는 주제인 관상

---

96) Bouyer, *Spirituality*, pp. 416-21; and DS 4:1385-87.
97) Von Balthasar (*Glory of the Lord* 2:161-62)에서 강조됨.

(*theōria*), 그리고 그다지 전통적인 것은 아니지만 중요한 개념인 황홀경(*ekstasis*).98) 디오니시우스가 이 두 용어를 사용한 방식은 오직 그의 분류학의 넓은 구조 안에서만 이해할 수 있다.

디오니시우스의 견해에서, 관상(*theōria*)은 하나님에게 뿌리를 두고 있었다. 왜냐하면 하나님(*theos*)이라는 명사는 "바라보다"라는 의미를 가진 *theasthai*에서 파생된다고 생각했기 때문이다.99) 관상은 창조의 위계를 통해서, 그리고 그 안에서 신을 바라보는 능력이다. 상징적인 차원에서, 그것은 성경의 상징들과 전례 행위에 대한 통찰로서, 우리가 단순한 유형적 표상들로부터 내적 의미를 파악할 때에 사용하는 수단이다.100)

보다 높은 차원에서 말한다면, 교회의 위계와 천상의 위계 내의 각 단계마다 그에 합당한 관상이 있고,101) 각 단계는 신의 명칭에 관한 계몽이 위로부터 주어진다.102) 그러나 만약 하나님의 이름들에 대한 관상이 주로 디오니시우스의 영적 여행에서 둘째 단계인 조명에 속한 것이라면, 우리는 관상이란 "숨겨진 침묵의 눈부신 어두움"(『신비 신학』 1.1 [997B]) 안에서 성취되는 연합의 완전한 수준에서 극

---

98) 이 문제에 특별히 관심을 기울인 두 명의 학자가 있다: Völker, Kontemplation und Ekstase; and Roques, "Contemplation chez les orientaux chétiens. E. Le Pseudo Denys L'Areopagite," *DS* 2:1785-87; idem, "Contemplation, extase et ténèbre mystique chez le Pseudo-Denys" *DS* 2:1855-1911 (partly reprinted in Structures théologique, pp. 151-63).
99) E.g., *DN* 12.2 (969c).
100) 이것은 상징적 신학에 할애된 중요한 본문에서 가장 분명히 드러난다: *CH* 2 and Ep. 9.
101) Roques, *DS* 2:1890-91.
102) *DN* 1.2 (588CD; p. 50).

복될 것을 나타내는 것이 아닌지 의아해 할 수도 있을 것이다. 디오니시우스는 어두움으로 들어갈 때에는 모든 감각적이고 지적인 관상은 완전히 버려야 한다고 분명히 주장한다. 그러나 역설적으로 여기에서도 디오니시우스는, 디모데가 "감추어져 있는 신비한 관상", 즉 보이지 않는 중에 보이는 것들, 하나님에 대한 유일하게 참된 지식(gnōsis)인 무지(agnōsia)에 관한 관상을 추구할 것이라고 주장한다.103)

그러므로, 관상에 대한 디오니시우스의 견해는 하나님에 대한 그의 변증적 견해와 완전한 일치한다. 로케(Renē Roques)의 말을 빌리면, "관상은 그것 자체를 능가하지만 파괴하지는 않는 몰아의 상태에서 완성된다."104)

몰아의 상태를 의미하는 *ekstasis*(직역하면 "밖에 섬"이라는 의미)와 *existemi*("⋯⋯으로부터 밖으로 나가다")라는 동사의 형태는 디오니시우스의 전집에서 극히 드물게 사용되지만, 대단히 중요하다.105) 이 단어들은 모든 가치 기준들이 변화되는 곳—긍정과 부정 모두를 초월함으로써 전도되고(무지가 지식이 되며, 어두움이 눈부심으로 변화됨) 초절(超絶) 되는 곳을 나타내주는 표시자라고 묘사될 수 있다. 몰아의 상태는 사랑의 힘, 즉 하나님의 자기 비움을 통해

---

103) Sheldon-Willams, "The pseudo-Dionysius," pp. 467-70; Lossky, *Vision of God*, pp. 109-4을 보라.
104) Roques, *DS* 2:l886.
105) Ekstasis는 4번, 형용사형은 3번 사용된다. *DN* 4.13 (712AB); *MT* 1.1 (1000A); and *Ep.* 9.5 (II. 12BC). 디오니시우스의 엑스타시에 대한 연구를 보려면, Völker, *Kontemplation und Ekstase*, chap. 3; and Roques in *DS* 2:1895-1911을 보라.

서 세상에 심어진 신적 에로스(*theios erōs*)를 통해서 이와 같은 갑작스런 파열을 초래한다.106) 우리는 몰아의 상태를 통해서 인간적 조건을 넘어서고 신화된다.

이미 살펴본 것처럼, 디오니시우스는 먼저 하나님 자신의 몰아경을 긍정하는 대담한 단계를 취한다. 그는 그것을 두 가지 면에서 말하는데, 첫째는 창조적 몰아경(creating ecstasy), 즉 세상을 구성하는 에로스(EROS I)에서 하나님이 자기 밖으로 나아가는 발현이고(『하나님의 이름들』 4.13 [712A]), 둘째는 하나님이 항상 자신 안에, 그리고 만물의 외부에 완전하게 머물러 계시는 초월적 몰아경이다.

『편지 9』에서는 이것을, 하나님께서 마치 술에 취한 연인처럼 "모든 선한 것으로 충만하여, 이 모든 것을 벗어나게 되는" 신적 도취 상태로 묘사한다(Ep. 9.5 [1112BC; p. 287]). 우주에 가득한 에로스적 회복(*erōs epistreptikos*)의 열망에 이끌린 영혼은 부정의 방법에 의해 위를 향한다. "왜냐하면 이것은 영혼으로 하여금 자신의 유한한 본성과 관련된 모든 것을 벗어나게 해주기 때문이다"(『하나님의 이름들』 13.3 [981B; p. 130]). 이것의 본보기는 디오니시우스의 사도적 스승인 바울이다:

이런 까닭에 하나님에 대한 갈망과 그 몰아적 능력에 사로잡힌 위대한 사도 바울은 영감을 받아 "이제 내가 산 것이 아니요 오직 내 안에 그리스도가 사는 것이라"(갈 2:20)고 말했다. 바울은 참으로 사

---

106) 에로스와 엑스타시의 관계에 대해서는 Roques, *DS* 2:1900-1902을 보라.

랑하는 이요, 하나님을 위해 미친 사람이며(고후 5:13), 특별한 사랑을 받는 자로서 자신의 생명을 소유한 것이 아니라 자신이 사모하는 분의 생명을 소유했다(『하나님의 이름들』 7.13 [712A; p. 82]).107)

디오니시우스의 연합의 개념은 지식을 초월한 무지, 사모하는 에로스를 초월하여 몰아적 소유에 이르는 것에 기초를 두고 있다.108) 사랑과 지식은 각기 중요한 역할을 소유하는데, 사랑이 보다 고귀한 역할을 소유한다. 디오니시우스가 사용한 에로스라는 표현은 아가서에 등장하는 성적인 상호 주관적인 심상으로 표현되는 것이 아니라, 형이상학적인 원리로서의 에로스에 대한 객관적인 분석으로 표현된다. 그렇다고 해서 서방기독교 신비주의에서 사랑의 역사에 대한 그의 공적이 감소되는 것은 아니다.

아가서를 언급한 것은 또 하나의 문제를 제기한다. 오리겐, 닛사의 그레고리, 그리고 후대에 아가서를 주석한 신비적 주석가들에게서, 우리는 영혼이 하나님에게로 돌아가는 과정에서 육을 입으신 거룩한 연인이신 그리스도의 역할이 크게 강조된 것을 발견한다. 지금까지는 그리스도에 대한 언급이 없이 디오니시우스의 신비주의를 논할 수 있었다. 디오니시우스의 견해에서 신인(神人)은 어떤 역할을 하는가?

논쟁점은 디오니시우스의 기독론의 정통성에 관한 것이 아니고 (어떤 사람들은 그가 단성론적인 경향이 있다고 의심하기도 한다),

---

107) *MT* 1.1 (1001A)도 이 신비가의 자아-포기를 강조한다.
108) Roques, *DS* 2:1984-95을 보라.

예수 그리스도를 언급하지 않았다는 것에 관한 것도 아니다(디오시니우스의 전집에서는 예수 그리스도가 종종 등장한다). 그보다는 예수의 신인 양성적인 활동이 회복의 과정에서 얼마나 중요한 것인지에 관한 것이다. 처음에 지적했듯이, 이 문제에 대해서는 상당히 큰 견해의 차이가 있었다.

폰 이반카(von Ivanka), 로케(Roques), 로렘(Rorem) 등 디오니시우스에게 공감하는 학자들조차도 그의 신비주의가 그리스도를 위한 충분한 자리를 비어 두었는지 의심한다.109) 반면에 로스키(Lossky), 발타사르(von Baltahsar), 코르빈(Corbin) 등의 학자들은 디오니시우스 신비주의에서 그리스도가 중심적 역할을 한다고 주장해왔다.110)

성부로부터의 로고스의 발현, 그리고 로고스가 인간 본성 안에 성육한 것 등이 디오니시우스에게서 행한 구조적 역할은 그의 후계자인 막시무스, 스코틀랜드인 존, 에크하르트 등에게서 행한 역할과 동일하지 않다. 그리스도에 대한 디오니시우스의 언급은 그의 체계적인 저술들, 특히 『하나님의 이름들』과 『신비 신학』에 산재해 있다. 가장 유명한 구절들은 『편지』, 『교회의 위계』와 『천상의 위계』에 등장한다.

『천상의 위계』에서(2.5 [145B]) "그리스도, 나의 그리스도께

---

109) E.g., von Ivánka, *Plato Christiamus*, pp. 285-56; Roques, *L'univers dionysien*, pp. 235-36; Rorem, "Uplifting Spirituality," p. 144.
110) Lossky, "La notion des 'analogies' chez Denys," p. 307; von Balthasar, *Glory of the Lord* 2:192-93, 208-10; Corbin, "Negation et transcendance," pp. 65-75을 보라.

서" 그의 담화를 인도해 주시기를 기원하면서 기도를 시작하는 것을 보면, 디오니시우스에게 신인(神人)에 대한 개인적인 헌신 의식이 없었던 것이 아니다.

그러나 전반적으로 지배적인 것은 하나님에게로의 복귀에서 예수가 어떻게 기능하는가에 대한 보다 객관적인 언어이다. 『교회의 위계』 1.2에서 중요한 본문을 찾아볼 수 있는데, 여기서 디오니시우스는 "예수, 모든 위계의 근원이요 완전"이라고 표현한다(1.2 [373B; p. 197]). 비록 디오니시우스는 그리스도의 역할을 항상 분명하게 언급하지는 않았지만, 신비적 해석에서 위계의 중요성을 고려한다면, 이 표현은 그리스도의 핵심적 역할이 있음을 지적해 준다.

그러나 천상의 위계와 교회의 위계에서 예수의 역할을 보여 주는 본문들도 있다. 『천상의 위계』 7.2에 보면, 천사들의 최고 계층은 "근본적인 참여 안에서 진실로 예수에게 가까이 옴으로써…예수와 교제하게 되었으므로"(288C; p. 163; 참고 7.4 [209AB; p. 164]) 확실히 관상적이라고 말한다.

세례(『교회의 위계』 2.III. 6-7 [404AC]), 성만찬(『천상의 위계』 1.3 [124A]), 기름부음(『교회의 위계』 4.III.12 [484D-485A]) 등의 성례전은 예수 및 그의 구원 사역에 참여함을 초래한다.

한편 『교회의 위계』 5.I.5(505B)에서는 모든 위계가 예수 안에서 완성된다는 사실이 각기 거룩한 질서 안에 있는 "위계"가 필요한 근거로 간주된다. 디오니시우스는 우리가 그리스도의 삶을 본받아야 한다고 주장한다(『교회의 위계』 7.I.2 [553C]).

특히 『편지』에서는, 예수의 모범에 주의를 기울이지 않은 거짓 수도사 데모필리우스를 크게 책망했고(8.1, 4 [1085D-1088A, 1096AC), 선한 계층인 카르포스는 자비하신 예수의 환상을 보고서 죄인들을 대적하려는 마음을 진정시킨다(8.6 [1100C]). 아마 예수의 위계적 활동에 대한 디오니시우스의 가르침에서 가장 중요한 것은 그 활동의 원동력인 사랑일 것이다. 그는 성육신은 하나님의 사랑의 역사라고 거듭 강조하며,111) 이 진리를 긍정하는 것은 곧 세상을 부정하고 하나님에게로 돌아가는 일의 시작이라고 말한다. "인류를 향한 예수의 사랑을 긍정하는 것은 초월을 가리키는 부정의 요소를 소유한다"(Ep. 4 [1072B; p. 264).

마지막으로, 디오니시우스의 신비주의가 지닌 또 하나의 기독론적 요소를 고려해 볼 필요가 있다. 앞에서 디오니시우스의 체계에서 중재(*mediation*)의 역할에 대하여 다룬 바 있다. 발현(*proodos*)에 있어서 하나님의 창조적 활동의 직접성에 관해서는 질문이 있을 수 없지만, 신적인 능력이 위계들 안에서 계속 전달되는 방법에 대해서, 그리고 이러한 위계들이 상승 과정에서 행하는 기능에 대한 논의가 이루어지고 있다.

한편으로는 하나님과의 모든 접촉의 직접성을 강조하는 『하나님의 이름들』과 『신비 신학』, 또 한편으로 적어도 몇 구절에서(『교회의 위계』 6.6 [573C]) 중재적 활동의 필요성을 제시하는 『천상의 위계』와 『교회의 위계』 사이에 긴장이 있는 것처럼 보인다.

---

111) E.g., *DN* 1.4 (592B); 2.10 (648D-649A); *CH* 7.4 (181B); *EH* 3.III.11-13 (441A-443C); 5.III.5 (512C); Ep. .3 (1069B).

로케는 비록 디오니시우스가 분명하게 주제로 다루지는 않았지만, 이 긴장을 풀 수 있는 해결책은 모든 위계의 근원이요 완성이신 예수의 위치에 있다고 주장한다. 하나님이신 그리스도는 천상의 위계의 머리요, 인간이신 그리스도는 교회의 위계의 머리이기 때문에, 이 신인(神人)은 연합을 획득하는 일에 직접적으로 관련되어 있는 모든 계층들의 최고 지위에 있는 계층이시다.112)

디오니시우스를 평가하는 일은 언제나 해석자의 신학적 입장에 의존해왔다. 신비한 인물인 디오니시우스는 기독교인으로 가장한 신플라톤주의자인가? 이런 극단적 견해는 많은 증거들을 무시하는 것이므로 타당하다고 볼 수 없다. 디오니시우스는 신플라톤주의에 지나치게 압도되어 기본적인 성경의 신념들을 신플라톤주의와 절충시킨 미혹된 기독교 사상가인가?

루터 이후로 많은 사람들이 그렇게 생각해 왔다. 그러나 그들의 견해는 성경적 기독교의 본질에 대한 한 가지 견해를 의지하고 있는데, 모든 기독교인들이 그 견해에 공감하는 것은 아니다. 어쨌든 디오니시우스에 대한 평가는 이루어져야 한다. 절대적인 판단이 아니라면, 최소한 그가 얼마나 신빙성이 있으며 적절한 인물인지를 특별한 상황 안에서 평가하며, 그의 사상이 기독교 신비주의의 전통에 미친 영향을 평가하려는 노력이 이루어져야 할 것이다.

디오니시우스의 중요성은 그와 더불어서 비로소 신학이 분명하게 신비적인 것이 되었다는 사실, 즉 후대의 기독교 신비가들이 하나님

---

112) Roques, *DS*: 1908-10.

의 임재 의식과 부재의 신비를 디오니시우스가 대표하는 사도적 가르침의 전통에 연결시킬 수 있는 범주들("신비 신학" 자체도 포함)을 그가 만들어냈다는 사실에 있다.

후대 신비가들이 그들의 삶과 표현을 교회의 삶의 표현이요 그것을 신화하는 데 중요한 것으로 이해하는 데 기준이 되는 원리들을 디오니시우스의 저술 안에서 발견했기 때문에, 디오니시우스는 부분적으로나마 신비주의 신학의 대가로 남게 된다.

디오니시우스가 영향력을 발휘한 범위에 대해서는 의문의 여지가 없다. 그의 사상에서 미심쩍은 것은, 기독교 역사에서 "순수한" 디오니시우스주의는 거의 없었다는 데 있다. 그의 저술들은 처음부터 마치 성경 자체와 같이 취급되었다. 즉 무진장한 신비한 의미와 내적 생명으로 가득차 있으며 각 세대가 다시 읽으면서 새로운 논쟁점들에 비추어 다시 해석해야 하는 거룩한 메시지로 취급되었다.

그러나 디오니시우스 자신은 이런 해석상의 융통성을 언짢게 여기지 않았을 것이다. 왜냐하면 그는 참된 신비의 면전에서 언어의 제약을 누구보다 잘 알고 있었기 때문이다. "그것에 대해 말해져야 할 것은 말할 수 없는 것으로 남아 있으며, 그것에 대해 이해되어야 할 것은 알 수 없는 것으로 남아 있다"(『편지』 3 [1069B; p. 264]).

신의 이름들

The Divine Names

제1장

장로 디오니시우스가 함께 장로 된 디모데에게: 이 설교의 목표, 그리고 하나님의 이름들과 관련된 전승

1. 친구여, 『신학적 진술』(*Theological Representations*)[1]에 이어, 이제 신의 이름들에 대해 설명하려 합니다. 여기에서도 나는 하나님에 대해서 말할 때에는 "인간의 지혜의 권하는 말로 하지 아니하고 다만 성령의 나타남과 능력으로"(고전 2:4) 진리를 규정해야 한다는 성경의 규칙을 따르려 합니다. 그것은 말과 지식을 초월하는 능력으로서, 담화나 지식의 영역에서의 활동이나 능력에 의해서 우리가 이용할 수 있는 어떤 것보다 탁월한 연합에 이르게 해줍니다. 이런 까닭에 존재를 초월하는 감추어진 하나님과 관련하여, 우리는 성경에서 계시해준 것을 떠나서 말이나 개념에 의존하려 해서는 안 됩니다. 존재를 초월하는 것에 대한 무지는 말과 정신, 또는 존재 자체

---

[1] 유실되었거나 가상의 논문으로서 MT 3 1032D-1033에 요약되어 있다. 이것은 DN 593B 17f., 4에서도 언급된다.

를 초월하는 것이므로, 존재를 초월하는 이해를 그것에 부여해야 합니다. 그러므로 거룩한 성경의 빛이 허락한다면, 우리는 멀리 높은 것을 바라보며, 거룩한 것에 대한 경외심을 가지고서 하나님의 영광을 바라보아야 합니다. 성서의 탁월한 지혜와 진리를 신뢰하는 사람에게는 그 정신 능력에 따라서 하나님의 것들이 계시될 것입니다. 그리고 우리의 구원에 대한 관심 때문에 하나님의 선이 측량할 수 없이 무한히 주어질 것입니다. 감각은 정신에 속한 것을 파악하거나 감지할 수 없고, 표상이나 형상은 단순하고 형상이 없는 것을 받아들일 수 없고, 유형적인 것이 무형적이고 비물질적인 것을 붙잡을 수 없습니다. 동일한 진리의 표준에 의해서, 존재를 초월하는 무한성은 존재하는 것들을 능가하며, 지성을 초월하는 단일성은 지성을 능가합니다. 이성적인 과정에 의해서는 무한히 불가해한 분을 이해할 수 없습니다. 또 어떤 단어로도 모든 통일성의 근원이요 표현할 수 없는 선이시요 초-실존적인 분(supra-existent Being)을 표현할 수 없습니다. 정신을 초월하는 정신, 말을 초월하는 말은 직관이나 담화나 이름에 의해서 이해되지 않습니다. 그것은 다른 존재들과는 상이하게 존재합니다. 그것은 모든 실존의 원인이요 실존을 초월하므로, 그것만이 실제로 존재하는 것에 대한 권위 있는 설명을 제공할 수 있을 것입니다.

2. 우리는 이 감추어져 있는 초월하신 하나님에게 단어나 개념을 적용하려 하지 말아야 합니다. 우리는 단지 성경이 드러내준 것만 사용할 수 있습니다. 성경은 하나님이은 존재를 초월하시는 분이기 때문에 존재하는 것들은 하나님을 이해하거나 직접 볼 수 없다고 가르

칩니다. 많은 성경 기자들은 하나님은 보이지 않을 뿐만 아니라,2) 무한하시며, 또 "측량치 못할 것이며 그의 길은 찾지 못할 것"3)이라고 말합니다. 왜냐하면 사람이 이 무한하신 하나님의 은밀한 깊음 속으로 들어가려 해도 그 자취를 발견할 수 없습니다. 한편, 선(Good)을 만물에게 전하는 것이 절대적으로 불가능하지는 않습니다. 그것은 저절로 변함이 없는 초자연적인 광선을 발하여 각 사람을 적절히 조명해 줌으로써 거룩한 정신으로 하여금 허락된 만큼 하나님을 보게 하며, 그를 닮은 상태로 끌어올려 줍니다. 이렇게 노력하는 사람들에게는 다음과 같은 일이 발생합니다. 그들은 자신에게 허락된 것 이상의 모험, 감히 하나님을 보려는 모험을 하지 않습니다. 또 그들은 자신의 본성적인 성향들이 이끄는 곳으로 굴러 떨어지지도 않습니다. 그들은 자신을 비추어주는 빛이 있는 곳을 향해 흔들림이 없이 확실히 들려올라갑니다. 그들은 주어진 조명에 어울리는 사랑을 가지고서 지극히 거룩하고 지혜롭고 경건하게 날아갑니다.

3. 우리는 모든 계층의 거룩한 천사들을 다스리는 거룩한 법의 명령을 받는 곳으로 갑니다. 우리는 정신을 신중하고 거룩하게 하고서, 생각과 존재 너머에 감추어져 있는 분을 예배합니다. 우리는 말로 표현할 수 없는 분을 지혜로운 침묵으로 공경합니다. 우리는 거룩한 성경의 계몽적인 광선에게로 들려 올려갑니다. 이것들이 우리를 계몽해주며, 또 우리의 존재는 찬양의 노래를 부르도록 형성되었으므로,

---

2) 골 1:15; 딤전 1:17; 히 11:27.
3) 롬 11:33

우리는 자신에게 적합한 방식으로 거룩한 빛을 봅니다. 우리의 찬양은 지극히 거룩한 조명의 근원, 거룩한 성경 말씀 안에서 자신에 대해 이야기해주시는 근원을 위해 울려 퍼집니다. 예를 들어, 우리는 그것이 만물의 원인이라는 것 즉, 그것이 근원이요 존재요 생명이라는 것을 배웁니다. 그것은 변절한 사람들에게 "돌아오라"고 하는 음성이요, 그들을 다시 일으켜 세워주는 힘입니다. 그것은 그들의 내면에 있는 부패한 하나님의 형상을 닦고 회복시킵니다. 그것은 악한 물결이 그들을 흔들 때, 그들을 붙잡아주는 거룩한 부동성입니다. 그것은 서 있는 사람들을 안전하게 해줍니다. 그것은 조명 받은 자들의 조명이요, 자기에게로 들려 올려진 사람들을 위로 이끌어주는 안내자입니다. 완전하게 되고 있는 사람들에게는 완전의 근원이요, 거룩하게 되고 있는 사람들에게는 신성의 근원이요, 단순함을 향하고 있는 사람들에게는 단순성의 원리이며, 하나가 된 사람들에게는 통일성의 핵심이요, 모든 근원의 근원입니다. 그것은 감추어진 것의 일부를 후하게 나누어줍니다.

간단히 말해서, 그것은 살아있는 것들의 생명이요, 존재하는 것들의 존재입니다. 그것은 모든 생명과 모든 존재의 근원이요 원인입니다. 그것은 선하기 때문에 만물에게 존재할 것을 명령하고 계속 존재하게 합니다.

4. 거룩한 성경이 이 모든 비밀을 가르쳐줍니다. 또 성경 기자들이 하나님의 이름들과 관련하여 말하는 것들은 하나님의 은혜로운 발현들을 언급하는 것입니다. 따라서 성경에 기록된 말씀들은 탁월하

신 하나님을 그 초자연적인 단순성과 구분할 수 없는 통일성 때문에 완전무결한 단자(*Monad*)요 일자(*Henad*)로 묘사합니다. 우리는 그 통일시키는 능력에 의해서 통일체에게로 인도됩니다. 우리는 다양성 안에 존재하지만 그것에 의해 통합되어 하나님과 같은 단일성, 하나님을 반영하는 통일체가 됩니다.

또한 성경은 하나님을 삼위일체로 묘사합니다. 이는 하나님이 "삼위"로 나타나시기 때문입니다. 이것이 " 하늘과 땅에 있는 각 족속에게 이름을 주신 아버지"(엡 3:15)가 되시는 이유입니다. 선하신 하나님은 창조력을 발휘하여 만물을 존재하게 하셨기 때문에, 성경은 하나님을 만물의 원인이라고 부릅니다. 또 하나님은 거룩한 조화와 아름다움이 가득하며 타락하지 않은 본성을 보존하고 있는 지혜롭고 아름다운 분이라고 불립니다. 특히 삼위 중 한 분이 인간의 모습을 취하심으로써 인간의 비천한 상태를 자신에게로 들어 올리셨으므로, 그분은 인간을 사랑하시는 분이라고 불립니다. 예수님의 단순성이 말할 수 없는 방식으로 복합체가 되었고, 영원하신 분이 유한한 생존 기간을 취하셨습니다. 세상의 자연적인 질서를 완전히 초월하시는 분이 본질상 변화되거나 혼동됨이 없이 인간의 본성 안에 들어오셨습니다.

이것이 영감을 받은 교사들의 감추어진 전승, 성경과 일치하는 전승이 우리에게 전해준 거룩한 가르침입니다. 우리는 이것들을 능력껏 파악합니다. 그것들은 성경과 교회의 전승들이 감각의 세계로부터 파생된 것들로 정신의 진리를 덮는 데 사용하는 것, 즉 인간을 향한 사랑의 거룩한 베일에 싸여서 우리에게 주어집니다. 또 형상이 없는 초자연적인 단순성이신 분의 다양한 속성을 전하기 위해서 무수히 많은 상징들이 사용됩니다. 그러나 장차 임할 시대, 우리가 썩지 않고 죽지 않을 때, 우리가 그리스도처럼 될 때에는 성경이 말한 것처럼 "항상 주와 함께 있을" 것입니다(살전 4:17). 우리는 거룩한 관상 속에서, 과거에 변화 산에서 제자들을 비추어주었던 것처럼 영광스럽게 우리를 비추어주는 하나님의 빛으로 가득 채워질 것입니다(마 17:1-8; 막 9:2-8). 우리의 정신은 정념이나 세상에서 벗어나며, 주님이 주시는 개념적인 빛의 선물을 소유할 것입니다. 또 그 방법은 알 수 없지만 우리는 주님과 연합할 것입니다. 또 우리는 그분의 눈부신 빛을 받고 우리의 오성은 행복에 도취될 것입니다. 놀랍게도 우리의 정신은 하늘나라에 있는 사람들의 정신처럼 될 것입니다. 우리는 "천사와 동등이요 부활의 자녀로서 하나님의 자녀"[4]가 될 것입니다. 이것은 성경이 확증하는 진리입니다.

   그러나 지금 우리는 하나님의 것들을 묘사하기 위해서 사용할 수 있는 모든 상징을 사용합니다. 이러한 유추에 의해서 우리는 정신의 통찰의 진리, 단순한 하나의 진리를 향해 끌어올려집니다. 우리는 하나님에 대한 우리 자신의 관념들을 모두 망각합니다. 우리는 정신의 활동을 정지하고, 우리에게 적당한 한도까지 존재를 초월하는 광선에게 접근합니다. 여기에는 모든 지식의 목표들이 선재(先在)하고 있었습니다. 그것은 모든 것을 초월하며 우리의 지적 능력을 완전히 초월하므로, 지성이나 말로는 그것을 발견할 수 없고 관상할 수 없습

---

4) 눅 20:36

니다. 그것은 내면에 모든 본성적인 지식과 에너지의 경계를 포함하고 있습니다. 동시에 그것은 모든 거룩한 정신들을 능가하는 무한한 능력에 의해 확증됩니다. 만일 지식이 온통 존재하는 것에 관한 것뿐이며 존재하는 것의 세계로 제한된다면, 존재를 초월하는 것은 또한 지식을 초월해야 할 것입니다.

5. 그렇다면, 하나님의 이름들에 대해서 어떻게 말할 수 있을까요? 만일 초월자가 모든 담화와 지식을 초월하신다면, 만일 그분이 존재와 정신의 능력 너머에 거하신다면, 만일 그분이 만물의 이해를 피하고 모든 인식과 상상과 견해와 명칭과 담화와 이해를 회피하면서도 만물을 둘러싸고 포용하고 한계를 정하고 미리 고려하신다면, 우리가 어떻게 하나님의 이름에 대해 말할 수 있겠습니까? 만일 하나님이은 존재보다 우월하며 말할 수 없고 이름을 부를 수 없다면, 우리가 어찌 이 일을 시작할 수 있겠습니까?

나는 『신학적 진술』(*Theological Representations*)에서 인간은 일자(the One), 불가지 존재(the Superunknowable), 초월자(the Transcendent), 선 자체(Goodness itself), 즉 동일한 신성과 선을 소유하는 삼위일체에 대해 논하거나 이해할 수 없다고 했습니다. 또 인간은 천사들이 절대적으로 압도적인 선의 도래나 결과에 대해서 이야기하는 방법에 대해서 말할 수도 없고 알 수도 없습니다. 자격이 있다고 간주된 천사들 외에는 누구도 그러한 것들을 이해하거나 그것들에 대해 말할 수 없습니다. 모든 지적 활동이 정지될 때에 신화(神化)된 정신들과 모든 신성을 초월하는 빛의 연합이 발생하므로,

이러한 천사들을 모방하는 하나님을 닮은 통합된 정신들은 모든 존재들을 부인함으로써 적절하게 그것을 찬양합니다. 그들은 이 복된 연합 이후에 초자연적으로 조명을 받으므로, 비록 그것이 만물의 원인이지만 실존을 초월하며 만물을 초월하므로 사물(a thing)이 아니라는 것을 발견합니다. 이런 까닭에 하나님의 초본질적(supra-essential) 본질—초월적으로 존재하는 초월적인 선—과 관련하여, 모든 진리를 능가하는 진리를 사랑하는 사람은 결코 그것을 말이나 능력이나 정신이나 생명이나 본질로 여겨 찬양하려 하지 않을 것입니다. 그분은 모든 상태, 운동, 생명, 상상력, 추측, 이름, 담화, 생각, 개념, 본질, 쉼, 거주, 통일성, 한계, 무한성, 실존 전체와는 거리가 멉니다. 그러나 그분은 선의 지주이며 그 존재 자체가 만물의 원인이므로, 이 거룩하고 자애로우신 섭리를 찬양하려면 창조 전체를 향해야 합니다. 그분은 만물의 중심에 있으며, 만물은 그것을 운명으로 소유합니다. 그분은 "만물보다 먼저 계시고 만물이 그 안에 함께" 섭니다.5) 그분은 세상이 조성되기 전에 계셨습니다. 만물은 그분을 열망합니다. 지성적이고 이성적인 사람들은 지식에 의해서 그분을 열망하고, 보다 낮은 계층의 사람들은 지각 작용에 의해서 그분을 열망하며, 나머지 사람들은 본성의 활동에 의해서 자신의 상태에 유익한 방식으로 그분을 열망합니다.6)

6. 이것을 깨달은 신학자들은 이름 없는 분(Nameless One)과 같

---

5) 골 1:17
6) Gregory of Nyssa, *On the Beatitudes*, sermon 6, PG 44 1268B to 1272C.

은 여러 가지 이름으로 그분을 찬양합니다. 그들은 하나님의 이름이 없다고 말하면서, 하나님의 상징적 출현이 신비하게 계시되는 동안 지고하신 하나님께서는 "당신의 이름이 무엇입니까?"라고 묻는 인간을 책망하시고 "어찌하여 이를 묻느냐 내 이름은 기묘니라"7)고 반문하심으로써 그를 하나님의 이름에 대한 지식으로부터 끌어내신 것에 대해 이야기합니다. 이것은 분명히 "모든 이름 위에 뛰어난 이름"8)이요, 그렇기 때문에 이름이 없습니다. 그것은 분명히 "이 세상뿐 아니라 오는 세상에 일컫는 모든 이름 위에 뛰어난"9) 이름입니다.

그러면서도 그들은 "스스로 있는 자",10) "생명",11) "빛",12) "하나님",13) "진리"14) 등 많은 이름을 부여합니다. 지혜로운 성경기자들은 존재하는 모든 것의 원인이 되시는 분을 찬양할 때, 그분으로 인해 존재하게 된 모든 것에서 끌어낸 이름들을 사용합니다: 선한 이,15) 어여쁜 이,16) 지혜로우신 이,17) 사랑하는 자,18) 신의 신 ,19) 주의

---

7) 삿 13:17.f; cf. 창 32:29; 출 3:13f.
8) 빌 2:9
9) 엡 1:2; cf. Gregory of Nyssa, *in Cant.* PG 44 893A.
10) 출 3:14; 계 1: 4, 8; DN 5
11) 요 11:25; 14:6; cf. 요 1:4; 5:26; DN 6.
12) 요 8:12; cf. 요 1:4-9, 9:5; 요일 1:5; DN 4 697B-701B.
13) 창 28:13; 출 3:6, 15; 사 40:28.
14) 요 14:6
15) 마 19:17; 눅 18:19; DN 4.
16) 아 1:16; DN 4 701C-704B.
17) 욥 9:4; 롬 16:27; DN 7.
18) 사 5:1; DN 4 701C-704B.
19) 신 10:17; 시 50:1; 136:2; DN 12.

주,20) 지극히 거룩한 자,21) 영원하신 하나님,22) 스스로 있는 자,23) 모든 세계를 지으신 분.24) 또 생명의 근원, 지혜,25) 모사,26) 말씀,27) 아시는 분,28) 만왕의 왕,29) 옛적부터 항상 계신이,30) 변역지 아니하는 분,31) 구원,32) 의33)와 거룩,34) 구속함.35) 그들은 하나님이 우리의 정신 안에, 우리의 영혼(마음) 안에,36) 몸 안에,37) 하늘과 땅에 계시며,38) 언제나 한결 같으시고,39) 세상에,40) 그리고 세상 주위와 위에 계시며, 하늘보다 높으시고,41) 만물보다 높으신 분, 해,42) 별,43)

---

20) 신 10:17; 시 136:3; 딤전 6:15; 계 17:14; 19:16; DN 12.
21) 단 9:24; 단 12.
22) 사 40:28; 바룩 4:8; DN 10.
23) 출 3:14.
24) 히 1:2.
25) 잠 8:22-31; 고전 1:30; DN 7.
26) 사 40:13; 롬 11:34; 고전 2:16; DN 7 868D-869B.
27) 요 1:1; 히 4:12; DN 7872C.
28) 수산나 42; DN 7 868D 42.
29) 딤전 6:15; 계 19:14, 19:16; DN 12.
30) 단 7:9, 13; DN 10 937B.
31) 말 3:6; DN 10 937B 23.
32) 출 15:2; 계 19:1; cf. 마 1:21; DN 8 896D-897A.
33) 고전 1:30; DN 8 893D-896C.
34) 고전 1:30.
35) 고전 1:30; DN 8 897AB 15-27.
36) 지혜서 7:27.
37) 고전 6:19.
38) 시 115:3; 사 66:1; 렘 23:24.
39) 시 102:27.
40) 요 1:10
41) 시 113:4
42) 말 4:2; CH 2 144C 38f.

불,44) 물,45) 바람,46) 이슬,47) 구름,48) 건축자의 버린 돌,49) 반석50)이라고 말합니다.

7. 만물의 원인이시요 만물을 초월하시는 하나님은 이름이 없으면서도 존재하는 모든 것의 이름을 소유하십니다. 하나님은 만유 및 하나님 주위에 있는 모든 것들의 원인이요 근원이요 운명이시므로, 그것들을 다스리십니다. 성경에서 확증하듯이 하나님은 "만유의 주로서 만유 안에 계시며,"51) 만물을 지으시고 완성하고 보호하고 보존하시는 분이요, 그들이 돌아가야 할 본향으로서 찬양받으셔야 합니다. 이 모든 것이 하나의 단순하고 억제할 수 없는 탁월한 행동 안에서 이루어집니다. 이름이 없는 선은 단순히 결합이나 생명이나 완전의 원인이므로 이러저러한 섭리적인 몸짓에 의해서 이름을 얻는 것이 아니라, 지극히 창조적인 선하의 무한한 선에 의해서 전부터 자체 안에 이미 모든 것을 포함하고 계십니다. 이런 까닭에 그분에 대한 찬양의 노래와 이름들은 창조 세계 전체로부터 유래됩니다.

---

43) 벧후 1:19; 계 22:16; CH 2 144C 39.
44) 출 3:2
45) 요 7:38.
46) 요 3:5-8, 4:24을 보라.
47) 사 18:4; 호 14:5
48) 출 13:21f., 24:16, 33:9, 욥 36:27f.; 사 4:5, 18:4; 고전 10:1f.
49) 시 118:22; 사 8:14; 사 28:18; 마 21:42; 막 12:10; 행 4:11; 롬 9:33; 엡 2:20; 벧전 2:4, 6, 7, 8.
50) 출 17:6; 민 20:7-11; 삼하 22:2; 사 8:14; 롬 9:33; 고전 10:4; 벧전 2:8.
51) 고전 15:28; cf. 골 3:11.

8. 이것들은 섭리의 보편적인 행위나 개별적인 행위, 또는 섭리의 혜택을 받는 대상들로부터 유출해낸 것들이며, 성경기자들이 지지하는 유일한 하나님의 이름들은 아닙니다. 거룩한 장소나 다른 장소에서 예비자들이나 선지자들을 조명해준 영적 환상에 기원을 둔 이름들도 있습니다. 온갖 종류의 이유와 역동적인 에너지들 때문에, 그것들은 이름과 광채, 온갖 종류의 묘사—사람,[52] 불같은 형상[53]—를 초월하시는 거룩한 선에게 적용되어 왔습니다. 그들은 그분의 눈,[54] 귀,[55] 머리털, 얼굴,[56] 손,[57] 등,[58] 날개,[59] 팔,[60] 몸의 후부(後部),[61] 발[62] 등을 찬양합니다. 그들은 그분의 주위에 면류관,[63] 의자, 잔,[64] 혼합하는 그릇,[65] 그밖에 다른 신비한 물건들을 두었는데, 이에 대해서는 『상징 신학』(*The Symbolic Theology*)[66]에서 설명하

---

[52] 창 3:8, 18:2; 겔 8:2; 계 1:13-17.
[53] 겔 1:26f.
[54] 시 11:3, 17:2, 33:18, 34:15, 집회서 23:19.
[55] 시 17:6, 34:15, 102: 2; 약 5:4.
[56] 출 33:23. 시 34:16, 102:2; 마 18:10.
[57] 출 33:22; 욥 10:8; 시 44:3, 75: 8, 89:13, 29:23, 145:16; 겔 6:14, 8:2f.
[58] 신 32:11.
[59] 신 32:11; 시 17:8, 91:4.
[60] 신 33:27; 삼상 30:30; 욥 40:9; 시 89:13, 98:1.
[61] 출 33:23.
[62] 창 3:8; 출 24:10; 시 45:3.
[63] 계 14:14.
[64] 시 75:8
[65] 잠 9:2
[66] 이것은 지금은 유실된 책이거나 가상의 책으로서 하나님을 표현하기 위해 감각 세계로부터 취한 성경적 상징들을 다루었다. 따라서, 개념들의 세계에서 취한 이름들을 제시한다.

겠지만, 여기에서 잠시 하나님을 묘사하는 개념적인 이름들을 설명하고, 성경에서 무엇이라고 말하는지 살펴보겠습니다. 또 하나님의 말씀을 연구할 때에 하늘나라의 거룩한 법이 우리를 인도해주므로, 우리는 하나님을 보는 거룩한 관상, 그리고 하나님의 이름에 대한 설명을 들을 때에 거룩해지는 우리의 듣는 행위들에 대해 살펴보아야 합니다. 거룩한 전승이 명령하므로, 거룩한 것들은 거룩한 사람들을 위해 존재해야 하며,67) 입문하지 않은 사람들이 그런 것들을 조롱하거나 비웃지 못하게 해야 합니다. 또 우리는 그러한 사람들을 구하고 하나님을 대적하지 않게 만들려고 노력해야 합니다.

선한 디모데여, 당신은 하나님의 명령에 따라 이 모든 것을 지키며, 입문하지 않은 사람들에게 하나님의 일을 말하거나 밝히지 말아야 합니다. 나는 하나님께서 나로 하여금 말로 표현할 수 없고 이름을 붙일 수 없는 하나님의 거룩한 이름들을 찬양하는 것을 허락하시며, "진리의 말씀이 내 입에서 조금도 떠나지 말게"68) 해주시기를 기도합니다.

---

67) *The Apostolic Constitutions* VII.13; EH 1 372A 8, 377B 18을 보라.
68) 시 119:43.

제2장

통일되고 구별된 하나님의 말씀, 그리고 거룩한 통일성과 구분이란 무엇인가?

1. 절대적인 선이 어떻게 정의하고 드러내든지 상관없이, 성경이 찬양하는 것은 완전히 거룩한 자존(自存)입니다. 하나님께서 자신에 대해서 "어찌하여 선한 일을 내게 묻느냐 선한 이는 오직 한 분이시니라"69)고 말씀하셨다고 선언하는 거룩한 하나님의 말씀을 어떻게 달리 이해할 수 있겠습니까?

나는 다른 곳에서 이것에 대해 논의했으며, 성경에서 하나님의 어느 부분이 아니라 완전하고 온전한 신성과 관련하여 적절한 이름들이 어떻게 찬양되고 있는지, 그리고 그것들 모두가 절대적으로 구분이 없이 완전히 하나님을 언급한다는 점을 설명한 바 있습니다. 실제로 『신학적 진술』(*Theological Representations*)에서 지적했듯

---

69) 이 질문은 마태복음 19:17에 기록되어 있으며, 대답은 마가복음 10:18에 기록되어 있다.

이, 그러한 용어가 하나님을 언급한다는 것을 부인하는 사람은 완전하신 하나님을 모독하는 사람이라고 할 수 있을 것입니다. 그러한 사람은 불경하게도 절대적인 통일체를 분리하려는 사람입니다.

그러므로 이 모든 용어들은 완전한 하나님과 관련하여 사용해야 합니다. 실제로 절대적으로 선하신 말씀은 자신에 대해서 "내가 선하다"70)라고 말씀하십니다. 또 어느 영감을 받은 선지자는 "선한" 하나님71)을 찬양합니다. "스스로 존재하는 자"72)에 대해서도 동일한 말이 적용됩니다. 만일 사람들이 이러한 용어들을 완전하신 하나님이 아니라 하나님의 어느 부분에만 적용하려 한다면, "나는 알파와 오메가라 이제도 있고 전에도 있었고 장차 올 자요 전능한 자라,"73) "주는 여상하시고,"74) "아버지께로서 나오시는 진리의 성령"75) 등의 표현을 어떻게 이해하겠습니까? 또 만일 그들이 완전하신 하나님이 생명이라는 것을 받아들이지 않는다면, "아버지께서 죽은 자들을 일으켜 살리심 같이 아들도 자기의 원하는 자들을 살리느니라"76)와 "살리는 것은 영이니"77)와 같은 거룩한 말씀 안에 무슨 진리가 들어 있겠습니까? 성경에서 하나님 안에 있는 아버지의 신분과 아들의 신분과 관련하여 완전하신 하나님이 세상을 다스리시는

---

70) 마 20:15
71) 느 9:10
72) 출 3:14
73) 계 1:8
74) 시 102:27
75) 요 15:26
76) 요 5:21
77) 요 6:63

것을 다룰 때에, 종종 아버지와 아들 모두와 관련하여 "주"라는 용어를 사용합니다.78) 성령 역시 "주"이십니다.79) 하나님 전체에 적용되는 "아름다움"과 "지혜"도 마찬가지입니다. 성경은 완전하신 하나님을 찬양할 때에 "빛", "거룩하게 하는 능력" 등을 사용합니다. "모든 것이 하나님에게서 났느니라,"80) "만물이 그에게 창조되되 하늘과 땅에서 보이는 것들과 보이지 않는 것들과 혹은 보좌들이나 주관들이나 정사들이나 권세들이나 만물이 다 그로 말미암고 그를 위하여 창조되었고"81) "주의 영을 보내어 저희를 창조하사"82) 등의 말씀도 완전하신 하나님을 언급합니다. 실제로 거룩하신 말씀 자신이 그것을 모두 요약하셨습니다: "나와 아버지는 하나이니라,"83) "무릇 아버지께 있는 것은 다 내 것이라,"84) 그리고 "내 것은 다 아버지의 것이요 아버지의 것은 내 것이온데."85) 또 아들께서는 아버지에게 속한 것과 자신에게 속한 것을 성령의 것으로 돌립니다. 여기에서 나는 하나님의 역사, 예배, 다함이 없는 조물주, 풍부한 은사를 주심 등을 생각합니다. 성경에 따라 양육된 사람이 하나님의 속성들은 모두 완전하신 하나님을 언급한다는 것을 부인하는 것은 고집 때문인 듯합니다. 그러므로, 나는 모든 하나님의 이름은 완전하신 하나님을

---

78) 예를 들면 고전 1:2f.
79) 고후 3:17
80) 고전 11:12
81) 골 1:16
82) 시 104:30
83) 요 10:30
84) 요 16:15
85) 요 17:10

언급한다고 생각합니다.

2. 이 과정에 하나님 안에 있는 구분들의 혼동이 포함되어 있다고 주장하는 사람은 자신이 주장하는 진리를 증명할 수 없을 것입니다. 만일 이 문제에 있어서 그가 성경과 완전히 대립한다면 나의 철학과도 거리가 멀 것이며, 또 만일 그가 성경에 있는 하나님의 지혜를 전혀 생각하지 않는다면, 어찌 내가 그를 이끌어 하나님의 말씀을 진정으로 이해하게 만들 수 있겠습니까? 반면에, 그가 성경의 진리를 마음에 둔다면, 내가 자신을 방어하는 말을 하는 데 사용할 빛과 표준, 그리고 하나님의 말씀이 때로는 구분이 있고 때로는 구분이 없이 작용한다고 주장하는 데 사용할 표준이 있습니다. 이런 까닭에 우리에게는 구분이 없는 것을 구분하거나 구분된 것들을 뒤섞어놓을 권한이 없습니다. 우리는 시선을 하나님의 빛에 두고 따를 수 있는 길을 따라가야 합니다. 이렇게 하나님의 계시 안에서 가장 훌륭한 진리의 표준을 받을 때에, 우리는 그 안에 있는 보물들을 보존하며, 그것에 하나도 더하거나 덜거나 왜곡하지 말아야 합니다. 우리가 성경을 지킨다면, 성경이 우리를 지켜줄 것입니다. 우리는 성경을 지키면서 지킴을 받을 것입니다.

3. 완전하신 하나님에게는 통일된 이름들이 적용됩니다. 이런 까닭에 초자연적으로 선하신 분, 초자연적으로 신적인 분, 초자연적으로 존재하시는 분, 초자연적으로 살아계신 분, 초자연적으로 지혜로우신 분과 같은 칭호들이 적용됩니다. 이러한 이름들과, 이와 비슷한

용어들은 과다하다는 의미에서 일종의 부인과 관련됩니다. 마찬가지로 인과적인 의미를 지닌 이름들, 선, 아름다움, 실존, 생명을 줌, 지혜 등의 이름들이 모든 선한 것의 원인이신 조물주에게 부여됩니다. 왜냐하면 모든 선한 은사들은 하나님이 분배해주신 것이기 때문입니다.

또 아버지와 아들과 성령의 구분과 초자연적인 이름과 고유의 활동을 표현하는 이름들이 있습니다. 여기에서는 호칭들을 상호 교환하여 사용할 수 없고, 또 공통적으로 사용할 수도 없습니다. 우리 가운데 계신 완전하고 불변하시는 예수님의 존재, 그리고 그분의 실존의 비밀들과 이 세상에 나타난바 인간을 향한 그분의 사랑은 구분된다고 말할 수 있습니다.

4. 하나님의 통일성과 구분에 대해서 이야기하는 완전한 방법에 대해 보다 깊이 설명해야 한다고 생각합니다. 이것은 가능한 한 혼동과 모호함이 제거된 후에 내가 되도록 분명하고 지혜롭고 정연하게 말하기 위해서 말해야 하는 모든 것을 분명하게 설명하기 위해서 필요합니다.

우리의 신학적 전통에 대해 충분히 가르침을 받은 사람들은 거룩한 통일체들이 감추어져 있고, 영원하며, 탁월한 견고함의 기초로서 말로 형언할 수 없고 알 수도 없는 것이라고 주장합니다. 그들은 하나님 안의 구분들은 하나님의 은혜로우신 발현들과 계시들과 관계가 있다고 말합니다. 또 그들은 성경에서 말하듯이 통일성과 구분 안에 특수한 통일체들과 구분들이 있다고 말합니다. 따라서 존재를 초월하는 하나님의 통일체와 관련하여, 그들은 구분할 수 없는 삼위일체가 공동의 분화되지 않은 통일체 안에 초본질적인 존재, 거룩한 신성, 탁월한 선, 존재하는 모든 것을 초월하는 개별적인 정체성, 통일성의 근원을 초월하는 통일성, 말로 표현할 수 없음, 많은 이름들, 불가지성, 완전히 관념적 세계에 속함, 만물을 시인함, 만물을 부인함, 모든 시인과 부인을 초월하는 것, 마지막으로 완전히 분화되지 않고 초월적인 통일체로서의 통일성의 근원이 되시는 거룩한 위격들의 기초 등을 지니고 계신다고 말합니다.

　우리가 인식하고 있는 것들과 잘 알고 있는 것들로부터 취한 몇 가지 예를 들겠습니다. 집안에 켜놓은 등불들로부터 나오는 빛은 완전히 서로에게 스며들지만, 각각의 빛은 분명히 구분됩니다. 통일성 안에 구분이 있고 구분 안에 통일성이 있습니다. 한 집에 많은 등불이 있어도 하나의 구분되지 않은 빛이 있으며, 그것들 모두에게서부터 나누이지 않은 하나의 밝음이 나옵니다. 등불들 모두를 포함하고 있는 대기로부터 하나의 등불에서 나오는 빛과 다른 등불에서 나오는 빛을 구분할 수 없습니다. 등불에서 나오는 빛들은 서로 완전히 구분되지만 동시에 완전히 섞여 있기 때문에 각각의 등불을 분리하여 볼 수 없습니다. 만일 누군가가 그 집에서 등불들 중 하나를 가지고 나온다 해도, 나머지 등불들의 빛이 희미해지거나 밝아지지 않을 것입니다. 앞에서 설명했듯이, 빛의 전체적인 결합, 대기 안에 존재하며 불이라는 물질에서 출현하는 이 빛에는 혼동이 없고 여러 부분들의 뒤섞임이 없습니다.

　이제 존재를 초월하는 통일체에 대해 이야기하겠습니다. 그것은 영적인 것들의 연합뿐만 아니라, 영혼들의 연합, 심지어 정신들의 연합을 초월합니다. 이 정신들은 순수히, 초자연적으로, 그리고 철저히 거룩한 하늘의 빛들을 소유하지만, 그것은 만물을 초월하는 통일체 안에 참여하는 분량에 비례하여 이루어집니다.

5. 신학에서는 존재를 초월하는 것을 다룰 때에 구분을 의지하기도 합니다. 이것은 구분할 수 없는 위격들이 하나의 통일체 안에 각기 혼동되거나 혼합되지 않게 기초를 두고 있다는 사실만을 언급하는 것이 아닙니다. 이것은 초자연적으로 거룩한 발생의 속성들이 교체될 수 있다는 것도 의미합니다. 아버지는 존재를 초월하는 신격의 유일한 근원이십니다. 아버지는 아들이 아니며, 아들은 아버지가 아닙니다. 거룩한 위격들은 각기 자신의 특징을 계속 소유하므로, 말로 표현할 수 없는 하나님의 통일체와 존재 안에 연합과 구분이 있습니다.

반면에, 만일 선이 충만하며 스스로를 나누고 분배하여 다양하게 되는 일이 없는 거룩한 통일체의 발현에 구분을 적용할 수 있다고 말한다면, 이 거룩한 구분 안에서 통합되는 것들은 그 통일체가 존재, 생명, 지혜, 그리고 그 지극히 창조적인 선에서 비롯되는 다른 은사들을 나누어주는 행위들입니다. 관련되어 있으면서도 스스로는 어느 것에도 관여하지 않는 탁월한 위격들은 스스로 참여함을 통해서, 그리고 참여하는 위격들을 통해서 찬양을 받습니다. 이 통일체에 참여하는 각각의 위격들은 이 완전함에 참여합니다. 어느 위격도 일부에만 참여하지는 않습니다. 이것은 원의 경우와 같습니다. 원의 반지름들은 중심을 공유합니다. 도장을 예로 들어 보십시오. 도장은 아무리 많이 찍어도 모두 원형의 형태를 소유하며, 일부분의 형태만 소유하지 않습니다.

지극히 창조적인 하나님의 불관여(nonparticipation)는 인식의 범위를 넘어서며, 그 안에 참여하는 것들과 동일한 수준에 있지 않으므로 이러한 식으로 비교할 수 없습니다.

6. 어떤 사람은 도장과 날인된 형태가 완전히 동일하지는 않다고 말할 것입니다. 그러나 그것은 도장 자체 때문이 아닙니다. 도장은 날인할 때마다 완전히 동일하게 자신을 제공하지만, 도장을 어디에 찍느냐에 따라서 날인되는 부분에 차이가 생깁니다. 만일 도장을 찍는 종이가 부드럽고 매끈하다면, 만일 다른 것들이 날인되지 않은 깨끗한 종이라면, 만일 거칠고 울퉁불퉁하지 않다면, 날인된 형태가 분명하고 오래 지속될 것입니다. 그러나 만일 종이가 이러한 수용성이 부족한 것이라면, 도장이 잘못 찍히거나 분명하지 못하게 찍힐 것입니다.

우리를 향한 사랑 때문에 초자연적인 말씀이 인간의 본성을 취하시고 그에 합당하게 행동하시고 고난을 받으시게 된 하나님의 행위도 분화의 예입니다. 여기에는 아버지와 성령이 관여하지 않았습니다. 물론 하나님께서 하나님이요 하나님의 말씀으로서 인간 세계에서 행하는 말할 수 없이 탁월한 행동과 자애로운 의지는 불변합니다.

마찬가지로, 우리는 하나님의 속성들이 분화되거나 분화되지 않음에 따라서 그것들을 구분하거나 통합하려고 노력합니다.

7. 성경에 계시된바 하나님 안에서의 연합이나 분화의 모든 원인들에 대해서는 나의 저서 『신학적 진술』에서 체계적으로 논의했습니다. 나는 이러한 원인들 중 몇 가지에 대해서 성실하게 설명함으로써 순수하고 거룩한 정신으로 하여금 성경을 잘 이해하게 만들려고 노력했습니다. 다른 원인들에 대해서는 거룩한 전통을 따랐으며, 또 지성의 작용을 초월하여 이러한 신비들을 파악하려고 노력했습니다. 모든 거룩한 것 및 우리에게 계시된 모든 것들은 그것들의 참여가 허락된 방식에 의해서만 알려집니다. 그것들의 실질적인 본성은 지성과 존재와 지식을 초월합니다. 예를 들어 우리가 초자연적으로 감추어진 것에게 "하나님"에게 속한 이름을 부여할 때, 그것을 "생명"이나 "빛"이나 "말씀"이라고 부를 때, 우리의 정신은 분명히 보이는 행동들, 신성시하고 존재하게 하고 생명을 낳고 지혜를 주는 행동들을 파악합니다. 우리가 그 감추인 것을 고찰하며 정신의 작용에서 벗어나려고 노력할 때에, 우리는 만물을 지으신 절대적으로 초월하신 분을 닮은 존재, 생명, 신화를 목격하지 못합니다. 또 거룩한 성경에 의하면, 아버지는 신격의 근원이며, 아들과 성령은 말하자면 거룩한 자손들, 개화(開花), 초자연적인 신성의 빛들입니다. 그러나 우리는 그 경위를 설명할 수도 없고 이해할 수도 없습니다.

8. 우리는 지적 활동에 의해서 최소한 모든 부권과 아들의 신분은 그 탁월한 근원에 의해서 우리 및 하늘나라의 권세들에게 주어진 선물들이라는 것을 이해할 수 있습니다. 이런 까닭에 하나님을 닮은 정신들이 존재하여 "신들", 또는 "신들의 아들들", 또는 "신들의 아버

지"라고 명명됩니다. 이런 종류의 부권과 자식의 신분은 정신의 세계에서 영적인 방식으로, 영적으로, 비물질적으로 완전하게 되는데, 그것은 거룩한 성령의 역사로서 관념적인 비물질성과 신화(神化)를 완전히 초월하는 것입니다. 또 그것은 신적인 부권과 아들 됨을 완전히 초월하시는 아버지와 아들의 역사이기도 합니다. 실제로 원인이 되는 것과 그로 말미암아 생겨난 것은 정확하게 닮지는 않습니다. 왜냐하면 원인으로 말미암아 생겨난 것들은 가능한 한도 내에서 그것들을 발생시킨 근원들의 형상을 지니지만, 원인들 자체는 생겨난 것들을 초월하는 세계에 위치하기 때문입니다. 예를 들어 보겠습니다. 기쁨과 비애는 그 자체로는 그러한 감정들을 소유하지 않지만, 우리 안에 있는 기쁨과 비애의 원인이 됩니다. 뜨겁게 타올라 열을 내는 불은 그 자체로는 타거나 뜨거워지지 않습니다. 마찬가지로, 생명 자체가 산다거나 빛 자체가 밝혀진다고 말하는 것을 옳지 않다고 생각됩니다. 물론 원인으로 말미암아 생겨난 것들이 원인들 안에 완전하고 참되게 선재한다는 것을 암시하기 위해서 그러한 단어들을 사용할 수 있을 것입니다.

9. 신학에서 가장 분명한 사상, 즉 우리를 위한 예수님의 성육신은 말로 에워쌀 수 없고 정신으로 이해할 수도 없습니다. 가장 높은 계층의 천사들의 지도자들도 이해할 수 없습니다. 예수께서 우리를 위해서 인간이 되셨다는 것은 지극히 신비한 일입니다. 자연의 이치와는 달리 어떻게 예수님이 동정녀에게서 태어나셨는지 우리는 이해할 길이 없습니다. 예수께서 물 위를 걸으신 것도 이해할 수 없습니

다.86) 그 밖에도 예수님의 초자연적인 본성과 관련된 모든 것을 우리는 이해하지 못합니다.

나는 다른 곳에서 이에 대해 충분히 이야기했고, 또 유명한 나의 스승은 『신학의 요소』(*Element of Theology*)라는 저서에서 자신이 거룩한 성경 기자들로부터 직접 배운 것, 스스로 성경을 연구하여 깨달은 것, 또는 보다 신비한 영감을 통해서 알게 된 것들을 찬양했습니다.87) 그분은 거룩한 것들에 대해 배울 뿐만 아니라 경험하셨습니다. 말하자면, 그분은 그러한 일들과 공감하셨으며, 그것들과의 신비한 연합 및 배움과는 전혀 관련이 없는 믿음 안에서 완전해지셨습니다. 나는 그분의 탁월한 판단에 의한 많은 놀라운 통찰들에 대해 되도록 간단히 이야기하려 합니다. 그분은 『신학의 요소』에서 예수님에 대해 다루어야 했습니다.

10. 거룩한 히에로테우스는 『신학의 요소』에서 다음과 같이 말합니다. 예수님의 신성은 모든 것을 성취하는 원인이시며, 그 신성을 이루는 각 부분들은 전체와 연결되어 있기 때문에, 동시에 완전한 전체요 부분인 상태에서는 결코 전체이거나 부분일 수 없습니다. 그것은 그 완전한 통일체 안에 부분과 전체를 담고 있으며, 또 그것들을 초월하고, 그것들에 선행합니다. 이 완전함은 불완전한 것들 안에서 그것들의 완전함의 근원으로서 발견됩니다. 그것은 또한 완전함을

---

86) 마 14:22f.; 막 6:45-52; 눅 6:16-21.
87) 디오니시우스는 종종 자신이 스승인 히에로테우스와 *The Elements of Theology*를 의존하고 있다고 인정한다. DN 3 681A 1-3을 보라.

초월하며, 완전한 것들 안에서 그것들의 완전함을 초월하고 예현하는 것으로서 나타납니다. 또한 그것은 형태를 가진 것들 가운데서 형태를 초월합니다. 그것은 모든 존재들 안에 스며있으면서도 그 영향을 받지 않는 존재(Being)입니다. 그것은 모든 존재를 초월하는 초존재(supra-being)입니다. 그것은 모든 근원들의 경계와 질서를 정하지만, 그 자체는 모든 근원과 질서보다 높은 곳에 뿌리를 두고 있습니다. 그것은 만물의 척도입니다. 그것은 영원이요, 영원 위에 있으며, 영원보다 선행합니다. 그것은 부족함이 있는 풍성함이요, 풍부함이 있는 과다함입니다. 그것은 말로 설명하거나 표현할 수 없으며, 정신과 생명과 존재를 초월합니다. 그것은 초자연적인 것들을 초자연적으로 소유합니다. 그것은 초자연적으로 초월성을 소유합니다.

  그분은 사랑 때문에 인간의 본성을 취하시고 인간이 되셨습니다. 초월자이신 하나님이 인간의 이름을 취하셨습니다(우리는 정신과 말을 초월하는 이러한 것들을 경배하고 찬양해야 합니다). 이 모든 일에 있어서 그분은 초자연적이고 초월적인 상태에 머무시며, 또 변화나 혼동이 없이 인간의 본성을 취하시고 우리와 같이 되었습니다. 그분의 자기 비움은 그분의 충만함 영향을 미치지 않았습니다.[88] 또 그분은 인간의 본성에 속한 것들 가운데서 초자연적인 분으로 머무시고, 또 존재하는 것들 가운데서 존재를 초월하셨습니다. 그분은 우리에게 속한 것을 취하시면서도 우리를 초월하셨습니다.

---

88) 빌 2:7

11. 이제 하나님의 분화된 존재에 적용되는 일반적이고 통일된 이름들에 대해 설명해야 합니다. 앞에서 말했듯이, 탁월한 신격의 자애로운 발현들에게 "하나님의 분화들"(divine differentiations)이라는 용어가 사용됩니다. 이 신격은 만물에게 선물로 주어집니다. 그것은 만물에게로 흘러넘칩니다. 그리고 그것은 통합된 방법으로 분화됩니다. 그것은 다수가 되지만 여전히 하나입니다. 그것은 통일체로 존재하면서 만물에게 분배됩니다. 하나님은 존재를 초월하는 "존재"이시므로, 만물에게 존재를 수여하시고, 온 세상을 존재하게 하시므로, 그분으로부터 많은 것들이 존재하게 된다는 사실 때문에, 그분의 단일한 실존이 다양하다고 언급됩니다. 그러나 그분은 하나로 머무십니다. 그분은 다양성 안에서 하나로 머무시며, 발현 과정 내내 통합되시며, 자기를 비우는 분화의 행동 가운데서 충만하십니다. 그분은 만물을 존재하게 하시며 감소되지 않는 은혜를 쉬지 않고 흘려보내실 때에도 초자연적으로 만물의 존재를 초월하십니다. 그분은 하나이시며, 자신의 통일성을 우주 전체 및 우주의 모든 부분에 나누어 주시고, 다수에게는 물론이요 하나에게도 나누어주십니다. 그분은 변함이 없이 초자연적으로 하나이십니다. 그분은 다수 중의 한 부분이 아니요, 또 여러 부분들의 총체도 아닙니다. 그분의 통일성은 그런 종류의 것이 아닙니다. 그분은 통일성을 함께 분담하시는 것이 아니며, 또 그것을 자신의 소유로 소유하시는 것도 아닙니다. 그분은 이런 것과는 전혀 다른 방식으로 하나이십니다. 그분은 존재들 안에 있는 통일성을 초월하십니다. 그분은 나눌 수 없는 다수이십니다. 그분은 모든 통일성과 다양성을 만들어내고 완전하게 하고 보존하는

채워지지 않는 과다함이십니다. 게다가, 그분의 선물에 의해 신격화된 것들이 많으므로, 한 분 하나님의 분화뿐만 아니라 실질적인 복제가 있는 듯이 보입니다. 실제로 그분은 원형의 하나님, 초월적으로 거룩하고 초자연적으로 한분이신 하나님, 각각의 위격 안에 나눌 수 없이 거하시는 분, 본질적으로 서로 혼합됨이 없는 분화되지 않은 통일체이십니다.

이것이 하나님의 조명 안에 있는 인도자, 나와 내 스승을 이끌어주시는 세상의 빛에게 초자연적으로 주어진 생각입니다.[89] 그분은 성령의 감화를 받아서 "비록 하늘에나 땅에나 신이라 칭하는 자가 있어 많은 신과 많은 주가 있으나, 우리에게는 한 하나님 곧 아버지가 계시니 만물이 그에게서 났고 우리도 그를 위하며 또한 한 주 예수 그리스도께서 계시니 만물이 그로 말미암고 우리도 그로 말미암았느니라"[90]고 말씀하십니다.

신의 세계에서는 통일체들이 분화된 것들보다 더 높은 지위를 차지합니다. 그것들은 으뜸되는 위치를 소유하며, 일자(the One)가 그 단일성을 보유하면서도 표면적으로 분화한 후에도 통합된 상태에 머뭅니다. 나는 이처럼 일반적이고 통합된 분화들, 완전한 신격의 발현들을 하나님의 이름들을 사용하여 찬양하려 합니다. 그러나 앞에서 말했듯이, 거룩한 위격들에게 적용되는 모든 이름들은 완전하신 하나님에게 구분이 없이 속하는 것으로 간주되어야 합니다.

---

[89] 여기에서 디오니시우스는 사도 바울을 언급하기 위해서 기독론적인 표현(요한복음 8:12의 "세상의 빛")을 사용한다.
[90] 고전 8:5f.

제3장

기도의 힘; 복된 히에로테우스와 경건, 그리고 신학에 관한 우리의 저술들에 관하여

1. 먼저 가장 중요한 이름인 "선"(Good)에 대해 살펴보겠습니다. 이것은 하나님의 발현들 모두를 보여줍니다. 그러나 우리는 선한 것의 근원이시며 그것들보다 탁월하신 삼위일체께 기원하는 일에서부터 시작해야 합니다. 삼위일체는 지극히 탁월한 발현들 모두를 전시하십니다. 이 삼위 주위에 있는 선한 은사들에 대해 배우려면, 이 삼위에게로 들려 올라가며 이 삼위에 의해 형성되어야 합니다. 만물은 삼위일체 앞에 현존하지 않지만, 삼위일체는 만물 앞에 현존하십니다.91)

그러나 우리가 혼란스럽지 않은 정신과 하나님과 연합할 수 있는 안정성을 가지고 거룩한 기도로써 삼위일체께 기도한다면, 분명히

---

91) Proclus, *Elements of Theology*, 142.

그분 앞에 현존할 수 있습니다. 삼위일체는 어느 장소에 부재하거나 한 장소에서 다른 장소로 이동하는 것과 같은 방식으로 어느 장소에 존재하시지 않습니다. 그분이 "만물 안에 현존하신다"고 말하는 것도 정확한 표현이 아닙니다. 왜냐하면 그러한 표현은 삼위일체가 만물을 무한히 초월하시면서도 그 내면에 만물을 모아들인다는 사실을 전하지 못하기 때문입니다.

그러므로 우리는 기도하면서 하나님의 친절한 광선들의 고지로 올라가야 합니다. 크고 빛나는 고리가 높은 천국에서부터 낮은 세상 쪽으로 매달려 있다고 상상해 보십시오. 우리는 손을 바꿔가며 그 고리를 붙들고서 끌어당기고 있는 듯합니다. 실제로 그것은 이미 높은 곳과 낮은 곳에 있으며, 그것을 우리에게로 끌어당기는 것이 아니라, 우리가 그 눈부신 빛을 향해 끌려올라가고 있습니다.

또 우리가 배에 타고 있다고 상상해 보십시오. 이 배를 바위에 고정시키는 닻줄 구멍들이 있습니다. 우리는 그것들을 붙잡고서 계속 배를 젓습니다. 실제로 우리는 배를 타고 바위를 향해 가고 있지만, 마치 바위를 우리에게로 끌어당기고 있는 것처럼 보입니다. 다른 관점에서 보면, 어떤 사람이 배를 타고서 해안에 있는 바위를 계속 밀어낸다면 바위에는 아무런 영향도 미치지 못하며, 오히려 바위와 그 사람 사이가 벌어질 것입니다. 바위를 세게 밀수록, 바위와 그 사람 사이는 더 멀어질 것입니다.

그렇기 때문에, 우리는 무슨 일을 하든지, 특히 하나님에 대해 말하려 할 때에는 먼저 기도해야 합니다. 우리는 어느 곳에나 존재하면서도 아무 곳에도 존재하지 않는 힘을 우리에게로 끌어내리려 하지

말고, 거룩한 기도에 의해서 우리 자신을 그 힘에게 맡기고 그 힘과 결합해야 합니다.92)

2. 우리의 훌륭한 교사이신 히에로테우스가 그의 훌륭한 저서 『신학의 요소』(*Elements of Theology*)를 저술하였습니다. 그러나, 나는 마치 그의 저서가 그리 만족스럽지 못한 듯이, 이 책을 비롯하여 몇 권의 신학 서적을 저술했습니다. 만일 그가 신학적인 문제들을 모두 다루려 했고 신학의 모든 분야에 대한 설명을 제공했다면, 나는 어리석게도 동일한 신학적 주제들을 다루면서 보다 거룩한 통찰력을 발휘하여 동일한 일들을 반복하면서 시간을 낭비하지 않았을 것입니다. 만일 내가 나에게 있어서 거룩한 바울 다음 가는 기초적인 교사가 되었던 분의 관상과 계시를 내 것인 듯이 제시한다면, 그것은 나의 교사요 친구인 분을 부당하게 다루는 일이 될 것입니다. 그 분은 이러한 거룩한 일들에 관해 나의 지도자 역할을 했으며, 우리의 영역을 압축하여 요약하고, 새로 회심한 영혼들을 가르치는 교사들을 위해서 많은 내용을 하나의 진술에 압축하여 제시했으므로, 나는 그분의 매우 강력한 지성의 특이하고 집약된 정신훈련들을 구분하여 설명하라는 권고를 받고 있습니다.

당신도 종종 나에게 동일한 일을 행하라고 촉구해왔습니다. 당신은 그분의 책을 나에게 돌려주면서, 그 책이 너무 숭고해서 이해하기 어렵다고 주장했습니다. 따라서 나는 일반인들보다 훨씬 우월하고

---

92) 신플라톤주의자인 이암블리쿠스도 기도는 신들에게 영향을 미치는 것이 아니라 오히려 기도하는 사람에게 영향을 미친다고 가르쳤다. 오리겐(*On Prayer* VIII.2-X.2) 및 다른 교회 교부들도 그렇게 가르쳤다.

완전한 판단을 가진 사람들의 교사이신 그분의 지위를 인정하고 또 그분의 저술들을 성경 다음의 것으로 인정하면서도, 나와 같은 사람들을 위해서 할 수 있는 한 하나님의 일들에 대해 이야기하려 합니다. 단단한 음식은 완전한 사람들에게만 주어야 한다면,[93] 이 음식을 다른 사람들에게 줄 때에는 얼마나 완전해야 하겠습니까? 나는 성경과 그 함축적인 가르침을 직접 다루는 일은 장로의 능력에 속한 것이요, 이 모든 것에 대한 초보적인 생각을 이해하고 배우는 것은 그보다 미숙하지만 거룩한 예비자들의 일이라고 생각합니다. 그러므로 나는 중복을 피하기 위해서 나의 거룩한 스승이 철저히 다루고 설명하신 것들은 다루지 않았습니다. 또 특정 구절에 대해 내 스승께서 제시한 설명을 반복하지도 않습니다.

당신도 아시다시피, 그분과 우리, 그리고 많은 거룩한 형제들은 예수님을 잉태하셨던 몸을 보기 위해 함께 모였었습니다. 예수님의 형제 야고보도 그곳에 있었습니다. 하나님을 이야기하는 모든 사람들 중 으뜸인 베드로도 그곳에 있었습니다. 그 모습을 본 후에, 이들 사도들은 각기 능력이 닿는 대로 그 거룩한 여성의 지극한 선하심을 찬양했습니다. 그러나 성경 기자들 다음 가는 분은 내 스승이셨습니다. 그분은 거룩한 황홀상태에 빠진 사도들을 능가하셨습니다. 그분은 완전히 몰아 상태에 빠져, 찬양되는 것들과 교제하고 있었기 때문에, 그분을 보는 사람들과 그분을 아는 모든 사람들은 그분이 영감을 받아 거룩한 찬양을 하고 있다고 생각했습니다.

---

93) 히 5:14

나는 그곳에서 하나님에 대해 언급된 놀라운 일들을 당신에게 말할 필요를 느끼지 않습니다. 왜냐하면 당신도 그 때에 언급된 놀라운 찬양들 중 일부를 들었다는 것을 나는 잘 알고 있기 때문입니다. 물론, 당신은 매우 열성적이기 때문에 이차적인 것에서 거룩한 것들을 추구하지 않습니다.

3. 그 신비한 경험들은 많은 사람들에게 설명할 수 없는 것들이며, 또 당신이 그것들에 대해 잘 알고 있기 때문에, 나는 그 신비한 경험들에 대해 말하지 않습니다. 그분은 가능한 한 많은 사람들에게 우리가 가진 거룩한 지식을 전하기 위해서 많은 무리와 의사소통을 해야 할 필요가 있을 때, 대부분의 거룩한 교사들보다 더 많은 시간을 들여 노력하셨습니다. 또 그분의 정신이 맑고 표현과 해석이 정확하기 때문에, 나는 감히 이 위대하신 분을 바라볼 수 없었습니다. 나 자신은 그 개념적인 진리들을 이해할 수 없다는 것을 잘 알고 있습니다. 나에게 하나님에 대한 그러한 지식을 표현할 수 있는 단어들이 부족하다는 것을 나는 알고 있습니다. 거룩한 사람들이 신학적 진리와 관련하여 소유하고 있는 것과 같은 이해를 나는 소유하지 못했기 때문에, 거룩한 것들에 대해 받은 지식을 무시해서는 안 된다고 정신적으로 확신하지 않는 한 거룩한 철학에 대해 말하거나 듣지 않을 것입니다. 내가 이렇게 생각하는 이유는 사람의 영은 본성적으로 획득 가능한 초자연적인 것들에 대한 관상을 갈망할 뿐만 아니라 하나님이 법들이 그렇게 명령하기 때문입니다. 우리는 능력이 닿지 않는 것들을 획득할 수 없으므로, 능력 이상의 것을 얻으려고 바삐 행동하지 말라는 말

을 듣습니다.94) 그러나 하나님의 법은 우리에게 허락된 모든 것을 배우고 그 보물들을 다른 사람들에게 나누어 주라고 말합니다. 나는 그러한 명령에 순종하며, 또 나에게 허락된 거룩한 진리를 추구하는 일에 싫증을 내거나 비틀거리지 않기로 결심했고, 또 나보다 관상적 능력이 많지 못한 사람들을 실망시켜서는 안 된다고 의식하기 때문에, 나는 글을 쓰기로 결심했습니다. 나는 어리석게 새로운 사상을 소개하지 않고 다만 히에로테우스가 간단하게 제시한 진리를 어느 정도 상세히 분석하고 설명하고자 합니다.

---

94) 시 131:1; 집회서 3:21-23.

제4장

선, 빛, 아름다움, 사랑, 엑스타시, 열심 등에 관하여; 악은 존재가 아니며, 존재에서 나오는 것도 아니며, 존재 안에 있는 것도 아니라는 사실에 관하여

1. "선"(Good)이라는 이름에 대해 살펴보겠습니다. 이것은 성경 기자들이 거룩하신 하나님을 위해서 다른 모든 이름들과 구분하여 사용해온 것입니다. 그들은 거룩한 자존(自存) 자체를 "선함"(goodness)이라고 부릅니다. 이 본질적인 선은 그 실존에 의해서 만물에게 선함을 펼치십니다.

태양을 생각해 보십시오. 태양은 이성적인 활동을 하지 않으며 선택의 행동을 하지 않지만, 존재한다는 사실에 의해서 빛을 받을 수 있는 모든 것에게 나름의 방식으로 빛을 제공합니다. "선"(Good)도 그렇습니다. 태양보다 훨씬 더 높은 곳에 존재하며 태양보다 한층 우월한 원형(原型)인 선은 만물에게 그 능력에 따라서 나누이지 않은 선의 광선을 보내줍니다. 이 광선들은 모든 천상의 존재들, 모든 능력

과 활동을 책임집니다. 그들은 이 광선들 덕분에 현존하고 쇠퇴하거나 감소되지 않는 생명을 유지합니다. 그들이 썩지 않고 죽지 않는 것, 탄생의 과정을 거치지 않는 것은 이 광선들 덕분입니다. 이 광선들 덕분에 그들은 움직이거나 끊임없이 변화하지 않습니다. 그들은 몸이 없고 비물질적인 것이라고 이해되며, 정신들로서 비록 초현세적인 방법으로이지만 이해합니다. 그들은 존재들의 추론을 조명해 주며, 서로에게 자신이 알고 있는 것을 전해줍니다. 그들은 하나님의 선 안에 거하면서, 거기에서 자신의 기초, 응집력, 경계, 본향을 끌어냅니다. 선을 향한 그들의 열망은 그들의 상태를 형성하며 그들에게 행복을 줍니다. 그들은 자신이 열망하는 대상에 의해서 형성되므로 선을 예증하며, 하나님의 법이 요구하는 바와 같이 자기들이 소유하게 된 선한 선물들을 자기보다 하위에 있는 것들과 함께 나누어 가집니다.

2. 이 때문에, 그들은 우주, 자신의 통일체들, 상호관계들, 혼동이 없는 구분들을 초월하여 나름의 계급을 소유합니다. 그들은 저급한 것들을 고등한 것들에게로 상승하게 해주는 능력들과 상위의 것들이 하위의 것들의 수준으로 내려갈 수 있게 해주는 섭리적인 능력들을 소유합니다. 그들은 자신이 가지고 있는 특별한 능력들을 돌보며, 각각의 응집된 생각들을 변하지 않게 지킵니다. 그들은 꾸준히 선(Good)을 갈망합니다. 그들은 내가 『천사들의 특성과 계급』(*The Properties and Ranks of the Angels*)[95])에서 묘사한 모든 특성들

---

95) 이것은 현재는 유실되어 존재하지 않는 논문으로서 주제는 비슷하지만, 여러 가

을 지닙니다. 천상의 위계와 관계가 있는 모든 것, 즉 거룩한 정화, 우주 너머에서 발생하는 조명, 그리고 천사들의 온전함의 일부인 업적 등은 모두 선의 우주적 원인이요 근원이 되시는 분에게서 옵니다. 그것은 그들에게 선을 예증하며, 그들 안에 감추어져 있는 선을 나타내주며, 거룩한 근원을 전하는 거룩한 사자가 되며, 내면의 성소에서 작열하는 빛을 반사하게 하기 위해서 주어집니다.

이 거룩하고 신성하고 천사들 다음의 존재들은 영혼들 및 이 영혼들의 특유한 선입니다. 이들의 존재 역시 초자연적인 선에게서 파생되며, 그렇기 때문에 그들은 지성, 불멸성, 실존을 소유합니다. 그들은 천사 같은 삶을 위해 노력할 수 있습니다. 그들은 선한 안내자들인 천사들에 의해서 모든 선한 것의 근원에게로 올려질 수 있으며, 그 근원에서 흘러나오는 조명들을 나누어받을 수 있습니다. 그들도 선(Good)이신 하나님을 예증하는 은사를 소유하며 나의 저서 『영혼』(*The Soul*)96)에서 묘사한 다른 모든 특성들을 소유합니다.

만일 우리가 물질에 대해서 이야기해야 한다면, 이 모든 것은 비이성적인 영혼들, 하늘을 날아다니거나 땅에서 걸어 다니는 생물들, 물속에 사는 생물들, 양서류, 땅속에 사는 생물들, 간단히 말해서 감각이 있는 모든 살아있는 것들에게도 적용됩니다. 그것들은 모두 선의

지 이유에서 *The Celestial Hierarchy*와 구분되어야 한다. 특히 "상징 신학"은 *The Celestial Hierarchy*보다 선행하며 *The Divine Names*의 뒤를 따른다. 그러므로 *The Celestial Hierarchy*는 *The Divine Names*의 뒤의 것이어야 하며, 이 논문은 그것보다 선행하는 듯하다. R. Roques, "Denys," *Dictgionnaire de Spiritualite* 3 262f.을 보라.
96) 이 논문은 달리 알려져 있지 않다. 여기에서 저자는 정신들(천사들), 영혼들(인간들), 피조물들, 식물들, 그리고 사물들을 차례로 다룬다.

실존 때문에 영혼과 생명을 소유합니다. 또 식물들 역시 이 선으로부터 오는 양분과 생명과 움직임을 소유합니다. 영혼과 생명이 없는 물질들도 마찬가지입니다. 그것들이 존재하는 것은 선 때문입니다. 그것들은 선으로 말미암아 나름의 존재 상태를 받습니다.

3. 선은 모든 것을 초월합니다. 따라서 형태의 구속을 받지 않는 그것의 본질은 모든 형태의 창조자입니다. 그 안에 있는 비실재(nonbeing)는 실제로는 엄청난 실재입니다. 그것은 하나의 생명이 아니지만, 지극히 풍성한 생명입니다. 그것은 하나의 정신이 아니지만, 지극히 풍성한 지혜입니다. 그 선에 참여하는 것들은 무정형의 것들에게 형태를 주는 것에게 관여합니다. 심지어 비실재 자체는 모든 존재를 초월하는 선을 동경한다고 말할 수도 있을 것입니다. 그것은 존재를 거부하면서, 만물을 부인한다는 의미에서 모든 존재를 초월하는 선 안에서 안식을 발견하려고 노력합니다.

4. 선(Good)은 확대되지도 않고 줄어들지도 않는 하늘들의 근원과 영역의 원인이십니다. 그것은 침묵하는 것들을 존재하게 하시고, 방대한 하늘들의 움직임과 하늘을 장식하고 있는 별들의 질서, 특히 성경에서 "크다"고 묘사한 두 개의 교대하는 빛의 근원들의 질서를 세우셔서97) 우리로 하여금 자신의 낮과 밤과 달과 해를 셀 수 있게 하셨습니다. 그것들은 시간과 사건들을 세고 측정하고 결합하는 틀을 세웠습니다.

---

97) 창 1:16

신의 이름들 | The Divine Name

태양 광선들을 어떠합니까? 빛은 선(Good)에게서 오며, 원형(元型)인 선의 형상입니다. 원형은 그것을 닮은 형상에 반영되듯이, 선은 "빛"이라는 이름으로 찬양을 받습니다. 초자연적인 하나님의 선은 가장 높고 완전한 존재 형태에서부터 가장 낮은 것에게까지 미치면서도 그것들 모두를 초월하며, 가장 높은 것보다 우월하면서도 가장 낮은 것에게 미칩니다. 그것은 받을 능력이 있는 모든 것에게 빛을 주고, 그것들을 창조하고 살리고 보존하고 완전하게 합니다. 모든 것들은 그것에게서 표준과 영원과 질서를 기대합니다. 그것은 우주를 포용하는 능력이며, 우주와 그 끝의 원인입니다.

영원히 빛나는 태양은 하나님의 선의 형상, 선의 희미한 반향입니다. 그것은 그 빛을 받을 능력이 있는 모든 것을 조명해주면서도 자신의 빛의 충만함을 상실하지 않습니다. 그것은 눈에 보이는 세상 사방에 빛나는 광선을 보냅니다. 만일 그 빛을 받지 못하는 사물이 있다면, 그것은 퍼지는 빛이 약하거나 결함이 있기 때문이 아니라 그 사물이 빛을 받기에 적합하지 못하기 때문입니다. 물론 빛은 그와 같은 많은 물질들을 그냥 지나치고 다른 것들을 조명해줍니다. 눈에 보이는 세상에는 빛이 미치지 않는 곳이 없습니다. 빛은 감각할 수 있는 육체들의 근원과 생명을 책임지고, 그것들에게 양분을 공급하고 자라게 하고 완전하게 하고 깨끗하게 하고 새롭게 합니다.

빛은 시간과 날들, 우리가 가지고 있는 모든 시간을 세는 척도이기도 합니다. 모세의 말에 의하면 태초에 처음 사흘 동안 형태가 없는 빛이 있었습니다.[98]

선은 모든 것을 자체에게 돌아오게 하며, 흩어진 것들을 모읍니다.

왜냐하면 그분은 모든 사물의 거룩한 근원이요 통합하는 분이시기 때문입니다. 각각의 존재는 그분을 하나의 근원으로서, 결합의 대리인으로서, 그리고 목표로서 의지합니다. 성경이 증언하듯이, 선은 모든 것을 만드셨으며, 궁극적으로 완전한 원인이십니다. 마치 대단한 저장소 안에 있는 것처럼 그 안에서 만물이 함께 서며,[99] 유지되고 보존됩니다. 만물은 그것들의 목표이신 그분에게로 돌아갑니다. 만물은 그분을 원합니다: 정신과 이성을 가진 것들은 모두 그분을 알려 하며, 감각이 있는 모든 것들을 그분을 감지하기를 갈망하며, 인식이 부족한 모든 것들은 본능적으로 그분을 동경하며, 생명이 없이 존재하는 것들은 나름의 방식으로 그분을 소유하려 합니다.

빛이 그렇듯이, 선(Good)의 눈에 보이는 형상도 그렇습니다. 그분은 퍼지는 광선에 의해서 보고 움직이고 조명과 따뜻함을 받아들이고 유지되는 모든 것을 자기에게로 끌어당깁니다. 그분은 만물을 하나의 통합체로 만들고 흩어진 것들을 모으므로 "태양"입니다. 인식할 수 있는 모든 것들은 보고 움직이고 그 빛과 따뜻함을 받고 그것에 의해서 통합되기를 구합니다. 옛 신화에서는 태양을 선견지명이 있는 우주의 신이요 창조자로 묘사하곤 합니다. 그러나 나는 "창세로부터 그의 보이지 아니하는 것들 곧 그의 영원하신 능력과 신성이 그 만드신 만물에 분명히 보여 알게 되었다"[100]고 말합니다.

---

98) 창 1:3-5, 19.
99) 골 1:17
100) 롬 1:20

5. 이 모든 것을 『상징 신학』에서 다룰 것입니다.101) 여기에서는 "선"에 적용되는 "빛"이라는 용어의 개념적 내용을 다루려 합니다.

"선"은 모든 거룩한 천상의 존재들의 정신을 정신의 빛으로 조명해주기 때문에, 그리고 영혼에게서 무지와 그 안에 숨어 있는 오류를 몰아내주기 때문에 정신의 빛이라고 묘사됩니다. 그것은 거룩한 천상의 존재들에게 신성한 빛을 나누어줍니다. 그것은 정신의 눈에서 무지의 안개를 제거하고, 어두움에 덮여 있는 존재들을 각성시킵니다. 그것은 처음에는 적은 분량의 빛을 나누어 주지만, 빛을 향한 소원과 열망이 성장함에 따라서 점점 더 많은 빛을 주며, 그들이 "많이 사랑하므로"102) 풍성히 그들을 비추어주며, 그들의 능력이 허락하는 한 항상 그들을 자극하여 앞으로 나아가고 위로 올라가게 합니다.

6. 그러므로, 모든 빛 위에 있는 선(Good)에게는 "정신의 빛", "광선과 샘", "충만한 광휘" 등의 이름이 주어집니다. 그는 세상 위에 있고 세상을 초월하거나 세상의 둘레에 있거나 세상 안에 있는 모든 정신에게 그 빛을 가득 채웁니다. 그는 그들의 정신의 모든 능력들을 회복시킵니다. 그는 모든 것이 미치지 않는 곳에 있도록 되어 있기 때문에 모든 것 너머로 발길을 옮깁니다. 그는 모든 것을 초월하므로, 모든 것에 선행합니다. 그는 빛의 근원이요 초월하는 빛이시므로, 모든 조명하는 능력을 한데 모으며 그것에 선행합니다. 따라서 그는 이성

---

101) 『상징신학』에서는 하나님을 나타내기 위한 지각할 수 있는 상징들에 관심을 두며, 여기에는 가시적인 빛도 포함된다.
102) 눅 7:47

과 정신을 소유한 모든 것을 모아 결합합니다. 무지가 오류 안에 있는 것들을 흩어놓듯이, 정신의 빛은 조명을 받는 것들을 모아 결합합니다. 그는 그것들을 완전하게 합니다. 그는 그것들로 하여금 다시 참으로 실재하는 것을 향하게 합니다. 그는 그것들을 무수히 많은 거짓된 개념들로부터 돌이키게 하며, 하나의 통합시키는 빛으로 그것들을 채우고 그것들의 상충되는 환상들을 하나의 순수하고 일관성 있는 참 지식 안에 모아들입니다.

7. 거룩한 성경 기자들은 이 선을 찬양합니다. 그들은 그를 미(beautiful), 아름다움(beauty), 사랑, 사랑하는 자라고 부릅니다.103) 그들은 사랑스러움의 근원이며 은혜의 개화(開花)라는 의미를 지닌 이름들을 그에게 부여합니다.

그러나 모든 것을 모아 하나로 만드는 조물주에게 적용할 때에는 "미"와 "아름다움"을 구분하지 마십시오. 우리는 지적 존재들에게서 그것들이 공유하는 성질들과 그것들을 공유하는 객체들의 차이점을 인식합니다. 우리는 미와 관련이 있는 것을 아름다움이라고 부르며, 모든 사물 안에 있는 미의 원인이 되는 요소에게 "미"라는 이름을 부여합니다. 그러나 개별적인 존재 위에 있는 아름다움은 "미"라고 불립니다. 이는 그 미는 만물에게 각기 그 상태에 따라서 주어지기 때문입니다. 그것은 만물 안에 있는 조화와 탁월함의 원인이기 때문에, 마치 빛처럼 그 자체가 근원이 되는 광선을 나누어주어 아름다움을 초래하기 때문에 이러한 이름으로 불립니다. 미는 만물을 자

---

103) 아 1:16; 요일 4:16; 사 5:1; 시 45:2

신에게로 초대하며, 만물을 자신 안으로 모아들입니다. 그것은 지극히 아름다운 것이요 모든 것 위에 가장 아름다운 것이기 때문에 아름답다고 불립니다. 그것은 아름답지만 태어나거나 죽는 것, 성장하거나 부패하는 것과는 관련이 없으며, 어느 면에서는 사랑스럽지 않고 다른 면에서는 추한 것이 지니는 아름다움과는 다른 아름다움을 지닙니다. 그것은 과거에는 아름다웠지만 지금은 아름답지 않으며, 어떤 사물과 관련해서는 아름답지만 다른 사물과 관련해서는 아름답지 않은 것이 아니며, 어느 장소에서는 아름답지만 다른 장소에서는 아름답지 않은 것이 아니며, 어떤 사람에게는 아름답지만 다른 사람들에게는 아름답지 않을 수 있는 것이 아닙니다. 그것은 본질적으로 홀로 독특하며 영원히 아름답습니다. 그것은 본질적으로 모든 아름다운 것들의 근원입니다. 모든 아름다운 것들의 단순하지만 초자연적인 본질 안에는 그 근원인 아름다움과 미가 선재했습니다. 이 미로부터 모든 사물이 존재하게 되며, 각각의 존재는 각기 나름의 미를 나타냅니다. 미는 조화와 동정과 일치의 원인입니다. 미는 만물을 연합시키며, 만물의 근원이 됩니다. 그것은 세상을 분발하게 하며 만물 안에 있는 미를 소유하려는 열망에 의해서 만물을 존재하게 하는 위대한 창조적 원인입니다. 그것은 목표로서, 사랑하는 자로서, 만물이 지향하는 원인으로서 만물 앞에 존재합니다. 만물로 하여금 존재하게 하는 것은 미를 향한 열망이기 때문입니다. 그것은 그것들이 닮아야 할 본보기입니다.

그러므로 아름다움은 선과 동일합니다. 왜냐하면 만물은 존재의 원인인 아름다움과 선을 바라보며, 세상에 있는 모든 것들은 아름다움과 선을 소유하기 때문입니다. 나는 심지어 비존재도 아름다움과 선을 소유한다고 생각합니다. 왜냐하면 만물의 부인(否認)이라는 의미에서 초자연적으로 하나님께 적용할 때에, 비존재 자체는 아름답고 선하기 때문입니다.

이 분―일자(the One), 선(The Good), 아름다움(the Beautiful)―은 나름의 독특한 방식으로 무수히 많은 선과 아름다움의 원인이십니다. 그에게서부터 모든 존재의 본질이 나옵니다. 그것들의 공통점과 차이점, 닮은 점과 차이점, 그것들의 구성요소들이 정체성을 유지하는 방식, 상위 계층의 존재들의 배려, 동일한 계층에 속한 존재들의 상호관계, 보다 낮은 계층에 속한 존재들이 위로 복귀하는 것, 만물의 기초들을 보호하고 변함없이 유지함 등은 모두 그에게서 나옵니다. 이런 까닭에 만물은 그 능력에 따라서 서로 관계를 갖습니다. 이런 까닭에 그것들 사이에 조화와 사랑이 형성되지만 그 정체성이 상실되지 않습니다. 이런 까닭에 만물은 본질적인 통일성을 소유합니다. 이런 까닭에 만물이 혼합되며, 영속하며, 사물들이 부단히 출현합니다. 이런 까닭에 만물이 안식하며, 정신과 영과 몸이 각성합니다.

만물에게는 쉼이 있고 움직임이 있습니다. 초자연적인 쉼과 움직임에서 나온 것들은 적절한 원리에 따라서 각각의 존재를 확립하며, 각기 그에 적당한 움직임을 부여합니다.

8. 거룩한 천사들은 첫째, 그들은 시작도 없고 끝도 없이 선과 아름다움에게서 나오는 조명들과 하나가 되어 원형(圓形)으로 움직이고,

그 다음에는 하나님의 섭리에 의해서 자기보다 하위의 존재들을 확실히 인도하면서 직선으로 움직입니다. 마지막으로, 나선형으로 움직입니다. 그들은 자기보다 하위의 존재들에게 필요한 것을 공급하면서도 자신의 상태를 유지하며, 모든 동일성의 근원인 선과 아름다움의 주위를 끊임없이 돕니다.

9. 영혼도 움직입니다. 첫째, 영혼은 원형으로 움직입니다. 즉 외부에 있는 것을 떠나서 내부를 돌며, 그 지적 능력들이 내면에 집중합니다. 일종의 고정된 회전 운동은 영혼으로 하여금 외면의 다양성을 떠나 자신에게 집중하게 만들며, 이 분산되지 않은 상태에서 강력한 연합 상태에 영혼들과 결합합니다. 회전 운동은 영혼을 만물보다 위에 있으며 항상 동일하며, 처음도 없고 끝도 없는 아름다움과 선에게로 인도합니다. 그러나 영혼은 정신에 의해서도 아니고, 그 정체성에서 생겨나는 방식에 의해서도 아니라, 혼합되고 불안정한 행동들과 추론적인 추리를 통해서 자신의 능력에 비례하여 신적 지식의 조명을 받습니다. 그 다음에 영혼은 나선형으로 움직입니다. 영혼이 안으로 들어가지 않고 자신의 지적 통일성에 중심을 두고서 원형으로 움직이지 않고 주위의 사물을 향해 나아가며 외적인 것들을 초월하여 단순하고 통합된 관상으로 들어갈 때에는 직선으로 움직입니다.

10. 선과 아름다움은 이 세 가지 운동의 원인이며, 인식되는 세계에 있는 것들의 원인이며, 그 이전에 머물고 서는 것들의 원인이며, 그것들 각각의 기초입니다. 선과 아름다움은 그것들을 유지해줍니

다. 이것은 그것들의 목표이지만, 그 자체는 모든 쉼과 움직임을 초월합니다. 이것은 운동과 쉼의 근원이요, 원천이요, 보존자요, 목표요, 목적입니다. 거기에서부터 정신과 영혼의 존재와 생명이 파생됩니다. 또 거기에서부터 만물의 본성과 표준과 조화에 있어서 사소한 것들과 대등한 것들과 위대한 것들, 사물들의 혼합물들과 완전한 것들과 부분들, 우주적인 것들과 다수들, 부분들 사이의 연계들, 만물의 근저에 놓여 있는 통일성, 완전체들의 온전함 등이 나옵니다. 거기에서부터 질, 양, 크기와 무한, 혼합과 구분, 제한과 무제한, 경계, 질서와 과도한 업적, 구성요소들과 형태, 모든 존재와 능력과 활동, 모든 상태와 인식과 표현, 모든 개념과 이해, 모든 연합 등이 나옵니다. 간단히 말해서, 모든 존재는 아름다움과 선에서 나오며, 그것 안에 존재하며, 그것에게로 돌아갑니다. 존재하는 모든 것, 앞으로 존재할 모든 것은 선과 아름다움 때문에 존재합니다. 만물은 그것을 의지하며, 그것에 의해 움직여지며, 그것에 의해 지탱됩니다. 훌륭한 것이거나 최종적인 것이거나 효율적인 것이거나 형식적인 것이거나 기초적인 것이거나, 모든 근원들이 그것에 의해서, 그것 때문에, 그것 안에 존재합니다. 요컨대, 모든 근원과 보존과 결말, 실질적으로 모든 것이 선과 아름다움에서 파생됩니다. 심지어 아직 존재하지 않는 것도 선과 아름다움 안에 초자연적으로 존재합니다. 여기에는 모든 근원을 초월하는 것의 근원, 완성을 초월하는 결말이 있습니다. 성경은 "이는 만물이 주에게서 나오고 주로 말미암고 주에게로 돌아감이라"라고 말합니다.104)

따라서, 만물은 아름다움과 선 을 바라고 열망하고 사랑해야 합니다. 이 아름다움과 선 때문에 열등한 것들이 우월한 것에게로 돌아가고, 동등한 것은 동등한 것과 교제하며, 우월한 것들은 열등한 것들을 향하며, 각기 노력하며, 선과 아름다움을 향한 동경 때문에 자극을 받아서 모두가 원하는 모든 것을 행하고 원합니다. 우리는 담대하게 만물의 원인이 되시는 분은 지극히 선하시므로 만물을 사랑하신다고, 이 선하심 때문에 만물을 지으시고 완전하게 하시며 보존하시고, 만물을 돌려주신다고 주장할 수 있을 듯합니다. 거룩한 열망은 선(Good) 때문에 선을 구하는 선(Good)입니다. 선(Good) 안에는 세상의 모든 선을 창조하려는 열망이 풍성하게 선재했으며, 선은 그것이 유출되지 않고 머무는 것을 허락하지 않았습니다. 그 열망은 선으로 하여금 세상을 만들어내는 일에 자신의 능력을 풍성히 사용도록 자극했습니다.

11. 내가 "열망하다"라는 단어의 위상을 성경과 달리 부여한다고 생각하지 마십시오. 의미들의 힘을 보지 않고 단어들 자체를 바라보는 것은 비합리적이고 어리석은 일일 것입니다. 하나님의 일들을 이해하려 하는 사람은 그렇게 행동해서는 안 됩니다. 왜냐하면 그것은 공허한 소리가 퍼지는 것을 허락하지 않는 사람, 특정 구절이 무엇을 의미하는지, 또는 대등하지만 보다 효과적인 구절을 통해서 그 의미를 전달하는 방법은 무엇인지를 알고자 하지 않기 때문에 그것들을 듣지 않는 사람들이 따르는 과정이기 때문입니다. 이런 사람들은 의미 없는 문자들과 문장들, 자신이 이해하지 못하는 음절이나 구절에

---

104) 롬 11:36

관심을 갖는데, 그것들은 그들의 영혼의 사유하는 부분에는 도달하지 못한 채 입술이나 귀에서 헛되이 울려 퍼집니다. 그것은 마치 "4"는 "2x2"요, "직선"은 "똑바른 선"이요, "모국"은 "조국"이라고 설명하는 것, 또는 정확하게 똑같은 것을 의미하는 단어들을 서로 교환하여 사용하는 것이 옳지 않다는 것과 같습니다. 우리는 이해를 위해서 문자와 음절과 문장과 성문화된 용어와 단어들을 사용한다는 것을 알아야 합니다. 그러나 우리의 영혼이 지적 에너지들에 의해서 지성에 속한 것들을 향해 움직여질 때에는 감각 및 감각에 수반되는 것들은 더 이상 필요하지 않습니다. 영혼이 신화(神化)될 때에, 무지의 연합을 통해서 눈에 보이지 않게 "접근할 수 없는 빛"105)의 광선에 집중하는 우리의 지적 능들에게도 동일한 일이 발생합니다. 인식 작용의 결과로서 자극을 받아 관상 작용에 도달한 정신은 명백한 인식들, 분명한 단어들, 그리고 분명하게 보이는 것들을 특별히 소중히 여깁니다. 왜냐하면 감각자료들이 혼란해지면, 감각기관들은 정신에게 제대로 보고할 수 없기 때문입니다. 만일 이 말이 거룩한 성경을 오용하는 것처럼 보인다면, "열망(사랑)"이라는 단어를 비판하는 사람들은 "사랑하라 그가 너를 지키리라. 그를 높이라 그리하면 그가 너를 높이 들리라 만일 그를 품으면 그가 너를 영화롭게 하리라"106)는 말을 들어 보십시오. 이 외에도 성경에는 하나님을 열망하는 것을 찬양하는 구절들이 많습니다.

---

105) 딤전 6:6
106) 잠 4:6, 8

12. 거룩한 것들에 관한 글을 쓴 일부 저자들은 "열망"이 "사랑"보다 더 거룩하다고 생각했습니다. 거룩한 이그나티우스는 "내가 열망하는 분은 십자가에 달리셨다"라고 썼습니다. 또 성경에서 거룩한 지혜에 대해서 "그 아름다움에 매혹되어 나는 지혜를 사랑하였다"107)와 같은 말을 찾아볼 수 있을 것입니다. 그러므로 "열망"이라는 표현을 사용하기를 두려워하지 말며, "사랑"과 "열망"에 대해 사람들이 하는 말로 인해 당황하지도 마십시오. 왜냐하면 거룩한 저자들은 "열망"과 "사랑"을 동일하게 간주한다고 생각되기 때문입니다. 그들은 사람들과 관련하여 "열망"이 지니는 부적당한 본질 때문에 거룩한 일과 관련하여 사용할 때에는 그 단어에 "진정한"이라는 단어를 추가하여 사용합니다. 성경에서는 "진정한 열망"(real yearning)이 하나님께 적절한 것으로 여기며 우리도 그렇게 여깁니다. 그러나 다른 사람들은 본성적으로 부분적이고 육체적이고 분열된 열망을 생각하는 경향이 있습니다. 그것은 참된 열망이 아니라 공허한 이미지, 진정한 열망으로부터의 퇴보입니다. 대부분의 사람들은 거룩한 열망의 단순성을 파악하지 못하기 때문에 그 용어에 대해 거부감을 느낍니다. 그러므로 하나님의 지혜(divine Wisdom)가 그들로 하여금 열망이 무엇인지 깨달아 그것에 대해 거부감을 느끼지 않게 되어야 합니다. 많은 저급한 사람들은 "그대가 나를 사랑함이 기이하여 여인의 사랑보다 승하였도다"108)와 같은 사랑스러운 구절에 모순이 있다고 생각합니다. 하나님의 일들을 제대로 경청하는 사

---

107) 솔로몬의 지혜 8:2
108) 삼하 1:26

람들은 거룩한 일을 나타냄에 있어서 성경기자들이 "사랑"과 "열망"이라는 명사들을 완전히 동일한 의미로 사용한다고 여깁니다. 그것들은 하나의 통일체, 하나의 동맹, 그리고 미(Beautiful)와 선(Good)의 특별한 혼합을 이루는 능력을 나타냅니다. 그것은 미와 선을 통해서 선재(先在)하는 능력입니다. 그것은 미와 선을 통해서 미와 선으로부터 분배됩니다. 그것은 동일한 계급에 속한 것들을 결속하여 서로를 존중하며 연합하게 해줍니다. 그것은 우월한 것들로 하여금 하위의 것들을 부양하게 해주며, 하위의 것들로 하여금 우월한 것들을 배려하게 해줍니다.

13. 이 거룩한 열망은 엑스타시를 가져오기 때문에, 사랑하는 사람은 자신이 아니라 사랑받는 사람에게 속하게 됩니다. 이것은 상급자가 하급자에게 아낌없이 부어주는 섭리 안에 나타납니다. 그것은 동일한 지위에 속한 사람들이 서로를 존중하는 데서 나타납니다. 또 그것은 하위의 사람들이 고등한 것을 향해 귀환하는 데서 나타납니다. 하나님을 향한 열망에 휩싸이고 그 몰아적 힘에 사로잡힌 사도 바울은 그것을 "그런즉 이제는 내가 산 것이 아니요 오직 내 안에 그리스도께서 사신 것이라"109)와 같이 표현했습니다. 바울은 참으로 하나님을 사랑했으며, 하나님을 위해서 미쳤고,110) 자신의 생명이 아니라 그가 사모하는 분의 생명을 소유하고 있었습니다.

또 아름답고 선하고 지극히 풍성한 그의 자비로운 열망 안에 있는

---

109) 갈 2:20
110) 고후 5:13

우주의 원인 역시 만물을 향해 그가 품고 있는 사랑의 보살핌 안에서 그에게서 제거됩니다. 말하자면, 그는 선·사랑·열망 등에 도취되며, 그의 훌륭한 거주지에서 꾀어내어져 만물 안에 거하게 됩니다. 그럼에도 불구하고 이것은 그의 안에 남아 있는 초자연적이고 몰아적인 능력에 의해서 이루어집니다. 만물을 향한 선한 열망이 매우 크기 때문에, 그리고 또 그가 사람들로 하여금 열망하는 열심을 일으키기 때문에, 영적 통찰력을 가진 사람들은 그를 "열성적"라고 묘사합니다. 그리하여, 열심은 항상 바람직한 것으로 느껴지기 때문에, 그리고 그는 자신이 부양하는 피조물들에 대해 열심을 갖기 때문에, 열성적임이 입증됩니다. 간단히 말해서, 열망 및 열망의 대상은 선(the Good)과 미(the Beautiful)에 속합니다. 그것들은 그 안에 선재하며, 그것 때문에 존재합니다.

14. 신학자들이 때로는 하나님을 열망과 사랑이라고 언급하고, 때로는 열망의 대상이나 사랑받는 연인으로 묘사하는 이유는 무엇입니까? 하나님은 한편으로는 언급되는 것을 생성하고 초래하고 생산하며, 또 다른 한편으로는 친히 언급되는 것이 되십니다. 하나님은 그것의 자극을 받고, 그것을 자극하십니다. 하나님은 그것에 의해 움직여지시며 또한 그것을 움직이십니다. 하나님은 아름답고 선하시므로, 사람들은 그분을 사랑받는 연인이요 열망의 대상이라고 부릅니다. 또 하나님은 만물을 움직이고 자신에게로 들어 올리는 힘이시므로, 사람들은 그분을 열망이요 사랑이라고 부릅니다. 결국 하나님은 선, 아름다움, 스스로를 드러내시는 분, 초자연적인 통일성의 선

한 발현이시기 때문입니다. 하나님은 활동하는 열망이요, 단순하시며, 스스로 움직이시며, 스스로 행동하시며, 선 안에 선재하시며, 선에서 흘러나와 존재하는 만물에게로 갔다가 다시 선에게로 돌아오십니다. 이 거룩한 사랑 안에서 특별히 시작도 없고 끝도 없는 본성, 선 안에서 선을 통해서 선에서부터 선을 향해 동일한 중심에서 원형으로 동일한 방향으로 회전하며, 항상 전진하며, 항상 자신에게로 돌아오는 본성이 나타납니다.

이 모든 것은 나의 스승의 『열망의 찬송』(Hymns of Yearning)에 상설(詳說)되어 있습니다.

15. 다음은 히에로테우스의 『열망의 찬송』에 수록된 것입니다: 하나님이나 천사들, 정신이나 영이나 본성 안에 있는 열망에 대해서 말할 때, 상위의 것들로 하여금 하위의 것들을 부양하게 하며, 동등한 것들로 하여금 동등한 것과 교제하게 하며, 하위의 것으로 하여금 상위의 것과 탁월한 것에게로 복귀하게 해주는 능력, 통합하고 혼합해주는 능력을 생각해야 합니다.

16. 다음도 역시 히에로테우스의 글에 수록된 것입니다: 나는 차례에 따라 일자(the One)에게서 솟아나는 많은 열망들에 대해 상설했으며, 또 세상과 내세에서의 열망들의 고유한 지식과 능력의 본질에 대해서 설명했습니다. 논거의 분명한 의도에 따르면 지성적이고 지적인 천사들의 계층의 열망들은 이것들을 능가합니다. 그것들 다음으로 아름다운 열망들, 자명하고 신적이며 우리가 찬양하는 열망

들이 있습니다. 이제 우리는 다시 이 모든 열망들에 대해 이야기하며, 그것들을 모든 열망들의 근원이 되는 하나의 갈망에 집결시켜야 합니다. 먼저 두 가지 일반적인 능력으로 구분하겠습니다. 모든 열망의 억제할 수 없는 원인은 그것들보다 우선하며 그것들을 지배합니다. 그것은 그것들 모두를 초월하는 원인이며, 도처에 있는 모든 것이 지향하는 목표입니다.

17. 히에로테우스는 다음과 같이 기록했습니다: "우리는 다시 이 모든 것들을 통합해야 한다. 우리는 만물을 하나로 혼합하는 자동(自動)의 힘이 있다고, 그것은 선에게서 출발하여 아래로 내려가 가장 하위의 피조물에 도달하며, 그 후에 모든 단계를 거슬러 다시 선에게로 돌아감으로써 자신에게서부터 자신을 통과하여 자신을 중심으로 하여 자신을 향해 영원한 원을 그리며 회전한다."111)

18. 다음과 같은 견해를 지닌 사람도 있습니다: "선하고 아름다운 것(The Beautiful and Good)이 모든 사람들의 열망과 사랑과 바람의 대상―이미 말했듯이 그것은 형체를 이루지 않은 것들 안에서 형체를 불러내므로 그 안에서 장소를 원하는 바람이 아닌 것, 그렇기 때문에 그 안에 초자연적으로 비존재가 존재하는 것―이라 하더라도, 선하고 아름다운 것이 이러한 것이라고 하더라도, 많은 악마들이 그것을 원하지 않고 감각적인 것으로 기울며 선을 동경하는 거룩한 상태에서 퇴보하는 것은 어쩐 일인가? 실제로, 그것은 그 자체에게 악

---

111) 여기서도 히에로테우스는 상승과 하강이라는 신플라톤주의 개념을 표현한다.

의 원인이 되며, 다른 사람들 안에 있는 악이라고 규정되는 상태의 원인이 된다. 선에 기원을 두고 있는 악마들이 선과 비슷한 형체를 이루지 않는 것은 어쩐 일인가? 선의 후손인 그들이 어찌하여 그렇게 변화되었는가? 무엇이 그들을 악하게 만들었는가? 실제로 무엇이 악이며, 그것은 어디에서 왔는가? 그것은 어디에서 발견되는가? 어찌하여 선은 그것이 존재하도록 의도했는가? 그렇게 결정한 후에 어떤 방식으로 그것을 만들었는가? 만일 악의 기원이 다른 원인에 있다면, 선 외에 어떤 다른 원인이 있을 수 있는가? 만일 섭리라는 것이 있다면, 어찌 악이 존재할 수 있으며, 어찌 그것이 제거되지 않는 것인가? 또 어찌 사물이 선보다 악을 선택할 수 있었단 말인가?"112)

19. 어려움 가운데 있는 사람은 위와 같이 말할 수도 있을 것입니다. 그러나 나는 그 사람에게 다음과 같이 말하며 사물들의 진리를 직시하라고 요청하겠습니다. 악의 근원은 선이 아닙니다. 만일 악이 선에서 나온다면, 그것은 악이라고 할 수 없을 것입니다. 불이 우리를 시원하게 할 수 없듯이, 선은 선하지 않은 것을 만들어낼 수 없습니다. 만일 모든 것이 선에게서 나온다면, 그리고 악이 모든 것을 부패하게 만들고 파괴하려고 노력하듯이 선은 존재를 주고 유지한다

---

112) 이 장 나머지 부분에서는 악의 문제에 관심을 둔다. 여기에서 프로클루스(Proclus)의 저술을 사용한 것은 이 전집의 연대가 대략 A.D 500년 경이며 저자가 위-디오니시우스라고 추정하는 데 도움을 준다(H. Koch, "Der pseudo-epigraphische Character der dionysischen Schriften," *Theologische Quartalschrift* 77[1895]: 353-521; J. Stiglmayr, "Der Neuplaatoinker Proclus als Vorlarge des sogen. Dionosius Areopagiten in der Lehre vom Übal," *Historisches Jahrbuch* 16 [1895]: 253-73 and 721-48).

면, 악에게서는 어떤 존재도 나오지 않습니다. 또 악이 자신에게 악을 행한다면, 악 자체는 존재하지 않을 것이며, 자신에게 악을 행하지 않는 한 악은 완전히 악이 아니며 그 내면에 그것을 존재하게 해주는 선(the Good)을 얼마간 소유할 것입니다. 만일 존재하는 것들이 선과 아름다움을 바라는 갈망도 소유한다면, 만일 그것들이 온통 선한 것처럼 보이는 것을 위해 행동한다면, 또 만일 그것들이 자신의 근원이요 목표로서 선을 의도한다면(악의 본질을 바라보면서 선을 의도할 수는 없습니다), 존재하는 것들 가운데 악이 거할 수 있는 장소는 어디일까요? 또 선한 목적을 빼앗긴다면, 그것이 어찌 존재할 수 있겠습니까? 게다가, 만일 존재하는 모든 것들이 선에게서 온다면, 그리고 선 자체가 존재를 초월한다면, 존재하지 않는 것 역시 선 안에 있을 것입니다.

악은 존재가 아닙니다. 만일 악이 하나의 존재라면, 완전히 악하지 못할 것입니다. 또 악은 비존재도 아닙니다. 존재를 초월한다는 의미에서 선 안에 있다고 말하지 않는 한, 완전한 비존재는 없습니다. 선은 단순한 존재와 비존재의 범주를 완전히 초월하여 그 이전에 확립되었습니다. 반대로 악은 존재하는 것들 가운데 존재하지 않으며, 존재하지 않는 것 가운데 존재하지도 않습니다. 그것은 비존재보다 더 선과 상이하며, 비존재(nonbeing)보다 더 큰 비실존(nonexistence)을 소유합니다. 그렇기 때문에 어떤 사람은 "악은 어디에서 오는가?"라고 묻습니다. 만일 악이 존재를 소유하지 않는다면 덕과 악덕도 세부 항목에 있어서까지 존재를 소유하지 않아야 합니다. 또 덕과 상충되는 모든 것이 악일 수는 없습니다. 그러나 중용의 반대는 지나침이며, 공의의 반대는 불의입니다. 이것은 의로운 사람이나 불의한 사람, 절제 있는 사람이나 무절제한 사람에 대한 말이 아닙니다. 영혼 내면에서 이루어지는 덕과 악의 구분, 격정과 이성 사이의 내적 갈등은 고결한 사람이나 그 반대의 사람을 보여주는 가시적인 증거입니다. 이런 까닭에 우리는 선과 반대되는 것이 있으며, 그것이 악이라는 점을 인정해야 합니다. 선은 그 자체에 반대하지 않습니다. 그것은 하나의 근원에서 오며 하나의 원인의 산물이므로, 교제와 통일성과 조화를 기뻐합니다. 그리 중요하지 못한 선의 반대는 더 위대한 선이 아닙니다. 덜 뜨거운 것은 뜨거운 것의 반대가 아니며, 덜 차가운 것은 차가운 것의 반대가 아닙니다. 그러므로 악은 하나의 존재입니다. 그것은 존재하는 사물 안에 존재합니다. 그것은 선을 대적하며 선과 반대가 됩니다. 그것이 존재하는 것들을 파괴한다 해도, 그럼으로써 그 자체의 존재를 상실하지는 않습니다. 그것은 존재를 보유하며, 자신의 후손에게 그것을 전달합니다. 그렇기 때문에 종종 하나의 사물의 멸망이 다른 사물의 탄생이 되는 것입니다. 이런 까닭에 악은 세상의 완성에 기여하며, 그 존재에 의해서 세상을 불완전으로부터 구합니다.113)

20. 악으로서의 악은 결코 존재나 탄생을 만들어내지 않는다는 것이 이에 대한 참된 답변이 될 것입니다. 악이 혼자 힘으로 행할 수 있는 일은 단지 사물의 본질을 제한적으로 파괴하거나 저하시키는 것뿐입니다. 악은 사물을 낳게 하며 하나의 사물을 파괴함으로써 다른 것을 낳는다는 말에 대해서는, 파괴성 자체가 이러한 일을 야기하는

---

113) Proclus, *de mal, sub*. 200.12, 202.12, 206.21.

것이 아니라고 답변해야 합니다. 그것은 파괴성이요 악이기 때문에 파괴하고 저하시킵니다. 탄생과 존재는 선 때문에 발생합니다. 다시 말해서, 본질적으로 악은 파괴적인 힘이지만, 선의 활동을 통한 생산적인 힘입니다. 그것은 악이기 때문에 존재가 아니며, 존재를 주지도 못합니다. 그러나 선의 활동으로 말미암아 그것은 하나의 존재, 하나의 선한 존재이며, 선한 것들에게 존재를 부여합니다. 물론 동일한 관점에서 하나의 사물을 선한 동시에 나쁘다고 말할 수는 없으며, 한 가지 사물의 멸망과 탄생이란 생산하고 파괴하기 위해서 동일한 차원에서 작용하는 동일한 능력과 기능이 아닙니다. 그러므로 악은 본질상 존재, 선, 태어나게 하는 능력을 소유하지 않으며, 또한 존재와 선을 소유하는 사물들을 만들어내는 능력도 소유하지 않습니다. 그러나 선은 완전히 존재할 때에는 오점이 없고 완전하고 절대적인 선을 만들어냅니다. 사물들이 선에 참여하는 분량이 적을 때에는 선이 불완전하며, 선이 부족한 데 비례하여 다른 요소들과 혼합됩니다.

그러므로 악은 선하지 않으며, 선을 만들어내지도 않습니다. 모든 사물은 선(the Good)에 가까이 가는 분량에 비례하여 선합니다. 완전한 선은 인접해 있는 선한 이웃들뿐만 아니라, 모든 것과 접촉합니다. 그것은 가장 저급한 것들에게까지 미칩니다.114) 그것은 어떤 존재 안에는 완전히 존재하고, 어떤 존재 안에는 그보다 적게 존재하며, 어떤 존재 안에는 한층 적게 존재합니다. 그것은 자신을 받아들이는 능력에 비례하여 존재합니다. 어떤 사람은 선(the Good)을 완

---

114) 솔로몬의 지혜 7:26, 8:1

전히 소유하고, 어떤 사람은 다소간 소유하고, 어떤 사람은 아주 적은 분량만 소유하며, 어떤 사람에게는 선이 멀리서 울리는 메아리에 불과합니다. 선은 능력에 비례하여 존재합니다. 그렇지 않으면 가장 존중되는 것들, 가장 거룩한 것들이 가장 저급한 것들과 비슷하게 될 것이기 때문입니다. 어쨌든, 만물이 동등한 분량의 선을 받을 능력이 없는데, 어찌 동등하게 선을 소유할 수 있겠습니까? 그러나 선에 동참하기만 한다면 선이 지극히 부족한 것에게까지 능력은 주신다는 사실은 "능력의 지극히 크심"115)을 보여줍니다. 진실을 말하자면, 심지어 선을 거부하는 것들조차도 그것 때문에 그 존재 및 그 능력을 거부하는 능력을 소유합니다.

간단히 말하자면, 존재하는 모든 존재들은 선하며 선에게서 나옵니다. 그리고 선으로부터 멀어진 거리에 비례하여 그것들의 선과 존재가 결여됩니다. 열이나 추위처럼 다른 속성들의 경우, 따뜻함을 경험한 것들은 따뜻함을 잃을 수 있습니다. 실제로 생명이나 정신을 소유하지 않는 것들도 있습니다. 하나님은 존재를 초월하는 차원에 계시기 때문에 초자연적이십니다. 그러나 일반적인 실체들은 그것들의 특성이 존재하지 않았거나 상실되어도 존재와 본질을 소유합니다. 그러나 선(the Good)을 완전히 빼앗긴 것이 어떤 종류의 존재를 소유한 적이 없고 소유하지 못하며 장차 소유하지 못할 것이며 소유할 수도 없습니다. 무절제하게 사는 사람을 예로 들어 봅시다. 그는 자신의 비이성적인 충동에 비례하여 선을 박탈당합니다. 그는 존재

---

115) 엡 1:19

와 열망이 부족한 분량만큼 진정한 실존을 소유하지 못합니다. 그럼에도 불구하고 그는 어느 정도의 선을 소유합니다. 왜냐하면 그의 내면에는 비록 비틀린 것이지만 참 사랑과 참 통일성의 흔적이 남아 있기 때문입니다. 노염도 외관상의 악들을 아름답게 보이는 것을 향해 되돌려 보냄으로써 치료하려는 충동으로 작용하는 한도까지 선(the Good)에 관여합니다. 심지어 가장 저급한 형태의 삶을 원하는 사람도 선한 것처럼 보이는 삶을 원하며, 그렇기 때문에 삶에 대한 갈망 및 보람 있는 삶처럼 보이는 것에 대한 갈망을 느끼는 한도까지 선(the Good)에 참여합니다. 선(Good)을 파괴하면, 당신의 존재, 생명, 갈망, 움직임, 모든 것을 파괴하게 될 것입니다. 따라서, 멸망에서 탄생을 출현하게 하는 것은 악의 힘이 아닙니다. 아무리 적은 것이라도 그것은 선이 하는 일입니다. 질병은 심신의 부조(不調)이지만 모든 것을 제거하지는 않습니다. 왜냐하면 만일 질병이 모든 것을 제거한다면 질병 자체도 존재할 수 없기 때문입니다. 질병은 없어지지 않고 존재하지만 최소한의 현존에 의해 존재하며, 가장 저급한 단계에서 존속합니다. 선(the Good) 안에 전혀 참여하지 못한 것은 존재를 소유하지 못하는 데 반해, 복합적인 본성을 지닌 것은 선 덕분에 존재들 가운데서 어떤 위치를 소유합니다. 또 그것이 존재들 가운데서 소유하는 위치 및 존재의 한계는 이 선에 참여하는 분량에 비례합니다. 다시 말해서, 존재하는 모든 것들의 실존은 선에 참여하는 데 비례합니다. 존재와 관련하여, 어느 면에서 보아도 존재를 소유하지 않는 것은 결코 존속하지 않을 것이며, 어떤 면에서는 존재를 소유하지 않지만 어떤 면에서 존재를 소유하는 것은 영원한 존재로부터 벗어난 정도만큼 존속하지 않습니다. 그것은 그 존재에 관여하는 만큼 존재하며, 그것의 전 존재와 비존재는 보호되고 보존됩니다.

악에 대해서도 같은 말이 적용됩니다. 선(Good)에서 완전히 벗어난 것은 다소 선한 것들 사이에 존재할 수 없습니다. 어떤 점에서는 선하고 어떤 점에서는 선하지 않은 것들은 특수한 선과 상충되지만 선(Good) 전체와 상충되지는 않습니다. 그것은 내적으로 어느 정도 선에 참여함으로써 보호를 받으므로, 선은 영원히 자신에게 완전히 관여하지 못하는 것을 존속하게 해줍니다. 선을 완전히 제거해 보십시오. 그러면 선한 것이든 다른 것과 혼합된 것이든, 아니면 완전히 악한 것이든 아무 것도 존재하지 않을 것입니다. 만일 불완전한 선(Good)이 악이라면, 선의 완전한 부재는 완전한 선(goodness)과 불완전한 선(goodness)을 제거할 것입니다. 악은 그것과 반대되는 것들과의 대조에 의해서만 존재하고 드러날 것입니다. 이는 그것들은 선하므로, 악은 그것들과 구분될 것이기 때문입니다. 같은 종류에 속하는 것들은 동일한 점에 있어서 서로 완전히 상반될 수 없습니다. 그러므로, 악은 존재가 아닙니다.

21. 또한 본래 존재하는 것 안에는 악이 내재하지 않습니다. 만일 모든 존재들이 선(Good)에게서 유래되며, 선이 모든 존재 안에 내재하고 그것들을 포함한다면, 악은 존재하는 것들 가운데 존재하지 못하거나 선(Good) 안에 자리 잡을 수 없을 것입니다. 불 속에서 냉기를 발견할 수 없듯이, 선(Good) 안에 악이 있을 수 없습니다. 악을 선으로 변화시키는 것 안에서는 악으로 변화시키는 능력을 발견할

수 없습니다.

　선(Good) 안에서 악을 발견할 수 있다고 가정해 보십시오. 악이 어떻게 그 안에 존재하게 되었을까요? 선에게서 파생되었을까요? 그것은 터무니없고 불가능한 일입니다. 성경은 "좋은 나무가 나쁜 열매를 맺을 수 없고 못된 나무가 아름다운 열매를 맺을 수 없느니라"116)고 말합니다. 만일 악의 근원이 선이 아니라면, 분명히 다른 근원과 원인이 있을 것입니다. 즉, 악이 선에서 나오든지, 아니면 선이 악에서 나와야만 합니다. 만일 이것이 불가능하다면, 선과 악은 각기 다른 근원과 원인을 소유해야 합니다. 게다가 이원성은 근원적인 원천일 수 없으며, 모든 이원성의 원천은 단일체입니다. 그러나 두 개의 상반된 것들이 동일한 것을 자신의 근원과 존재로 소유할 수 있다는 역시 어리석은 생각입니다. 왜냐하면 그것은 근원 자체가 단순하고 독특한 것이 아니라, 실질적으로 분할되고 이중이며 내적으로 상반되는 상태에 있으며 각기 다른 것이었다는 의미가 되기 때문입니다. 또, 서로 반대되는 존재의 근원들이 상대방과 모든 것들 안에 존재하면서 항상 충돌한다는 것도 불가능한 일입니다. 만일 그것이 가능하다고 가정한다면, 하나님은 고통과 고난으로부터 자유로울 수 없을 것입니다. 왜냐하면, 하나님을 초조하게 만드는 것이 있을 것이며, 따라서 다른 모든 것들은 영원히 갈등과 무질서의 상태에 있을 것이기 때문입니다. 그러나 거룩한 신학자들은 만물에게 교제와 평안을 주는 선(Good)을 찬양합니다. 그렇기 때문에 모든 선한 것들

---

116) 마 7:18

은 교제, 내적 조화, 그리고 자기들이 하나의 생명의 후손이라는 것을 보여줍니다. 그렇기 때문에 그것들은 하나의 선(Good)을 의지합니다. 그렇기 때문에 그것들은 서로 비슷하고 서로에게 자비롭고 친절합니다. 그러므로, 악은 하나님 안에 존재하지 않으며, 거룩하지 않으며, 하나님에게서 오는 것도 아닙니다. 하나님은 선하시며, 선한 것을 조성하고 만드십니다. 하나님은 어떤 때에는 이런 식으로 행동하시지 않지만 다른 때에나 다른 일이나 모든 것과 관련해서는 그렇게 행동하시는 것이 아닙니다. 만일 하나님이 그런 식으로 행동하신다면, 그분은 변화에 예속되실 것입니다. 이것은 그분 안에 있는 지극히 거룩한 것, 즉 원인이 되는 그분의 역사와 관련하여 그렇습니다. 만일 그분 안에 있는 선이 그분의 본질의 일면이라면, 하나님은 선에서 벗어날 때마다 존재와 무 사이를 오가야 할 것입니다. 물론, 만일 그분이 가진 모든 것이 선에 관여된 것으로서 다른 것에서 획득하는 것이라면, 그분은 어떤 때는 그것을 소유하고 어떤 때는 그것을 소유하지 않을 것입니다.

그러므로, 악은 하나님에게서 오는 것이 아니며, 절대적으로든지 시간의 어느 단계에서든지 하나님 안에 존재하지 않습니다.

22. 천사들에게서도 악이 발견되지 않습니다. 만일 선한 천사가 하나님의 좋은 소식을 가져온다면, 그는 자신이 전하는 기본적인 선에 참여하고 있으며 어느 단계에서만 그것으로부터 벗어납니다. 천사는 하나님의 형상입니다. 그는 감추어진 빛의 현현입니다. 그는 깨끗하고 밝고 티나 흠이 없고 하나님의 선하심을 받아들이며 내면의 성

소 안에서 침묵의 선을 밝혀주는 거울입니다.117) 그러므로, 천사들 안에는 악이 없습니다. 천사들이 악한 것은 오로지 죄인들을 벌하기 때문입니다. 물론, 이와 관련하여 정도에서 벗어난 사람들을 징계하는 사람은 모두 "악합니다." 불경한 사람이 성찬을 받지 못하게 하는 사제들도 여기에 해당됩니다. 그러나 벌을 받는다는 사실이 악한 것이 아니라, 벌을 받아야 한다는 사실이 악한 것입니다. 성스러운 것들을 받지 못하는 것이 악이 아니라, 부정하여 거룩한 것을 받기에 합당하지 못한 상태가 악한 것입니다.

23. 마귀들도 본래 악한 것이 아닙니다. 만일 마귀들이 본래부터 악하다면, 그들의 기원은 선(Good)이 아닐 것입니다. 또 만일 그들이 항상 본질적으로 악했다면 그들은 존재하는 것들 가운데 위치하지 못할 것이며, 선(Goodness)으로부터 실족하지 않았을 것입니다. 만일 그렇다면 다음과 같은 문제가 제기될 것입니다. 그들은 자기 자신이나 다른 존재들과 관련하여 완전히 악합니까? 만일 그들이 자기 자신에 대해서 악하다면 그들은 자멸적일 것입니다. 만일 그들이 다른 존재들에 대해서 악하다면, 그들은 무엇을 어떤 식으로 멸망하게 하고 파괴합니까? 그들은 존재를 말살합니까? 힘을 제거합니까? 활동을 제거합니까? 첫째, 만일 그들이 파괴하는 것이 존재라면, 그들은 본래부터 존재하는 것을 무시하여 무엇인가를 말살할 수 없습니다. 그들은 본성적으로 불멸하는 것은 제거할 수 없고, 실질적으로 파괴될 수 있는 것만 제거할 수 있습니다. 둘째, 모든 상황과 모든

---

117) 솔로몬의 지혜 7:26

경우에 파괴된다는 사실이 악한 것은 아닙니다. 그러나 존재하는 모든 것은 그 존재와 본성의 영역에서는 파괴될 수 없습니다. 멸망이란 본성적인 질서의 정지입니다. 그것은 조화와 균형의 표현이 약화되는 것이지만 전적인 약화는 아닙니다. 만일 그것이 전적인 약화라면, 필연적으로 멸망의 실제 과정 및 멸망을 당하는 존재를 제거했을 것이며, 그것은 자멸과 동등한 것일 것입니다. 따라서 여기에서 문제가 되는 것은 악이 아니라 선의 부족입니다. 존재하는 것들 가운데서는 선(Good)에 전혀 참여하지 않은 것이 발견되지 않을 것입니다.

모든 활동 능력의 파괴에는 동일한 원리가 적용됩니다. 더욱이, 마귀들의 기원은 하나님께 있으므로 마귀들은 악일 수 없습니다. 선(Good)은 선한 것들을 창조하고 보존합니다. 그것들은 선한 존재의 수령자요 그 기원은 선(Good)이므로, 존재와 관련해서는 그것들을 악하다고 말할 수 없습니다. 그것들이 악한 것은 성경에서 "자기 지위를 지키지 아니하고"[118]라고 말한 무능함 때문에 그것들에게는 존재가 결여되어 있기 때문입니다. 마귀들은 거룩하고 선한 활동과 습관을 정지했다는 사실 때문에 악합니다. 만일 그렇지 않다면, 마귀들은 본성적으로 악하며 영원히 악한 상태에 머물러야 합니다. 그러나 악은 일시적인 것입니다. 만일 마귀들이 항상 동일한 상태에 머문다면, 그것들은 악할 수 없습니다. 왜냐하면 불변성은 선(Good)의 특성이기 때문입니다. 만일 마귀들이 영원히 악하지 않다면, 그것들은 본성적으로는 악한 것이 아닙니다. 그것들의 악은 거룩한 덕목들

---

118) 유 6

의 결여에 있습니다. 그것들은 분명히 존재하고 생존하며 지성을 발휘하며, 그 내면에 갈망의 동요를 소유하므로 완전히 선(Good)에 참여하지 않는 것은 아닙니다. 만일 그것들을 악하다고 선언한다면, 그 이유는 그것들이 본성적 활동과 관련하여 약한 데 있습니다. 그것들의 탈선은 그들의 내면에 있는 악, 그것들에게 적합한 것으로부터 벗어남입니다. 그것은 그들의 내면에 있는 부족함, 불완전함, 무력함입니다. 그것은 약함, 실수, 완전해야 할 능력을 포기하는 것입니다.

그렇다면, 그들 안에 있는 악은 무엇입니까? 그것은 터무니없는 노염•분별없는 욕망•무모한 환상입니다. 그러나 비록 마귀들에게서 발견된다고 해도, 이런 종류의 성질들은 절대적으로 본질적으로 완전히 악하지는 않습니다. 다른 생물들의 경우에는 그러한 성질들을 소유한 것이 악이 아니라, 그러한 성질들의 상실이 그 생물을 망하게 만드는 악입니다. 그러한 성질들을 소유하는 것은 생명을 보장할 수 있고, 그것들을 소유하는 생물의 본성을 형성할 수 있습니다. 그러므로 마귀들은 그 본성 안에 있는 것 때문이 아니라, 본성 안에 있지 않은 것 때문에 악합니다. 그리고 그것들에게 주어진 완전한 선이 바뀐 것이 아닙니다. 그들은 주어진 완전한 선을 저버렸습니다. 그들에게 주어진 거룩한 선물들은 결코 본질적으로 변화되지 않았습니다. 실제로 선을 인식하는 능력들의 감퇴로 말미암아 그러한 선물들을 바랄 수 없을지라도 마귀들은 지극히 완전합니다.

존재하는 모든 것은 선(Good)에게서 온 것이며, 선하며, 존재하고 생존하고 생각하기를 원함으로써 아름다운 것들과 선(Good)을 바랍니다. 그것들이 악한 것은 자기들에게 알맞은 덕목들이 부족하고 그것들을 거부하고 포기하기 때문입니다. 그것들은 그러한 상태에 비례하여 악하며, 악을 원하기 때문에 실제로 존재하지 않는 것을 원합니다.

24. 영혼들이 악하다고 주장하는 사람도 있을 것입니다. 그것은 인간의 영혼들은 악을 피할 준비를 할 때마다 악과 거래하기 때문일 것입니다. 그러나 이것은 악이 아니라 선입니다. 그것은 선(Good)의 결과로서 악을 선으로 변화시킵니다.

그러나 이렇게 말하는 까닭이 영혼들이 악하게 될 수 있다고 인정하는 데 있다면, 이것은 선한 습관과 활동의 영역에서의 부족, 본성적인 연약함 때문에 이런 것들을 버리는 것이 아닐까요? 우리는 빛의 부족, 빛의 부재 때문에 주위의 대기가 어두워진다고 말합니다. 그러나 빛은 항상 빛이며, 어두움을 밝혀줍니다. 악도 그렇습니다. 그것은 마귀들 안에 존재하는 것이 아니며, 우리 안에 악으로서 존재하는 것도 아닙니다. 실질적으로 악은 본질적인 덕들의 완전함의 부족과 결핍입니다.

25. 또 비이성적인 동물들에게서는 악이 발견되지 않습니다. 본성적으로 악이라고 언급되지만 실제로는 악이 아닌 노염, 욕망 등을 제거해보십시오. 사자에게서 대담함과 자만심을 빼면 더 이상 사자가 아닐 것입니다. 개의 가치는 주인이 가까이 오는 것을 허락하고 낯선 사람을 몰아내는 능력에 있는데, 만일 그 개가 누구에게나 해롱거린

다면 더 이상 개로서의 가치가 없습니다. 그러므로 악은 우리의 고유한 본성의 멸망 안에 존재하는 것이 아닙니다. 본성의 멸망은 본성적인 특성들과 활동들과 능력들의 약함과 부족에 있습니다. 만일 세상에 존재하는 모든 것이 정해진 완전함을 소유하고 있다면, 그것들의 불완전함은 본성과 완전히 모순되지는 않을 것입니다.

26. 악은 자연 전체가 본래부터 가지고 있는 것이 아닙니다. 만일 자연의 법칙들이 자연의 우주적 체계에서 파생된다면, 거기에서는 반대되는 것이 발견되지 않을 것입니다. 어떤 것이 자연스럽다거나 부자연스럽다는 말은 세목들의 분야에서만 언급됩니다. 어떤 점에서는 부자연스럽지만 다른 점에서는 부자연스럽지 않을 수 있습니다. 자연계의 악은 자연을 거스릅니다. 그것은 자연 안에 있어야 하는 것의 결여를 말합니다. 따라서, 악한 자연은 없습니다. 이는 이것이 자연에게는 악이기 때문입니다. 악이란 사물이 자신의 본성적인 완전의 정상에 이르지 못하는 데 있습니다.

27. 우리의 육신 안에는 악이 없습니다. 추함이나 질병은 모양상의 결점이요 적절한 질서의 결여입니다. 여기에서 문제가 되는 것은 순수한 악이 아니라 저급한 아름다움입니다. 만일 아름다움과 모양과 질서를 완전히 파괴할 수 있다면, 육신 자체가 사라질 것입니다.

또한 육신은 영혼 안에 있는 악의 원인이 아닙니다. 마귀들에게서 분명히 알 수 있듯이, 악은 육신이 가까이 존재할 것을 요구하지 않습니다. 정신과 영혼과 육신 안의 악은 각기 그것들의 자연스러운 덕의 상태의 연약함이나 결점입니다.

28. 악이 본래 물질 안에 존재한다는 주장은 옳지 않습니다. 왜냐하면 물질 역시 우주와 아름다움과 형태에 관여하기 때문입니다. 만일 물질에게 이런 것들이 부족하다면, 만일 본질적으로 특성과 형태에 결점이 있다면, 만일 영향을 받는 능력이 부족하다면, 어떻게 그것이 사물을 만들어낼 수 있겠습니까?

물질은 악일 수 없습니다. 만일 물질이 존재를 소유하지 않는다면, 그것은 선일 수도 없고 악일 수도 없습니다. 만일 그것이 어떤 종류의 존재를 소유한다면 그것은 분명히 선(Good)에서 유래한 것입니다. 왜냐하면 모든 존재의 근원은 선(Good)이기 때문입니다. 따라서, 선에서 유래된 악은 선하므로 선(Good)은 악을 만들어냅니다. 아니면 선(Good) 자체가 악에 의해 만들어지며, 따라서 그 근원 때문에 악합니다. 아니면 두 개의 근원이 있을 수 있습니다. 그러나 만일 두 개의 근원이 있다면, 그것들은 선행하는 근원에서 파생된 것이어야 합니다.

완전한 우주를 이루는 데에 물질이 반드시 필요하다면, 어찌 물질이 악일 수 있겠습니까? 악과 필요성은 서로 다른 것입니다. 선(Good)이 어찌 악으로부터 무엇인가를 존재하게 만들 수 있겠습니까? 또 악은 분명히 선(Good)의 본성을 피하는데, 선(Good)을 필요로 하는 것이 어떻게 악일 수 있겠습니까? 만일 물질이 악이라면, 그것이 어떻게 자연을 만들어내고 유지할 수 있겠습니까? 악으로서의 악은 아무것도 지탱할 수 없고 만들거나 보존할 수 없습니다.

그러나, 물질이 영혼 안에서 악을 일으키는 것이 아니라 영혼들을 악에게로 끌어내린다는 주장이 어찌 참일 수 있습니까? 많은 영혼들은 선(Good)에 시선을 둡니다. 그런데, 만일 물질이 완전히 영혼들을 악에게로 끌어내린다면, 어찌 이런 일이 발생할 수 있겠습니까? 그러므로 영혼 안의 악의 근원은 물질이 아니라 무질서와 죄입니다.

그러나, 만일 영혼이 항상 물질을 따른다고 주장한다면, 그리고 스스로 존속할 수 없는 것들에게는 불안정한 물질이 필요하다고 주장한다면, 그런 경우에 왜 악이 필요하며, 또 그것이 필요하다는 사실이 왜 악입니까?

29. 또 결핍은 그 자체의 힘에 의해서 선(Good)과 충돌하는 것이 아닙니다. 완전한 결핍은 완전한 무능을 의미합니다. 그러나 불완전한 능력은 어느 정도의 힘을 소유하는데, 이는 그것이 일종의 결핍이기 때문이 아니라 완전한 결핍이 아니기 때문입니다. 선(Good)의 결핍, 완전한 것이 아닌 것의 결핍은 악이 아닙니다. 또 선(goodness)이 완전할 때에는 악이 사라집니다.

30. 요컨대, 선은 하나의 우주적 원인에게서 오며, 악은 무수히 많은 부분적인 결함들 안에서 생겨납니다. 하나님은 선의 모양을 취하고 있는 악을 알고 계십니다. 하나님에게 있어서는 악한 것들의 원인들은 선을 만들어낼 수 있는 능력들입니다. 그러나 만일 악이 영원하고 창조적이고 우세하다면, 만일 그것이 존재를 소유하며 활동한다면, 어디에서 그것들을 얻습니까? 선에게서 얻습니까? 선이 만들어

낸 악에게서 얻습니까? 아니면, 양자 모두 다른 원인에게서 오는 것입니까? 자연계의 모든 것들은 각기 특수한 원인에 그 근원을 둡니다. 그러나 만일 악에게 특수한 원인이 없다면, 그것은 분명히 자연에 어긋나는 일이며, 자연에 어긋나는 것은 자연 안에 존재할 수 없습니다.

영혼의 경우는 어떠합니까? 불이 따뜻함의 원인이듯이, 영혼은 악의 원인입니까? 영혼은 자기의 이웃에게 악을 채워줍니까? 아니면, 영혼의 본성은 선하지만 그 활동은 때에 따라 선하기도 하고 악하기도 합니까? 만일 영혼이 본성적으로 악한 존재라면, 그 존재의 근원은 어디입니까? 그것은 만물을 지으신 선한 창조적 원인에게서 옵니까? 이 선한 창조적 원인에게서 나온 소산들은 모두 선한 것인데, 만일 영혼의 근원이 창조적인 선한 원인이라면, 어찌 영혼이 본질적으로 악할 수 있습니까? 그러나 만일 영혼의 활동들 안에 악이 존재한다 해도, 그것은 확정되어 변경할 수 없는 것은 아닙니다. 만일 영혼이 선과 보조를 맞추지 않는다면, 덕은 어디에 위치해야 합니까? 그러므로 악은 일종의 약함이며 선(Good)의 부족입니다.

31. 모든 선한 것들의 원인은 하나입니다. 그러나 만일 선(Good)의 반대가 악이라면, 악에는 무수히 많은 원인들이 있을 것입니다. 또 원리와 힘이 악을 만들어내는 것이 아니라 무능과 약함, 그리고 불일치하는 것들이 부조화스럽게 서로 섞이는 것이 악을 만들어냅니다. 악한 것들은 영원히 움직이지 않고 불변하는 것이 아니라, 불확실하고 불명확하며 상이한 것들 안에서 상이하게 처신합니다. 그러

나 모든 선한 것들과 악한 것들은 선(Good) 때문에 존재하므로, 선(Good)은 심지어 악한 것의 근원이요 목표가 되어야 합니다. 우리가 그릇되게 행동하는 것도 선을 향한 갈망에서 비롯된 것입니다. 악을 위해서 의도적으로 악을 행하는 사람은 없습니다. 이런 까닭에 악은 실체를 갖지 않습니다. 그것은 독립하여 존재하는 것이 아니라 선(Good) 때문에 존재하므로, 악은 실체와 반대됩니다.

32. 우리는 악이 하나의 우연으로서 존재한다고 가정해야 합니다. 악은 어떤 실재물에 의해서 존재하지만, 그 근원은 그 자체 안에 있지 않습니다. 이런 까닭에 우리가 선(Good)을 위해서 행하는 일은 옳은 것처럼 보이지만, 선하지 않은 것을 선하다고 여기면서 행하는 일은 실제로는 옳지 않습니다. 욕구와 결과는 분명히 다릅니다. 따라서, 악은 과정, 목적, 본성, 원인, 근원, 목표, 정의, 의지, 본질 등과 반대됩니다. 그것은 결함이요 결핍이요 결점이며 불균형이요 죄입니다. 그것은 무익하고 추하고 생명이 없고 정신이 없고 비이성적이고 불완전하고 기초가 없고 원인이 없고 우유부단하고 태어난 것이 아니며 활동력이 없고 무력하고 난잡합니다. 그것은 잘못되고, 불분명하고, 어둡고 공허하고, 본질적으로 실존을 소유하지 못합니다.

그렇다면, 악이 선과 혼합되어 무엇인가를 성취할 수 있는 것은 어떻게 된 영문입니까? 선(Good)에 전혀 관여하지 않는 것은 존재와 능력을 소유하지 못하며, 또 만일 선이 존재와 의지와 힘과 행동을 소유한다면, 그와 반대되는 것 즉 존재와 의지와 능력과 활동을 소유하지 못하는 것이 어떻게 그것을 대적하는 힘을 소유할 수 있습니까?

그 이유는 악한 것들이 모든 면에서 완전히 악하지는 않기 때문입니다. 마귀들 안에 있는 악은 선에 의해 형성된 적대적인 정신 안에 위치하며, 영혼 안의 악은 이성과 반대되는 행위 안에 있으며, 육신 안의 악은 본성적인 것을 부인하는 데 있습니다.

33. 섭리라는 사실을 고려할 때, 어찌 악이 존재할 수 있습니까?[119] 악 자체는 존재를 소유하지 못하며, 존재를 소유하는 것들 안에 본성적으로 존재하지도 않습니다. 그러나 존재를 소유하는 모든 것은 섭리의 작용 안에 있으며, 악은 선(Good)과의 혼합물로서만 존재할 수 있습니다. 그러므로, 만일 모든 존재가 선에 어느 정도 관여한다면, 그리고 만일 악이 선의 부족이라면, 그리고 어느 존재든지 선이 완전히 부족한 것이 아니라면, 만물 안에는 분명히 하나님의 섭리가 있으며, 그 어느 것에도 하나님의 섭리가 부족하지 않을 것입니다. 심지어 하나님의 섭리는 악한 것들을 선한 용도로 전환하기 위해서 개별적으로나 집단적으로 사용하시기도 합니다. 하나님의 섭리는 각각의 존재를 위해 예비해 주십니다. 그러므로 우리는 하나님의 섭리가 우리의 의도에 반해서라도 우리를 덕으로 인도해줄 것이라는 대중적인 관념을 무시해야 합니다. 하나님의 섭리는 자연을 파괴하지 않습니다.[120] 실제로, 섭리가 개인의 본성을 보호한다는 사실

---

[119] 이것은 프로클루스(*in Parm*. 1056, 10-16)와 보에티우스(*The Consolation of Philosophy* I, 4, 30 and IV, 1, 3)가 언급한 기본적인 질문이다.

[120] Cf. "은혜는 자연을 파괴하는 것이 아니라 완전하게 한다."(Thomas Aquinas, *Summa theologiae* I, a, 8, ad 2. B. Stoeckle, *"Gratia supponit naturam": Geschichte und Analyse eines theologischen Axioms* (Rome: Herder, 1962), esp. pp. 99-112을 보라.

은 섭리의 특성을 나타내줍니다. 따라서 섭리를 받은 사람들의 본성은 각자에게 알맞은 섭리의 힘의 혜택을 받으므로, 자유로운 사람들은 개인으로나 집단으로서 자유롭게 행동할 수 있습니다.

34. 그러므로, 악은 존재를 소유하지 않으며, 존재하는 것들 안에 내재하는 것도 아닙니다. 악 자체를 위한 장소는 없으며, 악의 근원은 능력보다는 결점입니다. 마귀들의 근원은 선(Good)이며, 그것들이 실존한다는 사실 자체는 선한 것입니다. 그것들은 자체의 고유한 덕을 버렸기 때문에 악합니다. 그것들은 자기들 안에 있는 영구적인 것들의 영역 안에서 변화되었습니다. 그것들에게 알맞은 천사와 같은 완전 안에 결점이 나타났습니다. 그것들도 실존과 생명과 이해를 원하는 정도에 비례하여 선을 바랍니다. 그리고 존재하지 않는 것에 대한 욕구는 선을 향한 욕구의 부재에 비례합니다. 존재하지 않는 것을 향한 욕구는 욕구가 아니라 진정한 욕구를 대적하는 죄입니다.

35. 성경은 고의로 죄를 짓는 사람들에 대해 말합니다. 이것은 선(Good)을 알고 행하는 일에 있어서 이해력이 약해진 것을 보여주는 사람들에 대한 언급입니다. 또 성경은 하나님의 "뜻을 알고도 예비치 아니하고 그 뜻대로 행치 아니하는"[121] 사람들, 즉 말씀을 듣고서도 믿음이 약하여 선(Good)을 신뢰하지 않거나 선한 것을 행하지 않는 사람들에 대해서도 언급합니다. 개중에는 의지가 매우 약하거나 비틀려져 있기 때문에 선을 행하는 법을 알고자 하지 않는 사람들이

---

121) 눅 12:47

있습니다. 간단히 말해서, 악이란 약함, 무능, 지식의 부족, 믿음과 욕구의 부족, 선과 관련된 행동의 부족입니다. 약함은 벌할 것이 아니라 용서해주어야 한다고 주장할 수도 있을 터인데, 우리가 인간의 능력 이상의 것을 행해야 할 경우에 이것은 타당한 주장일 것입니다. 그러나 성경에서 말하는 대로 선(Good)은 각 사람에게 필요한 분량대로 그러한 능력을 주십니다. 따라서 자신의 선의 영역에서 범한 죄와 배교와 잘못에 대해서는 핑계할 수 없습니다. 이에 대해서는 『하나님의 공의와 심판에 관하여』(*Concerning Justice and the Judgement of God*)에서 충분히 언급한 바 있습니다. 그 책에서 성경의 진리는 불의하고 거짓되게 하나님을 비방하는 교활한 주장들은 얼빠진 지껄임이라고 배격했습니다. 그러나 이 책에서 나는 진실로 선(Good)은 놀라우며 만물의 근원이요 목적이라고 찬양합니다. 그것은 만물을 포용하며 아직 존재를 획득하지 못한 것들에게 형태를 제공하는 능력입니다. 그것은 모든 선한 것들의 원인이지만, 악한 것들을 위한 원인은 아닙니다. 그것은 존재하는 것들과 존재하지 않는 것들을 능가하는 섭리와 절대적인 선입니다. 그것은 선이 결여된 것들과 악을 선하게 만드는 능력입니다. 만물은 그것을 바라고 갈망하고 사랑합니다. 그것은 전술한 논거에서 제시한 모든 특성들을 소유합니다.

제5장

"스스로 존재하는 자"에 관하여, 그리고 패러다임들에 관하여

1. 이제 신학에서 참으로 존재하시는 분에게 적용하는 "스스로 존재하는 자"라는 명사에 대해 다루어야 합니다.122) 여기에서 내가 말하는 목적은 초월적 존재를 드러내는 데 있는 것이 아닙니다. 왜냐하면 이것은 말을 초월하는 것, 알려지지 않고 완전히 감추어진 것, 통일성 자체를 초월하는 것이기 때문입니다. 나는 존재의 절대적인 근원이 완전한 존재의 영역으로 들어가는 과정을 찬양하고자 합니다.

"선"이라는 하나님의 이름은 우주적 원인의 발현들 모두에 대해 말해줍니다. 그것은 존재하는 것들과 존재하지 않는 것들에게 영향을 미치며, 또 그 원인은 존재와 존재하지 않는 것들보다 우월합니다. "스스로 존재하는 자"라는 이름은 존재하는 모든 것들에게 미치며

---

122) "존재", 또는 "스스로 존재하는 자"라는 명사는 출애굽기 3:14과 계시록 1:14, 8에서 유래된 것이다.

그것들을 초월합니다. "생명"이라는 이름은 모든 생물에게 미치며 그것들을 초월합니다. "지혜"라는 이름은 이해력과 이성과 감각인식과 관련이 있는 모든 것에게 미치며 그것들 모두를 능가합니다.123)

2. 이제 하나님의 섭리에 대해 이야기하는 이름들에 대해서 말해야 합니다. 나는 성경에서 말하는 것처럼 모든 선과 신성과 존재와 지혜와 생명을 초월하는 은밀한 곳124)에 기초를 둔 모든 것을 초월하는 신의 절대적인 선과 존재와 생명과 지혜를 표현하겠다고 약속하지는 않습니다. 나는 우리에게 알려진 자비로운 섭리에 대해서 말해야 하며, 모든 선한 것의 원인, 스스로 존재하는 자요 생명이요 지혜이신 분, 생명과 지혜와 표현과 인식에 참여하는 피조물들 가운데서 존재와 생명과 지혜의 원인이 되시는 분을 찬양해야 합니다. 나는 선(Good)이신 하나님과 스스로 존재하시는 분과 생명이요 지혜이신 하나님이 각기 다르다고 생각하지 않으며, 또 수많은 원인들과 상이한 신격들이 있어서 각기 우월하거나 열등하게 평가되며 모두가 각기 다른 결과를 만들어낸다고 주장하지 않습니다. 그러나 이 모든 선한 발현들에게는 한분 하나님이 계시다는 것, 그분은 내가 말하는 하나님의 이름들의 소유자라는 것, 그리고 첫 번째 이름은 하나님의 우주적 섭리에 대해 말하며 나머지 이름들은 그분이 섭리적으로 행동

---

123) 이 네 가지 이름(선, 스스로 존재하는 자, 생명, 지혜)은 4-7장의 주제들이다. E. Corsini, *Il tratato 'De Dininis Nominibus' dello pseudo-Dionini e I commenti neoplatonini al Parmenini*(Turin: Giappichelli, 1962), pp. 156ff.에서는 이 부분과 신플라톤주의에서 주장하는 "존재와 생명과 정신"의 관계에 대해서 논한다.

124) 시 18:11; 81:7

하시는 특수한 방법이나 일반적인 방법을 드러낸다는 것이 나의 주장입니다.

3. 어떤 사람은 이렇게 말할 것입니다: "존재가 생명보다 더 방대하며 생명의 범위가 지혜보다 더 멀리 미친다고 가정한다면, 어찌하여 단순히 존재하는 것들보다 살아있는 것들이 우월하며, 단순히 생명을 소유하는 것들보다는 지각력이 있는 것이 우월하고, 단순히 감정만 소유한 것들보다는 이성을 가진 존재가 우월하며, 단순히 이성을 가진 것들보다는 천사들이 우월합니까? 왜 이것이 피조물들이 하나님 앞에 접근하며 하나님과 보다 밀접한 관계를 갖는 순서가 되어야 합니까? 우리가 하나님의 은사에 관여하는 몫이 클수록 그만큼 더 고귀하며 다른 사람들보다 우월할 것이라고 기대했을 것입니다." 지적 존재(천사)들은 존재나 생명을 소유하지 않는다고 가정해 보십시오. 사실은 다음과 같습니다. 천사들은 다른 존재들보다 우월하게 존재하는 것이 아니며, 다른 생물들보다 우월한 방식으로 살지 않습니다. 그들은 이해력을 소유하며, 지각작용과 이성을 크게 초월하는 지식을 소유합니다. 그들은 존재하는 것들을 크게 능가하는 방식으로 아름다움(the Beautiful)과 선(the Good)을 원하며 참여합니다. 그들은 선(Good)에 한층 더 가까이 있으며 한층 더 많이 참여하며, 선(Good)으로부터 더 크고 많은 선물들을 받습니다. 마찬가지로, 이성을 부여받은 피조물들은 위대한 이성의 힘 때문에 지각력만을 가진 피조물보다 우월합니다. 또 지각력을 가진 피조물들은 단지 생명만을 가진 피조물보다 우월합니다. 무한히 관대하신 하나님 안에 더 많

이 참여하는 만큼 더 그분에게 가까이 존재하며, 다른 점들과 관련하여 더 거룩합니다.

4. 그 문제에 대해서는 이만큼만 이야기하겠습니다.

이제 진실로 존재하며 다른 모든 것에게 존재를 부여하는 선(Good)에 대해서 말하겠습니다. 스스로 있는 분이신[125] 하나님은 그 능력에 의해서 모든 것을 초월하십니다. 하나님은 존재, 실존, 실체, 본성의 실질적인 원인이요 지으신 분이십니다. 하나님은 시대의 근원이요 척도이십니다.[126] 하나님은 시간의 지배를 받는 실체요 존재의 배후에 있는 영원이십니다. 하나님은 시간으로서 그 안에서 사건들이 발생합니다. 하나님은 존재하는 모든 것을 위한 존재이십니다. 하나님은 발생하는 모든 것 가운데 존재하실 것입니다. 존재하시는 그분에게서 영원과 영적 실재와 존재가 나오며, 시간과 발생과 생성이 나옵니다. 하나님은 존재하는 것들 안에 내재하며 그 기초가 되시는 존재이십니다. 이는 하나님은 일종의 존재가 아니기 때문입니다. 하나님은 뭐라고 말할 수 없고 단순한 방식으로 자신 안에 집중하시며 모든 실존을 앞지르십니다. 그렇기 때문에 하나님은 "만세의 왕"[127]이라고 불립니다. 그렇기 때문에 만물은 하나님 안에, 그리고 하나님 주위에 존재하고 살아갑니다. 하나님은 과거에도 존재하시지 않았고 장래에도 존재하시지 않을 것입니다. 하나님은 과거에 존

---

125) 출 3:14
126) 히 1:2을 빗대어 인용한 듯하다.
127) 딤전 1:17

재하게 되신 것이 아니며 지금 생성되고 계신 것이 아니며 앞으로 존재하게 되실 것도 아닙니다. 하나님은 존재하는 것들의 존재의 본질입니다. 존재하는 것들뿐만 아니라 존재하는 것의 본질의 근원은 시대에 선행하시는 분에게 있습니다. 하나님은 "태고부터 계신 분"128)이십니다.

5. 다시 말하지만, 모든 존재와 모든 세대의 실존의 근원은 선재하시는 분에게 있습니다. 그분은 시간과 영원의 근원이십니다. 선재하시는 분은 영원의 근원이요 원인이시며, 시간과 모든 종류의 존재의 근원이요 원인이십니다. 만물은 그분 안에 참여하며, 존재하는 것들 중에는 그분을 저버리지 않습니다. "그가 만물보다 먼저 계시고 만물이 그 안에 함께 섭니다."129) 간단히 말해서, 존재하는 모든 것의 실존은 선재하시는 분 안에 있고 그 안에서 인식되고 보존됩니다.

존재는 존재에 참여하는 실체들보다 선행합니다. 본래 생명이나 지혜나 하나님을 닮음보다 존재가 더 존경을 받습니다. 이런 것들에 참여하는 존재들은 무엇보다도 하나님의 존재에 참여해야 합니다. 정확하게 표현하자면, 생물이 소유하는 절대적인 특성들 자체가 존재에 참여해야 합니다. 존재하는 모든 것에 대해 고찰해 보십시오. 그것의 존재와 영원성은 하나님의 존재(Being)입니다. 그러므로 만물의 창시자이신 하나님은 "스스로 있는 자"로 찬양받으십니다. 그분은 탁월한 방식으로 선재하시고 탁월성을 소유하시며, 절대적인 존

---

128) 시 55:19
129) 골 1:17

재를 만들어내셨고, 그것을 도구로 삼아 모든 유형의 존재의 근거를 이루셨습니다. 존재하는 모든 것의 근원들은 하나님의 존재(Being)에 참여함으로써 존재하며 근원이 됩니다. 그것들은 먼저 존재하고, 그 다음에 근원들이 됩니다. 이것을 다음과 같이 표현할 수도 있을 것입니다. 생명은 살아있는 모든 것의 근원입니다. 유사성은 비슷한 모든 것들의 근원입니다, 통일성은 통합된 모든 것의 근원이며, 질서는 질서 정연한 모든 것의 근원입니다. 이러 저러한 특성을 소유한 다른 모든 것에 대해서도 이런 식으로 근원을 발견할 것입니다. 그것들이 우선적으로 소유하고 있는 실존이며, 이 실존은 그것들이 살아있다는 것 및 이러저러한 것들의 근원임을 보장해 줍니다. 하나님의 존재에 참여하기 때문에 그것들이 존재하며 사물들이 그것들에게 참여합니다. 만일 그것들이 하나님의 존재에 참여한 결과로서 존재한다면, 그것들에게 참여하는 사물들의 경우는 한층 더할 것입니다.

6. 그러므로 절대적으로 초월적인 선의 첫 번째 선물은 존재이며, 우선적으로 존재에 참여하는 존재들은 그 선을 찬양합니다. 그것 안에 하나님의 존재, 존재들의 근원, 모든 존재들, 그리고 그밖에 존재하는 모든 것이 있습니다. 이 특징은 억제할 수 없고 포괄적이며 독자적인 특징으로서 그 안에 있습니다.

모든 수는 모나드(monad) 안에 독특하게 선재하며, 모나드는 특이하게 모든 수를 그 안에 소유합니다. 모든 수는 모나드 안에서 통합되며, 모나드로부터 나가는 만큼만 분화되고 배가됩니다. 원의 반지름들은 모두 중심에 모이며, 원의 중심은 그 안에 모여진 직선들을 모두 포함합니다. 이 선들은 근원이 되는 하나의 중심점 때문에 서로 연결되며, 이 중심에서 완전히 통합됩니다. 이것들은 중심에서 조금 움직이면 조금 분화되며, 멀리 떨어지면 더 크게 분화됩니다. 다시 말해서, 그것들은 중심에 가까울수록 중심과 하나가 되고 서로 하나가 되지만, 중심에서 멀어질수록 서로 분리됩니다.

7. 자연계 전체에서 각각의 자연을 지배하는 모든 법들이 모여 혼동이 없는 하나의 통일체가 됩니다. 그리고 육체의 모든 부분에 필요한 것을 공급해주는 각각의 능력들은 모여 하나가 됩니다. 그러므로, 희미한 형상에서부터 단일한 만물의 원인에게로 올라가는 것, 우주를 초월하여 우주적 원인 안에 있는 하나의 통일체 안에 있는 상반되는 것들까지 보는 시선을 가지고 올라가는 것은 결코 어리석은 일이 아닙니다. 이는 그 근원은 만물의 시작이며, 그것에서부터 하나님의 존재 및 모든 종류의 존재, 모든 근원과 모든 종국, 모든 생명과 불멸과 지혜, 모든 질서와 조화와 힘, 모든 유지와 확립과 배열, 모든 지성과 이성과 인식, 모든 특성과 쉼과 운동, 모든 통일성과 서로 섞임과 끌어당김, 모든 응집과 분화, 모든 윤곽의 한정, 단순히 존재한다는 사실에 의해서 존재하는 모든 것에게 특성을 부여하는 모든 속성이 나옵니다.

8. 이 우주적 원인(universal Cause)으로부터 지적이고 지성적인 존재들인 거룩한 천사들이 나옵니다. 또 그것으로부터 영혼들의 본성, 우주에 있는 모든 것들의 본성 및 다른 객체들 안이나 우리의

사고하는 과정에 존재한다고 말해지는 특성들이 나옵니다. 또 그것으로부터 가장 참된 실존을 소유하며 초월적인 삼위일체의 대기실에 기초를 둔 가장 거룩하고 장엄한 천사들도 나옵니다. 그들은 그것으로부터 존재를 얻습니다. 그것들은 그 안에 존재하며, 그것으로부터 거룩한 존재를 획득합니다.

그 다음에는 하위의 천사들이 나오는데, 이들 역시 동일한 원인으로부터 그 존재를 받습니다. 이들 밑에는 역시 이 원인으로부터 오는 존재를 소유하는 가장 낮은 천사들이 있습니다. 이들이 가장 낮은 천사들이라는 것은 다른 천사들과 비교해서 하는 말입니다. 우리 인간과 비교해보면 그들은 세상 위에, 그리고 세상을 초월하여 존재합니다.

그 다음에는 영혼들 및 다른 모든 피조물이 있습니다. 그들도 동일한 원리에 따라서 존재와 행복을 소유합니다. 그들은 존재하며 행복합니다. 그들의 존재와 행복은 선재하시는 분에게서 옵니다. 그들은 그분 안에 존재하고 그분 안에서 행복하며 그분에게서 시작되고 그분에게서 보호를 받으며 그분을 궁극적 목표로 삼습니다. 그분은 성경에서 영원하다고 묘사된 고귀한 존재들에게 가장 귀중한 존재를 주십니다.130) 선재하시는 분에게서 오는 존재를 소유하지 않는 존재들은 없습니다. 그분은 존재의 일면이 아니며, 오히려 존재가 그분의 일면입니다. 그분은 존재 안에 포함되지 않지만, 존재는 그분 안에 포함됩니다. 그분이 존재를 소유하는 것이 아니라 존재가 그분을 소

---

130) 시 24:7-9; 고후 4:18

유합니다. 그분은 존재의 영원성이요 근원이요 표준이십니다. 그분은 본질과 존재와 영원성보다 선행하십니다. 그분은 창조적인 근원이요 중도요 결과이십니다. 그렇기 때문에, 성경은 이 선재하시는 분에게 온갖 종류의 존재와 관련된 무수한 속성들을 적용합니다. 과거와 현재와 미래, 존재하게 되었던 것과 존재하게 된 것과 앞으로 존재하게 될 것의 기원은 그분에게 있다고 간주됩니다.[131] 이 모든 특징들은 그분의 존재(Being)의 완전한 초월성을 가리키며, 그분이 모든 양식의 존재에 대해 책임이 있는 원인이심을 보여줍니다. 그분은 여기에는 존재하시고 저기에는 존재하시지 않는 분이 아닙니다. 그분은 이런 종류의 실존은 소유하지만 다른 종류의 실존은 소유하시지 않는 분이 아닙니다. 만물의 원인이신 그분은 만물이십니다. 만물의 근원들과 목표들이 그분 안에 있고 그분 안에 예고되어 있습니다. 그러나 그분은 그것들보다 선행하시며 초자연적으로 그것들 위에 계시므로, 그것들보다 우월하십니다. 그러므로 모든 속성들을 그분의 속성이라고 규정할 수 있지만, 그분은 하나의 생물이 아닙니다. 그분은 모든 모양과 구조를 소유하지만, 모양도 없고 아름다움도 없습니다. 그분은 이해할 수 없는 우선성과 초월성 안에 만물의 근원들과 중간 단계와 결과를 포함하시며, 하나의 분화되지 않은 원인 안에서 그들을 위해 순수하게 존재(Being)를 밝히십니다.

    태양은 하나입니다. 그것은 밝혀주는 하나의 빛으로서 우리가 감지하는 다양하고 많은 것들의 본질과 특성에 작용합니다. 그것은 그

---

[131] 계 1:4, 8

것들을 새롭게 해주고 양분을 공급해주고 보호해주고 완전하게 만들어줍니다. 그것은 그것들의 차이점들을 입증하고 통합합니다. 그것은 그것들을 따뜻하게 해주며 열매를 맺게 해줍니다. 그것은 그것들로 존재하고 자라고 변화되고 뿌리를 내리고 꽃을 피우게 합니다. 그것은 그것들을 소생시키고 생명을 줍니다. 그러므로 각각의 사물은 나름의 방식으로 태양과 관련을 맺으며, 하나의 통일체인 태양은 그 안에 참여하는 모든 것의 원인을 포함합니다.

태양과 그 외의 모든 것을 만들어낸 원인과 관련해서는 이 모든 것이 한층 더 참되게 적용됩니다. 모든 것의 전형들(exemplars)이 하나의 초월적인 통일체로서 그 원인 안에 선재합니다.132) 그것은 일종의 존재의 기운인 존재를 일으킵니다. 우리는 하나님 안에 하나의 통일체로 선재하며 사물의 본질들을 만들어내는 원리들에게 "전형"이라는 이름을 부여합니다. 신학에서는 그것들을 사물을 결정하고 창조하는 의지의 거룩하고 선하며 미리 정하는 행위로서 초월자는 그것에 따라서 존재하는 모든 것을 이미 정하고 존재하게 하셨다고 말합니다.

9. 철학자 클레멘트(Clement)133)는 존재들 가운데서도 보다 중요한 것들과 관련하여 "전형"이라는 용어를 사용하지만, 그의 논문은

---

132) Saffrey, "Nouveaux liens," p. 14을 보라.
133) 이렇게 클레멘트를 언급한 것은 디오니시우스가 익명을 사용한 것을 위태롭게 하는 것처럼 보일 것이다. 왜냐하면 독자는 클레멘트가 속사도 교부이거나 알렉산드리아의 철학자인 클레멘트라고 생각할 수도 있기 때문이다. 그러나 사도바울이 클레멘트라는 이름의 동역자를 언급한 것(빌 4:3)이 의심을 막아주었을 수도 있을 것이다.

적절하고 완전하고 단순한 명명 방식을 따르지는 않습니다. 클레멘트가 이런 방식을 따랐다고 인정한다 하더라도, 우리는 "내가 이것들을 너희에게 보여주는 것은 너희로 그들을 따라가게 하려는 것이 아니다"134)라는 성경 말씀을 기억해야 할 것입니다. 즉 우리는 자신의 능력과 맞물려 있는 지식을 통해서 가능한 한 높이 만물의 원인이 되시는 분에게 들려올라갈 수 있을 것입니다. 우리는 만물의 근원이 이 원인이라고 규정해야 하며, 그것들이 하나의 초자연적인 통일체 안에 서로 결합되어 있다고 간주해야 합니다. 그것은 존재와 더불어 시작하여 선의 창조적 발현을 주도하고 자체에게서 나오는 선물로서 만물에게 존재를 채워주면서 자체 안에서 만물을 예고합니다. 그것은 그 완전한 단순성 안에서 모든 복제물들을 쫓아버리며, 그 초월적인 무한성 안에 모든 것을 포용합니다. 그러므로 많은 사람들이 동일한 하나의 소리를 듣듯이, 만유가 구분함이 없이 그것을 소유합니다.

10. 그러므로 선재하시는 분은 만물의 근원이요 마지막이십니다. 그분은 그것들의 원인이시므로 근원이십니다. 그분은 "사람들을 위해서" 존재하십니다. 그분은 만물의 경계이시며, 유한과 무한의 모순을 초월하는 방식으로 만물에 대해서 끝없는 무한이 되십니다.135) 그분은 사전에 모든 것을 포함하고 계시며, 하나의 행동으로 모든 것

---

134) 호 13:4
135) 무한이라는 개념에 대해서는 S. Lilla, "The Notion of Infinitude in Ps.-Dionysius," *The Journal of Theological Studies* 31 (1980): 93-103을 보라.

을 창조하셨습니다. 그분은 모든 것의 동일성과 완전성에 따라서 모두에게 현존하시며 모든 곳에 계십니다. 그분은 내면에 머물러 계시는 동안에도 만물에게 이르십니다. 그분은 휴식하시고 움직이시며, 쉬지도 않고 움직이지도 않으시며, 근원이나 중도나 결말을 소유하지도 않습니다. 그분은 어느 생물 안에 계시지 않습니다. 그분은 생물이 아닙니다. 그분에게는 영원과 시간에 속하는 범주들이 적용되지 않습니다. 그분은 그 두 가지 모두를 초월하시며, 또 그것들 안에 있는 것들을 초월하십니다. 영원, 존재들, 존재들의 척도, 그리고 측량된 세상은 그분으로부터 나와 그분으로 말미암아 존재합니다.

마지막 주제들에 관해서는 다른 곳에서 보다 상세히 다루려 합니다.136)

---

136) 시간과 영원이라는 주제들에 대해서는 DN 10 937부터 940A에서 논의된다.

제6장

"생명"137)에 관하여

1. 이제 영원한 생명을 찬미하려 합니다. 영원한 생명에서부터 생명 자체와 모든 생명이 나옵니다. 영원한 생명은 생명에 참여하는 모든 사람에게 생명을 적절히 나누어주십니다. 영원한 생명으로부터, 그리고 그 생명으로 말미암아 불멸하는 천사들의 생명과 불멸성이 존재하고 존속합니다. 그렇기 때문에 천사들은 영원히 죽지 않는다고 묘사됩니다. 물론 천사들은 스스로 불멸성과 영원한 생명을 소유하는 것이 아니므로, 그들은 불멸하지 않습니다. 그들은 생명 전체를 만들고 보존하시는 창조적 원인으로부터 그것을 받아 소유합니다.

하나님의 존재(Being)는 절대적 존재의 영원성입니다. 마찬가지로 생명을 초월하는 거룩한 생명은 생명 자체의 창조자요 증여자이

---

137) "생명"이라는 이름은 요한복음 11:25과 14:6에서 유래한 것이다. 이것은 DN 1 596A 13에 소개되어 있으며, DN 2 637A 12-16에서는 신성 전체에 적용된다.

십니다. 모든 생명과 살아있는 움직임은 모든 생명과 생명의 근원을 초월하시는 생명으로부터 옵니다. 영혼들은 이 생명으로부터 불멸성을 받아 소유하며, 모든 생물과 식물은 죽기 전까지 생명을 소유합니다. 성경이 말하는 것처럼,[138] 이것을 제거하면 생명은 완전히 어두워집니다. 그리고 생명에의 참여가 약화되어 시들었던 것들은 다시 생명으로 복귀되어야만 소생합니다.

2. 첫째, 영원한 생명(Eternal Life)은 생명이 되는 능력을 생명에게 주며, 살아있는 모든 것 및 모든 모양의 생명에게 적절한 실존을 부여해 줍니다. 그것은 하늘나라의 살아있는 생명들에게 불멸하고 변함이 없고 거룩한 불멸성, 흔들림이 없고 오류가 없고 지속되는 움직임을 줍니다. 그 생명은 지극히 선하기 때문에 영원한 생명으로부터 생명과 악한 삶을 얻는 악한 마귀의 생명에게도 미칩니다. 그것은 복합적인 본성을 가진 사람들에게는 그들이 받아들일 수 있는 온갖 거룩한 생명을 줍니다. 그리고 인류를 향한 넘쳐흐르는 사랑 때문에, 옆길로 벗어난 우리를 불러 돌아오게 하십니다. 한층 더 놀랍게도 그것은 현재의 우리를 변화시켜 완전한 생명과 불멸성을 소유하게 해주겠다고 약속하셨습니다. 옛 사람들은 이것을 자연에 어긋나는 것처럼 여겼지만, 나를 비롯하여 우리들은 이것이 하나님에 의한 초자연적인 진리라고 여깁니다. 그것이 가시적인 사물의 질서를 초월하기 때문에, 나는 그것을 초자연적이라고 표현합니다. 이것은 모든 생명들, 특히 보다 신적인 생명들의 본성입니다. 그와 관련하여서는 자

---

138) 시 104:29f.

연을 거스르거나 초자연적인 생명이 없습니다. 따라서, 미친 시몬139)의 능력에 대한 논증들은 하나님의 거룩한 무리의 교제에 개입되어서는 안 되며, 당신의 거룩한 영혼 안에 자리 잡아도 안 됩니다. 마술사 시몬은 지혜롭다는 평판에도 불구하고, 상식이 조금이라도 있는 사람이라면 보이지 않는 만물의 원인을 대적하여 감각적인 논증을 하지 않는다는 것을 망각했습니다. 그의 말은 자연에 어긋나는 것입니다. 왜냐하면 그 무엇도 우주적 원인을 반대하지 않기 때문입니다.

3. 모든 동물들과 식물들은 그것으로부터 생명과 온기를 받습니다. 당신이 지성이나 이성이나 인식이나 성장이나 다른 어떤 것의 생명에 대해서 말하는지 간에, 만일 당신이 생명이나 생명의 근원이나 생명의 본질에 대해서 말한다면, 그것은 모든 생명을 초월하는 생명에서 나와 살고 생명을 주며 그것 안에 생명의 유일한 원인으로 선재합니다. 초월적으로 근원이 되는 생명은 모든 생명의 원인이며, 생명을 만들어내고 완전하게 하고 특별한 형태를 줍니다. 그것을 찬양하는 우리의 말은 생명 전체에서 끌어낸 것이어야 합니다. 우리는 그것에는 온갖 종류의 생명이 가득하다는 것을 기억해야 합니다. 생명의 모든 표현 가운데서 그것을 보고 찬양할 수 있을 것입니다. 그것은 생명으로 넘쳐흐르고 있으며, 아무 것도 부족하지 않습니다. 그것은 절대적인 생명입니다. 그것은 생명을 크게 초월하여 일하면서 초자연적으로 모든 생명을 조성합니다. 말로 형언할 수 없는 생명은 이런 식

---

139) 행 8:9?

으로 밖에 찬미할 수 없을 것 같습니다.

제7장

지혜, 정신, 말씀, 진리, 믿음에 관하여[140]

1. 이제 지혜로움을 위하여, 지혜의 원리 안에 거함, 즉 지혜의 지속을 위하여, 모든 지혜와 이해를 초월하기 위해서, 영원하고 선한 생명을 찬미하겠습니다. 하나님에게는 지혜가 충만하기 때문에 "그 지혜가 무궁하신 것"[141]이 아니라, 하나님은 모든 이성과 지성과 지혜를 초월하십니다. 이것은 참으로 거룩하신 분, 우리의 교사요 지도자이신 분이 깨달은 것입니다. 그분은 "하나님의 미련한 것이 사람보다 지혜 있다"[142]고 말씀하셨습니다. 완전한 하나님의 생각들의 영원성과 비교해볼 때에 인간의 생각은 잘못된 것일 뿐만 아니라, 신

---

140) 이 장에서는 제목과는 달리 "지혜"(잠 8:22-31과 고전 1:30; 욥 9:4과 롬 16:27)라는 이름에 중점을 두고 있다. DN 1 596B 16, 19을 보라. 또한 872C에서부터 시작하는 "로고스", 나 말씀이나 이성이라는 이름에 대해 고찰하라.
141) 시 147:5
142) 고후 1:25. 여기에서는 사도 바울이 이 책의 저자와 디모데, 그리고 이 두 사람의 지도자인 히에로테우스의 교사로 제시된다.

학자들은 흔히 일반적인 의미와는 반대로 하나님에게 부정적인 용어들을 적용하기 때문에 이 말은 참입니다. 예를 들어, 성경에서는 눈에 뚜렷이 보이는 빛을 "보이지 않는 빛"143)이라고 말합니다. 성경은 많은 이름을 가지고 계시며 많은 찬양을 받으시는 하나님을 말로 형언할 수 없고 이름이 없는 분이라고 말합니다.144) 또 만물 안에 현존해 계시며 만물 안에서 발견될 수 있는 분을 이해할 수 없고 "측량할 수 없다"145)고 말합니다. 여기에서 거룩한 사도는 자신의 "미련함"으로 인해 하나님을 찬양하고 있다고 합니다. 이 미련함은 본질적으로 어리석고 이상한 것처럼 보이지만 우리를 추리력보다 선행하는 진리에게로 들어 올려줍니다.146) 그러나, 우리에게는 자신을 초월하는 것을 붙들려 하며 자신에게 친숙한 감각적 인식의 범주들에 집착하는 습관이 있습니다. 따라서 우리는 거룩한 것을 인간적인 표준에 의해서 측정하며, 말할 수 없이 거룩한 이성에게 눈에 보이는 의미를 부여하는 어리석음을 범합니다. 우리는 다음과 같은 것을 고찰해야 합니다. 인간의 정신에게는 생각하는 능력이 있습니다. 정신은 그 능력을 통해서 사물 및 정신의 본성을 초월하는 통일체를 보며 자신을 초월하는 것들과 결합됩니다. 우리가 하나님에 대해 사용하는 단어들에게 이 초월적 특성이 부여되어야 합니다. 그것들에게 인간적인 의미를 부여해서는 안 됩니다. 우리 자신에게 속하는 것보다

---

143) 골 2:15; 딤전 1:17, 6:16; 히 11:27.
144) DN　1596A　1－1 2.
145) 롬 11:33
146) 고린도전서 1:25의 어리석음은 신비적으로 해석되어야 한다. 그것은 독자를 보다 고귀한 진리로 끌어올려준다.

는 하나님에게 속하는 것이 나으므로, 우리는 자신에게서 완전히 끌어내어져 완전히 하나님의 것이 되어야 합니다.147) 우리가 하나님과 함께 거할 때에만 하나님의 선물들이 우리에게 부어질 것입니다. 그러므로, 우리는 이성이나 지성을 소유하지 않은 이 미련한 "지혜"를 찬양하며, 그것을 모든 지성과 이성, 모든 지혜와 오성의 원인이라고 묘사해야 합니다. 모든 분별이 그것의 것이며, 그것은 모든 지식과 이해의 근원이며, "그 안에는 지혜와 지식의 모든 보화가 감추어져 있습니다."148) 지금까지 말한 것을 종합하여 보면, 초자연적으로 지혜로우신 원인은 절대적 지혜 및 개별적인 지혜의 표현이나 표현들 전체의 현존이십니다.

2. 천사들의 정신이 지닌 지적이고 지성적인 능력들은 지혜이신 하나님으로부터 단순하고 복된 개념들을 취합니다. 그것들은 단편적인 지식들로부터, 또는 인식의 발휘나 추론적인 이성의 발휘로부터 하나님에 대한 지식을 끌어 모으는 것이 아닙니다. 그러면서도 그들의 인식력과 이성은 제한을 받지 않습니다. 그들은 물질과 다양성이라는 짐에서 자유롭기 때문에 하나의 행동으로 지적이고 영적으로 하나님의 세계에 속한 것을 생각합니다. 그들은 지적 능력과 에너지를 소유하는데, 그것들은 다른 것이 섞이지 않고 더럽혀지지 않은 깨끗한 상태에서 반짝이며, 나눌 수 없고 영적이고 거룩한 단일성 안

---

147) 인간의 말과 상징들을 초월하고 부정하는 해석과정인 이 "엑스타시"에 관해서는 DN 13 981B 16-20을 보라.
148) 골 2:3

에서 거룩한 개념들을 관찰합니다. 그들은 하나님의 지혜의 역사로 말미암아 하나님의 초자연적으로 지혜로운 정신과 이성과 흡사하게 됩니다.149)

인간의 영혼들 역시 이성을 가지고 있으며, 이것을 가지고 사물의 진리에 대해 논구합니다. 인간들은 자신이 행하는 많은 행동들의 단편적이고 다양한 본성 때문에, 통합된 지성적 존재인 천사들보다 낮은 수준에 머뭅니다. 그럼에도 불구하고, 인간들은 다수를 하나로 집중시킬 수 있는 방법을 가지고 있기 때문에 그들 나름의 방식으로 능력껏 천사들의 생각들과 같은 생각을 할 수 있습니다. 우리의 감각 인식들은 지혜의 반향이라고 묘사될 수 있습니다. 심지어 마귀들의 지성도 그것으로부터 옵니다. 물론 정확하게 묘사하자면 그것은 지혜를 버린 것입니다. 왜냐하면 마귀는 어리석게도 자신이 진정으로 원하는 방법을 알지 못하며 실제로 원하지도 않기 때문입니다.

앞에서 하나님의 지혜는 지혜 자체, 정신, 이성, 그리고 모든 감각인식의 근원이요 원인이요 본질이요 완성이요 보호자라고 말한 바 있습니다. 그렇다면, 어찌하여 지혜 이상이신 하나님을 지혜, 정신, 말씀, 그리고 알고 계시는 분150)이라고 찬양합니까? 만일 그분이 지적 활동을 하지 않으신다면, 어찌 개념적인 것들에 대한 이해를 소유할 수 있습니까? 성경에서는 하나님이 모든 것을 아시며151) 그 무엇

---

149) 천사들의 지식 및 그것과 인간의 지식을 비교한 것에 대해서는 EH 1을 보라.
150) "지식" 대신에 "알고 계시는 분"으로 바꾸어 사용하는 것은 DN 1 596B 19f.에서 뒷받침된다. 그것은 외경 다니엘서 13:42에서 유래된 것이다.
151) 요 21:17

도 하나님의 지식을 피할 수 없다고 말하지만, 만일 하나님이 감각의 영역을 초월하신다면, 어떻게 감각적 자료들에 대한 지식을 소유하신단 말입니까? 우리는 하나님에게 속한 것들은 하나님에게 적합한 방식으로 해석해야 합니다. 그리고 하나님을 정신과 인식력이 없는 분으로 묘사하는 말은 그분의 결점으로 받아들이지 말고 그분이 충만하게 소유하신 것을 언급하는 의미로 받아들여야 합니다. 하나님은 이성을 초월하시기 때문에 우리는 그분에게 이성이 없다고 간주하며, 하나님은 완전 위에 계시고 완전에 선행하시기 때문에 하나님에게는 완전함이 부족하다고 말하며, 가까이 접근할 수 없는 빛152)은 눈에 보이는 빛을 능가하기 때문에 그 빛이 불가해하고 눈에 보이지 않는 어두움이라고 가정합니다. 그러므로, 하나님의 정신(Divine Mind)은 초자연적인 완전한 지식 안에 만물을 받아들입니다. 그분은 만물의 원인이기 때문에, 모든 것에 대한 예지를 소유합니다.153) 그분은 천사들이 생기기 전에 천사들에 대한 지식을 가지고 계시며, 그들을 존재하게 하십니다. 그분은 다른 모든 것을 알고 계시며, 태초부터 그것들을 알고 계시며, 그렇기 때문에 그것들을 존재하게 하십니다. 이것이 성경에서 "영원하신 하나님, 당신은 모든 비밀을 다 아시며, 무슨 일이 일어나기 전에 다 아십니다"154)라고 말하는 의미라고 생각합니다. 하나님의 정신은 사물로부터 사물에 대한 지식을 획득하지 않습니다. 그분은 모든 것의 원인으로서 자체 안

---

152) 딤전 6:16
153) Proclus, *in Plat. Theo.* 4, 5.
154) 외경 다니엘 13:42

에 이미 모든 것의 존재와 그에 대한 의식과 이해를 포함하고 이해하고 있습니다. 이것은 각각의 특수한 강(綱)에 대한 지식이 아닙니다. 여기에는 만물을 알고 포함하는 하나의 포용적인 작인이 있습니다. 빛을 예로 들어 보겠습니다. 빛은 그 자체 안에 어두움에 대한 원인이 되는 선험적인 지식을 가지고 있습니다. 어두움에 대해 빛이 알고 있는 것은 다른 데서 오는 것이 아니라 그것이 빛이라는 사실에서 옵니다. 마찬가지로, 하나님의 지혜도 그 자체를 앎으로써 만물을 압니다. 특이하게도 그것은 자신의 통일성에 의해서 만물을 알고 만들어냅니다: 물질을 비물질적으로, 나눌 수 있는 것을 나눌 수 없이, 하나의 행동으로 다수를 알고 만들어냅니다. 만일 하나님께서 원인이 되는 하나의 행동으로 모든 것에게 존재를 수여해 주신다면, 그분은 그 행동 안에서 자신에게서 유래된 근원을 통해서, 그리고 자산 안에 있는 만물의 선재를 통해서 만물을 아실 것입니다. 따라서 사물에 대한 그분의 지식은 사물 자체에 기인하는 것이 아닙니다. 그분은 자신 및 다른 것들에 대해서 자신이 가지고 있는 지식을 각각의 대상에게 부여해주시는 지도자일 것입니다. 결국 하나님은 자신에 대한 개인적인 지식이나 모든 피조물에 대한 독립된 지식을 소유하시지 않습니다. 우주적 원인은 스스로를 알기 때문에 자신을 근원으로 하며 자신에게서 나온 것들에 대해 무지할 수 없습니다. 이처럼 하나님은 사물을 이해함에 의해서 만물을 아시는 것이 아니라 자신을 이해하심으로써 만물을 아십니다.

성경에서는 천사들은 거룩한 지성 안에 내재하는 고유한 능력과 본성 때문에 세상에 속한 것들을 안다고 말합니다.

3. 만일 정신이나 감각 인식에 의해서 하나님을 이해할 수 없다면, 만일 하나님이 하나의 특별한 존재가 아니시라면, 우리는 어떻게 그분을 알 수 있습니까? 이것이 우리가 깊이 탐구해야 할 문제입니다.

하나님은 본질상 알 수 없으며 지성이나 정신의 범주를 초월하시므로, 우리는 하나님을 알 수 없다고 말하는 것이 보다 정확한 말일 것입니다. 그러나 어떤 의미에서 모든 것은 하나님으로부터 나왔기 때문에 우리는 모든 것이 배열된 상태를 통해서 하나님을 알며, 이 질서는 하나님의 거룩한 패러다임들과 비슷한 형상과 모양을 소유합니다. 그러므로 우리는 능력이 허락하는 한도 내에서 모든 것을 초월하는 것에 접근하며, 모든 것의 부인과 초월에 의해서, 그리고 모든 것의 원인에 의해서 나아갑니다. 그러므로 하나님은 만물 안에서 만물과는 구분되시는 분으로 알려집니다. 하나님은 지식을 통해서, 그리고 무지(unknowing)를 통해서 알려지십니다. 하나님에게 속한 개념, 이성, 손길, 인식, 견해, 상상, 이름, 그밖에 많은 것들이 있습니다. 한편, 하나님은 이해될 수 없으며, 단어들은 그분을 포함할 수 없고, 어떤 이름으로도 그분을 포착할 수 없습니다. 하나님은 존재하는 생물들 중 하나가 아니며, 생물들 가운데 있는 것도 아닙니다. 하나님은 만물을 통해서 만물에게 알려지시지만, 누구에게도 임의의 것을 통해서 알려지시는 것이 아닙니다.

이것이 하나님에 대해 우리가 사용해야 하는 표현입니다. 그렇기 때문에 하나님은 만물의 원인이 되시는 분량에 따라서 만물로부터 찬양을 받으십니다. 그러나 하나님에 대한 가장 거룩한 지식은 무지를 통해서 오며,155) 정신을 크게 초월하는 연합 안에서, 즉 정신이 만물, 심지어 정신 자체를 떠날 때, 그리고 눈부신 광선들과 하나가 되어 측량할 수 없이 깊은 지혜의 조명을 받을 때에 획득됩니다.

앞에서 말했듯이, 우리는 만물로부터 지혜이신 하나님에 대해 배워야 합니다. 성경에서 말한 것처럼, 지혜는 모든 것을 지으시고 항상 모든 것을 새롭게 하십니다.156) 지혜는 만물의 확고한 적응과 질서의 원인입니다. 지혜는 일련의 생물들의 목표를 다른 것들의 근원들과 연결해주며, 그럼으로써 통일체의 아름다움과 완전체의 조화를 만듭니다.

4. 하나님은 말과 정신과 지혜의 지도자이실 뿐만 아니라 본래 자신의 통일체 안에 만물의 원인들을 지니고 계시기 때문에, 그리고 만물을 꿰뚫어 그 골수에까지 이르시기 때문에,157) 성경은 하나님을 "로고스"라고 찬양합니다. 특히 거룩한 로고스는 어떤 단순성보다 더 단순하시며 그 완전한 초월성 안에서 모든 것으로부터 독립하기 때문에 이 호칭이 사용됩니다. 이 말씀은 단순하고 절대적인 진리이십니다. 그것은 만물에 대한 흔들림이 없는 지식이기 때문에, 거룩한 믿음이 그것을 중심으로 회전합니다. 그것은 믿는 사람들의 확실한 기초로서 그들을 진리에 묶어주고, 그들 안에 견고한 진리를 세워줌

---

155) 무지를 통해서 얻는 하나님에 대한 지식에 대한 논의는 MT 1-5와 CH 2의 "부정의 신학"과 더불어 다루어져야 한다. 이 구절은 『무지의 구름』 제70장에 인용되었다.

156) 시 104:24; 잠 8:30

157) 히 4:12(DN 9 912A 8-10); 솔로몬의 지혜 7:24, 8:1. "로고스"라는 단어는 문맥에 따라서 여러 가지로 번역되어야 한다. 이 장에서는 "말"이나 "이성"을 의미한다.

으로써 그들로 하여금 자신이 믿는 것의 진리에 대한 단순한 지식을 소유하게 해줍니다. 무지는 무지한 자의 변화와 변덕의 원인인 데 반해 지식은 알고 있는 자와 알려지는 것을 결합한다면, 성경에서 말하는 것처럼,158) 그 무엇도 진리를 믿는 사람을 참 믿음의 근거로부터 떼어내지 않을 것이며, 그는 영원히 변함이 없는 정체성을 소유하게 될 것입니다. 진리와 연합한 사람은, 다른 사람들이 모두 자기를 미쳤다고 생각할지라도, 자신이 지극히 정상이라는 것을 분명히 압니다. 사람들은 그가 오류의 길에서 벗어났으며 참 믿음 안에서 진리에 도달했음을 보지 못합니다. 그는 사람들이 생각하는 것처럼 자신이 미친 것이 아니라,159) 여러 가지 오류를 범하게 만들었던 불안정함과 변화들로부터 구원받았다는 것, 그리고 불변하는 단순한 진리에 의해서 자유를 얻었다는 것을 압니다. 그렇기 때문에 거룩한 지혜를 가르치는 지도자들은 날마다 진리를 위해 죽습니다. 그들은 모든 말과 행동으로 기독교인이 소유하는 진리의 지식을 증거합니다.160) 그들은 진리가 다른 모든 것보다 거룩하고 단순하다는 것을 증명합니다. 그들은 여기에 유일하게 참되고 단순한 하나님에 대한 지식이 있음을 보여줍니다.

---

158) 롬 8:39, 11:20?
159) 행 26:24
160) 아마 이것은 롬 8:36(시 44:22)에서 유래된 듯하다.

제8장

능력, 의, 구원, 대속, 그리고 불공평에 관하여

1. 신학자들은 거룩한 진리와 초자연적인 지혜를 능력과 의, 구원과 구속161)이라고 찬양합니다. 이제 이것들에 대해 설명하려 합니다. 성경에 기초를 두고 양육된 사람이라면 하나님은 실재하는 인식할 수 있는 모든 능력보다 우월하시며 그것들을 초월하신다는 사실을 알지 못할 리가 없습니다. 신학에서는 하나님의 "주권"을 말하며, 이것과 하늘나라의 능력들을 구분합니다. 그렇다면, 하나님이 실제로 능력보다 우월함에도 불구하고 신학자들은 어떤 의미에서 그분을 능력이라고 찬미합니까? 우리는 어떤 의미에서 하나님에게 "능력"이라는 이름을 적용합니까?

---

161) 이 네 가지 이름은 DN 1 596B 21-24에서 언급된다. 능력: 대하 20:6; 시 24:8; 고전 1:18; 계 19:1. 의: 고전 1:30. 구원: 출 15:2; 마 1:21; 계 19:1. 구속: 고전 1:30.

2. 그 대답은 다음과 같습니다. 본래 하나님의 본성 안에 모든 능력이 포함되어 있기 때문에, 하나님은 능력이십니다. 하나님은 모든 능력을 초월하시는 능력이십니다. 하나님은 모든 능력의 원인이십니다. 하나님은 좌절되지 않는 완전한 능력을 통해서 만물에게 존재를 주십니다. 하나님은 완전하고 구체적인 능력의 원인이십니다. 모든 능력이 하나님에게서 오며, 하나님은 절대적인 능력을 포함하여 모든 능력을 초월하시기 때문에, 하나님의 능력은 무한합니다. 하나님은 무한히 많은 다른 능력들을 무한히 만들어내는 넘치는 능력을 소유하십니다. 피조 된 능력들은 결코 능력을 만드는 하나님의 능력의 무한한 작업을 무디게 하지 못합니다. 하나님의 초자연적인 능력은 표현할 수 없고 알 수 없고 이해할 수 없이 큽니다. 그것은 충만하여 연약한 것에게 힘을 주며, 자신의 가장 보잘것없는 흔적까지도 보존하고 인도해줍니다. 여기에서 발생하는 일은 감각의 영역 안에 있는 능력들에 비유할 수 있을 것입니다. 찬란한 빛은 가장 희미한 시력에 도착할 수 있고, 가장 큰 소리는 가장 어눌한 사람의 귀에 미칠 수 있습니다. 물론 전혀 들을 수 없는 귀는 귀라고 할 수 없고, 전혀 볼 수 없는 시력은 시력이라고 할 수 없습니다.

3. 하나님의 무한한 능력은 만물에게 분배됩니다. 세상에는 능력을 전혀 받지 못한 것은 하나도 없습니다. 능력은 직관이나 이성, 인식, 생명, 또는 존재에 의해 표현됩니다. 실제로 세상에 있는 만물은 존재를 초월하시는 능력으로부터 오는 "존재"의 능력을 소유합니다.

4. 천사들의 능력은 이 능력에서 온 것입니다. 천사들의 불멸성 및 지성과 불멸성의 영구적인 움직임들의 근원은 이 능력입니다. 그들의 안정성 및 선이신 하나님을 향한 끊임없는 욕구는 무한히 선하신 능력에게서 오는 것입니다. 이 무한히 선하신 능력은 그들에게 능력과 실존을 부여해주시며, 그들 안에 실존을 향한 끊임없는 소원을 불러일으키시며 영원한 능력을 동경하는 능력을 주십니다.

5. 이 다함이 없는 능력의 은전은 인간, 동물, 식물, 자연계 전체에 미칩니다. 그것은 만물이 서로 조화와 교제를 획득할 수 있게 해주며, 고귀한 것들이 각기 특성들을 혼동하거나 혼합됨이 없이 자신의 특성과 자연법에 따라서 고귀함을 유지할 수 있게 해줍니다. 이 능력은 우주의 질서와 방향이 고유한 덕을 획득하도록 보장해주며, 해를 입지 않은 거룩한 헤나드(일자, *henad*)들의 생명을 보존하여 불멸하게 합니다.162) 그것은 하늘의 별들은 그 변함이 없고 빛나는 질서 안에 보존해주며, 그것들에게 영원히 존재하는 능력을 줍니다. 그것은 시간의 순환과 진행을 구분해주며, 제 시간에 출발점으로 돌아오게 합니다. 그것은 불의 꺼지지 않는 성질과 물의 수분을 만듭니다. 그것은 대기를 흐르게 해주며, 허공에 지구를 세우시고 그 수고가 결실을 맺게 합니다. 그것은 각기 특성과 독립성을 가지고 서로 연결되어 있는 요소들의 조화와 조합을 보존해줍니다. 그것은 혼과 육체의 결속을 강화합니다. 그것은 식물에게 양분을 주고 성장하게 해주는 능력들을 분발하게 만듭니다. 그것은 각각의 피조물을 존재하게 해주는

---

162) Saffrey, "Nouveaux liens," p. 15.

능력들을 지배합니다. 그것은 세상이 흔들림이 없이 존속하게 해줍니다. 하나님을 닮아 지음을 받은 것들에게는 신화(神化)될 수 있는 능력을 주십니다. 간단히 말해서, 세상에 있는 것들 중에는 그것들을 뒷받침하고 둘러싸는 하나님의 전능하신 능력이 부족한 것이 없습니다. 이는 완전히 능력이 없는 것은 존재나 개성을 소유하지 못하며 또 이 세상에 위치하지도 못하기 때문입니다.

6. 마술사 엘루마163)는 "만일 하나님이 전능하신 분이시라면, 어찌하여 너희들의 신학자가 그분이 행하실 수 없는 일이 있다고 선포할 수 있단 말이냐?"라고 말했을 것입니다. 여기에서 그는 사도 바울이 하나님은 "자기를 부인하실 수 없으시리라"164)라고 주장한 것을 비판하고 있습니다. 그의 항변이란 그런 것이었습니다. 만일 내가 할 일 없는 어린아이들이 모래 위에 지은 집을 무너뜨리려 한다면, 아무도 나를 어리석다고 비웃지 않을 것입니다. 만일 내가 이 신학적인 문제를 다루면서 도달할 수 없는 것을 목표로 한다면, 사람들은 나를 조롱할 것입니다. 그럼에도 불구하고, 나는 다음과 같이 대답하려 합니다. 진리 자체를 부인하는 것은 진리를 저버리는 것입니다. 진리는 하나의 존재이며, 진리를 저버리는 것은 존재를 저버리는 것입니다. 만일 진리가 존재이며 진리를 부인하는 것은 곧 존재를 저버리는 것이라면, 하나님은 존재를 저버리실 수 없습니다. 어떤 사람들은 하나님에게는 존재가 부족하지 않다고, 하나님에게 능력이 부족할 수 없

---

163) 행 13:8
164) 딤후 2:13

다고, 하나님은 지식이 부족하려면 어떻게 해야 할지 알지 못하신다고 말할 것입니다. 그런데 마술사 엘루마는 이것을 이해하지 못했습니다. 그는 조금은 자신과 경쟁하는 선수가 약하다는 허황한 생각을 하고 있는 무능한 운동선수와 흡사합니다. 그는 자신의 표준에 의해서 그를 판단하며, 그렇기 때문에 상대방의 그림자를 공격하고 바람을 공격하며 자신이 승자라고 생각하며 다른 사람들의 능력을 알지 못한 채 자기의 능력을 자랑합니다. 그러나, 나는 그 신학자가 제시한 과녁의 정곡을 찔렀습니다. 나는 지극히 능력 있으신 하나님, 전능하시고 복되시며 유일하고 강하신 통치자이신 하나님은 영원을 다스리시는 주권자이라고 찬미합니다. 하나님은 결코 존재를 저버리지 않았습니다. 그분은 초자연적인 능력으로 만물 위에 계시며, 만물을 미리 소유하십니다. 그분은 모든 것에게 존재하는 능력을 주신 분이십니다. 이 실존의 은사는 풍부하게 부어지는 그분의 압도적인 능력으로부터 옵니다.

7. 하나님은 만물에게 적절한 것을 배당해 주시기 때문에 "의"라는 칭호가 주어집니다. 하나님은 공정하고 의로운 결정에 따라서 만물에게 적절한 균형, 아름다움, 지위, 배열, 알맞은 위치와 질서를 베푸십니다. 하나님은 그것들 특유의 활동의 원인이십니다. 하나님의 의는 만물을 정돈하시고, 경계를 정하시며, 혼동됨이 없이 구분하시며, 각각의 사물에게 본래 합당한 것을 주십니다. 그러므로 부지중에 하나님의 의를 비판하는 사람들은 불의를 유포하는 죄인입니다. 그러한 사람들은 유한한 것에게 불멸이 주어져야 하며, 불완전한 것에

게 완전함이 주어져야 하며, 외부의 영향을 받아 움직이는 것들에게 자발적인 운동이 주어져야 하며, 변화하는 것에게 부동성이, 연약한 것들에게 힘이, 시간의 제한을 받는 것들에게 영원함이, 움직이는 것들에게 부동성이, 덧없는 즐거움에게 영속성이 주어져야 한다고 주장합니다. 간단히 말해서, 그들은 모든 것이 변화되기를 원합니다. 그들은 하나님의 의는 만물에게 알맞고 합당한 특성들을 주며 각 존재의 본성을 타당한 질서와 능력 안에 보존하므로 참된 의라는 것을 알아야 합니다.

8. 어떤 사람은 경건한 사람들이 악인의 압제를 받고 있을 때에 돕지 않고 버려두는 것은 의의 특징이 아니라고 말할 것입니다. 만일 당신이 경건하다고 묘사한 사람이 실제로는 세상에서 상스럽게 추구하는 것들을 사랑하는 사람이라면, 그들은 분명히 하나님을 향한 열망을 버린 사람들입니다. 그들이 참으로 사랑할 만하고 거룩한 것을 부당하게 취급하며 악하게도 자신의 열망에 합당하지 못한 것을 선호하여 이런 것들을 버렸음에도 불구하고, 그들을 경건하다고 여기는 이유를 이해할 수 없습니다. 만일 그들이 참으로 실재하는 것을 열망한다면, 그것을 획득할 때에 즐거워해야 할 것입니다. 만일 그들이 하나님의 일을 열망하여 물질에 대한 애착을 버리고 아름다운 것을 추구하면서 용감하게 자신을 연단한다면, 그들은 천사들의 덕에 근접하지 않겠습니까? 하나님은 고귀한 사람들에게 물질적인 혜택을 주심으로써 그들의 용기를 손상시키는 것을 삼가시며, 누군가가 그들을 타락하게 만들려고 노력할 때에 그들을 도우시며, 그들의 바람

직하고 확고한 자세를 강화해주시며, 그들에게 부르심에 합당한 것을 주시는 분이신데, 의를 보존하기 위해서는 얼마나 더 하시겠습니까?

9. 이 거룩한 의는 "세상의 구원"165)이라고 찬양되기도 합니다. 이는 그것이 각각의 존재로 하여금 다른 것들과는 구분되어 적절한 존재와 질서 안에 유지되게 해주기 때문입니다. 또한 그것은 세상에서 활동하는 모든 것의 순수한 원인이기 때문이기도 합니다. 만일 누군가가 구원을 세상을 악의 세력으로부터 구해주는 힘이요 존재라고 찬미하려 한다면, 나는 분명히 그의 주장을 받아들일 것입니다. 이는 구원은 여러 가지 형태를 취하기 때문입니다. 나는 다만 기본적으로 구원이란 만물로 하여금 변함이나 충돌이나 악으로 전락하지 않고 제 위치에 있도록 보존해주는 것, 그것들 모두를 자체의 고유의 법에 순종하게 해주는 것, 세상에서 모든 불평등과 간섭을 몰아낸다는 것, 그리고 모든 것이 자신과 반대되는 것으로 변화되는 것을 피하며 모든 종류의 변화로부터 자유로울 수 있게 해주기 위해서 균형을 주는 것이라고 덧붙이겠습니다. 어떤 사람은 이 구원은 세상을 보존하게 위해 자비롭게 작용하면서 만물을 각기 자신이 지닌 구원받는 능력에 따라서 구속하며, 만물이 고유한 덕을 내면에 보존할 수 있게 해준다고 말합니다. 이런 까닭에 신학자들은 그것을 "구속"이라고 합니다. 이는 그것은 참으로 실재하는 것이 무로 전락하는 것을 허락하지 않기 때문이며, 길을 잃고 오류나 무질서에 빠졌거나 고유

---

165) DN 1 596B 23f.을 보라.

한 덕에 이르지 못한 것을 무능과 결함, 정념 등으로부터 구해 주기 때문입니다. 구속은 사랑하는 아버지가 자식에게 부족한 것을 보충해주고 부진한 것을 눈감아 주는 것과 흡사합니다. 그것은 어떤 존재를 악한 상태에서 일으켜 주고 마땅히 있어야 할 곳에 견고히 세워주며, 무질서와 혼란이 있었던 곳에 질서와 조화를 되돌려주며, 그것을 완전하게 해주고 결점들로부터 해방시켜줍니다.

이것이 의의 주제입니다. 그것에 의해서 사물들의 평등함이 측량되고 정해지며, 각각의 존재에게 영향을 주는 불평등이나 평등의 부족함이 제거됩니다. 의는 사물들의 혼동과 불안을 허락하지 않고 만물이 각기 자신에게 알맞은 특별한 형태 안에 보존되도록 정하며 불평등한 사물들 가운데서도 사물들 전체의 차이점을 보존하십니다.

제9장

광대함과 작음, 동일함과 상위, 유사성과 부동성, 쉼, 움직임, 평등에 관하여

1. 광대함과 작음, 동일함과 상위, 유사성과 부동성, 쉼과 움직임 —이것들은 모두 만물의 원인에게 적용되는 호칭들입니다. 그것들은 거룩하게 명명된 이미지들입니다.166) 우리는 그것들을 드러나 있는 한도까지 깊이 관찰해야 합니다.

성경에서는 하나님을 "광대하시며"167) "세미한 바람"168) 속에 계시다고 찬미합니다. 세미한 바람은 하나님의 작음을 드러냅니다. "주는 여상하시고"169)라는 말씀은 하나님에게 동일함이라는 속성을 부여하며, 하나님의 많은 모양과 특성에 대한 성경의 논의는 하나

---

166) Saffrey, "Nouveaux liens," pp. 6-11.
167) 시 86:10, 145:3, 147:5
168) 왕상 19:12. DN 1 596B 25f. and MT 3 1033C 43을 보라.
169) 시 102:27; 고전 12:6; 히 13:8; 말 3:6.

님의 상위를 환기시킵니다. 비슷한 것들을 존재하게 하시며 그것들이 지닌 유사성에 책임을 지신다는 사실에서는 하나님의 유사성이 언급됩니다. 그러나 "천지에 주와 같은 신이 없나이다"170)라는 점에서 하나님은 모든 것과 다르십니다. 또한 하나님이 서 계신 것,171) 움직이시지 않는 것, "왕으로 좌정하신 것,"172) 만물 안에 들어가심 등도 언급됩니다. 성경에서는 이것들 및 이와 비슷한 이름들이 하나님에게 주어집니다.

2. 하나님은 모든 광대함 위에 주어지며 그것을 크게 초월하는 곳에 미치는 독특한 광대함 때문에 광대하다고 불립니다. 풍성하며, 그 광대한 역사가 풍성하며 은사들을 솟구쳐 내는 하나님의 광대함은 모든 공간을 끌어들이며, 모든 수를 초월하며, 무한 너머로 움직입니다. 이것들은 만유에 의해 아무리 공유되어도 감소되지 않고 탁월한 충만함을 소유하는 선물들입니다. 그것들은 나누어져도 감소되지 않으며, 오히려 한층 더 후하게 쏟아집니다. 이 광대함은 분량도 없고 수도 없이 무한하며, 이해할 수 없는 장엄함의 초자연적인 유출의 결과로서 큰물에 도달합니다.

3. 하나님은 부피가 큰 것들과 멀리 있는 것들과는 관계가 없기 때문에, 방해를 받지 않고 만물을 꿰뚫기 때문에,173) "작음" 또는 세미

---

170) 대하 6:14; 시 83:1, 86:8.
171) 시 82:1
172) 시 29:10; 외경 바룩서 3:3.
173) 솔로몬의 지혜 7:24; cf. DN 7 872C 29.

함이 하나님의 본성이라고 진술됩니다. 실제로 작음은 만물의 가장 기본적인 원인입니다. 세상의 모든 부분은 작음과 관련이 있으며, 그것이 우리가 하나님과 관련하여 그 단어를 사용하는 이유입니다. 여기에는 무엇인가가 방해를 받지 않고서 만물 속에 침투하고 관통하며, 그것들에게 에너지를 주입하고, "혼과 영과 및 관절과 골수를 찔러 쪼개기까지 하며 또 마음(그리고 모든 것)의 생각과 뜻을 감찰하나니 지으신 것이 하나라도 그 앞에 나타나지 않음이 없는" 것이 있습니다.174) 이 작음은 크기나 양을 소유하지 않습니다. 그것은 정복할 수 없고 무한하고 광대하며, 모든 것을 포함하지만 그 자체는 어느 것에도 포함되지 않습니다.

4. 하나님은 초자연적으로 영원히 변함이 없이 항상 "동일"하십니다. 하나님은 영원히 동일하시며, 만물에 대해서 항상 동일하시며, 자신의 초 본질적인 독자성의 경계 안에 확고하게 거하십니다. 하나님 안에는 변화나 쇠퇴, 저하, 변이 등이 없습니다. 하나님은 감소되지 않으시며, 물질이 아니시며, 완전히 단순하시고, 자족하시며, 성장하거나 감퇴하지 않습니다. 하나님은 태어나신 분이 아닙니다. 이것은 하나님이 과거에 언젠가 태어나지 않았으므로 존재하시지 않았다는 것, 결코 불완전하시지 않았다는 것, 이러저러한 근원으로부터 태어나게 되신 것이 아니라는 의미입니다. 또 하나님이 언젠가는 존재하시지 않았다는 의미도 아닙니다. 하나님은 완전히 무출생적(**unbegotten**)이시라는 것, 하나님은 영원히 절대적으로 완전하시며

---

174) 히 4:12f.

항상 동일하시다는 것을 우리는 이해해야 합니다. 하나님은 동일성과 특이성에 의해 정의됩니다. 하나님은 수용적 태도로 참여하는 모든 것을 동일하게 비추어 주시는 분이십니다. 하나님은 동일성의 원인 안에 서로 다른 것들을 함께 배열하십니다. 하나님은 본질적으로 동일성이라는 하나의 보편적 원인 안에 모든 반대되는 것들을 미리 포함하고 계십니다.

5. 그러나 하나님은 섭리에 의해서 만물의 구원을 위해서 만물에게 유효하시며 만유 안에서 모든 것이 되시므로,175) 하나님에게는 "상위"가 있다고 간주됩니다. 동시에 하나님은 자신의 내면에 머무시며, 하나의 지속적인 활동을 하시면서 자신의 주체성을 포기하지 않습니다. 하나님은 자신에게 돌아온 사람들의 신화(神化)를 위해서 흔들림이 없는 능력으로 자신을 외부로 내보내십니다. "상위"란 하나님의 많은 모습이 서로 다르게 나타난다는 것을 의미합니다. 이 상위는 겉으로 나타난 것이 아닌 다른 것을 지적하는 것으로 이해되어야 합니다. 만일 영혼을 유형적인 형태로 표현한다면, 실제로 나눌 수 없는 것이 여러 개의 육체적인 부분을 소유하고 있다고 생각해야 할 것입니다. 우리는 각 부분에게 영혼의 나눌 수 없는 특성에 알맞은 의미를 부여합니다. 그러므로 우리는 머리는 지성을 의미한다고 말합니다. 목은 이성적인 것과 비이성적인 것 중간에 위치하므로 견해를 의미한다고 말합니다. 가슴은 정열을, 위는 욕망을, 다리와 발은 본성을 의미한다고 말합니다. 우리는 이런 식으로 몸의 각 부분을 지

---

175) 고전 15:28

칭하는 이름들을 기능의 상징으로 사용합니다. 그러므로, 만물을 초월하시는 분에 대해 말할 때에는 하나님에게 부여한 형태와 모양들의 차이를 분명히 밝히면서 하나님이 기뻐하시는 거룩하고 신비한 설명을 해야 합니다. 형태가 없고 불가해하신 하나님에게 육체가 지닌 세 가지 차원을 부여할 수도 있는데, 이 경우에 그분의 넓이는 만물을 향한 무한한 발현이요, 길이는 우주를 능가하는 능력이요, 깊이는 불가해하게도 모든 피조물에 대해 알려지지 않고 숨겨지신 것입니다.176) 그러나, 이와 같이 상이한 모양들과 형태들을 설명할 때에는 하나님을 지칭하는 무형의 이름들과 인식할 수 있는 상징들을 포함하는 이름들을 혼동하지 말아야 합니다. 인식할 수 있는 상징들에 대해서는 나의 저서인 『상징신학』(*Symbolic Theology*)에서 논의되겠지만, 여기에서는 하나님 안의 상위는 그분의 완전히 불변하는 동일성의 변화를 가리킨다고 가정해서는 안 된다는 점을 강조하고 싶습니다. 이것은 만유를 향한 그분의 풍요함의 통일된 발현들과 많은 형태들 사이의 통일성을 의미합니다.

6. 하나님은 독특하고 완전하고 나뉠 수 없이 하나님 자신을 닮으셨다는 것을 지적하기 위해서 우리는 그분을 "동일하시다"고 말합니다. 또 하나님을 "닮음"이라고 묘사할 수도 있으며, 이것은 거부할 수 없는 하나님의 이름입니다. 신학자들은 초월적인 하나님은 본래 어떤 존재와도 닮지 않았지만 하나님에게로 돌아오는 모든 사람들에게 하나님과의 닮음을 수여해 주시는데, 이것은 무어라 정의할 수

---

176) 엡 3:18

도 없고 이해할 수도 없는 일입니다. 하나님의 닮음의 힘은 모든 피조물을 그 원인에게로 돌아오게 하며, 이러한 피조물들은 하나님의 형상과 모양 때문에 하나님과 비슷하다고 간주되어야 합니다.177) 그러나 인간이 자신의 초상화를 닮았다고 말할 수 없듯이, 하나님이 피조물을 닮았다고 말할 수 없습니다. 동일한 수준에 있는 것들은 서로 비슷하며, 따라서 어느 것에게든지 닮음의 특성이 있다고 단정할 수 있습니다. 그것들은 서로 공유하는 닮음의 선행 형태의 작용으로 말미암아 서로 비슷할 수 있습니다. 그러나 원인과 결과들에 관해서는 이런 종류의 상호교환을 인정할 수 없습니다. 왜냐하면 하나님은 일부 객체들에게만 닮음을 수여하시는 것이 아니기 때문입니다. 하나님은 닮음이라는 특성을 소유하는 모든 것 안에서 이것의 원인이 되십니다. 하나님은 절대적인 닮음의 존재이시며, 세상에 있는 모든 닮음은 하나님의 닮음의 흔적과 비슷하기 때문에 모든 피조물은 그것에 의해서 통일체가 됩니다.

7. 이 점에 대해서는 깊이 생각할 필요가 없습니다. 왜냐하면 성경에서는 하나님은 피조물과 다르시며 어떤 피조물과고 비교될 수 없다고, 즉 하나님은 모든 것과 다르시다고 주장합니다. 한층 더 이상한 것은 세상에는 조금이라도 하나님을 닮은 것이 없다고 주장합니다. 그럼에도 불구하고, 이런 종류의 단어들은 하나님과 사물의 닮음에 배치되지 않습니다. 이는 그것들은 하나님과 유사한 동시에 유사하지 않기 때문입니다. 그것들은 공유될 수 없는 것을 공유하는 한

---

177) 창 1:26

도까지 하나님과 비슷합니다. 그것들은 결과들로서 그것들의 원인보다 훨씬 부족하며, 비교할 수 없이 무한히 그분에게 종속된다는 점에서 그분과 다릅니다.178)

8. 그렇다면, "쉼"과 "좌정"이라는 속성에 대해서는 무슨 말을 해야 합니까? 하나님은 본질적으로 하나님으로 머무신다는 것, 하나님은 부동의 동일성과 분명한 기초 안에 홀로 정착하신다는 것, 하나님의 행동들은 영원히 동일한 틀 안에 있으며 동일한 객관성을 지니며 동일하게 불변하는 중심을 지니신다는 것, 하나님의 안정성은 내면에서부터 시작된다는 것, 하나님은 절대적으로 불변하시며 움직이지 않으신다는 것, 그리고 이 모든 특성들이 초자연적인 방식으로 하나님의 것이라는 것 등을 말할 수 있습니다. 하나님은 모든 것의 안정성과 쉼의 원인이시며, 하나님 자신은 모든 안정성과 쉼을 초월하십니다. "만물은 그 안에 함께 서며"179) 보호 받기 때문에 그들 자신의 나머지 덕들로부터 끌려 나가지 않습니다.

9. 움직이지 않으시는 하나님이 이동하시며 만물 속으로 나아가신다는 신학자들의 말은 무엇을 의미합니까? 이것은 하나님께 어울리게 이해되어야 합니다. 하나님의 움직임이란 장소의 변화, 변이, 변경, 전환, 직선으로나 원형으로 공간을 이동하는 것, 또는 두 가지 형식이 혼합된 방식으로 이동하는 것을 의미하는 것이 아니라고 가정

---

178) 비슷한 상징들과 비슷하지 않은 상징들에 대한 충분한 논의는 CH 2에서 발견된다.
179) 골 1:17

해야 합니다. 또 이 움직임이 정신이나 영혼, 또는 하나님의 본성과 관련하여 발생한다고 상상해서도 안 됩니다. 하나님은 만물을 존재하게 하시고 보존하시고 그들에게 온갖 섭리를 발휘하시고 그것들 모두에게 현존하시고 정신으로는 이해할 수 없는 방식으로 그것들을 포용하시고, 그분으로부터 무수한 발현들과 활동들이 나옵니다. 그리고 하나님과 이성 모두에게 알맞은 방식으로, 불변하시는 하나님의 운동에 대해 진술해야 합니다. 하나님의 직선적 움직임은 그분의 활동들의 분명한 발현, 만물이 그분에게서 나오게 될 것이라고 이해되어야 합니다. 하나님의 속성으로 간주된 나선형 움직임은 하나님의 고요의 풍부함과 함께 하나님에게서 나오는 지속적인 발현을 언급하는 것이어야 합니다. 또 원형의 움직임은 하나님의 동일하심, 질서의 바깥 경계뿐만 아니라 중간 영역에 대해 소유하시는 하나님의 지배력과 관계가 있으므로, 만물은 하나이며, 하나님에게서 나온 만물은 다시 하나님에게 돌아갈 것입니다.

10. 어떤 사람은 성경에서 "동일함"과 "의"와 "동등함"이라는 호칭을 취할 것입니다. 하나님은 여러 부분을 갖지 않으시며 변동이 없기 때문에, 그리고 만물을 통해서 만물에게 고루 영향을 미치시기 때문에, 그리고 절대적인 동등함에 의해서 만물을 동등하게 섞으시고 만물이 동등하게 소유하고 있는 수용성 및 만물이 자신의 당연한 몫으로 소유하는 동등한 선물을 균형 있게 나누시기 때문에 동등하다고 불리십니다. 지적인 것이든지 지성적인 것이든지, 이성적인 것이든지 지각적인 것이든지, 본질적인 것이거나 본성적인 것이든지, 모

든 동등함이 이미 통합된 것으로서, 그리고 동등한 모든 것을 만들어 내는 지극히 풍성한 능력으로서 그분 안에 초자연적으로 포함되어 있습니다.

제10장

전능한 자, 옛적부터 계신 이, 그리고 영원과 시간에 관하여

1. 이제 여러 가지 이름을 지니신 하나님이 "전능한 자"와 [180] "옛적부터 계신 이"[181]가 되신다는 것을 알리겠습니다. 하나님은 모든 것의 전능한 기초로서 온 세상을 보존하시고 포용하시기 때문에 "전능한 자"라는 이름이 부여됩니다. 하나님은 세상을 세우시고, 안전하게 하시고, 함께 세우십니다. 하나님은 온 우주를 하나님 자신에게 완전히 묶으십니다. 하나님은 일종의 전능한 뿌리이신 듯 자신으로부터 모든 것을 발생시키시고, 일종의 전능한 창고이신 듯 만물을 자신에게로 돌아오게 하십니다. 하나님은 그것들의 전능한 기초이시기 때문에 그것들을 모두 결합하십니다. 하나님은 그것들을 이처럼 초자연적인 결속 안에 유지하시며, 그것들이 하나님에게서 떨어져

---

180) 삼하 7:8; 슥 1:3; 고후 6:18; 계 1:8, 11:17
181) 단 7:9, 13, 22

나가거나 그것들의 완전한 본향으로부터 이동됨으로써 멸망하는 것을 허락하지 않습니다.

하나님은 만유를 지배하는 힘을 소유하시며 세상을 완전히 지배하시기 때문에 전능하시다고 묘사됩니다. 또 하나님은 모든 열망의 목표이시기 때문에, 그리고 하나님의 선하심을 향한 거룩하고 전능하고 멸망하지 않은 열망의 수고를 원하는 모든 사람들에게 행복한 멍에를 얹으시기 때문에 전능하다고 묘사됩니다.

2. 하나님은 모든 것의 시간이요 영원이시기 때문에, 그리고 날과 영원과 시간보다 선행하시기 때문에, 옛적부터 항상 계신 이라고 불립니다. "시간", "날", "계절", "영원" 등의 이름에도 적절한 의미가 필요합니다. 이것들은 모두 변화나 움직임으로부터 완전히 자유로운 분, 영원한 움직임 안에서 자신 안에 머물러 계시는 분, 영원과 시간과 날들의 원인이 되시는 분을 언급합니다. 그러므로 신비한 환상 속에서 이루어진 하나님 자신의 거룩한 계시에서, 하나님은 옛적부터 항상 계셨고 새롭게 계신 이라고 묘사되는데, 이것은 그분이 "태초부터 계신"[182] 근원이시라는 것, 그리고 늙지 않는다는 것을 의미합니다. "옛적부터 항상 계신 분"과 "새롭게 계신 분"이라는 두 가지 이름은 하나님이 태초로부터 나아와 세상 끝까지 만물을 통과하신다는 것을 드러냅니다. 각각의 이름은 하나님의 존재의 탁월함이라는 개념을 전해주며, 옛적부터 항상 계신 이는 시간의 관점에서 볼 때에 그분이 처음이라는 것을 의미하며, 젊은이는 그분이 수와 관련하

---

182) 요일 1:1

여 볼 때에 으뜸이라는 것을 의미합니다. 왜냐하면 으뜸이 되는 것 및 그것 가까이에 있는 것들은 그 외의 다른 수들부터 우월하기 때문입니다.

3. 이제 성경에 등장하는 시간과 영원의 본질에 대해 설명하겠습니다. 성경에서 사물들을 영원하다고 묘사할 때에 그것들이 피조된 것이 아니며 영원하고 썩지 않으며 불멸하며 변함이 없다고 암시하는 것은 아닙니다. 여기에서 나는 "영원한 문들아 들릴지어다"183)와 같은 본문을 염두에 두고 있습니다. 종종 아주 옛적의 것, 또는 세상의 시간의 흐름 전체에게 "영원"이라는 칭호가 주어집니다. 왜냐하면, 매우 오래되고 불변한다는 것이 영원의 특성이며, 존재의 척도이기 때문입니다. 반면에 시간은 생과 죽음과 다양성 등에 나타난 변화의 과정과 관련이 있습니다. 이런 까닭에 신학은 시간에 매인 사람들은 마침내 썩지 않고 변함이 없는 영원을 획득할 때에 영원에 참여한다고 말합니다.184) 성경은 종종 일시적인 영원과 영원한 시간의 광채에 대해 말합니다.185) 물론 엄격히 말해서 성경이 논하고 나타내는 것은 영원은 존재의 근거지이며 시간은 장차 존재할 것들의 근거지라는 점입니다. 그러므로, 영원하다고 불리는 것들은 하나님과 함께 영원할 뿐이라고 상상해서는 안 됩니다. 하나님은 영원보다 선행하십니다. 여기에서는 성경 말씀을 따르며 "영원"과 "덧없음"을 그

---

183) 시 24:7, 9
184) 고전 15:53
185) 시 77:5; 롬 16:25; 딤후 1:9; 딛 1:2

말씀에 알맞은 의미로 취하는 것이 좋습니다. 부분적으로는 영원에 참여하고 또 부분적으로는 시간에 참여하는 것들을 존재하는 것들과 앞으로 존재할 것들 사이의 중간으로 간주해야 합니다. 영원과 시간은 하나님의 속성을 나타내는 술어로 취할 수 있습니다. 이는 하나님은 옛적부터 항상 계신 분이시며 모든 시간과 영원의 원인이시기 때문입니다. 그러나 하나님은 시간 이전에 계시며, 시간 너머에 계시며, 다양한 시간과 계절의 근원이십니다. 또 하나님은 영원한 세대들보다 선행하십니다. 이는 하나님은 영원 전부터 영원 너머에서 그곳에 계시며 "하나님의 나라는 영원한 나라"[186]이기 때문입니다.

---

186) 시 145:13

제11장

화평, 존재 자체, 생명 자체, 능력 자체, 그 밖에 이런 식으로 불리는 것들에 관하여

1. 이제 하나님의 화평[187]에 대해 이야기하겠습니다. 이것은 만물을 화해시킵니다. 이것은 모든 것을 연합하고, 만물의 조화와 일치를 낳습니다. 그러므로 만물은 그것을 열망합니다. 그것은 잡다한 것들과 분열된 것들을 완전한 통일체로 복귀시킵니다. 모든 내란이 변화되어 통일된 가정이 됩니다. 하나님의 화평에 동참할 때에, 강력한 연합의 능력들은 그것들 자신에게, 서로에게, 그리고 통일체에게 이끌려오며, 온 세상에서 평화의 근원과 하나가 됩니다. 그것들보다 낮은 계층들은 그들 자신과 연합되고 서로 연합되고 우주적 평화의 완전한 근원이요 원인과 연합합니다. 이 원인은 분리되지 않은 통일체 안에서 모든 것에게 영향을 미치고, 분열된 부분들을 확인하고, 만물

---

187) 엡 2:14

에게 윤곽과 한계와 보증을 제공하고, 어떤 것이 하나님의 현존 및 그 자체의 통일성에서 벗어난 무한히 무질서한 혼동 속에서 분해되거나 흩어지는 것을 허락하지 않습니다.

거룩한 유스도188)는 하나님의 화평과 평안에게 알려진 과정에 의해서 "말할 수 없는" "부동의 것"라는 이름을 부여했습니다. 이 이름은 하나님이 잠잠하고 평화로우시며 절대적으로 초자연적인 자아의 통일체 안에 머무시며 내향적이 되시며 자신의 통일체를 떠나지 않고서 자신을 배가시키고 방식을 지칭하기 위해 주어집니다. 하나님은 자신의 내면에 머물면서도 만물에게로 나아가시는 분이십니다. 이러한 문제들과 관련하여 피조물에게 어떤 단어들이나 개념들을 고안해낼 권리가 있습니까? 과연 그렇게 할 수 있습니까? 그러므로 만물을 초월하는 하나님의 화평에 대해서 말할 때에는 말로 형언할 수 없고 알 수 없는 것으로서 표현해야 합니다. 그러나 나는 많은 선한 사람들보다 열등하지만 능력이 닿는 한 그것의 구두의 참여와 개념상의 참여에 대해 살펴보겠습니다.

2. 첫째, 하나님은 절대적인 평화, 평화 전반, 그리고 구체적인 평화의 사실의 존재이십니다. 하나님은 모든 것으로 하여금 혼동이 없는 통일체, 각각의 생물이 자신의 특수한 형태를 계속 유지하며 반대되는 것과 결합함으로써 질이 저하되지 않으며 연합해주는 정밀함이나 순수함이 전혀 둔화되지 않는 통일된 교제를 이루게 하십니다. 그러므로, 이 평화로운 통일체의 단순한 본질에 대해 깊이 생각해 보

---

188) 행 1:23, 18:7; 골 4:11

아야 합니다. 이 통일체는 만물을 자신과 결합하게 하며, 또 서로 결합하게 합니다. 또 그것들로 하여금 자체의 특성을 보존하게 하면서 동시에 그것들을 연결하여 혼동이 없는 우주적인 결합을 이루게 합니다. 여기에서 천사들(divine intelligences)이 자신의 지적 활동의 작용과 대상들과 하나가 된다는 사실, 그리고 그들이 지식과 정신을 초월하는 것을 만나기 위해 올라간다는 사실이 유래합니다. 영혼들의 경우도 동일합니다. 영혼들은 다양한 추론 능력들을 결합하여 순수한 지성의 행동에 집중시킵니다. 그들은 아름의 방식과 질서에 따라서 비 물질적이고 나눌 수 없는 개념들을 통과하여 개념을 초월하는 통일체에게로 올라갑니다. 이런 까닭에 만물 안에는 약화시킬 수 없는 결속, 거룩한 조화, 완전한 일치, 정신과 성향의 일치, 혼동되는 것이 없고 만물을 뗄 수 없이 결합해주는 결연이 있습니다. 희석되지 않는 통합 능력을 가진 완전한 평화가 만물 사이에 퍼집니다. 그것은 만물을 결합합니다. 그것은 가장 먼 곳에 있는 것들과 중간에 있는 것을 결합하고, 모든 것을 하나의 동종의 멍에로 동여맵니다.189) 그것은 우주의 가장 먼 지역에도 존재하여 즐거움을 줍니다. 그것은 생물들에게 통일성, 정체성, 연합, 교제, 상호간에 끌리는 흡인력 등을 부여함으로써 친족 관계를 보장합니다. 하나님의 평화는 분할할 수 없으며, 하나의 행위로서 모든 것을 드러내주며, 자신의 정체성을 버리지 않으면서 온 세상에 스며듭니다. 그것은 만물에게로 나아갑니다. 그것은 만물이 받아들일 수 있는 방식으로 만물에게 자신을 제공하

---

189) 이것도 DN 10 940A 6-8에서처럼 양극 사이의 "중도"라는 신플라톤주의적 어휘이다. CH9 257C 24f., note 225를 보라.

며, 온화한 풍부함이 충만합니다. 그러나 그것은 초자연적으로 하나이기 때문에 자신의 완전한 통일체 안에 머뭅니다.

3. 어떤 사람은 "어째서 모든 것이 평화를 원합니까? 상이하고 독특하고 다르게 존재하는 데서 기쁨을 느끼는 것들이 많으며, 그것들은 결코 자유로이 쉬는 것을 선택하지 않을 것입니다"라고 말할 것입니다. 여기에서 다르게 존재한다는 것이 각각의 사물의 개성 및 어떤 사물도 자신의 개성을 잃으려고 노력하지 않는다는 사실을 의미한다고 가정한다면, 이것은 옳은 말입니다. 그러나 이러한 상황도 본질적으로 평화를 향한 욕구에서 기인하는 것입니다. 모든 것은 자신과 화평하고 하나가 되기를 원하며, 자신의 실존이나 자신이 소유한 것에서 이동하거나 떨어져나가는 것을 원하지 않습니다. 그리고 완전한 평화는 그곳에 선물로 존재하면서 각각의 개성을 혼동함이 없이 지켜주며, 만물이 내면이나 외부로부터 혼동이 없이 평온하며 흔들림이 없이 자신의 상태에 머물며 평화와 안식을 누리도록 보장해 줍니다.

4. 만일 모든 움직이는 것이 결코 쉬는 것을 원하지 않고 항상 자신에게 알맞은 움직임을 목표로 한다면, 이것 역시 만물을 제 위치에 견고히 보존하며 모든 움직이는 것들의 개성과 생명이 멸망하거나 제거되지 않도록 안전하게 보호해주는 우주의 거룩한 평화를 향한 소원 때문입니다. 이것은 움직이는 것들로 하여금 자신에게 적절한 행동에 종사하게 만드는 내적 평화의 결과로서 발생합니다.

5. 평화를 저버리는 반대의 상황에서 만유가 평화를 열망하지 않을 수도 있다는 사실을 상상할 수 있을 것입니다. 그러나, 통일체를 완전히 저버린 것은 없습니다. 완전히 불안정하고 불분명하고 억제할 수 없고 확립되지 않은 것은 존재를 소유하지 못하며 또 존재하는 것들 가운데 위치하지 못합니다. 갈등, 노염, 변화, 불안정 등을 좋아하는 것들은 평화 및 평화가 주는 유익들을 향한 증오를 나타낸다는 반론이 있습니다. 그러나 이것들도 평화를 향한 갈망의 영향을 조금이라도 받습니다. 그것들은 자기들이 이해하지 못하는 방식으로 다양한 정념들의 자극을 받아 이것들을 정지시키려고 노력합니다. 그것들은 덧없는 쾌락의 범람이 평화를 줄 것이라고 상상합니다. 왜냐하면 그것들은 실제로 자기들을 휘덮은 충족되지 않은 충동들로 인해 방해를 받기 때문입니다.

그리스도의 인자는 평화에 잠겨 있으므로, 그것에 대해서는 말할 필요가 없습니다. 그러나 우리는 그것으로부터 내면의 싸움, 서로를 대적하는 싸움, 그리고 천사들을 대적하는 싸움을 멈추어야 함을 배워야 합니다. 우리는 함께 일하며, 천사들과 함께 하나님의 일을 해야 합니다. 또 "모든 사람 가운데서 역사하시는"[190] 예수님의 섭리에 따라 하나님의 일을 하며, 말로 표현할 수 없으며 영원 전부터 예정된 평화를 이루며, 그분과 화목하며 그분 안에서 아버지와 화목하게 해야 합니다.

초자연적인 은사들에 대해서는 『신학적 진술』에서 성경의 거룩

---

190) 고전 12:6

한 영감의 증언을 사용하여 충분히 이야기한 바 있습니다.

6. 당신은 언젠가 편지에서 존재 자체, 생명 자체, 지혜 자체가 무엇을 의미하는지 질문하셨습니다. 당신은 내가 종종 하나님을 "생명 자체"라고 말하고 어떤 때는 "생명 자체의 자존"(subsistence of life itself)이라고 부르는 이유를 이해할 수 없다고 말했습니다. 그렇기 때문에 당신의 문제를 해결해주어야 한다고 생각했습니다.

이미 말했던 것을 반복하자면, 하나님을 "생명 자체"와 "능력 자체"라고 부르고 나서 "생명 자체의 자존," "평화 자체의 자존", "능력 자체의 자존"이라고 부르는 것에는 전혀 모순이 없습니다. 앞의 이름들은 존재들, 특히 기본적인 존재들로부터 유래된 것이며, 하나님은 모든 존재의 원인이시기 때문에 하나님에게 그러한 이름들이 주어집니다. 하나님은 초자연적으로 근본적인 존재들을 포함하여 모든 것보다 우월하시기 때문에 후자의 이름들이 하나님께 주어집니다. 당신은 "그러나 존재 자체, 생명 자체, 그리고 궁극적으로 하나님에게서 유래된 절대적이고 근원적인 실존을 가지고 있다고 간주되는 모든 것에 대해 말하면서 의도하는 것은 무엇입니까?"라고 질문합니다. 나의 대답은 다음과 같습니다. 이것은 빗나간 것이 아니라 매우 직선적인 것이며, 그것에 대해 간단히 설명할 수 있습니다. 개별적인 존재의 표현들 밑에 그것들의 원인으로 놓여 있는 절대적인 존재는 신적인 존재나 천사와 같은 존재가 아닙니다. 왜냐하면 초월적인 존재 자체만이 근원, 존재, 그리고 존재들의 존재의 원인이 될 수 있기 때문입니다. 또 우리는 모든 살아있는 존재들 및 생명 자체의 근원이 되는 원인인 지극히 거룩한(supra-divine) 생명과는 구분된 다른 생명을 만들어내는 신을 다룰 필요가 없습니다. 또 어리석게도 인간들에 의해서 신들이라거나 세상을 만든 자라고 묘사되는 근원적이고 창조적인 존재들과 하나님을 동일하게 생각해서도 안 됩니다. 그러한 사람들 및 그들 이전에 살았던 조상들은 이런 종류의 존재들에 대한 참 지식을 소유하지 못했습니다. 그러한 존재들은 없습니다. 내가 표현하고자 하는 것은 그와는 전혀 다른 것입니다. "존재 자체", "생명 자체", "신성 자체" 등은 근원과 신과 원인을 의미하는 이름들입니다. 이것들은 만물의 근원을 초월하는 하나의 초월적인 원인과 근원에 적용됩니다. 그러나 우리는 동일한 용어들을 이차적으로 사용하며, 아무 것도 참여하지 않는 하나님에게서 나오는 능력의 섭리적인 행위에 그것들을 적용합니다. 여기에서 나는 존재 자체, 생명 자체, 각각의 피조물이 능력에 따라서 이것들에 참여하는 방식으로 사물을 만드시는 신에 대해 말하고 있습니다. 그와 같이 동참한다는 사실로부터 "실존하는", "살아 있는", "신에게 사로잡힌" 등의 이름과 속성이 유래됩니다. 이런 까닭에 선은 최초의 존재들, 그 다음에는 전체, 그 다음에는 부분들, 그 다음에는 전체에 완전히 참여하는 것들, 그 다음에는 부분적으로만 참여하는 것들의 자존이라고 불립니다. 나의 거룩한 교사들이 이 모든 것을 다루었으므로, 그것에 대해서 내가 더 이상 말할 필요가 없습니다. 그들은 선함이나 신성보다 우월하신 분에게 "선 자체와 절대적 신성의 자존"이라는 이름을 부여했습니다. 그들은 피조된 존재들에게 선함과 신성을 주는 은사에게 "선함 자체"와 "신성 자체"라는 이름을 부여했습니다. 그들은 아름다움 자체를 만들어내는 것의 유출에게 "아름다움 자체"라는 이름을 주었고, 동일한 맥락에서 "온전한 아름다움"과 "부분적인 아름다움", 전체적으로 아름답거나 부분적으로 아름다운 것들에 대해 말했습니다. 또한 존재들이 동참하는 섭리는 동참되지 않는 하나님으로부터 홍수처럼 흘러나온다는 것을 드러내주는 특성들에 대해 말합니다. 만물의 원인은 만물을 초월하며, 초자연적으로 피조물을 크게 능가하며, 그것들의 존재를 능가하며, 그것들의 본성을 능가합니다.

제12장

지극히 거룩한 자, 만왕의 왕, 만주의 주, 신의 신 등에 관하여

1. 우리는 무한히 많은 이름을 가지신 하나님을 찬양해야 합니다. 우리는 그분을 "지극히 거룩한 자,"191) "만왕의 왕,"192) "영원무궁히 다스리시는 분,"193) "만주의 주,"194) "신의 신"195)이라고 불러야 합니다. 그러나 먼저 "거룩", "왕권", "주권", "신격", 그리고 이러한 칭호들을 중복하여 사용하는 것의 성경적 의미가 무엇인지에 대해 말하는 것이 좋을 듯합니다.

2. 내 식으로 표현하자면, 거룩이란 더러움이 전혀 없는 것입니다.

---

191) 단 9:24
192) 딤전 6:15; 계 17:14, 19:16
193) 출 15:18; cf. 시 10:16
194) 신 10:17; 시 136:3; 딤전 6:15; 계 17:14, 19:16
195) 신 10:17; 시 136:2; 시 50:1

그것은 전혀 오염되지 않은 순수함입니다. 왕권은 경계, 영역, 법, 질서 등을 조정하는 힘입니다. 주권은 단순히 열등한 자들보다 우월한 것이 아니라, 아름답고 선한 모든 것을 완전히 소유하는 것이며 참되고 견고한 안정성입니다. 이 단어는 "주인 행세", "주인행세를 할 능력을 소유함" 등의 개념에서 파생되었습니다. 신격(deity)은 만물을 보는 섭리요, 지극히 선하기 때문에 만물을 만들고 함께 세우고 그것들에게 자신을 채워주며, 그 섭리의 유익을 누리는 만물을 초월하는 것입니다.

3. 그 이름들은 모든 것을 초월하는 절대적인 의미에서 찬미되어야 합니다. 게다가, 이 원인은 탁월한 거룩과 주권, 탁월한 왕권과 철저히 단순한 신성이라고 말해야 합니다. 이 원인으로부터 완전한 순수함의 섞임이 없는 완전함이 나오는데, 그것은 집합체요 통일체이며 퍼뜨려져야 할 것입니다. 그것으로부터 온갖 부조화와 불평등과 불균형을 제거해주는 만물의 서열과 모든 법이 유래됩니다. 그것은 질서정연한 조화와 공정함을 좋아하며 그것에 동참할 자격이 있는 모든 것을 포용합니다. 또한 그것이 섭리 안에서 조성한 것을 보고 보존하는 모든 선한 섭리, 모든 아름다움의 완전한 소유가 그것으로부터 유래됩니다. 그것은 자신에게로 복귀되고 있는 모든 것의 신화를 위해 후히 자신을 내어줍니다.

4. 만물의 원인이 되시는 분은 초자연적으로 많은 만물로 충만하시기 때문에, "지극히 거룩한 자"를 비롯한 여러 가지 이름으로 불립

니다. 그분은 넘쳐흐르는 인과율이시며 최고의 초절성(超絶性)이십니다. 존재, 거룩, 신성, 주권, 왕권 등보다 열등한 것들이 있으며, 이러한 속성들을 가지고 있는 것들은 그 속성들 자체보다 열등하듯이, 존재를 소유하는 것들은 그것들 모두를 능가하시는 분보다 열등합니다. 속성들 전체뿐만 아니라 그 속성들을 나누어 가지는 것들보다는 그것들의 원인이 훨씬 탁월합니다. 성경은 본질적으로 근원이 되는 계층들에게 "거룩한 자들", "왕들", "주들", "신들"196) 등의 이름을 부여합니다. 부수적인 계층이 소유하는 은사들은 하나님께서 이들을 통해서 주시는 것입니다. 그들은 특수화에 의해서 자신의 몫의 단순성을 다원화합니다. 또 가장 으뜸이 되는 계층은 섭리적이고 거룩한 활동을 하면서 이 다양성을 자신의 존재의 통일성 안으로 끌어들입니다.

---

196) fp 11:44; 민 11:28; 시 82:6; CH 12 293B을 보라.

제13장

온전한 자와 한 하나님에 관하여

1. 이제 이 이름들 중에서 가장 영속적인 것을 다루겠습니다.197) 신학은 만물의 원인이 모든 특성을 소유한다고 간주하며, 그분을 "온전한 자"(Perfect), 그리고 한 하나님(One)이라고 부릅니다. 그분은 자신 안에서, 그리고 자신의 독특한 실존과 온전함을 근거로 온전함의 정의를 내리실 뿐만 아니라 그러한 상태를 크게 초월하시기 때문에 온전하십니다.198) 그분은 무한한 것의 경계를 새우시며, 자신의 완전한 통일성 안에서 모든 한계를 초월하십니다. 그분은 어떤 것에 포함되거나 내포되지 않습니다. 그분은 다함이 없이 후하고 풍부한 활동으로 만물에게 이르시며 만물을 초월하십니다.

온전함에 대해서 말하려면 곧 온전함은 증가하거나 감소될 수 없

---

197) 여기에서는 "완전한 자"와 "일자"라는 이름이 가장 확고부동하다고 간주되지만, 실제로는 "하나님"이라는 이름이 가장 탁월한 것으로 다루어진다.
198) 마 5:48; 히 2:10, 5:9, 7:28

다고 선포해야 합니다. 왜냐하면 그것은 영원히 온전하기 때문입니다. 또한 그것은 미리 자신 안에 만물을 포함합니다. 그것은 쉬지 않고 동일하게 넘쳐흐르며, 공급량이 감소되지 않습니다. 그리하여 그것은 온전한 것들을 온전하게 하고, 자신의 온전함을 만물에게 채워 줍니다.

2. "한 하나님"(One)이라는 이름은 하나님이 하나의 통일체의 초월성을 통해서 독특하게 만물이 되신다는 것, 그리고 그분이 그 동일성을 떠나지 않고서도 만물의 원인이 되신다는 것을 의미합니다. 세상에 있는 것 중에는 이 한 하나님과 관련을 갖지 않은 것이 없습니다. 모든 수가 1이라는 수와 관련을 갖듯이(그렇기 때문에 우리는 한 쌍, 한 다스, 1/2. 1/3, 1/10 등을 언급합니다), 모든 사물, 그리고 모든 사물의 모든 부분은 한 하나님에게 참여합니다. 그분은 한 하나님이시기 때문에 만물이십니다. 만물의 원인이신 한 하나님은 세상에 있는 많은 것들의 하나가 아니라 실질적으로 동일성과 다양성보다 선행하시며 동일성과 다양성을 정의하십니다. 한 하나님에게 어느 정도 참여함이 없이 다양성이 존재할 수 없습니다. 하나의 완전한 것이 많은 부분을 소유합니다. 하나의 자아는 우연한 특성들을 많이 소유합니다. 하나의 종(種)에 속하는 수나 능력들이 많습니다. 하나의 속(屬)에는 많은 종(種)이 있습니다. 하나의 근원에서 많은 것들이 발현합니다. 완전히 포괄적인 통일체 안에 모든 인간과 모든 사물을 미리 포함하시는 한 하나님 안에 참여하지 않는 것은 하나도 없습니다. 한 하나님이 없으면 다양성이 없습니다. 그러나 "1"이라는 수가

다른 모든 수에 선행하듯이, 다양성이 없어도 한 하나님은 존재할 수 있습니다. 그러므로, 만일 만물이 만물 안에 연합되어 있다고 생각한다면, 사물들의 총체는 하나라고 가정해야 합니다.

3. 그밖에도 생각해야 할 것이 있습니다. 사물들은 각각의 사물에게 알맞다고 인식된 형태에 따라서 연합됩니다. 따라서, 한 하나님은 만물의 근원이 되는 요소라고 부를 수 있을 것입니다. 만일 피조 세계에서 한 하나님을 제거한다면, 전체나 부분이나 어떤 것도 살아남지 못할 것입니다. 만물은 미리 한 하나님 안에 포함되어 있으며, 고유한 통일체로서 한 하나님의 능력 안에 포함되어 있습니다. 이런 까닭에 성경에서는 완전한 신정(神政), 만물의 원인을 한 하나님이라고 묘사합니다. 더욱이 "한 하나님 곧 아버지와 한 주 예수 그리스도"199)와 "같은 한 성령"200)이 계시다고 말합니다. 이것은 하나님의 동일성의 압도적인 분리불가능성 안에서의 일로서, 이 하나님 안에서 만물이 초자연적인 통일체에게 소유되고 초자연적으로 선재하는 것으로서 결속됩니다. 만물은 하나님에 의해서 하나님 안에 하나님을 위해 존재하고 함께 존속하고 함께 정돈되고 완성되고 복귀되므로, 하나님에게 속한다고 간주하는 것이 옳습니다. 세상에는 초월하시는 신의 이름인 한 하나님 안에 존재하지 않는 것이 하나도 없습니다. 모든 것은 한 하나님의 은혜로 존재하고 온전하게 되고 보존됩니다. 이 하나님의 통일성의 능력을 가정한다면, 우리는 다수로부터

---

199) 고전 8:6; 엡 4:4-6과 딤전 2:5도 보라.
200) 고전 12:11

한 하나님에게로 복귀해야 하며, 하나의 완전한 신을 찬양해야 합니다. 그분은 만물의 원인이시며, 다양성 가운데 있는 동일성보다 우선하시며, 모든 부분과 전체보다, 분명한 것과 불분명한 것들보다 우선하시며, 한계가 있는 것들과 무한한 것들보다 우선하십니다. 그분은 존재하는 모든 것을 정의하시고, 존재 자체를 정의하십니다. 그분은 만물들의 원인이시며, 만물 전체의 원인이십니다. 그분은 동시에 그것들과 함께, 그리고 그것들 이전에, 그리고 그것들을 초월하여 계십니다. 피조물들 가운데 있는 통일성은 수의 통일체이며, 수는 나름대로 존재에 참여합니다.

그러나 초자연적인 통일체는 1과 모든 수의 윤곽을 정합니다. 그것은 "1"과 수와 존재의 근원이고 원인입니다. 그리고 초월적인 신이 하나인 동시에 셋이라는 사실을 우리의 특징적인 의미로 이해해서는 안 됩니다. 하나님의 초자연적인 통일체와 하나님의 풍성한 결실이 있습니다. 우리는 이 진리를 노래할 준비를 할 때에 실제로 모든 이름을 초월하는 것을 나타내기 위해서 삼위일체와 통일체라는 이름들을 사용하며, 그것을 모든 존재 위에 있는 초월적 존재라고 부릅니다. 그러나 통일체나 삼위일체, 수나 동일성, 결실, 그리고 존재하거나 알려져 있는 어느 것도 모든 존재를 초월하시는 초월적 하나님의 정신과 이성을 초월하는 비밀성을 선포할 수 없습니다. 그것을 가리키는 이름도 없고 표현도 없습니다. 우리는 그것을 따라서 우리보다 아주 높이 있는 접근할 수 없는 장소에 들어갈 수 없고[201] 선함이

---

201) Cf. Proclus, *in Alc.* 319C; DN 1 588C 37, EP. 9 1104B 15.

라고 부를 수도 없습니다. 우리는 말로 형언할 수 없는 그 본성에 알맞은 개념과 언어를 찾으려 하면서, 처음에는 매우 존중되는 이름을 확보합니다. 물론, 여기에서 나는 성경기자들의 견해에 동의합니다. 그러나 이 문제들이 지닌 진정한 진리는 우리의 능력을 초월합니다. 그렇기 때문에 그것들은 부정을 통해서 위로 올라가는 방법을 선호합니다. 왜냐하면 이것은 영혼을 자신의 유한한 본성과 상관이 있는 모든 것 외부에 세우기 때문입니다. 그러한 방법은 영혼을 인도하여 모든 이름과 이성과 지식을 크게 초월하는 것에 의해서 초월되는 모든 신적인 개념들을 통과하게 합니다. 각 사람의 능력이 허락하는 한, 영혼은 세상의 가장 바깥쪽 경계 너머에서 하나님과 연합하게 됩니다.

4. 지금까지 하나님의 이름들에 대해 이야기했습니다. 그것들은 개념적인 이름들로서, 나는 할 수 있는 한 그것들에 대해서 설명했습니다. 물론, 나는 그것들이 의미하는 것을 제대로 파악하지 못했습니다. 심지어, 천사들도 그러한 잘못을 인정해야겠지만, 나는 그들처럼 찬양할 수 없을 것입니다. 가장 위대한 신학자라도 가장 하찮은 천사보다 열등합니다. 그러나 이 일에 있어서 불행하게도 나는 신학자들과 그들의 말을 듣고 따르는 사람들보다 부족할 뿐만 아니라, 내 동료들보다도 부족합니다. 그러므로, 만일 내가 지금까지 말한 것이 옳다면, 그리고 어떻게 해서든 하나님의 이름들에 대해 얼마간 바르게 이해하고 설명했다면, 이는 모든 선한 것들의 원인이 되시는 분께서 나에게 말로 표현할 수 있는 단어들을 주시고 또한 그것들을 제대로 사

용할 수 있는 능력을 주셨기 때문입니다. 혹시 내가 비슷한 힘을 가진 어떤 이름을 생략했다면, 동일한 방법을 사용해서 설명해야 할 것입니다. 내가 지금까지 이야기한 것에 부정확하거나 불완전한 것이 있을 수 있습니다. 내가 진리에서 완전히 벗어나거나 부분적으로 벗어났을 수도 있을 것입니다. 만일 그렇다면, 내가 원하지 않았던 무지를 바로잡아 주시고, 가르침이 필요한 사람에게 논증을 제공해주시고, 힘이 없어 비틀거리는 나를 도와주시고, 원하지 않는 나의 연약함을 고쳐 주시기 바랍니다. 당신이 스스로, 또는 다른 사람들로부터 발견한 것, 선이신 하나님에게서 받은 모든 것을 나에게 전해 주시기 바랍니다. 친구에게 이러한 친절을 베풀다가 낙심하지 마십시오.202) 나는 전해 받은 거룩한 말들을 독점하지 않았습니다. 나는 그것들을 변함이 없이 그대로 당신 및 다른 거룩한 사람들에게 전해주었습니다. 앞으로도 나에게 글로 표현할 능력이 있고 당신에게 들을 능력이 있는 한 그렇게 행할 것입니다. 전승을 이해하고 진리를 말할 능력이 나에게서 떠날 때에만, 나는 전승을 부당하게 다루었습니다. 하나님께서 나의 말과 행동을 기뻐하시기를 원합니다.

이제 하나님을 나타내는 개념적인 이름들에 대한 논문은 여기에서 마치고, 하나님의 인도하심을 받아 『상징 신학』203)을 저술하려 합니다.

---

202) 살후 3:13
203) 논거의 순서에 있어서 『상징신학』은 하나님이 개념들의 영역 안에 있는 이름들에서부터 인식할 수 있는 상징들로부터 끌어낸 이름들로 내려가신 것을 따른다.

신비신학

The Mystical Theology[1]

---

[1] 이 소논문은 디오니시우스의 저술 전체와 방법을 이해하는 데 중요하다. 이것은 후대에 특히 서방의 신학과 신비주의에 큰 영향을 주었다(Völker, *Kontemplation*, pp. 218-63). J. Vanneste(*Le Mystère de Dieu*, pp. 30-36)는 디오니시우스의 저술들 중에서 이 논문과 『하나님의 이름들』이 구분되어야 하며, 『천상의 위계』(*The Celestial Hierarchy*)와 『교회의 위계』(*The Ecclesiastical Hierarchy*)가 구분되어야 한다고 주장했다. 『신비신학』은 먼저 전술한 『하나님의 이름들』을 요약한 후에, 나중에 위계에 관한 두 가지 논문에서 사용될 것인바 성경과 예전의 인지할 수 있는 상징들을 해석하는 방법을 미리 살펴본다.
위 디오니시우스의 글에서 "신학"이라는 단어는 성경에서의 "하나님의 말씀"이라는 의미를 지닌다. R. Roques, "Note sur la notion de THEOLOGIA selon le Pseudo-Denys l'Aréopagite," *Revue d'Ascéteque et de Mystique* 25 (1949): 200-12을 보라. 이 논문은 Roques, Structures, pp. 135-45에 다시 인쇄되었다. 성경적인 "하나님의 말씀"으로서의 "신학"의 예로는 다음을 보라: CH 4 180B 20, CH 9 261C 38, CH 12 293AB 7-15, EH 3 437B 22f. 그 용어는 시몬 베드로의 고백(EH 7 564C 38), 사도 요한의 계시(Ep. 10 1120A 2), 또는 저자 자신의 "신학"(DN 2 640D 41-46, DN 3 681A 4f.)을 포함하여 후대의 전승들처럼 하나님에 대한 강론을 의미할 수도 있다.

제1장

하나님의 어두움이란 무엇인가?

1. 삼위일체! 어떤 존재, 어떤 신,
        어떤 선보다 높으신 분!
     기독교인들을
        천국의 지혜로 인도하시는 분이시여!
우리를 무지와 빛 너머로,
   신비한 성경의 가장 멀고 높은 봉우리로
     끌어올려 주십시오.
그곳에는 하나님의 말씀의 비밀들이 은밀한 침묵의 찬란한
   어두움 속에 단순하고 절대적이고
     변함이 없이 놓여 있습니다.
   그것들은 가장 짙은 어둠에 둘러싸여 있으면서
     가장 분명한 것에게 압도적인 빛을 부어줍니다.
   그것들은 완전히 인식할 수 없고 볼 수 없는 것들에게
     에워싸여 있으면서,

우리의 보지 못하는 정신에게
모든 아름다움을 초월하는 보물들을 채워줍니다.

이것이 나의 기도입니다. 친구 디모데여, 신비한 것들을 구하는 당신에게 충고합니다. 감각되고 이해되는 모든 것, 인식할 수 있고 이해할 수 있는 모든 것, 존재하지 않는 모든 것과 존재하는 모든 것을 잊으십시오. 그리고 모든 존재와 지식을 초월하시는 분과의 연합을 위해 힘껏 노력하십시오. 모든 것을 버리고 모든 것에서 해방되어 당신 자신과 모든 것을 절대적으로 완전히 포기함으로써, 당신은 존재하는 모든 것을 초월하는 하나님의 어둠의 광선에게로 들려올라갈 것입니다.2)

2. 그러나 지식이 없는 사람들,3) 다시 말해서 세상에 속한 것들에게 몰두한 사람들, 개별적인 존재의 예들을 초월하는 것이 없다고 생각하는 사람들, 자신의 지적 자원에 의해서 어두운 곳을 은신처로 삼으신 분4)에 대해 직접 알 수 있다고 생각하는 사람들은 이러한 말을 받아들이지 않습니다. 만일 그러한 사람들이 하나님에 대한 초보적 지식을 가질 수 없다면, 그보다 더 무식한 사람들, 만물의 초월적 원인이신 분을 존재의 가장 낮은 서열에서 유래된 용어로 묘사하는 사

---

2) 디모데에게 준 이 충고에서는 모세가 시내 산에 올라간 기사(Vanneste, *Le Mystère de Kieu*, pp. 48f.)와 인식할 수 있는 것을 초월하는 일반적인 양양을 소개한다.
3) Plato의 *Theatetus*, 155e에 수록된 소크라테스의 유사한 경고를 보라. 문학적인 비밀주의 전반에 대해서는 EH 1, note 4을 보라.
4) 시 18:11

람들, 그리고 자기들이 만들어낸 경건하지 못하고 많은 형태를 가진 것들보다 그분이 결코 우월하지 않다고 주장하는 사람들은 어떠하겠습니까? 만물의 원인에 대해서는 다음과 같이 말해야 합니다. 그분은 만물의 원인이시므로, 우리는 존재들과 관련하여 표현할 수 있는 모든 긍정의 표현들을 그분에게 적용해야 합니다. 또한 그분은 모든 존재를 초월하시므로, 이러한 긍정의 표현들을 모두 부정해야 합니다. 우리는 단순히 부정이 긍정의 반대라고 추정하기보다는, 만물의 원인이 이것보다 우선하며 모든 박탈과 부인과 단언들을 초월한다고 추정해야 합니다.5)

3. 이것이 복된 바돌로매6)가 가르친 것입니까? 그는 하나님의 말씀은 방대하면서도 아주 작고, 복음의 범위는 넓으면서도 한정되어 있다고 말합니다. 이렇게 말하는 그는 매우 현명한 것처럼 보입니다. 그는 만유의 선한 원인이 능변이시면서도 말이 없으시다는 것을 파악했습니다. 그분은 말이나 이해의 행동의 차원을 초월하시는 분이시므로 말이나 이해의 행동을 소유하지 않습니다. 이것은 좋든 굿든 모든 경우를 통과하는 사람, 모든 거룩한 등정의 정상을 넘어서는 사람, 모든 거룩한 빛과 음성과 천국으로부터 오는 말을 초월한 사람, 성경에서 말하는 것처럼 만물을 초월하시는 한 하나님이 거하시는

---

5) 이 구절은 아리스토텔레스의 글과 상반된다. 아리스토텔레스는 부정들은 긍정들의 반대라고 주장하기 위해서 동일한 용어를 사용했다(*On Interpretation* 17a 31-33). 이 논문의 서두와 결론부분에서는 부정의 표현들이 만물의 초월적 원인을 파악할 수 있다는 인상을 거부한다.
6) 신약성서의 바돌로매도 후대에 다른 사도들처럼 많은 외경의 저자로 간주되었다 (마 10:3; 막 3:18; 눅 6:14; 행 1:13).

어둠 속으로 뛰어드는 사람에게만 분명히 드러납니다.7) 복된 모세가 먼저 자신을 깨끗하게 하고, 그 다음에는 정결하지 않은 사람들을 떠나라는 명령을 받은 데에는 이유가 있습니다. 완전히 성결하게 된 모세는 나팔소리를 듣습니다. 그는 깨끗하며 풍성하게 흐르는 광선을 가진 많은 빛을 봅니다. 그 후에 그는 선택된 제사장들과 함께 무리를 떠나서 거룩한 산 정상을 향해 올라갑니다. 그러나 그는 아직 하나님을 만나지 못합니다. 그는 보이지 않는 하나님을 보는 것이 아니라 하나님이 계신 곳을 봅니다. 이것은 육신의 눈이나 정신으로 감지된 가장 거룩한 것들과 가장 고귀한 것들은 초월자이신 하나님 (Transcendent One) 아래 있는 모든 것을 전제로 하는 원리라는 것을 의미한다고 생각됩니다. 그러나 그 거룩한 장소들의 정상을 걸으시는 그분의 상상할 수 없는 현존은 그것들을 통해서 보여집니다. 그러나 그 때에 모세는 그것들, 보여지는 것과 보는 것들로부터 도망쳐서 무지8)의 신비한 어둠 속에 뛰어듭니다. 그는 여기에서 정신이 인식할 수 있는 모든 것을 부인하고 눈에 보이지 않는 것들과 만질 수 없는 것들 안에 둘러싸입니다. 그는 완전히 모든 것을 초월하시는 분의 소유가 됩니다. 여기에서 우리는 지식의 활동을 정지함으로써 완전히 알려지지 않은 것과 연합하며, 아무 것도 알지 않음으로써 정신을 초월하는 것을 압니다.9)

---

7) 출 20:21; cf. 출 19.
8) 14세기에 영국의 익명의 저자가 저술한 책 『무지의 구름』(*The Cloud of Unknowing*) 때문에, 이 표현은 "무지의 구름"(the cloud of unknowing)으로 더 잘 알려져 있는 듯하다.
9) 모세가 시내 산으로 올라간 성경 이야기(출 19장과 20:18-21)는 닛사의 그레고리

제2장

만물 위에 계신 만유의 원인과 연합하며 찬양하는 방법

우리가 빛보다 아주 높이 있는 이 어둠에 이를 수 있기를 기도합니

(Gregory of Nyssa)의 저서인 『모세의 생애』(*The Life of Moses*), 특히 제2부 #152-170(*PG* 44 372C-380A)의 주제이기도 하다. 그 책에는 위 디오니시우스가 다룬 주제들의 다수가 이미 다루어져 있다. 히에로테우스의 이야기(DN 2 648AB 10-20과 DN 3 681C 41-684A 3)와 카르포스(Ep. 8 1097BC 21-26)의 이야기에서처럼, 이 구절에서도 다른 점에서는 종교 의식과 결합되는 용어를 사용한다. 여기에서 시내 산 사건들은 고위 성직자들의 예전적 경험과 일치한다. 모세는 고위 성직자들의 원형이다(EH 5 501C 33f.). 그레고리는 보다 분명하게 이것들을 일치시키지만, 디오니시우스는 특별한 용어를 사용함으로써 그것을 암시한다.
고위 성직자들도 모세처럼 먼저 다른 예배자들과 함께 정화되며(EH 2 397B 14-21, EH 3 428B 16), 자신의 의식적 정화를 행한다(EH 3 440A 11-14). 모세가 무리로부터 떨어져 섰던 것처럼, 예전적으로 해산할 때에 고위 성직자들은 아직 정화되지 못한 사람들과 분리된다(EH 3 436A 3-5). 고위 성직자들도 모세처럼 성경의 적나라한 소리들과 (DN 4 708C 28) 의식의 유형적인 규범들을 초월하는 법을 압니다(CH 1 121D 42f.). 고위 성직자들과 "선택된" 보조자들은 제단 앞으로 나아가며, 모세처럼 거룩한 것들을 본다(EH 3 425D 44-46). 『교회의 위계』에서 "관상"(contemplation)은 예전적 해석을 지칭한다.

다. 만일 모든 시력과 지식을 초월하는 것, 맹목(unseeing)과 무지(unknowing)를 보고 알기 위해서 시력과 지식이 부족하다면 얼마나 좋겠습니까! 초월적인 방법으로, 즉 만물을 부인함으로써 초월자를 찬양하는 것이 진정으로 보는 것이요 아는 것입니다. 우리는 조각상을 조각하기 시작한 조각가들과 같을 것입니다. 그들은 감추어져 있는 형상을 깨끗이 보기 위해서 장애물들을 모두 제거하는데, 이처럼 깨끗이 제거하는 행위(부인)에 의해서 감추어져 있는 아름다움이 드러납니다.

긍정을 찬양하는 것과 부정을 찬양하는 것은 아주 달라야 합니다. 긍정의 주장을 할 때에는 우선적인 것들에서부터 시작하여 중간에 위치한 것들을 거쳐서 마지막 것들에게 이릅니다. 그러나 모든 존재들 가운데서 지식을 소유하는 모든 것에게 감추어져 있는 무지를 분명히 알기 위해서, 존재들 가운데서 빛으로부터 완전히 감추어져 있는 어둠을 보기 위해서는 마지막 것들에서부터 시작하여 가장 기본적인 것들을 향해 거슬러 올라가면서 모든 것을 부인합니다.10)

---

10) 다음 장에서는 하향성의 긍정과 상향성의 부인에 대한 언급이 확대된다.

제3장

긍정의 신학은 무엇이며, 부정의 신학은 무엇인가?

나는 『신학적 진술』(*Theological Representations*)[11]에서 긍정의 신학에 적절한 개념들을 다루었습니다. 거룩하고 선한 본성이 하나요 셋이라고 언급되는 의미, 어찌하여 그것의 특징이 아버지의 신분과 아들의 신분이라고 단정되는지, 성령 신학의 의미, 선함에 대한 이와 같은 핵심이 되는 빛들이 실체가 없고 나눌 수 없는 선으로부터 어떻게 자라나오는지, 그리고 그것들이 이렇게 발아해 나오면서 그 안에, 그리고 그것들 안에 있는 영원한 기초와 분리되지 않을 수 있는지 등을 다루었습니다.[12] 나는 개별적인 존재를 초월하시는 예수께서 어떻게 참된 인성을 가진 존재가 되셨는지에 대해 이야기

---

11) 이 가상의, 또는 유실된 논문은 『하나님의 이름들』 제1장에 언급되고 요약되어 있다(DN 1 585B 10f. and 589D 38-592B 17).
12) 빛과 발아하는 식물이라는 상징은 DN 2 645B 19-24에서도 성령과 아들을 나타내는 데 사용된다.

했습니다. 『신학적 진술』에서는 성경의 다른 계시들도 다루었습니다.

『하나님의 이름들』에서는 어떤 의미에서 하나님이 선, 지존자, 생명, 지혜, 능력, 그밖에 하나님을 나타내는 개념적인 이름들과 관련된 것들로 묘사되는지에 대해 다루었습니다.13) 『상징신학』에서는 하나님에 대해 우리가 가지고 있는 관념들, 하나님 고유의 형태와 상징과 도구들, 하나님이 거하시는 장소들, 그리고 하나님이 지니신 장신구들에 대해 이야기했습니다. 나는 하나님의 노염, 슬픔, 분노, 하나님이 취하셨다고 묘사되는 경위, 하나님의 맹세와 저주, 주무심과 걸으심, 그리고 하나님에 대한 상징적 진술들의 작용에 의해 형성된 이미지들을 다루었습니다. 당신은 전자보다 후자가 훨씬 풍부하게 사용된다는 것을 알아채셨을 것입니다. 왜냐하면 『신학적 진술』과 하나님에게 알맞은 이름들에 대한 논의는 필연적으로 『상징신학』에서 말할 수 있는 것보다 간단하기 때문입니다. 우리가 위로 오를수록, 우리의 단어들은 우리가 형성할 수 있는 개념들로 한정됩니다. 이제 우리는 지성을 초월하는 어둠 속으로 뛰어들면서, 우리 자신에게 단어들만 부족한 것이 아니라 말을 못하고 무지하다는 것을 깨달을 것입니다. 이전에 저술한 책들에서는 가장 존귀한 범주에서부터 가장 비천한 범주로 내려가면서 논증하면서, 각각의 단계를 내려갈 때마다 계속 증가하는 개념들을 받아들였습니다. 그러나 이제는 낮은 것에서 초자연적인 것으로 올라가면서 논증하는데, 논증

---

13) 하나님을 나타내는 이 다섯 가지의 성경적 이름들이 『하나님의 이름들』에서 우선적으로 논의된다(제4-8장).

이 진행됨에 따라 점점 더 말을 더듬게 됩니다. 그리하여 논증이 정점에 달하면 완전히 침묵할 것입니다. 왜냐하면 나의 논증은 마침내 무어라 묘사할 수 없는 분과 하나가 될 것이기 때문입니다.

우리가 긍정적인 주장을 포함하는 방법을 가지고 가장 고귀한 범주에서부터 시작했는데 이제 부정을 포함하는 가장 낮은 범주에서부터 시작하는 이유가 무엇인지 당신은 의아해할 것입니다. 그 이유는 다음과 같습니다. 모든 긍정적인 주장을 초월하는 것을 긍정할 때에는 그것과 매우 비슷한 것에서부터 시작해야 하며, 그렇게 하면서 모든 것이 의존하는 대상을 긍정해야 합니다. 그러나 모든 부인을 초월하는 것을 부인할 때에는, 우리가 획득하고자 하는 목표와 아주 다른 특성들을 부인하는 것에서부터 시작해야 합니다. 하나님을 공기나 돌이라고 말하는 것보다는 생명과 선이라고 말하는 것이 진실에 더 근접하지 않습니까? 하나님에게 말과 생각에 속한 용어들을 적용할 수 있다는 것을 부인하는 것보다는 술 취함과 진노가 하나님의 속성이라고 간주할 수 있다는 것을 부인하는 것이 더 정확하지 않습니까?

제4장

인식할 수 있는 모든 것의 탁월한 원인 자체는 인식될 수 없다.

만물의 원인은 만물 위에 계십니다. 그분은 실존하지 않거나 생명이 없거나 말이 없거나 정신이 없으신 것이 아닙니다. 그분은 유형적인 육신이 아니기 때문에 형태나 모양, 특성, 분량이나 무게를 갖지 않습니다. 그분은 어떤 장소에 계신 것이 아니며, 눈에 보이거나 만져질 수도 없습니다. 그분은 인식될 수도 없고 인식할 수도 없습니다. 그분은 무질서와 혼란을 내버려 두지 않으며, 세상의 정념에 압도되지 않습니다. 그분은 무력하지 않으며, 감각인식에 의해 야기된 혼란에 종속되지도 않습니다. 그분에게는 빛이 부족하지 않습니다. 그분은 변화, 부패, 분열, 상실, 흥망성쇠 등 감각으로 의식할 수 있는 것들을 겪지 않으십니다. 이러한 것들은 그분의 속성으로 간주할 수도 없고 그분과 동일시할 수도 없습니다.

제5장

모든 개념적인 것의 탁월한 원인이신 분은 개념적이 아니다.

우리는 보다 높이 올라가면서 다음과 같이 말합니다. 그분은 영혼도 아니고 정신도 아닙니다. 그분은 상상력, 확신, 말, 또는 이해력을 소유하지도 않습니다. 또 그분은 말 자체, 이해력 자체도 아닙니다. 이해력에 의해서 그분을 이해하거나 그분에 대해서 말할 수 없습니다. 그분은 수(數)나 질서, 광대함이나 작음, 동등함이나 불균형, 유사성이나 부조화도 아닙니다. 그분은 움직일 수 없지도 않고 움직이지도 않고 쉬지도 않습니다. 그분은 아무런 힘도 소유하지 않으며, 힘도 아니고 빛도 아닙니다. 그분은 본질도 아니고 영원이나 시간도 아닙니다. 그분은 지식도 아니고 진리도 아니기 때문에 이해력에 의해 이해되지 않습니다. 그분은 왕권이 아니며, 지혜가 아닙니다. 그분은 하나도 아니고 동일성도 아니며, 신성도 아니고 선도 아닙니다. 그분은 우리가 이해하는 의미에서의 영이 아닙니다. 그분은 아들의 신분도 아니고 아버지의 신분도 아십니다. 그분은 우리에게나 어떤 존재에게 알려지지 않습니다. 그분은 존재의 단언에 속하지도 않고 무의 단언에 속하지도 않습니다. 실재하는 존재들은 그분의 실재를 알지 못하며, 그분은 실재하는 존재들의 실제를 알지 못합니다. 그분에 대해서는 말할 수도 없고 알 수도 없고 이름을 부를 수도 없습니다. 그분은 어둠과 빛, 오류와 진리 등에 속하지 않습니다. 그분은 긍정과 부정을 초월하십니다. 우리는 그분과 가까이 있는 것들을 긍정하거나 부정하지만 그분은 긍정하거나 부정하지 못합니다. 그분은 만물의 완전하고 독특한 원인이시기 때문에 모든 긍정의 주장을 초월하시며, 그 단순하고 절대적인 본성으로 말미암아 모든 제한에서 벗어나고 초월하십니다. 그분은 모든 부정도 초월하십니다.

천상의 위계

The Celestial Hierarchy

제1장

장로 디오니시우스가 동료 장로 디모데에게: 거룩한 조명은 자신의 선에서 나와서 다양한 방법으로 섭리의 대상을 향해 나아가지만, 그것은 본질적으로 단순할 뿐만 아니라 그 조명의 대상들을 통합합니다.

1. "각양 좋은 은사와 온전한 선물이 다 위로부터 빛들의 아버지께로서 내려옵니다."[1] 그러나 이외에 다른 것이 있습니다. 아버지의 감화를 받은 각각의 빛의 발현은 우리에게 후히 자신을 발산하며, 통합하는 힘으로 우리를 들어 올려 자극합니다. 그것은 우리를 거두어 들이시는 아버지의 거룩하게 하시는 단순성과 통일성으로 돌아가게 합니다. 이는 거룩한 말씀처럼 "만물이 주에게서 나오고 주로 말미암고 주에게로 돌아가기"[2] 때문입니다.

---

1) 약 1:17
2) 롬 11:36; cf. DN 4 708A 4f., DN 13 980B 27f.

2. 그러므로, 우리는 예수님, 아버지의 빛, "참 빛 곧 세상에 와서 각 사람에게 비취는 빛,"3) 아버지께 접근하기 위한 통로가 되시는 분,4) 모든 빛의 근원이 되시는 빛에게 부탁해야 합니다. 우리는 거룩한 성경으로부터 나와 아버지처럼 다정하게 전해지는 조명에 시선을 두어야 하며, 성경이 상징적으로 계시해준 것에 따라서 천상의 천사들을 보아야 합니다. 우리는 정신의 꾸준한 시선을 들어 올려 지극히 주요한 빛, 신성의 근원이신 아버지로부터 오는 빛의 유출을 보아야 합니다. 이것은 상징들에 의해서 천사들의 위계를 우리에게 알려주는 빛이십니다. 그러나 우리가 빛의 단순한 광선에 이르기 위해서는 이 조명의 유출에서부터 상승해야 합니다.

물론 이 광선은 결코 자기의 고유한 본질이나 내적인 통일성을 포기하지 않습니다. 비록 그것은 다양성을 위해서 외부를 향해 활동하며, 위로 올라가서 섭리에 의해 자신이 책임을 져야 하는 존재들을 통합하기 위해서 그 관대함에 어울리게 외부로 나아가지만, 그럼에도 불구하고 그것은 본질적으로 안정을 유지하며, 자신의 변함이 없는 정체성과 영원히 하나가 됩니다. 그것은 피조물들에게 자신을 향해 올라가는 능력을 주며, 자신의 단순화된 통일성에 의해서 그것들을 통합합니다. 그러나 이 거룩한 광선은 아버지의 섭리가 인간인 우리의 본성에 맞춘 다양한 거룩한 휘장 속에 감추어져야만 우리를 비추어줄 수 있습니다.5)

---

3) 요 1:9
4) 롬 5:2; cf. 엡 2:18, 3:12
5) 휘장은 성경과 예전을 의미한다.

3. 이 모든 것은 거룩한 제도와 온전함의 근원이신 분이 우리의 거룩한 위계를 세우셨다는 사실을 설명해줍니다. 그분은 천상의 위계들을 모형으로 하여 그것을 만드시고, 이 무형의 위계들에게 무수히 많은 물질적인 형상들과 모양들을 입히셨습니다. 그러므로 우리는 자신의 본성에 알맞은 방법으로 이 지극히 훌륭한 상징들로부터 단순하고 말로 표현할 수 없는 동화(同化)와 해석을 향해 올라갈 수 있습니다. 우리 인간은 본성이 요구할 때에 우리를 인도해줄 수 있는 물질적인 수단의 도움을 받지 않는 한 영적인 방법으로 거룩한 위계들을 모방하거나 볼 수 없습니다. 이런 까닭에 생각이 있는 사람이라면 외관상 아름다운 것들은 눈에 보이지 않는 사랑스러움의 상징이라는 사실을 깨닫습니다. 감각을 끄는 향기로운 냄새는 개념적 확산의 표현입니다. 유형적인 등불은 무형적인 빛의 선물의 유출을 나타내는 상징입니다. 거룩한 제자도의 완전함은 정신의 엄청난 관상 능력을 가리킵니다. 이 세상의 질서와 지위는 거룩한 세계를 향한 조화로운 정돈의 상징입니다. 성찬을 받는 것은 예수 안에 참여하는 것의 상징입니다. 이것은 하늘에 속한 존재들이 초자연적으로 받는 모든 은사들, 상징적으로 우리에게 주어진 모든 선물들에게 적용됩니다.

영적 온전함의 근원이 되시는 분은 우리에게 천사들이라는 인식할 수 있는 상징들을 제공해 주었습니다. 그분은 우리를 향한 관심 때문에, 그리고 우리가 거룩하게 되기를 원하시기 때문에 그렇게 행하셨습니다. 그분은 하늘나라의 위계를 우리에게 알리셨습니다. 그분은 우리의 위계가 동화되어 이 거룩한 위계들에 도움이 되는 동료가 되게 하십니다. 그분은 우리를 영적으로 인식할 수 있는 것들을 통과

하여 개념적인 것에게로, 거룩한 상징들에서부터 천국의 위계들의 단순한 봉우리로 들어 올리기 위해서 성경의 거룩한 묘사들 안에 이 모든 것을 계시하셨습니다.

제 2 장

거룩한 하늘나라의 일들은 닮지 않은 상징들을 통해서도 계시된다.

1. 먼저 모든 위계의 목적을 기록하고, 그것이 구성원들에게 얼마나 유익한 것인지를 지적해야 한다고 생각됩니다. 그 다음에는 성경이 우리에게 계시해준 것을 좇아서 천상의 위계들을 다루어야 합니다. 나는 성경이 이 하늘의 계급들에게 부여한 거룩한 모습을 묘사해야 합니다. 왜냐하면 우리는 그러한 모습들을 통해서 그곳에 존재하는 것의 완전한 단순성에 도달해야 하기 때문입니다.

우리는 거룩한 천사들이 여러 개의 발과 얼굴을 가지고 있다고 상상할 수 없습니다. 그들의 모습은 황소의 야만성을 닮거나 사자의 사나움을 나타내도록 만들어지지 않았습니다. 그들은 독수리의 부리를 가지고 있지 않고, 새들의 날개와 깃털을 가지고 있지도 않습니다. 또 공중을 회전하는 불타는 바퀴,6) 또는 하나님을 위해 준비된 보좌,7) 얼룩말,8) 창을 든 군인,9) 또는 성경이 보여주는 여러 가지 상징들을 통해 우리에게 전해진 모습들을 상상해서는 안 됩니다. 이와 같이 모양이 없는 천사들에 대해 논할 때에 하나님의 말씀은 시적인 비유적 표현을 사용합니다. 그러나 그것은 예술적인 용도로 사용된 것이 아니라 인간의 정신의 본질의 한계 때문에 사용된 것입니다. 그것은 우리의 본성에 적합한 방식으로 우리의 정신을 고양시키는 방법으로 성경 구절을 사용합니다.

2. 이러한 상징적 표현들은 우리가 알 수도 없고 볼 수도 없는 단순한 존재들과 관련이 있습니다. 만일 누군가가 성경에서 천사들을 나타내는 상징들이 어울리지 않으며 천사들에게 주어진 이름들이 그 주장하는 바와 일치하지 않는다고 생각한다면 어떻게 될까요? 만일 신학자들이 영적인 것에게 육체적인 형태를 부여하기를 원한다면, 보다 적절하고 관련이 있는 형태 부여에 호소했어야 했다고, 단순하고 거룩한 실체들에게 세상적인 다양한 형태들을 적용하지 말고 우리가 가장 고귀하고 영적이고 초자연적인 존재라고 여기는 것에서부터 시작했어야 한다고 주장할 수도 있을 것입니다. 이것은 천사들을 일치하지 않는 부동성으로 끌어내리려는 것이 아니라, 우리를 위로 들어 올리려는 의도일 것입니다. 그러나 실제로 그것은 천사들에게 도전하며 우리의 정신을 오도하여 비속한 혼합물 속에 얽히게 만듭니다. 그리하면, 우리는 천계에는 실제로 사자들과 말들의 무리가

---

6) 단 7:9
7) 단 7:9; 계 4:2
8) 슥 1:8, 6:2; 계 6:1-9
9) 수 5:13

가득하다고, 그리고 거룩한 찬양이 실제로는 짐승들의 큰 울음소리라고, 또 그곳에서는 새들이 날개를 얻는다고, 또는 도처에 그 다른 종류의 피조물들이나 한층 더 천한 물질적인 것, 성경의 완전히 상이한 비유들이 터무니없고 감정적이고 거짓된 것을 지향한다고 묘사하는 모든 것들이 있다고 상상할 것입니다.

그러나 문제의 핵심을 바라본다면, 성경의 거룩한 지혜가 분명해집니다. 천사들을 어떤 모습으로 표현할 때에는 그들을 모독하지 않도록 섭리적인 배려를 취해야 하며, 우리는 그들에 대한 저급하고 저속한 의미를 지닌 상징들을 지나치게 의존하지 않게 됩니다. 형상이 없는 것을 나타내기 위해서 상징을 만드는 것, 즉 형태가 없는 것에 형태를 부여하는 데에는 두 가지 이유가 있습니다. 첫째, 우리에게는 직접 개념적인 관상(觀想)을 할 수 있는 능력이 없습니다. 우리에게는 자연스럽게 우리에게 임하며 형태가 없는 놀라운 광경들에게 허용된 형태들을 우리 앞에 제시할 수 있는 향상 운동이 필요합니다. 둘째, 신비한 성경 구절에 의하면, 천사들에 대한 거룩하고 감추어진 진리는 말로 표현할 수 없는 것들과 거룩한 것들을 통해 감추어져 있으며 대중은 접근할 수 없습니다. 모든 사람들이 거룩한 것은 아니며, 성경에서 말하는 것처럼 지식은 모든 사람들을 위한 것은 아닙니다.10)

성경적 상징의 부적합, 또는 거룩한 천상의 계급들을 표현하기 위해서 천한 형태들을 사용하는 것이 부적절하다는 비판에 대해서는

---

10) 고전 8:7; cf. 마 13:11; 눅 8:10; cf. EH 1 376C 34f.

거룩한 계시가 이중으로 작용한다고 답변할 수 있습니다.

3. 그것은 우선적으로 비슷한 것이 비슷한 것을 표현하는 거룩한 상징들을 통해서 자연스럽게 진행되며, 또한 비슷하지 않거나 심지어 매우 부적절하고 터무니없는 구성물을 사용합니다. 때때로 성경의 신비한 전승은 "말씀", "정신", 그리고 "존재"의 형태 하에서 초월적인 신의 복되심을 표현합니다. 그럼으로써 필연적으로 합리성과 지혜가 하나님의 속성들이라는 것, 그분은 모든 존재의 참 실존이요 그 실존의 참 원인이라는 것, 그리고 그분은 빛으로 표현되거나 생명이라고 불릴 수 있다는 것을 보여줍니다.11) 이 거룩한 형태들은 존경을 나타내며, 세상에서 취한 상징들의 구조보다 훨씬 우월한 듯합니다. 그러나 그것들은 실제로 후자에 못지않게 결함이 있습니다. 왜냐하면 하나님은 모든 존재와 생명의 표현을 크게 초월하시기 때문입니다. 빛에 대한 언급으로 그것의 특성을 묘사할 수 없으며, 이성이나 지성은 그것과 비슷하지 못합니다.

그 다음으로 완전히 상이한 계시들 안에서 하나님을 제시함으로써 찬양하는 성경적 방법이 있습니다. 하나님은 나누일 수 없고,12) 무한하며, 이해할 수 없다고 묘사되며, 또 하나님의 상태를 보여주는 것이 아니라 하나님의 상태가 아닌 것을 보여주는 것에 의해 묘사됩

---

11) "말씀": 요1:1; 더 많은 성경의 예와 논의에 대해서는 DN 1 596B 20과 DN 7 872C을 보라."정신": 사 40:13; DN 1 596B 19을 보라. "존재": 출 3:14; DN 1 596A 13과 DN 5 816B-825B을 보라. "빛": 요일 1:5; DN 1 596A 13을 보라. "빛": 요 11:25; DN 1 596A 와 DN 6 856B-857C을 보라.
12) 골 1:15; 딤전 1:17; 히 11:27.

니다. 나는 하나님에 대해서 말하는 이 두 번째 방법이 훨씬 적절하다고 생각합니다. 왜냐하면 은밀하고 거룩한 전승이 가르치듯이, 하나님은 존재하는 것들과 같지 않으며, 우리는 하나님의 불가해하고 표현할 수 없는 초월성과 불가시성을 전혀 알지 못하기 때문입니다.

하나님의 영역에는 부정의 방법이 더 적절한 것처럼 보이며, 또 말로 표현할 수 없는 것들의 은밀함에는 긍정적인 주장들이 적합하지 않으므로, 눈에 보이지 않는 것들에게는 비슷하지 않은 형상들을 통한 표현을 적용하는 것이 더 정확합니다. 성경적인 저술들이 천상의 계층들의 품위를 저하시키는 것이 아니라, 그들을 실제의 상태와 완전히 상이한 형상들로 묘사함으로써 경의를 표하여 우리로 하여금 그들이 우리와는 달리 물질성을 완전히 초월하고 있다는 것을 발견하게 만듭니다. 게다가 우리의 정신을 영적인 것들의 영역으로 들어올리는 데에는 비슷한 것들보다는 부조화한 것들이 더 적합하다는 것은 누구나 인정할 것입니다. 과장된 형상들은 우리로 하여금 천상의 존재들은 황금으로 이루어졌거나 빛나는 사람들, 매혹적인 사람, 번쩍이는 옷을 입고 있으며 전혀 해롭지 않은 불을 발산한다거나, 하나님의 말씀이 천사들을 만드실 때에 주신 비슷한 장점들을 가지고 있다는 잘못된 생각을 하게 만들 수도 있습니다.13) 눈에 보이는 아름다움을 초월하지 못하는 사람들이 갖게 되는 이러한 종류의 오해를 피하기 위해서, 신학자들은 지혜롭게도 조화를 이루지 못하는 상이한 것들에게 굴복했습니다. 그들은 그렇게 함으로써 물질을 향하는

---

13) 단 10:5f; cf. 마 28:3; CH 15 328D 41, 333A 6-10도 보라.

우리의 고유한 경향과 이러한 상징들에게 만족하려는 나태함을 고려했습니다. 동시에 그들은 영혼 중에서 위에 있는 것을 열망하는 부분이 위로 올라갈 수 있게 해주었습니다. 상징들의 어리석음은 우리를 괴롭히므로, 물질적인 성향을 가진 사람조차도 그처럼 부끄러운 것들에 의해서 하늘의 거룩한 모습들을 전달하거나 허용할 수 있다는 것을 받아들일 수 없습니다. 또 모든 것은 나름의 아름다움을 가지고 있습니다. 그렇기 때문에 성경은 "모든 것을 보시니 보시기에 심히 좋았더라"14)고 말합니다.

4. 그렇다면, 모든 것이 하나님을 보는 데 도움이 될 수 있습니다. 또 세상으로부터 유래된 유사점들을 천사들에게 적용할 수 있습니다. 물론, 우리는 감각의 영역에 속한 것과 지성의 영역에 속하는 것의 엄청난 차이점을 항상 기억해야 합니다.15) 지성이 부족한 사람들에게서는 노염이 비이성적이고 격렬하게 발생하는 충동이지만, 이성적인 사람들에게서는 그렇지 않습니다. 지성적인 사람들에게 있어서 노염은 내면에서 발생하는 이성의 차분한 작용이며, 변함이 없는 거룩한 기초에 세워져야 하는 능력입니다.

욕구도 그렇습니다. 이성이 부족한 사람들에게 있어서 욕구는 물질을 향한 끝없는 욕망, 무상한 것, 무상한 삶, 감각이 찬양하는 것들과 더불어 지내려는 갈망에서 생겨나는 것입니다. 우리는 지적 존재인 천사들에게 유사성들을 적용하면서 그들이 욕구를 경험한다고

---

14) 창 1:31
15) Cf. Iamblichus, *de Myst.* I, 21, 66.5-9.

말하는데, 이것은 이성과 지성을 초월하는 영적 실체를 향한 거룩한 열망으로 해석되어야 합니다. 그것은 초자연적인 것에 대한 분명하고 무감각한 관상을 향한 분명하고 강력한 욕구입니다. 그것은 흠이 없는 탁월한 빛, 분명하고 아름다운 빛과의 개념적이고 참되고 끝없는 교제를 향한 갈망입니다. 그리하여 거룩한 아름다움을 향한 변함이 없고 순수한 열망과 열망의 참 대상에 대한 완전한 헌신 속에서 보면 방종은 변함이 없는 확실한 능력일 것입니다.

우리는 무생물과 동물에게 지성과 인식력의 부족하다고 말하는데 그것은 실제로는 이성과 인식력의 부족입니다. 그러나 영적 천사들에 대해 말할 때에는 이 말이 거룩한 존재들에게 적합하다고 여깁니다. 물질적인 인식력이 육체와 관련이 없는 지성적인 것들보다 훨씬 저급한 것이듯이, 초자연적인 존재들인 그들은 우리의 사변적이고 육적인 이성을 크게 능가합니다.

따라서, 천사들과 관련하여 가장 저급한 물질로부터 끌어낸 상징들을 적절히 사용할 수 있습니다. 결국 물질은 절대적인 아름다움 덕분에 존재하며, 세상의 모든 물질은 이해할 수 있는 아름다움을 반영합니다. 우리는 물질을 사용하여 비물질적인 원형에게 올라갈 수 있을 것입니다. 물론 일대일의 대응을 피하기 위해서, 지성적인 것들과 감각적인 것들 사이의 큰 경계점을 기억하며, 적절한 조정을 하기 위해서 비슷한 점들을 차이점으로 사용해야 합니다.

5. 신비한 신학자들은 하늘의 계급들을 알리기 위해서, 그리고 하나님에 대해서 무엇인가를 알리기 위해서 이러한 것들을 사용합니

다. 그들은 때때로 가장 고귀한 상징을 사용하며 하나님을 의의 태양,16) 마음에 떠오르는 샛별,17) 분명한 개념적인 빛18) 등이라고 부릅니다. 그들은 종종 보다 현실적인 상징들을 사용합니다. 그들은 하나님을 타오르지만 파괴하지 않는 불,19) 배 속으로 들어가서 다함이 없는 생수의 강을 이루는 물20)이라고 부릅니다. 때로 향기로운 기름과 모퉁이돌21)처럼 저급한 상징을 사용합니다. 때로는 짐승들에게서 상징을 끌어내어 하나님을 사자나 표범, 돌진하는 곰 등으로 묘사합니다.22) 여기에 가장 저급하고 부적합한 것처럼 보이는 것이 추가됩니다. 그리하여 하나님의 일에 있어서 전문가들은 하나님에게 벌레의 형상을 부여했습니다.23)

하나님의 지혜로운 사람들, 은밀한 영감의 해석자들은 불완전한 것들이나 불경한 것들의 영역에 있는 것에 의해서 "가장 거룩하신 분"을 오욕으로부터 분리합니다. 그들은 비슷하지 않은 형상을 존중하기 때문에 불경한 것들은 거룩한 것들에게 접근할 수 없고, 거룩한 상징을 보려는 참 소망을 가진 자들은 예표들을 참된 것으로 여겨 곰곰이 생각하지 않습니다. 따라서, 참된 부정들, 그리고 그것들의 마

---

16) 말 4:2
17) 벧후 1:19; 계 22:16.
18) 요일 1:5
19) 출 3:2
20) 요 7:38; cf. 요 4:14. EH1 373C 40, DN 1 596B 19, Ep. 9 1104B 20; Plotinus, *Enneads*, VI, 9, 9, 49을 보라.
21) 사 28:16; 엡 2:20.
22) 사 31:4; 호 5:14, 13:7f.
23) 시 22:6

지막 메아리들과 필적하는 것들은 하나님의 일에 경의를 표합니다. 이런 까닭에, 비슷하지도 않고 부적합하지만 유사한 것들로 천상의 존재들을 표현하는 것은 전혀 어리석은 일이 아닙니다. 또 만일 천사들과 관련하여 성경에서 사용하는 변형된 상징들로 인해 혼란을 겪지 않았다면, 나 자신은 이러한 어려움 때문에 자극을 받아 이러한 질문을 하거나 이 거룩한 진리들에 대한 정확한 설명을 통해 상승하지 못했을 것입니다. 나의 정신은 매우 부적절한 상징에 대해 곰곰이 생각하도록 허락되지 않았지만 물질적인 외형의 배후를 살피는 것, 겉으로 나타난 것을 넘어서서 이 세상의 것이 아닌 것에게로 올라간다는 개념에 익숙해져 있었습니다.

성경에서 발견되는바 천사들을 나타내는 물질적이고 부적합한 상징들에 대해서는 이만큼만 이야기하겠습니다. 이제는 위계의 의미를 설명하고, 그러한 위계가 그 구성원들에게 주는 유익에 대해 말해야 합니다. 나는 그리스도의 인도하심을 받아, 위계에 대해서 알려진 것들의 감화를 받아 설명하기를 원합니다. 당신은 위계에 관한 전승이 권하는 것들을 따라야 합니다. 거룩하게 언급된 것들을 경청하며, 그것들의 감화를 받아 영감된 것들에 입문하십시오. 이 거룩한 진리들을 당신의 은밀한 정신 안에 비밀로 보관하십시오. 그것들의 통일성이 세속적인 것의 다원성의 해를 입지 않도록 안전하게 지키십시오.24) 성경에서 말한 것처럼, 개념적인 진주들의 순수하고 빛나고 찬란한 조화를 돼지들에게 던져서는 안 됩니다.25)

---

24) 딤전 6:20
25) 마 7:6

제3장

위계란 무엇이며, 그것이 주는 유익은 무엇인가?

1. 위계는 거룩한 질서, 신적인 것들에게 가능한 한 가장 근접한 이해와 활동의 상태입니다. 그것은 하나님께서 주신 조명에 비례하여 하나님을 닮습니다. 매우 단순하고 선하며 온전함의 근원인 하나님의 아름다움은 부동(不同)성에 의해 오염되지 않습니다. 그것은 모든 존재에게 그 장점에 따라 빛을 나누어주고, 그 후에는 각각의 완전해진 존재들에게 하나님의 상징을 통해서 조화롭고 평화롭게 그 나름의 형상을 줍니다.

2. 그러므로 위계의 목표는 존재들로 하여금 가능한 한 하나님을 닮으며 하나님과 하나가 될 수 있게 하는 것입니다. 위계는 하나님을 모든 이해와 행위의 지도자로 소유합니다. 그것은 하나님의 아름다움을 직접 영원히 바라봅니다. 위계는 그 자체 안에 하나님의 표식을 지닙니다. 위계는 그 구성원들로 하여금 모든 면에서 하나님의 형상,

하나님 자신과 영원한 빛을 반영하는 티 없이 깨끗한 거울26)이 되게 합니다. 그것은 구성원들이 이 완전하고 거룩한 광채를 받은 후에는 하나님의 뜻에 따라서 이 빛을 더 낮은 단계에 있는 존재들에게 후히 전달할 수 있게 해줍니다.

거룩한 것들에 입문하는 것을 허락받은 사람들이 온전함의 근원 아신 분의 거룩한 배열을 거스르는 일을 행하거나 그러한 상태로 존재하는 것은 옳지 못한 일일 것입니다. 특히 그들이 하나님의 광채를 원한다면, 그들이 하나님의 거룩한 성품에 맞는 방법으로 이 광채를 영원히 응시하고 있다면, 그리고 각기 자신의 정신에 비례하여 이 광채와 같은 것이 되어야 한다면, 거룩한 질서를 거슬러 행하거나 존재하는 것은 옳지 않을 것입니다.

그 때에 우리가 말하는 위계란 일종의 완전한 배열, 위계에 대한 이해의 순서와 수준 안에서 그 자체의 조명의 신비들을 만들어내시는 하나님의 아름다움의 상징을 의미하며, 그것은 허용되는 한도 내에서 그 자체의 근원에 비유됩니다. 위계를 이루는 모든 구성원들의 온전함은 고양되어 가능한 한 하나님을 본받게 되는 것, 그리고 성경에서 "하나님의 동역자들"27)이요 하나님의 솜씨의 반영이라고 부른 것이 되는 데 있습니다. 그러므로 위계 질서가 어떤 존재는 정화되는 상태, 어떤 사람에게는 정화하는 상태, 또 어떤 사람에게는 조명을 받는 상태, 어떤 사람에게는 조명하는 상태, 어떤 사람에게는 온전해지는 상태, 또 어떤 사람에게는 온전함을 야기하는 상태를 명

---

26) 솔로몬의 지혜7:26
27) 고전 3:9; 살전 3:2

할 때, 각각의 존재들은 각기 자신이 맡은 역할에 알맞은 방식으로 하나님을 본받을 것입니다.

우리가 하나님의 지복(至福)이라고 부르는 것은 부동(不同)성에 오염되지 않은 것입니다. 그것은 끊이지 않는 빛으로 가득하고 지극히 온전합니다. 그것은 정화하고 조명하고 온전하게 합니다. 그보다는 그 자체가 정화요 조명이요 온전함입니다. 그것은 온전함을 초월하며, 빛을 초월하며, 온전한 것을 능가하는 온전함의 근원입니다. 또한 그것은 모든 위계의 원인이면서, 모든 거룩한 것을 크게 능가합니다.

3. 정화된 사람들은 오염되지 않아야 하며, 부동의 흠이 전혀 없어야 합니다. 거룩한 조명을 받고 있는 사람들은 하나님의 빛을 완전히 받아야 하며, 또 하나님을 완전히 볼 수 있게 되려면 정신의 거룩한 눈이 들려 올려져야 한다고 생각됩니다. 온전해지고 있는 사람들은 불완전함에서 빠져나와 완전해진 이해력으로 거룩한 것들을 보는 사람들의 무리와 결합해야 한다고 생각됩니다. 또 정화하는 사람들은 풍성한 자신의 정결함을 다른 사람들에게 주어야 합니다. 또 조명을 주는 사람들—다른 사람들보다 더 통찰력 있는 지성을 소유하고 있으며, 거룩한 광휘가 가득하며, 분명히 빛을 받을 수 있고 또 자신이 얻은 것을 전해줄 수 있는 사람들—은 도처에 있는 자격이 있는 사람들에게 자신의 충만한 빛을 전파해야 합니다. 마지막으로, 온전함을 이루는 책임을 맡은 사람들은 온전한 사람들에게 거룩한 것들에 대한 이해를 소개함으로써 온전한 상태를 초래해야 합니다. 또 위계

의 등급 안에 있는 모든 계층들은 가능한 한 하나님과의 협력을 위해 들려올려집니다. 그것은 은혜와 하나님이 주시는 능력에 의해서 자연적으로, 그리고 초자연적으로 하나님에게 속하는 일들, 하나님께서 초자연적으로 행하시며 하나님을 사랑하는 존재들이 본받도록 하기 위해서 위계 안에 계시된 것들을 행합니다.

제4장

"천사"라는 이름의 의미

1. 앞에서는 위계가 무엇을 의미하는지 설명했으며, 이제는 천사들의 위계를 다루려 합니다. 나는 성경에서 그것들에게 속한다고 간주한 거룩한 형상들을 세상 너머를 보는 시선으로 보아야 합니다. 그리하여 이 신비한 표현들에 의해서 그들의 거룩한 단순성을 볼 수 있게 되어야 합니다. 그렇게 되면, 우리는 위계와 관련하여 우리가 이해하는 모든 것의 근원이신 하나님께 합당한 예배와 감사로 영광을 돌릴 것입니다.

우선 한 가지 진리를 확인해야 합니다. 초월적이신 하나님은 선하시기 때문에 만물의 실존을 확립하시고 존재하게 하셨습니다. 만물을 불러 능력이 닿는 한도까지 자신과 교제하게 하는 것이 우주적인 원인이신 이 선의 특징입니다. 이런 까닭에 만물은 어떤 식으로든 존재하는 모든 것의 창시자인 이 초월적인 하나님에게서부터 나오는 섭리에 참여합니다. 만물의 생명과 근원에 조금이라도 참여하지 않는 것은 결코 존재할 수 없습니다. 살아있는 것들은 생명을 주며 생명을 완전히 초월하는 능력에 관여합니다. 이성과 지성을 부여받는 존재들은 모든 이성과 지성을 초월하는 절대적이고 근원적으로 완전한 지혜에 관여합니다. 또 그들은 여러 가지 모양으로 하나님 안에 참여하기 때문에 하나님에게 보다 가까이 존재합니다.

2. 그저 존재하는 것들과 비이성적인 생명의 형태들, 그리고 우리 인간의 이성적인 본성과 비교해보면, 하나님의 아낌없이 주시는 선물을 받았다는 점에서 천사들의 거룩한 사회가 분명히 우월합니다. 그들의 사고 과정은 신적인 것들을 모방합니다. 그들은 초자연적인 눈으로 거룩한 모습을 바라봅니다. 그들은 하나님을 모방하여 지성을 만듭니다. 이런 까닭에 그들은 하나님과 풍성하게 교제합니다. 이는 그들은 영원히 높은 곳을 향해 행진하고 있으며, 하나님을 향한 부족함이 없는 사랑의 집중으로 끌려가며, 희석되지 않은 근원적인 조명을 받으며, 그러한 조명의 명령을 받은 완전히 지적인 생명이 있기 때문입니다. 그들은 신적인 것에 우선적이고 다양하게 참여하며, 신적인 비밀을 우선적이고 다양하게 계시합니다. 그렇기 때문에 그들은 천사나 사자라고 불릴 탁월한 권리를 지닙니다. 왜냐하면 그들에게 먼저 거룩한 조명이 주어졌으며, 또 그들이 이러한 계시들을 우리에게 전해주기 때문입니다. 하나님의 말씀은 천사들이 우리에게 율법을 주었다고 가르칩니다.28) 율법 시대 이전과 율법 시대의 도래 이

---

28) 행 7:38, 53; 갈 3:19; 히 2:2.

후에 천사들은 탁월한 우리의 조상들을 신적인 것을 향해 들어 올려 주었습니다. 그들은 행동의 역할을 규정하거나, 방황과 죄로부터 돌이켜 진리의 바른 길로 가게 하거나, 거룩한 질서나 감추어진 이상들이나 초자연적인 신비나 거룩한 예언 등을 선포하거나 설명해 주었습니다.29)

3. 어떤 사람들은 하나님께서 중재자들이 없이 일부 성도들에게 친히 나타나셨다고 주장할 것입니다. 그러나 성경은 "본래 하나님을 본 사람이 없다"30)거나 앞으로도 감추어져 있는 하나님의 존재를 보지 못할 것임을 분명히 보여줍니다. 물론 하나님은 어떤 경건한 사람들에게 신성에 어울리는 방법으로 나타나셨습니다. 하나님은 보는 사람에게 적합하게 만들어진 거룩한 환상 속에 오셨습니다. 신학적 논의에서는 이러한 종류의 환상, 즉 형상이 없으신 하나님이 형상으로 표현되시는 환상을 신현현(theophany)이라고 묘사합니다. 이러한 환상을 받는 사람들은 신적인 것들에게로 들려 올려집니다. 그들은 신적 조명을 받으며 신적인 것들에 대한 가르침을 받습니다. 이러한 거룩한 환상들은 천상의 능력들에 의해 우리 조상들에게 전해졌습니다.

성경적 전승에서 거룩한 율법의 조례들은 하나님께서 직접 모세에게 주셨으며, 그것은 모세로 하여금 이러한 조례들이 거룩하고 신성한 것들의 사본이라는 것을 가르치게 하기 위해서였다고 주장할

---

29) 예를 들어 출 23:20-23.
30) 요 1:18; 출 33:20-23; 딤전 6:16; 요일 4:12; cf. Ep. 1 1065A 9-11.

수 있을 것입니다. 그러나 신학에서는 어찌하여 으뜸이 되는 존재들을 통해서 부차적인 존재들이 들려 올려지는지를 하나님의 질서가 우리에게 보여주기 위해서 천사들이 이러한 조례들을 우리에게 전달했다고 분명히 가르칩니다. 초자연적인 질서의 근원에 의해 입안된 율법에는 가장 높은 집단의 천사들과 가장 낮은 집단의 천사들뿐만 아니라 동등한 서열에 속한 천사들에게도 영향을 주는 규정들이 있습니다. 율법은 모든 위계 안에서 주요한 계층과 중간 계층과 가장 낮은 계층에게 각기 적절한 질서와 힘이 분배되어야 하며, 또 하나님께 보다 가까이 있는 것들은 가까이 있지 않는 것들의 교사가 되어 그들을 하나님께 가까이 가게 하며 조명과 교제를 누리게 해야 한다고 다짐합니다.

4. 인간을 향한 예수님의 사랑의 신비는 먼저 천사들에게 계시되었고, 천사들은 이 지식을 우리에게 전해 주었습니다. 거룩한 천사 가브리엘은 제사장인 스가랴가 하나님의 은총으로 말미암아 세상을 구원하기 위해 오실 예수님의 신적이고 인간적인 역사를 알릴 선지자가 될 아들을 낳을 것이라고 알려 주었습니다.31) 가브리엘은 마리아에게 말로 표현할 수 없는 하나님의 형상의 거룩한 신비를 잉태하게 될 것을 계시해 주었습니다.32) 또 다른 천사는 요셉에게 그의 조상 다윗에게 한 하나님의 약속이 성취될 것이라고 알려 주었습니다.33) 또 다른 천사는 군중들로부터 떨어져서 살기 때문에 어느 정

---

31) 눅 1:11-20
32) 눅 1:26-39

도 정화되었던 목자들에게 좋은 소식을 전해 주었습니다. 그리고 그 천사와 함께 "허다한 천군"이 세상에 있는 사람들에게 유명한 기쁨의 노래를 전해 주었습니다.34)

    이제 성경의 가장 고귀한 계시들을 살펴보아야 합니다. 세상 너머에 사는 존재들의 초자연적인 원인이신 예수께서 근본적인 본성이 변화됨이 없이 인간의 모양을 입고 세상에 오셨습니다. 그분은 한 번도 자신이 선택하신 인간의 모양을 버리지 않으셨고, 아버지의 뜻에 복종하셨습니다. 요셉이 이집트로 피신했다가 유대로 돌아올 것과 관련하여 하나님 아버지의 계획을 요셉에게 전한 것은 천사들이었습니다.35) 천사들은 예수님께 아버지의 명령을 전했습니다. 예수님을 위로한 천사들에 관한 거룩한 전승,36) 또는 우리의 구원을 위한 사역 때문에 그분이 친히 계시자들의 서열에 들어서셨고 "기묘자"37)라고 불리셨다는 것은 굳이 상기시킬 필요가 없습니다. 아버지에 대해 알고 계신 것을 전하실 때에 예수님은 천사와 같지 않았습니까?38)

---

33) 마 1:20-25; 삼하 7:12-17
34) 눅 2:8-14에 기록되어 있는 "높은 곳에서는 영광."
35) 마 2:13, 19-22
36) 눅 22:43; 마 4:11
37) 사 9:6
38) 요 1515

제5장

하늘나라의 거룩한 존재들을 "천사"라고 부르는 이유

우리는 신학자들이 천상의 존재들을 구분 없이 천사라고 부르면서 동시에 이 초자연적인 계급 사회에 대해 논의할 때에는 거룩한 천상의 질서를 완성한 계층들—즉 대천사들(archangels), 프린시펄리티즈(principalities, 權天使), 권위들(authorities), 그리고 파워즈(powers, 能天使), 간단히 말해서 성경적 전승에서 우월하다고 여기는 집단들—만 "천사의" 계급에 속한다고 주장하는 이유를 알아야 한다고 생각됩니다. 거룩한 사회에서는 상위 계급들은 하위 계급의 조명과 능력을 모두 소유하며, 하위 계급들은 상위 계급이 소유하는 것들을 전혀 소유하지 못합니다. 신학자들은 천상의 존재들 중에서 가장 높고 거룩한 계급들 역시 하나님에게서 나오는 조명을 알게 된다는 사실 때문에 그들에게도 "천사"라는 이름을 부여합니다. 그러나 만일 누군가가 천상의 존재들 중에서 가장 마지막 계급에 대해서 말한다면, 이 계급의 구성원들에게 프린시펄리티즈나 트론즈(thrones, 座天使)나 세라핌(sepraphim, 熾天使) 등의 이름을 부여하는 것은 어리석은 일일 것입니다. 왜냐하면 그들은 후자들과 같은 탁월한 능력들을 소유하지 못하기 때문입니다. 그러나 이 계급이 우리의 영감 된 위계들을 자신에게 알려진 하나님의 빛을 향해 들어 올리듯이, 가장 상위 계급의 천사들이 지닌 거룩한 능력은 천사들의 위계 중 하위의 구성원들을 거룩한 것을 향해 들어 올릴 것입니다. 만일 성경이 모든 천사들에게 공통된 이름을 부여한다면, 그것은 모든 천상의 능력들은 공통적으로 신적인 것과 일치하며 하나님에게서 오는 빛과 교제하는 우월한 능력이나 탁월한 능력을 소유하기 때문일 것입니다.

이것을 분명히 설명하기 위해서는 성경에서 분명히 계시된 천상의 계급들 각각의 거룩한 속성을 분명히 살펴보아야 합니다.

제6장

천사들의 위계 중에서 첫째 계급은 무엇이고, 중간 계급은 무엇이며, 마지막 계급은 무엇인가?

1. 천사들의 사회에는 얼마나 많은 계급이 있습니까? 그것들의 종류는 무엇입니까? 각각의 위계는 어떻게 온전함을 얻습니까?

이 질문에 대해서는 그들의 온전함의 신적 근원이신 분만이 대답할 수 있을 것입니다. 그러나 최소한 그들은 자기들이 능력과 조명에 의해서 소유하는 것이 무엇인지 알며, 이 초자연적인 거룩한 질서 안에서 자신이 차지하는 위치를 압니다. 우리는 거룩한 천사들의 비밀을 알 수 없으며, 또 그들이 어떻게 거룩한 온전함에 이르는지도 이해하지 못합니다. 우리는 하나님께서 그들을 통해서 신비하게 주시는 것만 알 수 있습니다. 이는 그들은 자신의 특성을 잘 알기 때문입니다. 그러므로 나는 이것에 대해서는 아무 것도 말할 수 없으며, 다만 거룩한 신학자들이 천사들과 관련된 광경을 보고 그에 대해서 우리에게 전해준 것이 무엇인지를 기록하는 데 만족합니다.

2. 하나님의 말씀은 천상의 존재들을 설명하기 위해 아홉 개의 이름을 제공했으며, 나의 거룩한 스승은 이것을 다시 세 그룹으로 나누셨습니다. 그분의 구분에 의하면, 첫째 그룹은 영원히 하나님의 주위에 존재하고 영구히 다른 그룹들보다 먼저 중재자가 없이 하나님과 연합합니다. 그 다음에는 "트론즈"와 "케루빔"(cheruibim, 智天使)과 "세라핌"이라고 불리는 계급들이 있습니다. 그분은 성경의 전승을 따라 그들이 하나님 주위에 거하며 다른 것들은 그들 가까이에 가지 못한다고 말합니다. 이 삼중의 그룹은 제1계급을 이루는데, 그 구성원들의 지위는 동등합니다. 그들은 하나님을 가장 많이 닮았고 하나님으로부터 우선적인 조명을 직접 받습니다.

둘째 그룹은 권세들(authorities)과 도미니온즈(dominions, 主品天使)와 파워즈(能品天使)로 이루어집니다. 천상의 위계들 중 마지막 계급인 세 번째 그룹은 "천사들", "대천사들", 그리고 프린스펄리티즈(權品天使)로 이루어집니다.

제7장

세라핌, 케루빔, 트론즈에 관하여, 그리고 그들이 속한 첫째 위계에 관하여

1. 우리는 거룩한 천사들의 위계들이 이렇게 조직되어 있다는 것을 받아들이며, 또 이들에게 주어진 이름들은 그들이 하나님의 흔적을 취하는 방식을 의미한다는 데 동의합니다. 히브리어를 아는 사람들은 "세라핌"이라는 이름이 "불을 만드는 자들", 즉 "온기를 전달하는 자들"을 의미한다는 것을 압니다.39) "케루빔"이라는 이름은 "지식의 충만" 또는 "지혜의 유출"을 의미합니다.40) 이 첫째 계급은 우월한 것들에 의해서 순차적으로 서열이 정해져 있습니다. 이 계급은 하나님 주위에 기초를 두고 근원적인 신현현들과 온전함을 받으

---

39) 성경에서 세라핌(스랍)이 분명히 등장하는 곳은 이사야 6장 2-6절뿐이다.
40) 성경에서 그룹 천사가 언급되는 곳은 다음과 같다: 창 3:24; 출 25:18-22, 37:6-9; 민 7:89; 삼상 4;4; 왕상 6:23-28, 8:6-7; 시 18:10, 80:1, 99:1; 사 37:16; 스 10:3-22.

며, 하나님과 가장 가까운 이웃으로서 가장 높은 서열을 소유합니다. 이런 까닭에 "온기를 전달하는 자들"과 "좌천사들"이라는 호칭, 그리고 "지혜의 유출"이라는 이름이 부여된 것입니다. 이러한 이름들은 그들에게서 하나님의 모습과 비슷한 점을 지적합니다.

세라핌이라는 호칭은 다음과 같은 것을 가르쳐 줍니다: 영원히 거룩한 것들 주위를 회전함, 꿰뚫고 들어가는 온기, 비틀거리거나 넘어지지 않는 운동의 충만한 열기, 마치 불길처럼 하위의 것들 안에서 자극하고 상승시킴으로써 그것들에게 자신의 이미지를 새기는 능력. 또 그것은 밝은 섬광과 불길에 의해서 정화하는 능력을 의미합니다. 그것은 그것들이 소유하고 있는 빛과 조명을 저하되지 않고 감추어지지 않은 상태로 유지하는 능력을 의미합니다. 그것은 흐리게 하는 그림자들을 모두 밀어내고 제거하는 능력을 의미합니다.

케루빔이라는 이름은 하나님을 알고 보는 능력, 하나님의 빛의 가장 큰 선물들을 받는 능력, 하나님의 광채를 보는 능력, 지혜를 가져다주는 선물들로 가득하며 그 선물들을 하위의 것들에게 후히 나누어주는 능력을 의미합니다.

장대하고 고귀한 트론즈(thrones)라는 호칭은 그것들이 가장 높은 하늘을 향하는 것에서 나타나듯이 그들 안에는 이 세상의 모든 결점을 초월하는 초월성이 있다는 것, 그들은 열등한 것으로부터 영원히 분리된다는 것, 지극히 높으신 분 앞에 영원히 항상 머무는 일에 완전히 몰두한다는 것, 정념과 물질적인 염려에서 완전히 자유하기 때문에 하나님의 방문을 받을 수 있다는 것, 하나님을 전하며 마치 종들처럼 하나님을 영접할 준비가 되어 있다는 것 등을 의미합니다.41)

2. 이상이 그들이 그러한 이름으로 불리는 이유에 대한 설명입니다. 이제는 그들 사이에 존재하는 위계를 어떻게 이해하는지에 대해 이야기해야 합니다. 천사들의 위계의 목표는 그들이 항상 하나님을 모방하여 하나님의 형상을 취하는 것, 모든 위계의 임무는 희석되지 않는 정화와 거룩한 빛과 온전함을 가져다주는 이해력을 받고 전해주는 것이라는 사실에 대해서는 이미 충분히 이야기했다고 생각합니다. 이제는 이 탁월한 천사들에게 어울릴 것, 그들의 위계에 관한 성경의 계시에 대해 논해야 합니다.

제1 계급의 천사들은 자기들을 존재하게 하신 하나님 곁에 위치합니다. 말하자면 그들은 하나님의 곁방42)에 위치합니다. 그들은 생성에 종속되는 것, 눈에 보이는 것과 보이지 않은 것들을 능가합니다. 그들은 획일적인 위계를 이룹니다. 우리는 그들이 완전히 깨끗하다고 생각해야 하는데, 이는 그들에게 불결한 더러움과 오점이 전혀 없기 때문이거나 그들보다 저급한 등급들과 연약함을 초월하기 때문이 아닙니다. 그들은 탁월한 깨끗함 때문에 가장 경건한 능력들보다 높은 곳에 위치하며, 하나님을 향한 불변의 사랑에 따라 영원히 자동으로 움직이는 그들 자신의 질서를 고수합니다. 그들은 영원히 움직이지 않고 넘어지지 않고 더러워지지 않는 기초를 경건한 재산으로 소유하기 때문에 쇠퇴하여 열등한 것으로 전락하지 않습니다.

그들은 "정관적"(contemplative)입니다. 그러나 이것은 그들이

---

41) 케루빔은 하나의 트론즈로 활동하지만(시 80:1, 99:1), 골로새서 1:16에서는 "트론즈들(보좌들)"을 다른 천사들 가운데 있는 천상의 존재들로 제시한다.
42) 신플라톤주의 용어인 "곁방"(anteroom)에 대해서는 DN 5 821C 34f.을 보라.

감각이나 정신의 상징들을 정관하기 때문이거나 거룩한 글을 복합적으로 정관함으로써 하나님께로 상승하기 때문이 아니라, 그들에게는 지식을 초월하는 탁월한 빛이 가득하기 때문이며, 또한 모든 아름다움의 근원이요 원인이신 분에 대한 초자연적이고 세 배나 명석한 정관이 가득하기 때문입니다. 또한 그들은 거룩한 상징들에 의해서 예수님과 교제하는 것이 허락되는 것이 아니라, 예수님에게서 나와 작용하는 거룩한 빛들에 대한 지식에 우선적으로 참여하여 예수님에게 가까이 감으로써 예수님과 교제하게 됩니다. 하나님을 닮는 것은 그들의 특별한 선물입니다. 또 그들은 허락된 한도 안에서 예수님의 거룩한 행동들과 사랑스러운 덕목들에 참여합니다.

그들은 거룩한 것들을 분석할 수 있게 해주는 계몽된 이해력 때문이 아니라, 근원적이고 탁월한 신화(神化), 하나님의 일에 대한 초자연적이고 거룩한 이해력 때문에 "온전"합니다. 그들은 위계에 따라서 다른 거룩한 존재들을 통해서 명령을 받는 것이 아니라 하나님으로부터 직접 명령을 받습니다. 그들은 직접 하나님께로 상승할 수 있는 능력, 다른 존재들과 비교할 때에 그들의 우월한 힘과 질서의 표식이 되는 능력으로 인해 감사합니다. 이런 까닭에 그들은 완전하고 확실한 깨끗함 옆에 세워지며, 비물질적이고 지적인 광채를 봅니다. 그들은 하나님의 주위에 가장 가까이 존재하며 위계에 따라 탁월한 방식으로 명령을 받으므로, 온전함의 근원에 의해서 하나님의 일들에 대해 이해할 수 있는 설명의 가르침을 받습니다.

3. 신학자들은 천상의 존재들 중 하위 계급들은 상급자들로부터

하나님의 활동에 대한 지식을 받으며, 높은 계급의 존재들은 하나님이 허락하는 한도 내에서 초보적인 가르침을 받는다는 것을 분명히 보여주었습니다. 그들 중 일부는 높은 계급의 천사들에 의해 거룩한 가르침을 받는다고 말합니다. 어떤 사람들은 "영광의 왕", 인간의 모습을 하고서 천국으로 들어올려 지신 분이 "천상의 세력들의 주"[43)라는 것을 배웁니다. 또 다른 사람들은 우리를 위해 행하신 예수님의 신적 사역에 대한 이해를 획득합니다. 예수님은 그들의 교사가 되셔서 인간을 향한 사랑 때문에 자신이 행하신 자비로운 사역에 대해 직접 가르치십니다. "그는 내니 의를 말하는 자요 구원하기에 능한 자니라."[44)

여기에서 나는 놀라운 것을 발견합니다. 천상의 존재들 중 최상위 계급도 하나님에 관한 조명에 있어서는 중간 계급들과 매우 흡사합니다. 그들은 먼저 "어찌하여 네 의복이 붉으뇨?"[45)라고 묻지 않습니다. 그들은 먼저 서로 질문을 주고받으면서 하나님이 활동하시는 방법을 알고 배우려는 갈망과 열심을 나타냅니다. 그들은 단순하게 하나님이 제공하시는 조명의 유출을 뛰어넘는 것이 아닙니다.

이처럼 천사들의 첫 계급은 자신의 근원으로 직접 상승할 수 있는 능력을 가지고 있기 때문에 위계에 따라서 온전함의 근원으로부터 명령을 받습니다. 그들에게는 나름대로 알맞은 분량의 완전한 정화, 무한한 빛, 완전한 온전함으로 가득합니다. 그들은 연약함과 혼합되

---

43) 시 24:10
44) 사 63:1
45) 사 63:2

지 않고 탁월한 빛으로 충만하며 근원적인 지식과 이해에 동참하여 온전함을 얻기 때문에 정화되고 조명되고 온전해집니다.

요약하자면, 정화와 조명과 온전함은 하나님에 대한 이해의 수용, 즉 보다 완전한 입문에 대해 적절하게 주어지는 지식에 의해서 무지가 완전히 제거되는 것, 동일한 신적 지식의 조명을 받는 것(이 지식을 통해서 과거에는 보이지 않았으나 이제 고귀한 조명을 통해 드러난 모든 것을 정화합니다), 그리고 이 빛에 의해서 가장 훌륭한 입문에 대한 이해가 완전해지는 것이라고 말할 수 있습니다.

4. 내가 알고 있는 한 이들은 천상의 존재들의 제1계급입니다. 그들은 하나님과 아주 가까운 곳에서 날아다닙니다.46) 그들은 쉬지 않고 단순히 하나님의 영원한 지식 주위에서 춤을 춥니다. 그들은 영원하고 완전하게 존재합니다. 그들은 무수히 많은 것을 볼 수 있을 뿐만 아니라 단순하고 직접적인 광선 안에서 조명을 받을 수도 있습니다. 그것은 첫 번째 흐름으로부터 나오기 때문에 풍부한 하나님의 양육으로 충만합니다. 그럼에도 불구하고 하나님의 양육해주는 선물들은 다양성이 없는 통일체 안에서 통일성을 가져오기 때문에 하나입니다.

이 첫째 그룹은 특히 하나님과 교제하며 하나님의 사역에 동참할 수 있습니다. 그들은 할 수 있는 한 하나님의 상태와 활동의 아름다움을 모방합니다. 그들은 하나님의 일에 대한 많은 것을 탁월하게 알고 있기 때문에 신적 지식과 이해를 적절히 소유합니다. 이런 까닭에

---

46) 사 6:2; 계 4:4

신학은 첫 째 계급의 천사들이 부른 찬송들을 세상 사람들에게 전해주었으며, 그럼으로써 이들의 초월적인 지식이 분명하게 됩니다. 이들이 "여호와의 처소에서 나는 영광을 찬송할지어다"[47]라고 선포하는 찬송들은 마치 "많은 물소리"[48]와 같습니다. 또 그들은 "거룩하다 거룩하다 거룩하다 만군의 여호와여 그 영광이 온 땅에 충만하도다"[49]라고 크게 찬송합니다.

나는 『거룩한 찬송』(*Divine Hymns*)[50]이라는 책에서 이미 하늘 높은 곳에 거하는 거룩한 천사들이 부르는 찬양에 대해 설명했습니다. 나는 언급해야 할 것을 모두 그 책에 기록했다고 생각합니다. 그러나 이 책에서의 목적 때문에 간단히 다시 말하자면, 첫째 계급은 하나님의 말씀에 대한 지식을 하나님의 선으로부터 직접 받으며, 필요에 따라서 다음 계급에게 전해줍니다. 모든 갈채를 초월하시며 모든 갈채를 받으실 만하신 하나님이 천사들에게 알려지고 찬양을 받으시는 것은 옳고 선한 일입니다. 그들은 하나님과 일치하는 분량만큼 하나님의 안식할 처소에 거합니다.[51] 이 첫째 집단은 하나님이 단자 (*monad*)라는 것, 그분이 삼위 안에 계신 한분이라는 것, 만유를 향한 그분의 섭리는 천상의 가장 고귀한 존재들에게서부터 세상에 있는

---

[47] 겔 3:12
[48] 겔 1:24; 계 14:2, 19:6
[49] 사 6:3; cf. 계 4:8
[50] 이것은 아마 현존하지 않거나 가상의 글인 듯하다.
[51] 이것은 언약궤라는 상징을 포함하는 성경적 언급이다. 이사야 66:1에서, 하나님의 안식할 처소에 대한 언급은 하나님이 "그룹 사이에 계시다"(출 37:7-9, 삼상 4:4; 삼하 6:2; 왕하 19:15; 시 80:1, 99:1)고 표현하는 언약궤의 전승을 반영한다 (민 10:36; 대상 6:31; 대하 6:4).

가장 낮은 피조물들에게까지 미친다는 말을 전합니다. 그분은 모든 존재의 근원을 초월하는 근원이요 원인이시며, 그 영원하신 품 안에 만물을 안으십니다.

제8장

제2계급: 주관하는 자들, 능력들, 권세들에 관하여

1. 이제 천사들의 중간 계급인 주관하는 자들(주품[主品] 천사, dominions)과 권세들(authorities)과 능력들(능품[能品] 천사, powers)에 대해 이야기해야 합니다.52) 이들의 지칭하는 각각의 이름은 그들이 하나님을 닮고 본받는 방식을 훌륭히 지적해줍니다.

"주관하는 자들"은 세상의 경향들의 속박을 받지 않으며 가혹한 지배의 특징인 부동성으로 기울지도 않는 들어올림(상승)을 의미합니다. 그들은 전혀 결점을 지니지 않기 때문에 종들의 비천한 창조물보다 우월하며, 부동성을 알지 못하기 때문에 참된 지배 및 모든 지배의 참된 근원에 도착하기 위해 부단히 노력합니다. 그들은 자신의 능력에 따라서 그 지배와 흡사한 것을 받습니다. 그들은 무의미한 상

---

52) 세 계급 중 두 번째 계급을 형성하는 주관하는 자들과 권세들과 능력들에 대해서는 엡 1:21, 3:10; 골 1:16, 2:10; 벧전 3:22; 롬 8:38을 보라.

황을 거부하고, 참되신 주께로 복귀하며, 모든 지배의 영구한 근원에 동참합니다.

거룩한 "능력들"이라는 칭호는 거룩한 활동에서 나타나는 흔들림이 없고 대담한 용기를 언급합니다. 그것은 자신에게 주어지는 하나님의 지식들을 받을 때에 게으름과 안일함을 버리는 용기이며, 하나님을 닮기 위해서 힘차게 상승합니다. 그것은 비겁하게 거룩한 운동을 포기하지 않으며, 모든 힘의 근원인 초월적인 힘을 바라봅니다. 실제로 이 용기는 그들이 스스로의 형체를 만드는 원형인 힘의 상징이 됩니다. 그리고 그것은 모든 힘의 근원이기 때문에 강력하게 그것에게로 돌아갑니다. 동시에 그들은 자신의 역동적이고 신화(神化)하는 능력을 자기들보다 하위에 있는 것들에게 전합니다.

거룩한 "권세들"도 주관하는 자들과 능력들과 동등한 서열을 소유합니다. 그들은 조화되고 혼동이 없는 방식으로 하나님을 받을 수 있고, 천상의 지적 권세의 정연한 본질을 가리킬 수 있습니다. 그들은 하급자들에게 해를 끼치기 위해서 권위 있는 능력을 사용하지 않습니다. 그들은 조화롭고 확실하게 하나님에게 속한 것들을 향하도록 상승되며, 그것들을 가지고 하급자들을 상승시킵니다. 그들은 모든 권위의 근원이요 모든 권위를 만들어내는 권위에 비유되며, 권위 있는 힘의 조화로운 상태 안에서 가능한 한도까지 그 권위를 분명히 알 수 있게 합니다.

이런 까닭에 중간 계급의 천사들은 자신이 하나님과 일치함을 나타냅니다. 그들은 첫째 계급의 천사들에 의한 간접적인 가르침에 의해서 정화와 조명과 온전함을 획득합니다.

2. 이처럼 천사로부터 천사에게로 전해지는 과정은 멀리서 완전한 상태로 오며 첫째 집단에게서 둘째 집단에게로 나아가면서 점차 희미해지는 온전함을 보여주는 상징이 될 수 있습니다. 우리의 거룩한 교사들은 다른 것들에 의해서 임하는 거룩한 환상을 보는 것보다 직접 계시된 신적 실재의 실현들이 우월하다고 가르쳤습니다. 마찬가지로, 먼저 하나님께로 들려 올려진 천사들이 직접 하나님 안에 참여하는 것이 중재자를 통해서 온전해진 자들의 참여보다 더 직접적인 듯합니다. 이런 까닭에 첫째 계급의 천사들은 자기들보다 열등한 자들을 온전하게 하고 조명해주고 정화하므로, 그들을 통해서 우주적이고 초월적인 근원으로 올라간 열등한 자들은 온전함의 근원이신 분의 정화와 조명과 온전함에 적절히 참여합니다.

모든 질서의 거룩한 근원이신 분은 둘째 계급의 천사들이 첫째 계급의 천사들을 통해서 하나님으로부터 오는 가르침을 받도록 포괄적인 원리를 제정하셨습니다. 성경 기자들은 거듭 이렇게 주장했습니다.

하나님은 인류를 아버지처럼 사랑하시기 때문에 이스라엘을 구원의 길로 돌아오게 하기 위해서 징계하셨습니다. 하나님은 이스라엘의 마음을 바꾸게 하기 위해서 야만족들의 보복을 받게 하셨습니다. 이것은 하나님의 특별한 섭리 아래 있는 사람들이 선하게 변화되게 하기 위한 것이었습니다. 후일, 자비하신 하나님은 이스라엘을 포로 상태에서 풀어주시고,53) 이전의 상태로 회복시켜 주셨습니다. 신학

---

53) 사 61:1; 눅 4:18

자인 스가랴는 이와 관련하여 환상을 보았습니다. 첫째 계급에 속한 천사, 하나님과 가장 가까운 곳에 있는 천사들 중 하나가 하나님으로부터 "위로하는 말씀"54)이라고 부르는 것을 배우고 있었습니다. (흔히 "천사"라는 용어는 천상의 존재들 모두를 구분함이 없이 언급합니다.) 하위 계급에 속한 천사가 첫째 천사를 만나 가르침을 받았습니다. 이처럼 고위 천사로부터 하나님이 원하시는 일에 대한 가르침을 받은 그에게는 이 신학자(스가랴)에게 "예루살렘에 사람이 거할 것"55)이라고 가르칠 임무가 주어집니다.

또 다른 신학자인 에스겔은 이 모든 것이 탁월한 영광 안에서 그룹 천사들 위에 서신 하나님께서 정하신 것이라고 말합니다.56) 인류를 아버지처럼 사랑하시는 하나님은 이스라엘의 잘못을 바로잡기를 원하셨고, 거룩하고 의로운 행동으로 의인과 죄인을 분리할 것을 명하셨습니다. 그룹(케루빔) 천사들 다음으로 이러한 가르침을 받은 사람은 허리에는 서기관의 먹 그릇을 차고, 권력자의 상징인 긴 외투를 입고 있었습니다.57) 그는 하나님의 결정을 다른 사람들에게 전했습니다. 그들은 하나님의 가르침에 따라서 손에 살육하는 기계를 든 사람들에게 하나님의 결정을 알렸습니다. 그는 예루살렘 전역을 다니면서 무죄한 사람들의 이마에 표시를 하라는 명령을 받았습니다. 또 다른 사람들은 "너희는 그를 따라 성읍 중에 다니며 불쌍히 여기지

---

54) 슥 1:13. 스가랴, 몇 줄 뒤에서 에스겔, 그리고 13장에서 이사야 등 모구가 "신학자"라고 불리는 점에 주목하라.
55) 슥 2:4
56) 겔 10:18
57) 겔 9:2

말며 긍휼을 베풀지 말고 쳐서 늙은 자와 젊은 자와 처녀와 어린이와 여자를 다 죽이되 이마에 표 있는 자에게는 가까이 하지 말라"는 명령을 받았습니다.58)

다니엘에게 "명령이 내렸으므로 이제 네게 알리러 왔느니라"59)고 말한 천사, 또는 그룹들 사이에 있는 불을 집은 첫 번째 천사, 또는 베옷을 입은 자에게 불은 준 그룹 천사,60) 천사들 사이에 존재하는 특별한 질서에서 나타나는 것에 대해서 무엇이라고 말해야 합니까? 거룩한 가브리엘에게 "이 환상을 이 사람에게 깨닫게 하라"61)고 명령하신 분에 관해서 무엇을 말해야 합니까? 또 천상의 위계에 적합한 거룩하고 균형 있는 배열에 관해 거룩한 신학자들이 준 다른 예들이 있지 않습니까? 천사들의 아름다움을 모방하고 가능한 한 그것에 의해 형상을 취하며 모든 질서와 위계의 초월적 근원에게로 상승하기 위해 노력하는 우리의 위계제도는 이 배열을 모방한 것입니다.

---

58) 겔 9:5f.
59) 단 9:23
60) 겔 10:6-8
61) 단 8:16

제9장

권품천사, 대천사, 천사, 그리고 그들의 위계에 관하여

  1. 이제 천사들의 위계 중 마지막 계급인 권품천사(정사, principalities), 대천사, 그리고 천사들에 대해 살펴보아야 합니다. 먼저 이 호칭들의 의미를 설명해야 한다고 생각합니다. "거룩한 정사"라는 호칭은 거룩하고 군주다운 주도권을 소유한 사람들 및 군주의 세력에 알맞은 거룩한 서열, 모든 원리들 위에 있는 원리를 향해 완전히 복귀하며 사람들을 그분에게로 인도하는 능력, 군주들 중의 군주의 흔적을 충분히 받고 모든 질서의 초월적 원리를 분명히 나타내기 위해서 자신의 군주와 같은 능력들을 조화롭게 발휘하는 능력을 언급합니다.

  2. 대천사들도 권품천사들과 동일한 서열을 소유하며, 천사들과 연합하여 하나의 위계와 계급을 형성합니다. 그러나 모든 위계에는 최상위 계급과 중간 계급과 마지막 계급이 있으며, 대천사들의 계급

은 중간계급에 위치하기 때문에 나머지 두 계급이 지닌 어떤 것을 소유합니다. 그들은 권품천사들과 천사들과 교제합니다. 그들이 권품천사들처럼 초자연적인 원리(근원)로 돌아온다는 사실, 이 원리의 흔적을 받는다는 사실, 그리고 그 원리로부터 받은 정리하고 배열하는 보이지 않는 능력에 의해서 천사들의 통일을 가져온다는 사실에서 그들과 권품천사들의 관계가 시작됩니다. 그들과 천사들 모두 상위 계급들이 전해주는 신적 가르침들을 해석하는 계급이라는 사실에서 그들과 천사들의 관계가 시작됩니다. 그들은 그러한 가르침들은 천사들에게 전하고, 천사들을 통해서 우리에게 전합니다.

앞에서 말했듯이, 천사들은 천상의 존재들 중 마지막 계급입니다. 그들은 천상의 존재들 중에서 천사가 되는 마지막 특성을 소유합니다. 그들은 우리와 보다 가깝기 때문에 계시와 보다 깊이 관련되어 있고 또 세상과 더 가깝다는 점에서 다른 계급들보다도 "천사들"이라고 불리기에 합당합니다. 이미 말한 바와 같이, 최상위 계급은 감추어진 것과 더 가깝기 때문에 둘째 계급을 지도합니다. 권세들과 능력들과 주관들로 이루어진 이 둘째 계급은 권품천사들과 대천사들과 천사들의 계급을 지휘합니다. 이들의 계시는 최상위 계급의 계시보다 더 분명하고, 셋째 계급의 계시보다는 은밀합니다. 인간의 위계들이 하나님을 향해 상승하고 복귀하고 교제와 연합이 발생하며 하나님께서 모든 위계들에게 주시는 발현이 각각의 위계들에게 조화롭게 도착할 수 있게 하기 위해서, 계시해주는 계급인 권품천사들과 대천사들과 천사들은 인간들의 위계를 관장합니다. 따라서, 하나님의 말씀이 말해주듯이 천사들은 우리의 위계를 돌봅니다. 미가엘은 유대 민족을 다스리는 자라고 불리며, 다른 천사들은 다른 민족들을 다스리는 자라고 불립니다. 이는 "지존하신 이께서 신(angel)들의 수 효만큼 경계를 그으시고 민족들을 내셨기"62) 때문입니다.

3. 혹자는 히브리 백성만 거룩한 계몽을 받은 이유가 무엇이냐고 질문할 것입니다. 그것은 천사들이 수호하는 일을 충실히 행했기 때문입니다. 만일 다른 민족들이 나쁜 길로 빠져 거짓 신들을 섬긴다고 해도, 그것은 천사들의 잘못이 아닙니다. 실제로, 이 민족들은 스스로 주도하여 거룩한 것을 향한 상승을 포기했습니다. 그들이 신을 기쁘게 한다고 생각한 것을 예배한 것은 이기심과 주제넘음의 표시로서, 히브리 백성들에게 발생한 일에 의해 입증할 수 있습니다. 성경은 그들이 하나님에 대한 지식을 버리고 악한 마음의 꾀를 따랐다고 말합니다. 우리의 생활방식은 미리 정해진 것이 아니며, 하나님의 빛의 선물로부터 유익을 얻는 사람들의 자유의지는 그러한 빛으로부터 계몽의 선비적인 근원이 되는 속성을 제거하지 않습니다. 실제로 다음과 같은 일이 발생합니다. 지적 광경들의 부동성은 아버지의 선하신 빛의 충만한 선물이 그들의 저항 때문에 완전히 수여되지 않고 관여되지도 않게 하거나, 아니면 이러한 선물들에 관여하되 그 분량이나 명료함에 동등하지 못하게 참여합니다. 한편 이 모든 것의 빛나는 원천은 계속 단순한 하나로서 영원히 동일하게 넘쳐흐릅니다.

이스라엘이 아닌 다른 민족들에 대해서도 이러한 말을 할 수 있습니다. 우리도 하나님의 빛, 존재하는 모든 것들에게 영원한 선물을

---

62) 신 32:8; 미가엘: 단 10:13-21, 12:1; 다른 천사들: 단 10:13과 단 10-:20.

수여해주는 빛의 끝없이 크고 넓은 바다를 향해 시선을 들어올릴 수 있습니다. 여기에서는 낯선 신들이 지배하지 않았습니다. 하나의 우주적인 근원이 있으며, 위계적으로 각 민족을 지도할 책임을 가진 천사들은 기꺼이 따르려는 사람들을 인도합니다. 멜기세덱을 생각해 보십시오. 그는 하나님을 향한 사랑이 가득했고, 거짓 신들의 위계가 아니라 높은 곳에 계신 참 하나님의 위계에 속해 있었습니다. 거룩한 학문에 능한 전문가들은 멜기세덱을 하나님의 친구라고 묘사하는 데 만족하지 못했습니다. 그들은 멜기세덱의 임무는 단지 참 하나님께 돌아가는 것이 아니라, 다른 사람들을 인도하여 유일하신 참 하나님을 향해 상승하게 하는 것이었음을 현명한 사람들에게 밝히기 위해서 그를 제사장이라고 묘사했습니다.[63]

4. 천상의 위계를 이해하는 것과 관련된 또 하나의 항목이 있습니다. 이집트인들을 관장하는 천사는 바로에게, 그리고 바빌로니아인들을 관장하는 천사는 바빌로니아의 통치자에게, 권위 있는 섭리와 주권이 만물 위에 있다는 것을 계시했습니다. 참 하나님의 종들이 그러한 민족들의 지도자로 세워졌고, 하나님은 요셉과 다니엘처럼 거룩한 사람들에게 천사들을 통해서 거룩한 환상을 계시하심으로써 장차 되어질 일들을 현시하셨습니다.[64] 이는 세상에는 다스리는 원천과 섭리는 오직 하나이기 때문입니다. 하나님은 유대 백성을 맡으셨고, 하나님과 동등한 입장이나 적대적인 입장에 있는 천사들이나

---

[63] 창 14:18-22; 시 110:4; 히 7:1.
[64] 요셉: 창 41:1-32; 다니엘: 단 2:1-45, 4:1-27.

신들이 다른 민족들을 맡았다고 상상해서는 안 됩니다. 이러한 개념을 암시할 수도 있는 구절은 다음과 같은 거룩한 의미로 이해해야 합니다.65) 그것은 하나님께서 다른 신들이나 천사들과 함께 인류를 다스렸다거나, 하나님께서 하나의 지방 영주나 지휘관으로서 이스라엘을 다스렸다는 의미일 수 없습니다. 지극히 높으신 분의 만유를 위한 섭리는 천사들에게 모든 민족들을 구원으로 인도하라고 명했습니다. 그러나 빛으로 돌아와 참되신 주를 선포한 것은 이스라엘뿐이었습니다. 그렇기 때문에 하나님의 말씀은 이스라엘이 참 하나님께 특별히 헌신했다고 말합니다. 그러나 신학자들은 미가엘이 유대 백성을 다스린다는 것, 그리고 그것은 이스라엘에게도 다른 민족들과 마찬가지로 한 천사가 배정되어 있어 그로 말미암아 우주적인 통치의 근원을 인정하게 된다는 것을 이야기합니다. 온 세상을 주관하는 섭리, 눈에 보이거나 보이지 않는 모든 힘을 초월하는 초 존재는 하나이며, 모든 민족에게는 그들을 그 섭리를 향해 일으켜주는 책임을 맡은 주관하는 천사들이 있습니다.

---

65) 신 32:8

제10장

천사들에 관한 결론

1. 그러므로, 하나님의 사회 안에 있는 천사들 중 가장 근원적인 계급은 온전함의 원천으로부터 오는 가르침들에 의해서 위계에 따라 명령을 받으며, 중개자의 도움이 없이 그것을 향해 상승합니다. 하나님의 감추인 찬란한 빛의 선물 덕분에 그들에게는 정화와 조명과 완전함이 있습니다. 그러한 빛들은 한층 개념적인 것과 관련이 있기 때문에 한층 더 감추어져 있으며, 한층 더 큰 단순함과 연합을 가져옵니다. 그것들은 우선적으로, 직접, 그리고 완전하게 받아들여지기 때문에 한층 더 찬란합니다. 그것들은 원천이 되는 것과 흡사하게 빛나는 빛을 발합니다.

그 다음에는 적절한 비율과 신적인 조화 및 조화로운 질서의 원천의 규제에 따라서 이 계급의 천사들이 둘째 계급의 천사들을, 그리고 둘째 계급의 천사들이 셋째 계급의 천사들을, 그 다음은 셋째 계급의 천사들이 인간들의 위계를, 모든 원천을 초월하는 원천과 모든 조화의 완성을 향해 들어 올려줍니다.

2. 모든 천사들은 계시와 상위 계급의 소식을 가져옵니다. 첫째 계급은 자신의 영감이 되는 하나님의 말씀을 가져오며, 나머지 계급들은 자신의 상태에 따라서 하나님에 의해 감화된 것들에 대해 말합니다. 만유의 초자연적인 조화를 위해서, 세상은 이성과 지성을 부여받은 모든 것을 섭리적으로 돌보았으며, 그들이 바르게 정돈되고 거룩하게 들려 올려져 있음을 보장했습니다. 이 조화는 자체의 거룩한 특성에 알맞은 방식으로 위계에 따른 집단들을 배열하고, 각 집단의 특성을 배려하며, 최상위의 권세와 중간 권세와 하위 권세로 배열하며, 마지막으로 그것들이 각기 신적인 것에 참여하는 분량에 합당하게 그것들을 관리합니다. 신학자들은 가장 거룩한 세라핌이 "서로" 소리친다고 말합니다.66) 이것은 첫째 계급에 속한 것들이 하나님에 대해 알고 있는 것을 둘째 계급의 천사들에게 전달하는 것을 보여주는 듯합니다.

3. 여기에 한 가지 추가할 것이 있습니다. 천상의 것이든 인간적인 것이든, 각각의 지성적인 존재의 권세와 서열은 최 상위와 중간 것과 낮은 것으로 구분되어 있으며, 이것들은 자신의 능력에 따라서 각각의 존재가 이용할 수 있는 위계에 따른 가르침과 관련된 상승을 가리킵니다. 각각의 지적 실체는 이러한 배열에 따라서 깨끗함을 초월하

---

66) 사 6:3

는 정화, 지극히 풍성한 빛, 온전함에 선행하는 온전함에 참여합니다. 저절로 온전한 것은 없습니다. 온전함이 전혀 필요하지 않은 것은 없습니다. 본질적으로 온전하시며 모든 온전함보다 선행하시는 분 외에는 어느 것도 저절로 온전하지 못하며, 온전함을 필요로 합니다.

제11장

천상의 존재들 모두가 공통적으로 "하늘의 권세들"(heavenly powers)이라고 불리는 이유

1. 이제 천사들 전체에게 "하늘의 권세들(만군)"이라는 이름을 부여하는 이유를 고찰해 보아야 합니다. 물론 천사들(angels)이라는 단어를 사용할 때에는 위에서 우리가 진행한 것처럼 진행하지 않을 수도 있습니다. 다시 말해서, 거룩한 권세들의 계급이 가장 낮은 계급이라는 것, 상위 계급의 천사들은 하위 계급의 천사들이 이용할 수 있는 거룩한 조명에 참여한다는 것, 그리고 하위 계급의 천사들은 상위 계급의 천사들을 위해 존재하는 것에 관여하지 못한다는 것 등을 주장하지 않을 수도 있습니다. 이런 까닭에 "하늘의 권세들"이라는 호칭에 천사들을 모두 포함시키지 못하듯이, 세라핌과 보좌들과 주관하는 자들에게 천사들을 모두 포함시킬 수 없습니다. 이는 마지막 계급의 천사들은 상위 계급의 속성들을 소유하지 않기 때문입니다.

그러나 천사들, 그리고 신학에서 "능력들"보다 하위 계급으로 간

주되는 대천사들과 정사들과 권세들은 종종 다른 모든 거룩한 존재들처럼 "하늘의 권세들"이라고 불립니다.

2. 이러한 존재들 모두를 지칭하는 집합 명사로서 "하늘의 권세들"이라는 호칭을 사용해도 각각의 계급이 지닌 특이한 속성들의 혼동을 초래하지 않습니다. 모든 천사들 내면에는 생명과 능력과 활동의 구분이 있음을 분명히 관찰할 수 있습니다. 이제 천상의 존재들 모두를 "하늘의 존재들" 또는 "하늘의 권세들"로 묘사하는 것은 각각의 권세 안에 있는 생명이나 권세 때문에 완곡한 표현을 사용하는 것입니다. 이것은 분명히 하위 계급에 속한 것들도 거룩한 권세들의 특징을 지닌다고 총괄적으로 간주하는 것입니다. 그렇게 하는 것은 천사들의 계급들을 지배하며 모든 혼동을 배제하는 질서의 원리를 뒤집는 것이 될 것입니다. 앞에서 자주 설명한 이유 때문에, 상위 계급들은 하위 계급들의 거룩한 속성들을 많이 소유하지만, 가장 낮은 계급에 속한 천사들은 상위 계급이 소유하는 초자연적인 충만을 소유하지 못합니다. 그러나 물론 상위 계급을 통해서 부분적으로 초보적인 가르침들이 그들에게 전해집니다.

제12장

인간 고위 성직자들이 "사자들"(angel)이라고 불리는 이유

1. 성경을 이해하려는 사람들은 또 다른 문제에 직면합니다. 만일 하위 계급의 천사들은 상위 계급의 천사들이 이용할 수 있는 것을 소유하지 못한다면, 성경에서 인간 사회의 고위 성직자를 "만군의 여호와의 사자"67)라고 지칭하는 이유는 무엇일까요?

2. 이 표현은 이미 이야기했던 것과 모순되지 않는 듯합니다. 앞에서 마지막 계급의 천사들에게는 상위 계급들이 지닌 완전하고 충분한 능력이 결여되어 있다고 말한 바 있습니다. 그러나 그들은 모든 천상의 존재들의 서로 뒤얽힌 조화로운 교제의 일부로서 부분적이지만 그 능력을 적절히 소유합니다. 따라서 케루빔의 계급이 더 고등한 지혜와 지식을 소유하지만, 그들보다 하위의 계급들도 비록 그들에

---

67) 말 2:7; 말 3:1과 갈 4:14도 보라.

비교해보면 부분적이고 열등한 것이기는 하지만 지혜와 지식을 어느 정도 소유합니다. 실제로, 모든 천사들은 지혜와 지식에 참여하며, 그들 사이의 차이점은 각자의 능력에 따라서 소유한 것이 직접적이고 근원적인 것인지, 아니면 부차적이고 열등한 것인지에 의존합니다. 이것은 모든 천사들에 대해 말할 수 있는 것이며, 첫째 계급이 자기들보다 하위 계급이 지닌 거룩한 속성들을 완전하게 소유하듯이, 하위계급들은 상위 계급과 동일한 것이 아니라 하찮은 방식으로나마 상위계급의 속성들을 소유합니다. 이런 까닭에 하나님의 말씀에서 인간 성직자를 "사자"(angel)라고 부르는 것은 잘못된 것이 아닙니다. 왜냐하면 인간 성직자들도 능력이 닿는 한도 내에서 천사들처럼 사자(messenger)의 역할을 하며 계시를 가져오기 위해서 들려 올려져 천사들의 능력을 모방하기 때문입니다.

3. 또 하나님의 말씀은 천상의 존재들68)뿐만 아니라, 하나님을 사랑하는 것으로 유명한 거룩한 사람들에게도 "신"이라는 호칭을 부여합니다.69) 하나님의 비밀은 초월적인 것입니다. 그것은 모든 것을 크게 초월합니다. 존재하는 것은 결코 그와 흡사한 이름을 지닐 수 없습니다. 그러나 지성과 이성을 부여받은 모든 존재, 할 수 있는 한 돌아와 하나님과 결합하게 되며, 영원히 하나님의 거룩한 조명을 향해 상승하며, 하나님을 모방하기 위해 힘껏 노력하는 존재는 분명히 거룩하다고 불릴 자격이 있습니다.

---

68) 시 82:1, 95:3; cf. 창 32:28-30.
69) 출 4:16, 7:1; 시 45:6, 82:6; 요 10:34.

제13장

세라핌이 이사야 선지자를 깨끗하게 한 이유

1. 우리가 최선을 다해 고찰해야 할 것이 한 가지 있습니다. 세라핌이 신학자들 중 한 사람을 찾아왔다고 말하는 이유는 무엇입니까?70) 하위의 천사들 중 하나가 아니라 가장 높은 천사들 중 하나가 이 해석자71)를 정화하기 위해 찾아왔다는 사실 때문에 당황하는 사람도 있을 수 있습니다.

2. 모든 천사들이 공통으로 소유하는 것에 대한 이전의 설명을 고려해볼 때, 이 성경 구절은 이 신학자를 정화하기 위해 내려온 천사가 하나님과 가장 가까운 곳에 있는 상위 계급의 천사에 속한다고 밝히지는 않는다고 말하는 사람도 있을 것입니다. 여기에 등장하는 것은

---

70) 사 6:6
71) 해석자를 나타내는 이 용어는 고위 성직자들과 제사장들은 물론이요 성경 저자들에게도 적용된다.

우리에게 배정된 천사들 중 하나였습니다. 그에게는 이 선지자를 정화하는 거룩한 임무가 있었습니다. 그는 이 말씀에서 언급된 죄들을 불로 제거하고, 정화된 사람의 내면에 하나님께 대한 순종의 불을 다시 타오르게 해야 했기 때문에 세라핌들 중 하나라고 불렸습니다. 이 해석에 의하면, 이 구절에서 언급하는 세라핌은 단지 하나님 곁에 좌정한 천사들 중 하나가 아니라 우리를 정화하기 위해 배정된 능력들(능품 천사들) 중 하나를 의미합니다.

3. 어떤 사람은 이 문제에 대해서 완전히 부적절하지는 않은 대답을 제공했습니다. 그의 말에 의하면, 이 대단한 천사가 누구였건 간에 그는 신학자에게 하나님의 일들을 가르치기 위해서 환상을 만들었고, 자신의 거룩한 정화 사역이 하나님에게서 기인하는 것이요, 하나님 다음으로 상위 계급의 천사들에게 기인하는 것으로 간주합니다. 이 주장도 참일 수 있을까요? 이렇게 주장한 사람은 하나님의 능력은 모든 것에게로 퍼지며 저항할 수 없이 만물을 관통하지만, 사람의 눈에 보이지 않는다고 말합니다.[72] 왜냐하면 그것은 초월적으로 만물 위에 존재할 뿐만 아니라 자신의 섭리적인 행동들을 이해할 수 없는 방법으로 만물에게 전하기 때문입니다. 그럼에도 불구하고, 그것은 모든 천사들에게 적절히 나타납니다. 그것은 최상위의 천사들에게 자신의 빛의 선물을 수여합니다. 그리고 하위 계급에 속하는 천사들에게 그들이 지닌 하나님의 것을 바라보는 능력에 맞추어 그 빛을 전해주는 중개자들로 그들을 사용합니다. 보다 자세히 설명하기

---

[72] 솔로몬의 지혜 7:24; 히 4:12도 보라.

위해 예를 들어 보겠습니다. 물체의 표면은 다른 부분들보다 더 투명하기 때문에, 태양 광선들을 그 부분을 쉽게 통과합니다. 태양빛은 물체의 그 부분을 통과할 때에 더 눈부시게 빛을 발합니다. 그러나 그것은 불투명한 물체를 만나면 희미해지거나 퍼져 보입니다. 왜냐하면 이 물체는 빛이 통과하는 데 그리 적합하지 않기 때문입니다. 이 부적합성은 점점 더 증가되면 마침내 빛의 여정을 완전히 정지하게 만듭니다. 마찬가지로, 불의 열기는 쉽게 양도체(良導體) 속으로 들어갑니다. 그러나 불의 타오르는 활동이 저항적이거나 적대적인 실체를 만나면, 그 활동은 무력해지거나 미미한 흔적만 남깁니다. 불을 친화적인 것들 사이로 통과시킨 후에 그렇지 않은 물체에 가져가 보면 이것을 분명히 알 수 있습니다. 불타는 것은 먼저 점화될 수 있는 물체에 영향을 주며, 그것들을 통해서 물 등 쉽게 점화될 수 없는 것들이 가열됩니다.

자연계에서 작용하는 이 조화로운 법을 따라, 눈에 보이거나 보이지 않는 모든 질서와 조화의 놀라운 원천은 놀라운 계시를 통해서 자신의 놀라운 빛의 충만한 광휘를 상위 계급의 천사들에게 부어주며, 그 다음 계급의 천사들은 상위계급의 중재를 통해서 자기 몫의 빛을 받습니다. 먼저 하나님을 알아야 하며 다른 천사들보다 더 거룩한 덕을 원하는 천사들은 하나님을 본받는 능력과 활동의 주된 일꾼이 될 자격이 있다고 간주되었습니다. 선한 그들은 하위의 천사들을 끌어올려 자기들의 경쟁자가 되게 합니다. 그들은 자기들에게 임한 거룩한 광선을 불평 없이 하위 계급의 천사들에게 전해주고, 하위계급의 천사들은 다시 자기들보다 낮은 계급의 천사들에게 그것을 전해줍니다. 이런 까닭에, 각각의 단계에서 선행자(先行者)는 자신이 받은 거룩한 빛을 후계자에게 전달하므로, 이것은 하나님의 섭리에 따라 균형 있게 모든 천사들에게 전해집니다.

물론 조명을 받는 자들의 조명의 원천은 하나님이십니다. 왜냐하면 하나님은 빛 자체이시기 때문입니다. 하나님은 존재와 시각의 원인이십니다. 그러나 하나님을 모방하는 데 있어서 각각의 천사는 하나님의 빛을 전달받는 대상보다 우월하도록 정해졌습니다. 그러므로 거룩한 천사들은 하늘에 있는 최상위의 천사들을 하나님에 대한 거룩한 지식과 본받음의 원천으로 여겨 따릅니다. 왜냐하면 이 최상위의 천사들은 우리를 포함하여 모든 존재들에게 하나님의 빛을 중개해 주기 때문입니다. 하나님을 모방하여 행하는 그들의 거룩한 활동은 한편으로는 궁극적인 원인이신 하나님께서 기원하는 것으로 간주되며, 다른 한편으로는 하나님을 따라 살며 하나님의 일에 관한 첫 번째 대행자요 교사인 상위의 천사들에게서 기원하는 것으로 간주됩니다. 첫째 계급의 천사들은 다른 천사들보다 더 많은 불의 힘과 거룩한 지혜, 하나님의 조명에 있어서 궁극적인 것들에 대한 지식, 그리고 "보좌들"이라는 단어에 요약된 하나님을 받아들이려는 특별한 능력을 지적해주는 능력을 소유합니다. 낮은 계급의 천사들은 나름대로 어느 정도의 불과 지혜와 지식, 하나님을 받을 수 있는 개방성을 소유합니다. 그러나 첫째 계급의 천사들을 바라보아야 하므로, 그들보다 적게 소유합니다. 그들은 장차 고양되어 하나님을 닮을 것입니다. 둘째 계급의 천사들은 첫째 계급의 천사들의 중개를 통해서 이러한 거룩한 특성들을 소유하게 되므로, 이러한 특성들의 근원이 첫째 계급의 천사들이라고 여깁니다. 그들에게 있어서 첫째 계급의 천사들은 마치 고위 성직자들과 같습니다.

4. 위의 말을 한 사람은 이사야가 본 환상은 우리를 보살피는 책임을 맡고 있는 거룩하고 복된 천사들 중 하나에게서 온 것이라고 밝혔습니다. 그는 이 천사의 조명해주는 인도 하에 들려 올라가서 거룩한 것을 보았고, 하나님 아래, 하나님 주위에, 그리고 하나님과 함께 있는 가장 우월한 천사들을 볼 수 있었습니다. 그는 그 천사들 너머로 하위 능력들 가운데 좌정하고 있으면서도 그들 및 만물을 초월하는 정상을 볼 수 있었습니다. 이사야는 이 환상을 보면서 하나님은 눈에 보이는 능력과 보이지 않는 능력을 초월하신다는 것을 깨달았습니다. 하나님은 만물과 완전히 분리되십니다. 하나님은 주요한 존재들과도 다릅니다. 하나님은 모든 실체의 생명의 원인이요 원천이십니다. 하나님은 만물의 안정성의 불변하는 기초이시며, 생명과 행복의 창시자이십니다.

그 후에 이사야는 세라핌의 능력에 관해 가르침을 받았습니다. "세라핌"이라는 이름은 불같이 뜨겁다는 의미입니다. 나는 다음에 불의 힘이 경건한 사람들을 어떻게 들어 올려 주는지에 대해 설명하겠습니다. 그들에게 달린 여섯 날개라는 상징은 상위 개념들과 중간 개념들과 하위 개념들에 의해서 끝없이 놀랍게 하나님을 향해 밀고 들어가는 것을 의미합니다. 많은 발과 얼굴들, 위에 있는 얼굴들이나 아래 있는 발들을 보지 못하게 하는 날개들, 그리고 끝없이 움직이는 중간의 두 날개를 보면서, 이 거룩한 신학자는 자신이 보는 것들의 개념적 지식으로 상승했습니다. 그곳에서 그는 가장 높은 천사들의 많은 양상들, 그들의 다양한 환상이 지닌 힘을 보았습니다. 그는 지극히 높고 깊은 것들을 허락 없이 경솔하고 뻔뻔스럽게 찾는 것과 관련된 그들의 경고를 목격했습니다. 그는 쉬지 않고 영원히 움직이면서 하나님처럼 되려고 행동하는 그들에게서 조화를 보았습니다.

또 그는 거룩하고 영광스러운 찬송의 신비에 대한 가르침을 받았습니다. 환상 속의 천사는 거룩한 것에 대해 자신이 알고 있는 것을 그에게 가르쳐 주었습니다. 또 모든 사람의 정화는 하나님의 깨끗함에 참여하는 것으로 이루어진다는 것을 가르쳐 주었습니다. 하나님은 천사들에게 신비하고도 초자연적으로 이 깨끗함에 대해 가르쳐 주셨습니다. 그것은 하나님 가까이에 거하는 천사들에게 더 분명하고 명백하게 잘 알려집니다. 둘째 계급과 마지막 계급의 천사들 및 우리의 지적 능력에 관해서, 하나님은 자신의 감추임과의 연합을 위해 분명한 가르침을 집중합니다. 하나님은 첫째 계급에 의해서 둘째 계급을 가르치십니다. 요약해 보면, 하나님은 먼저 첫째 계급의 천사들의 중재에 의해서 비밀에서 나와 계시되십니다.

이것이 이사야가 자신을 빛으로 인도하기 위해서 파견된 천사에게서 배운 것이었습니다. 그는 정화 및 탁월한 천사들을 통해서 반영되는 하나님의 모든 활동은 다른 천사들이 하나님의 말씀 안에서 소유하는 몫에 비례하여 퍼진다는 것을 발견했습니다. 그렇기 때문에 그는 하나님 곁에 있는 세라핌에게 정화의 불을 가져오는 특성이 있다고 간주합니다. 그러므로 세라핌이 이사야 선지자를 정화했다는 말은 부적절한 것이 아닙니다. 하나님은 모든 정화의 원인이시므로,

모든 존재들을 정화하십니다. 보다 친근한 예로 교회의 주교들을 들 수 있습니다. 그는 부제들과 사제들을 통해서 정화와 빛을 가져오지만, 그가 정화하고 조명한다고 언급됩니다. 왜냐하면 그에 의해 임명된 성직자들은 자신이 행하는 거룩한 활동들을 주교의 활동으로 간주하기 때문입니다. 마찬가지로, 이사야를 정화한 천사는 자신의 정화하는 지식과 능력의 근원이 우선적으로 원인이신 하나님에게 있고, 그 다음에는 첫째 위계에 속하는 세라핌에게 있다고 간주합니다.

천사는 자신이 정화한 사람을 가르치면서 신중하게 다음과 같이 말하는 듯합니다: "내가 네 안에서 거룩하게 행하는 정화의 근원과 생명과 원인은 초월자, 첫째 계급의 천사들을 존재하게 하시고 자기 곁의 기초에 변함이 없고 움직임이 없게 보존하신 분, 그들을 자극하여 자신의 섭리적인 활동에 참여하게 하시는 분이십니다"(이것은 세라핌의 사명과 관련하여 내가 스승으로부터 배운 것입니다). "하나님 다음의 권력자요 통치자는 첫째 계급에 속합니다. 그들은 나에게 정화의 임무를 가르쳤고 나의 행위에 의해서 당신을 정화하고 있습니다. 그들의 중재하는 노력으로 말미암아, 원인이 되시며 모든 정화의 주체이신 하나님은 자신의 섭리의 활동들을 감추인 것들의 영역에서 끌어내어 우리가 이용할 수 있는 곳으로 내려 보내십니다."

나는 이것을 그분에게서 배워 당신에게 전합니다. 언급된 문제에 대한 해답들 중에 어느 것이 더 타당하고 그럴듯하며 진리에 가까운 것인지 결정하는 것은 당신의 지성과 판단력에 달려 있습니다. 물론, 당신이 진실에 보다 가까운 해답을 가지고 있거나, 누군가-말씀을 주신 하나님, 그리고 하나님이 말씀하신 것을 설명한 천사들-로부터 배웠다면, 당신은 천사들을 사랑하는 나에게 분명하고 소중한 견해를 보여줄 수 있을 것입니다.

제14장

전통적인 천사들의 수효는 무엇을 의미하는가?

성경에 기록된바 천사들의 수효가 천천이요 만만이라는 표현에 대해 고찰해 보아야 합니다.73) 이 엄청난 숫자들은 스스로 제곱으로 계산함으로써 천사들의 계급이 무수하다는 것을 지적합니다. 초자연적인 천사들의 군대는 무척 크기 때문에 인간의 물리적 숫자의 한계를 초월합니다. 전지하신 지혜의 창조자이신 하나님께서 그들에게 주신 복된 선물, 천사들 자신과 같은 종류의 개념과 이해, 즉 초자연적이고 거룩한 이해로만 그것들을 알고 정의할 수 있습니다. 이 초자연적으로 실재하시는 하나님은 만물의 근원이십니다. 그분은 생명을 주시는 원인이십니다. 그분은 만물을 유지해주시는 능력이요 만물을 포용하는 목표이십니다.

---

73) 단 7:10; 계 5:11

제15장

천사들을 나타내는 상징들: 불같은 성질, 인간의 형상, 눈, 콧구멍, 귀, 입, 촉각, 눈꺼풀, 눈썹, 손가락, 이, 어깨, 팔꿈치와 손, 마음, 가슴, 등, 발, 날개, 벌거벗음, 옷, 밝은 의복, 성직자의 복장, 허리끈, 지팡이, 창, 도끼, 다림줄, 바람, 구름, 놋쇠, 호박금, 합창대, 손뼉을 침, 각색 보석, 사자의 형상, 수소의 형상, 독수리의 형상, 말의 형상, 말들의 색깔, 강, 전차, 바퀴, 과거에 언급된 천사들의 기쁨.

1. 이제, 지성의 눈으로 천사들에게 적합한 고독한 관상의 고지에 이르려는 노력은 완화하고, 평지로 내려와서 구별과 다양성, 천사들이 취하는 많은 잡다한 형태와 모양들을 살펴보아야 합니다. 그런 후에 이러한 상징들을 버리고 다시 천사들의 단순성을 향해 거슬러 올라갈 것입니다.

우선 그만큼만 기억하십시오. 거룩한 비유적 표현에 대한 설명들은 동일한 계급의 천사들이 때로는 거룩한 것들을 지시하고 때로는 지시를 받는다는 것, 마지막 계급의 천사들이 지시하고 첫째 계급의 천사들이 지시를 받는다는 것, 앞에서 말한 것처럼 그들은 모두 상위의 능력과 중간의 능력과 하위의 능력을 소유한다는 것을 가리킵니다. 이것은 결코 어리석은 설명이 아닙니다. 이러저러한 계급들은 거룩한 일과 관련하여 상위 계급의 천사들의 지시를 받고 상위 계급의 천사들은 하위 계급의 지시를 받는다거나, 상위 계급의 천사들이 하위 계급의 천사들을 지시하고 또 반대로 자신이 지시했던 천사들의 지시를 받는다고 주장하는 것은 어리석은 혼동일 것입니다. 동일한 천사들이 지시를 하고 또 지시를 받는다는 것은 지시하는 자가 지시를 받았던 자의 지시를 받는다는 의미가 아닙니다. 각각의 계급의 천사들은 그 선임자들로부터 거룩한 일에 대한 지시를 받으며, 또 자기들보다 낮은 계급의 천사들을 지시한다고 말하고 싶습니다. 그러므로 성경에 묘사된 거룩한 형상들은 때에 따라 최상위의 천사들이나 중간 계급의 천사들이나 하위의 천사들에게 기인한다고 간주할 수 있습니다. 영원히 복귀하는 운동을 하면서 위로 상승해야 하는 힘, 자신의 특별한 능력을 의지하면서 확실히 자신의 주위를 회전시켜야 하는 능력, 점차 낮은 계급의 천사들과 함께 하는 과정에서 섭리의 힘에 동참하는 능력 등은 모든 천사들의 특징입니다. 그러나 어떤 천사들은 초자연적이고 완전하게, 또 어떤 천사들은 부분적이고 열등하게 그러한 특징을 소유합니다.

2. 먼저 하나님의 말씀에서 불에 대한 묘사를 존중하는 듯한 이유를 다루어야 합니다. 하나님의 말씀에서는 불타는 바퀴,[74] 불타는

---

74) 단 7:9

생물,75) 심지어 이글이글 타오르는 사람76)을 묘사합니다. 또 이 천사들 주위에 타는 숯77)과 끝없는 불의 강78)을 두기도 합니다. 또 불타는 보좌79)에 대해 말하며, "세라핌"의 어원을 인용하면서 그들이 불타고 있다고 묘사하며, 또 불의 특징들과 활동을 지닌다고 간주합니다.80) 일반적으로 상위 계급을 언급하든지 하위 계급을 언급하든지, 하나님의 말씀은 항상 불이라는 표현을 존중합니다. 불이라는 표현은 천사들이 하나님을 닮은 방식을 가장 잘 표현해 주는 듯합니다.

그렇기 때문에 거룩한 신학자들은 종종 초월적이고 형상이 없으신 분을 불로 묘사합니다. 그것은 눈에 보이는 것들에서 파생된 상징으로서 하나님의 여러 가지 특성을 반영합니다. 눈에 보이는 불은 만물 안에 있습니다. 그것은 약해지지 않은 채 모든 것을 통과하며, 그것들을 완전히 초월합니다. 그것은 모든 것을 밝혀주면서도 감추어져 있습니다. 그것은 본질적으로 찾아낼 수 없으며, 물체에 작용할 때에만 분명히 알 수 있습니다. 그것은 멈출 수 없고 볼 수 없습니다. 그러나 그것은 모든 것의 주인입니다. 그것이 물체에게 작용하면, 그 물체는 불의 작용을 하게 됩니다. 그것은 가까이 오는 모든 것에게 자신을 줍니다. 그것은 타오르게 하는 따뜻함을 가지고서 회복을 야기합니다. 그것은 가려지지 않은 밝음으로 조명해주면서도 흐려지

---

75) 겔 1:13; 왕하 2:11
76) 마 28:3; 눅 24:4; 겔 1:4-7; 단 10:1
77) 겔 1:13, 10:2
78) 단 7:10
79) 단 7:9
80) 사 6:6

지도 않고 깨끗함을 유지합니다. 그것은 사물을 구별해주지만, 그럼에도 불구하고 변하지 않습니다. 그것은 솟아오르고 깊이 스며듭니다. 그것은 강렬하며 결코 쇠퇴하지 않습니다. 그것은 영원히 움직이며, 그 자체와 다른 것들을 움직이게 합니다. 그것은 사방으로 퍼지며, 어느 곳에도 갇히지 않습니다. 그것은 아무 것도 필요로 하지 않습니다. 그것은 눈에 보이지 않게 자라며, 받아들여지는 모든 곳에서 장엄함을 나타냅니다. 그것은 역동적이고 강력하며, 모든 것 안에 보이지 않게 존재합니다. 그것은 무시될 때에는 존재하는 것처럼 보이지 않지만, 마찰이 생기면 무엇인가를 찾아낼 것이며, 갑자기 모습을 나타내며, 억제할 수 없이 솟아오르며, 자신의 것은 아무 것도 상실하지 않으면서 모든 것과 즐겁게 교제할 것입니다.

그밖에도 불에는 하나님의 활동에 적용할 수 있는 다른 속성들이 있을 것입니다. 거룩한 일에 대한 전문가들은 천사들을 불로 묘사하면서 이것에 대한 통찰을 드러냈습니다. 그리하여 그들은 천사들이 얼마나 하나님과 흡사한지, 그리고 그들이 가능한 한도 안에서 얼마나 하나님을 모방하는지를 보여줍니다.

3. 그들은 인간의 영역에서 끌어낸 형상으로 천사들을 묘사하기도 합니다. 왜냐하면 인간은 지적 존재이며 보다 고귀한 것들을 바라볼 수 있기 때문입니다. 인간은 착실하고 고결하기 때문에 본성적으로 지도자요 다스리는 자입니다. 이성이 없는 동물들과 비교해보면 인간은 감각 인식능력의 등급에서는 가장 미약하지만, 그럼에도 불구하고 탁월한 지성의 능력과 이성적인 이해력에서 오는 지배력과

본성적인 자유와 영의 독립성을 가지고 만물을 지배합니다.

나는 인간의 몸의 각 부분이 천사들에게 적합한 상징들을 제공해 줄 수 있다고 생각합니다. 시력81)은 하나님의 빛들을 직접 응시하는 동시에 하나님으로부터 오는 조명들을 감정이 없이 저항도 없이 부드럽고 분명하고 순수하고 솔직하고 융통성 있게 받아들이는 능력을 연상시킵니다. 후각은 이해를 곤란하게 하는 향기들을 환영하고 피해야 할 적대적인 것들을 분별하는 능력을 의미합니다. 청력82)은 관념적인 거룩한 영감을 잘 아는 능력을 의미합니다. 미각은 개념적인 영양이 가득한 것 및 영양을 주는 거룩한 흐름을 받아들이는 것과 관련이 있습니다. 촉각83)은 유익한 것과 해로운 것을 구분하는 방법의 이해입니다. 눈꺼풀과 눈썹84)은 하나님에 대해 정신이 관찰한 것을 지키는 것을 의미합니다. 청년기와 젊음85)은 생명력의 영원한 활력을 가리킵니다. 치아는 영양을 공급해주는 온전함을 받아들여 분배하는 기술과 관련이 있습니다. 왜냐하면 모든 지적 존재들은 자기보다 더 거룩한 존재로부터 통일된 개념을 선물로 받은 후에 하위의 존재에게 그것을 분배하고 보급하여 그들이 상승할 수 있게 하기 때문입니다. 어깨, 팔,86) 손87)은 행동하고 성취하는 것을 의미합니다.

---

81) 겔 1:18, 10:12; 단 10:6; 계 4:6-8
82) 시103:20
83) 창세기 32:25에서 천사는 야곱의 환도뼈를 만졌다.
84) 이 용어들은 성경에 등장하지 않는다.
85) 마 16:5
86) 단 10:6; 삼하 24:16
87) 삿 6:21; 시 91:12; 겔 1:8, 8:3, 10:8, 10:21; 단 10:10, 127

심장은 자신이 보살피는 자들에게 생명을 주는 힘을 나누어주면서 하나님과 일치하여 사는 생명을 상징합니다. 가슴은 그 밑에 있는 심장의 활동을 지켜주는 불굴의 덕을 의미합니다. 등88)은 생명을 주는 모든 능력들의 결합을 드러냅니다. 발89)은 거룩한 것들을 향한 영구한 여정의 민첩한 이동과 속도를 의미합니다(이런 까닭에, 하나님의 말씀은 천사들의 발에 날개를 달았습니다. 왜냐하면 날개는 신속하게 올라가는 것, 하늘을 향해 올라가는 것, 세상적인 욕구를 초월하여 끊임없이 올라가는 추진력을 가진 여정을 의미하기 때문입니다. 날개의 가벼움은 세상적인 애착으로부터의 자유, 높은 곳을 향해 구속함을 받지 않고 올라가는 것을 의미합니다). 맨발과 몸은 이탈, 자유, 독립, 외적인 것에 물들지 않음, 하나님의 단순성에 일치할 수 있는 가장 큰 가능성 등을 의미합니다.

4. 단순한 "각종 지혜"90)는 벌거벗음을 덮어주며 천사들의 옷차림에 대해 말해줍니다. 그러므로 나는 천사들의 거룩한 옷과 도구들에 대해 설명하려 합니다. 불같이 빛나는 옷91)은 거룩한 형상을 상징하며, 불이라는 비유적 표현과 일치합니다. 조명하는 능력은 빛의 거처인 천국을 유업으로 받은 결과입니다. 그것은 정신 안에서 모든 것을 조명해주고, 정신 안에서 조명을 받습니다.

제사장의 옷92)은 영적으로 거룩하고 신비한 광경으로 인도해주며

---

88) 겔 1:18, 10:12
89) 사 6:2; 겔 1:7; 단 10:5; 계 10:1f.
90) 엡 3:10
91) 계 9:19, 15:6.

삶 전체를 성화하는 능력을 의미합니다. 띠93)는 천사들이 자신의 발생 능력에 대해 통제력을 발휘하는 것을 의미하며, 또한 그들이 함께 모이는 것, 통합하는 동화작용, 지칠 줄 모르고 자신의 정체성 주위를 선회하는 것을 의미합니다.

5. 지팡이94)는 천사들이 모든 것의 성취를 유도하면서 발휘하는 주권과 고귀한 능력을 가리킵니다. 창과 도끼95)는 닮지 않은 것들을 구별하는 기술, 그들이 지닌 명석한 분별력의 효용을 나타냅니다. 기하학이나 농업과 관련된 장비96)는 온전함의 기초를 놓고 세우고 완성하는 활동과 관련이 있습니다. 그것들은 하위의 천사들을 들어올려 주고 복귀시켜주는 섭리와 관련된 모든 것과 관계가 있습니다.

이따금 거룩한 천사들이 사용하는 것으로 묘사되는 도구들은97) 우리와 관련된 하나님의 심판을 상징하는데, 어떤 것은 잘못을 고쳐주기 위한 징계를 나타내고 어떤 것은 위험으로부터의 해방, 징계의 완성, 이전의 행복의 회복, 또는 가시적인 것이나 정신적인 것 등 크고 작은 선물들의 수여를 가리킵니다. 식별력이 있는 사람이라면 가시적인 상징들과 보이지 않는 실체 사이의 상호관계를 어렵지 않게 발견할 것입니다.

---

92) 겔 9:2, 10:6-8; 요 20:12; 행 1:10; 계 4:4
93) 겔 9:2; 계 15:6
94) 삿 6:21
95) 도끼: 겔 9:2. '칼"에 관해서는 창 3:24; 민 22:23; 수 5:13; 대상 21:14f.; 계 19:21, 20:1을 보라.
96) 겔 40:3; 암 7:7; 슥 2:1; 계 21:15
97) 계 8:6, 14:14-17, 20:1

6. 천사들이 어디에서든지 신속하게 작용하는 것, 하위의 천사들을 가장 높은 곳으로 올라가게 하며 자기들보다 상위의 천사들을 설득하여 아래로 내려와서 함께 교제하고 관심을 갖게 하기 위해서 위로부터 내려왔다가 다시 올라갈 때의 신속함의 상징은 "날개"98)입니다. 또 "날개"는 공중의 영을 의미하며 거룩한 천사들이 얼마나 하나님과 일치하여 사는지를 보여준다고 말할 수 있을 것입니다. 말씀은 하나님의 활동을 보여주는 상징입니다. 그것은 자연스럽게 움직이고 생명을 주며, 서둘러 앞으로 나아가며, 억제를 받지 않습니다. 이것은 우리는 알 수 없고 볼 수 없는 것, 즉 그 움직임의 근원과 목적의 은밀함 때문입니다. 성경은 "바람이 임의로 불매 어디서 오며 어디로 가는지 알지 못하나니"99)라고 말합니다. 나는 『상징신학』에서 사(四)원소를 설명하면서 이것을 보다 상세히 다루었습니다.

하나님의 말씀에서는 천사들을 구름100)이라고 표현하기도 합니다. 이것은 거룩한 천사들에게는 은밀한 빛이 초자연적으로 가득하다는 것을 보여주기 위한 것입니다. 그들은 오만함이 없이 직접 우선적으로 이 빛을 받았고, 매개자로서 이웃에 있는 자들에게 가능한 한 멀리 전해 주었습니다. 그들은 일종의 생성하는 힘, 생명을 주는 힘, 증가시키고 완성하는 힘을 소유합니다. 그들은 이해의 비를 내리게 하며, 자기들을 받아들이는 가슴에게 권하여 생명을 주는 기운을 낳게 합니다.

---

98) 시 104:4; 히 1:7
99) 요 3:8
100) 겔 1:4, 10:3; 계 10:1

7. 하나님의 말씀은 천사들에게 놋쇠, 호박금, 각색 보석의 형상을 상징으로 부여합니다. 금과 은을 포함하는101) 호박금102)은 은의 번쩍임과 광택뿐만 아니라 값비싼 금의 부패하지 않고 다함이 없고 오염되지 광채를 상징합니다. 놋쇠는 불이나 금을 상기시킵니다. 각색 보석103)은 상징적으로 다음과 같이 작용한다고 여겨야 합니다: 흰색은 빛, 붉은 색은 불, 노란 색은 금, 초록색은 젊음의 활력.

각각의 상징에는 그것이 나타내는 이미지에 대한 유익한 설명이 담겨 있습니다. 그러나 나는 이 문제에 대해서는 한껏 다루었다고 생각하므로, 이제 성경에서 천사들에게 부여하는 동물 상징들에 대해 설명하려 합니다.

8. 사자104)라는 상징에 대해 생각해 보십시오. 그것은 천사들이 지닌 불굴의 강력한 지휘권을 드러낸다고 여겨야 합니다. 천사들은 자신의 지성의 흔적을 덮음으로써 말할 수 없는 하나님의 비밀에 가능한 한 가까이 갑니다. 그들은 겸손하게, 그리고 신비하게 거룩한 조명의 상승의 여정을 감춥니다.

수소105)는 힘과 세력, 하늘의 풍부한 비가 내릴 지식의 밭고랑을 깊이 파는 능력을 상징합니다. 뿔은 방호하는 능력과 정복할 수 없는 능력의 표식입니다.

---

101) 겔1:7, 40:3; 단 10:6
102) 겔 1:4; 1:27; 8:2
103) 계 4:3, 21:19-21
104) 겔 1:10, 10:14: 계 4:7, 10:3
105) 겔 1:10; 계 4:7

독수리106)는 제왕의 힘, 정상을 향해 올라감, 신속하게 날아가는 날개, 민첩함, 재빠름, 속도, 노련하게 먹이가 있는 곳을 찾아냄, 시각적인 능력이 향상하여 직접적으로 자유롭고 확고하게 거룩한 태양의 풍부한 빛을 응시함 등에 대해 말해줍니다.

말107)은 순종과 유순함을 의미합니다. 말의 흰색은 하나님의 빛과 흡사함을 나타내며, 푸른색은 감추임의 상징이며, 붉은 색은 불의 영역과 힘을 의미합니다. 또 얼룩말은 상반되는 것들의 제휴, 상대방을 향해 움직이는 능력, 상위의 천사들이 하위의 천사들에게 적응하고 하위의 천사들이 상위의 천사들에게 적응할 수 있는 능력을 의미합니다.

지금 언급한 이 짐승들의 각 부분들에 대해서 자세히 언급하고 싶지만, 그렇지 못합니다. 부동의 유사성들에 의해서, 그것들을 당연히 천사들에게 적용할 수 있습니다. 따라서 그들의 노염은 노염으로 반영되는 지적 용기를 상징하며, 그들의 욕구는 하나님 앞에서 천사들이 느끼는 열망의 표현입니다. 간단히 말해서 이성이 없는 동물들의 모든 부분과 모든 느낌은 천사들의 통합하는 능력과 영적 개념을 상징합니다.

이것들은 지혜로운 사람들을 만족시킬 뿐만 아니라, 어울리지 않은 상징에 대한 설명은 비교할 수 있는 것들에 대한 비슷한 방식의 해석을 충족시켜줍니다.

---

106) 겔 1:10, 10:14; 단 7:4; 계 4:7
107) 왕하 2:11, 6:17; 슥 1>8-10, 6:1-5; 계 6:1-8, 19:14

9. 이제 천사들에게 강과 바퀴와 마차 등의 이름을 적용하는 이유를 살펴보겠습니다. 강처럼 흐르는 불108)은 영원히 억제되지 않고 넉넉히 흐르며 생명을 부여하는 비옥함을 주는 거룩한 통로를 의미합니다. 마차109)는 동일한 계급에 속한 천사들을 결속해주는 교제를 의미합니다. 빗나가거나 회전하지 않고 신속하게 달리는 바퀴110)는 배회하지 않고 직접 바른길을 따라가는 능력과 관계가 있습니다. 이는 천사들의 지성의 바퀴는 이 세상과는 전혀 다른 방식으로 나아가기 때문입니다. 그러나 정신의 바퀴라는 주제는 정신이 인식할 수 있는 상징들로부터 지적 의미로 상승하는 것으로 설명할 수도 있습니다. 이는 신학자가 지적한 것처럼, 그들은 "도는 것"111)이라고 불리기 때문입니다. 하나님처럼 생긴 불 바퀴들은 지고선이신 하나님 주위를 끊임없이 움직이면서 자신의 주위를 돕니다. 또 그것들은 감추어진 것들을 드러내며, 낮은 곳에 있는 정신을 들어 올려 주며, 가장 고귀한 가르침을 가장 낮은 것들에게로 가져갑니다.

마지막으로, 천사들의 기쁨에 대한 성경의 언급이 의미하는 것에 대해 설명하겠습니다. 천사들은 인간처럼 정념들로부터 끌어내는 즐거움을 경험할 수 없을 것입니다. 그러므로 성경은 잃어버린 자를 발견함으로써 얻는 하나님의 기쁨에 참여하는 방식을 언급합니다.112) 천사들은 하나님께로 돌아온 자들의 구원과 섭리 앞에서 거

---

108) 단 7:10; 겔 47:1
109) 왕하 2:11, 6:17; 시 104:3; 슥 6:1-8
110) 겔 1:15-21, 10:1-13
111) 겔 10:13
112) 눅 15:7-10

룩한 행복감, 선하고 후한 즐거움을 느낍니다. 하나님께서 신적 조명을 주실 때에 거룩한 사람들이 행복함을 느끼는 것처럼 천사들도 말할 수 없이 행복합니다.

    그러므로 거룩한 상징들과 관련하여 나는 다음과 같이 말해야 합니다. 그것은 모든 것을 분명히 하기에는 크게 부족할 것입니다. 그럼에도 불구하고, 나는 그것이 우리로 하여금 허구의 출현에 맞닥뜨리지 않게 해줄 것이라고 믿습니다. 내가 천사들과 관련하여 성경에서 언급한 모든 행동과 상징들과 능력들을 언급하지는 않았다고 반박하는 사람도 있을 것입니다. 그것은 사실입니다. 그러나 내가 어떤 것들을 언급하지 않은 것은 곧 내가 그것들의 초자연적인 실체를 이해하는 데 있어서 혼란을 느낀다는 사실을 인정한 것입니다. 나에게 진정으로 필요한 것은 이것들에게로 인도해주는 빛입니다. 내가 다루었던 것들과 비슷한 것들을 생략한 것은 내가 이 논문을 지나치게 확대하지 않으며 정중한 침묵 속에서 나를 초월하는 감추인 것들을 존중하려는 의도 때문입니다.

교회의 위계

제 1 장

장로 디오니시우스가 동료 장로 디모데에게: 교회의 위계에 대한 전승은 무엇이며, 그 목적은 무엇입니까?

1. 거룩한 아들들 중에서 가장 거룩한 분에게: 교회의 위계는 거룩하고 영감되고 거룩하게 이루어진 지혜와 활동과 온전함으로 이루어집니다. 나는 교회의 위계의 신비와 전승들에 의해 거룩한 비밀의 성례에 입문한 사람들에게 초자연적이고 지극히 거룩한 성경의 도움을 받아 이것을 증명해 주어야 합니다.

그러나 지극히 거룩하신 하나님을 배반하지 않도록 조심하십시오. 감추어져 계시는 하나님의 일에 관한 당신의 관심을 지성으로부터 오는 보이지 않는 지식 안에 나타내야 합니다. 이러한 신적인 것들을 초보적 가르침도 받지 못한 사람들에게 전하거나 그들로 말미암아 더럽혀지지 않게 해야 합니다. 당신이 소유하고 있는 거룩한 것이 거룩한 일에 유익을 주어야 합니다. 거룩한 조명에 의해서 거룩한 사람들에게만 거룩한 것을 전해주어야 합니다. 하나님의 말씀은 초자연적인 정신이시며, 완전히 신적인 정신이시요, 모든 위계와 성화와 하나님의 솜씨의 기초가 되는 분이시며 원천이신 예수님께서 우리의 상급자들[1])을 가르치신다는 것을 제자인 우리에게 가르쳐줍니다. 예수님은 그들의 능력이 닿는 한 그들을 예수님의 빛과 동화시키십니다. 예수님은 우리를 예수님께로 들어 올려 주며 또한 그 자체도 예수님께로 들어올려지는 아름다움을 향한 열망을 가지고서 우리의 모든 차이점들과 다시 세우십니다. 예수님은 우리의 생명과 성향과 행위를 통합된 거룩한 것으로 만드시고, 우리에게 거룩한 제사장직에 알맞은 능력을 주십니다.

그러므로 우리는 거룩한 직무와 관련된 거룩한 행동을 시작할 때에 우리보다 상위의 존재들에게 더 가까이 갑니다. 우리는 그들의 영속적이고 확고하고 거룩한 일관성을 힘껏 본받음으로써 예수님의 거룩한 광선을 바라보게 됩니다. 그리하여 볼 수 있는 모든 것을 보고 또한 본 것에 대한 지식의 가르침을 받은 후에, 이 신비한 이해에 의해 성화되고 또한 성화할 수 있을 것입니다. 빛으로 형성된 우리는 하나님의 일에 대한 초보적 가르침을 받아 완전해질 것이며 또 완전함을 이룰 것입니다.

2. 앞에서 천사들, 대천사들, 정사들, 권세들, 능력들, 주관하는 자들, 보좌들, 그리고 보좌들과 동등한 계급에 속하며 하나님의 말씀에서 영원히 하나님 가까이에 하나님과 함께 거한다고 말하는 케루빔

---

[1]) 저자는 인간 상급자들을 의미하는 것이 아니라 천사들의 위계에 속하는 거룩한 존재들을 의미한다.

과 세라핌 등에 대해서 기록한 바 있습니다. 또 천사들의 계급과 위계의 구분과 서열에 대해서 기록했습니다. 나는 가능한 한도까지, 그리고 가장 거룩한 저술들에서 하나님의 말씀이 인도하시는 대로 천사들의 위계를 언급했습니다.

그럼에도 불구하고, 지금 언급하는 천사들을 포함하여 모든 계급의 천사들이 위계에 따라 노력할 때에 어떻게 동일한 능력을 소유하는지, 그리고 그 존재와 균형과 계급이 어떻게 완전하고 신화되어 자기보다 하위의 천사들에게 전달되는지에 대해 논할 필요가 있습니다. 한편, 신화는 하나님으로부터 직접적으로 임하는 것으로서 그의 안에서 발생합니다. 하위 계급의 천사들은 상급자들을 따라야 하며, 또 자기보다 낮은 계급의 천사들의 향상을 장려하는데, 이들 역시 다른 천사들의 인도를 받아 앞으로 나아갑니다. 그리하여 이 영감을 받은 위계의 조화 때문에 각각의 천사들은 가능한 한 많이 참으로 아름답고 지혜롭고 선하신 분 안에 관여할 수 있습니다.

물론, 앞에서 말한 것처럼 우리보다 우월한 천사들은 영적인 존재요 계급에 속합니다. 그들의 위계는 개념적인 것들의 영역에 속하며, 이 세상과는 관계가 없습니다. 한편 우리는 인간의 위계가 우리를 위계적으로 상승시켜주는 인식할 수 있는 다양한 상징들로 다원화되어 결국 우리를 신화의 통일체 안에 놓이게 되는 것을 봅니다. 천사들은 그들의 지성 때문에 하나님에 대해 허용된 나름의 개념들을 소유합니다. 한편 인간들은 인식할 수 있는 상징들에 의해서 가능한 한도 내에서 상승하여 신적인 것을 보게 됩니다. 모든 존재들이 열망하는 대상은 동일하지만, 그들이 하나님에게 참여하는 방식은 동일하지 않습니다. 그들이 신적인 것에 참여하는 분량은 그들의 우수함에 따라 할당됩니다.

이것에 대해서는 『개념적인 것과 지각적인 것』 *(The Conceptual and the Perceptible)*2)에서 분명히 다루었으므로, 여기에서는 교회의 위계 및 그 근원과 본질을 묘사하려 합니다. 그렇게 하기 위해서는 먼저 모든 위계의 근원이요 완성이신 예수님을 의지해야 합니다.

3. 우리가 가지고 있는 거룩한 전통에 의하면, 모든 위계는 자체 안에 포함되어 있는 신성한 요소들의 완전한 표현입니다. 그것은 그 신성한 구성요소들 전체의 총계입니다. 따라서 교회의 위계는 각각의 거룩한 구성요소들을 포함한다고 말합니다. 이것 덕분에, 성직에 임명되는 거룩한 주교는 자신에게 맡겨진 거룩한 활동에 종사할 것입니다. 그렇기 때문에 그는 "주교"라고 불립니다. "위계"란 모든 거룩한 실체들의 배열을 언급하는 것입니다. "주교"란 영감을 받은 거룩한 사람, 거룩한 지식을 완전히 이해하는 사람, 전체 위계가 완성되고 알려지는 데 있어서 한 부분이 되는 사람을 언급하는 것입니다.

이 위계의 근원은 생명의 근원,3) 선의 존재, 만물의 유일한 원인, 즉 만물에게 생명과 행복을 주시는 선하신 삼위일체입니다. 모든 것

---

2) 이 논문은 현재 유실되었거나, 완전히 가상의 논문이다. EH 2 397C 31 124A 12f., EH 1 377A 4f., and EH 5 501D 44-46을 보라.
3) 렘 2:13, 17:13; 시 36:9

을 초월하시며 한 분인 동시에 세 분이신 이 복된 하나님은 우리에게 는 분명하지 않지만 하나님 자신에게는 분명한 이유들 때문에 이성 적인 존재들, 인간들 및 인간보다 우월한 존재들의 구원을 보장하기 로 결심하셨습니다. 이것은 구원받는 사람들의 신화(神化)를 동반해 야만 발생할 수 있습니다. 신화는 가능한 한 하나님을 닮고 하나님과 연합하는 것으로 이루어집니다.

모든 위계의 공통 목표는 하나님 및 하나님의 일을 계속 사랑하는 것, 영감된 독특한 방식으로 거룩하게 이루어지는 사랑으로 이루어 지는데, 그 전에 먼저 그와 반대되는 것들을 완전하고 확실하게 피해 야 합니다. 그것은 실제로 존재하는 것들에 대한 지식으로 이루어집 니다. 그것은 거룩한 진리를 보고 이해하는 것으로 구성됩니다. 그것 은 하나님을 닮은 온전함 및 한 분이신 하나님 자신에 참여하는 것으 로 이루어집니다. 그것은 지성을 양육해주며 그것에 응하여 일어서 는 모든 것을 거룩하게 해주는 거룩한 환상을 누리는 것으로 구성됩 니다.

4. 우리는 다음과 같이 말해만 합니다. 복된 하나님은 모든 신화 (神化)의 근원이십니다. 지극히 관대하신 하나님은 신화된 사람들에 게 이 신화의 실체를 선물로 주십니다. 하나님은 이성과 지성을 가진 모든 존재의 신화와 구원을 보장하기 위한 선물로서 위계를 주셨습 니다. 하나님은 이 세상을 초월한 사람들에게 영적이고 지적인 방식 으로 그것을 주셨습니다(하나님께서 그들을 자극하여 신적인 것을

향하게 하시는 것은 외부로부터 이루어지는 것이 아닙니다. 하나님은 지성에 의해서 내면으로부터 그 일을 하시며, 기꺼이 순수하고 영적인 광선으로 그들을 비추어 주십니다). 성경은 하늘의 천사들이 연합하여 독특하게 받은 이 선물을 우리에게 적합한 방식으로, 즉 다양하고 풍부한 복합적인 상징들에 의해서 전해줍니다. 이런 까닭에 교회의 위계의 본질은 거룩하게 전해진 성경에 의해서 진술됩니다. 더욱이, 우리는 영감을 받은 거룩한 교사들이 기록한 거룩한 책에 기록된 것들을 존중해야 합니다. 또 하늘의 위계에 속한 천사들에게 정신에게서 정신으로 모든 것이 주어졌듯이, 우리의 지도자들은 거룩한 사람들이 영적인 가르침을 통해서 주었던 모든 것들을 문자적 표현과 유형적인 표현이인 동시에 저술과는 무관하기 때문에 영적인 표현을 통해서 우리에게 드러내 주었습니다. 그러나 영감을 받은 주교들은 공공연한 개념들이 아니라 거룩한 상징들 안에서 협력하여 거룩한 행동으로 이것들을 전해 주었습니다. 이는 모든 사람이 다 거룩한 것은 아니며, 또 성경에서 주장하는 것처럼 지식은 모든 사람들을 위한 것은 아니기 때문입니다.4)

5. 교회의 위계에서 최상위의 지도자들은 초월적인 하나님으로부터 거룩한 선물을 충분히 받았습니다. 그 후에 선하신 하나님은 그들을 보내어 다른 사람들을 인도하여 동일한 선물을 받게 하셨습니다. 그들은 마치 신들처럼 자기들보다 하위의 사람들을 상승시켜 신화하게 하려는 관대하면서도 뜨거운 충동을 가지고 있었습니다. 그리

---

4) 고전 8:7

하여 그들은 감각 세계에서 끌어낸 상징들을 사용하여 초자연적인 것에 대해 말했습니다. 그들은 다양하고 잡다하게 결합된 것을 전해 주었습니다. 필연적으로 그들은 신적인 것을 인간적인 것으로 만들었습니다. 그들은 비물질적인 것에 물질성을 가했습니다. 그들은 기록된 가르침이나 그렇지 않은 가르침을 통해서 초자연적인 것들을 인간의 수준으로 가져왔습니다. 상징들에 접근할 수 없는 불경한 사람들 때문이 아니라 교회의 위계 자체가 상징적인 것이기 때문에, 그들은 명령받은 대로 이렇게 행했습니다. 우리를 개념들의 영역으로 끌어올리기 위해서는 인식 가능한 것들이 필요합니다.

그러한 상징을 사용하는 이유들이 거룩한 교사들에게 계시되었으므로, 입문 상태에 있는 사람들에게 그것들에 대해 충분히 설명하는 것은 옳지 않은 일이었을 것입니다. 그들은 하나님으로부터 거룩한 규범들을 진술하는 능력을 받은 사람들이 위계를 혼동이 없는 불변의 계층들로 조직하고 각각의 계층에게 알맞은 지위를 배당하는 데 힘쓰고 있다는 것을 이해했습니다.

나는 주교들과 관련하여 이러한 하나님의 선물 및 다른 것들을 당신에게 주고 있습니다. 이는 당신이 한 엄숙한 약속들 때문인데, 그 중에는 당신과 같은 계급에 속한 거룩한 교사들이 아닌 다른 사람에게는 결코 주교들이 소유한 거룩한 말씀을 전하지 않겠다는 약속이 포함되어 있습니다. 나는 당신에게 성직자의 위계에 관한 법을 준수하면서 깨끗한 것을 깨끗하게 다루고, 하나님의 사람들과 함께 하나님의 일을 하며, 실제로 온전해진 사람들에게만 온전함을 나누어주며, 가장 거룩한 사람들에게만 거룩한 것을 나누어주겠다는 약속을 강요할 것입니다.

제2장

I. 조명(illumination)의 의식

교회의 위계의 목표는 하나님을 가장 많이 닮고 연합하는 것이라고 말한 바 있습니다. 성경은 우리가 계명들을 지키고 거룩한 법을 행해야만 이것을 획득할 것이라고 가르칩니다. "사람이 나를 사랑하면 내 말을 지키리니 내 아버지께서 저를 사랑하실 것이요 우리가 저에게 와서 거처를 저와 함께 하리라."[5] 그렇다면, 가장 존중되는 계명들을 실천하기 위한 출발점은 어디입니까? 우리의 영혼이 수용적인 태도로 거룩한 말씀을 들으며, 하나님의 거룩한 활동을 받아들이며, 천국에서 우리를 기다리는 기업을 향한 상승의 길을 깨끗이 하며, 거룩한 중생을 받아들이려 하는 것입니다.

---

5) 요 14:23

우리의 유명한 교사6)의 말에 의하면, 하나님의 사이랑 먼저 우리를 거룩한 것으로 이동시킵니다. 하나님의 명령의 제정을 향해 나아가는 이 사랑의 최초의 전진은 말할 수 없는 방식으로 우리의 거룩한 탄생을 초래합니다. 신화란 거룩한 탄생을 소유하는 것입니다. 거룩하게 출발하지 않은 사람은 하나님으로부터 받은 진리들을 이해할 수 없고 실천할 수도 없습니다. 인간사에 있어서도 우리는 먼저 존재하고, 그 다음에 자신에게 적절한 것을 행하지 않습니까? 존재하지 않는 것들은 움직이지 않으며 실존의 시작도 하지 못하지만, 어떤 식으로든지 존재하는 것은 그에 어울리는 것만 만들어 내거나 경험합니다. 그러므로 우리는 거룩한 탄생7)과 관계가 있는 거룩한 상징들을 보며, 초보적 가르침을 받지 못한 사람이 이 훌륭한 것에 접근하지 못하게 해야 합니다. 눈이 약한 사람은 태양 광선을 볼 수 없으며, 우리가 능력이 닿지 않는 것을 다룰 때에는 위험이 따릅니다. 율법 시대에 성직자들이 성물을 만진 웃시야와 맡겨진 직무 이상의 일을 행한 고라와 자신의 임무를 불경스럽게 수행한 나답을 거부한 것은 옳은 행동이었습니다.8)

---

6) 히에로테우스
7) "거룩한 탄생"이란 세례의 성례를 지칭한다.
8) 웃시야: 대화 26:16-21; 고라: 민 16; 나답: 레 10:1f.

II. 조명의 신비

1. 주교는 하나님을 닮음으로써 "모든 사람이 구원을 받으며 진리를 아는 데 이르기를"9) 원합니다. 그는 본성적으로 선하신 하나님이 땅에 거하는 모든 사람들에게 자비하시며 인류를 향한 사랑 때문에 우리에게로 내려오려 하셨으며 신화될 수 있는 모든 사람들을 불처럼 자신과 하나로 만드셨다는 복음을 전파합니다. "영접하는 자 곧 그 이름을 믿는 자들에게는 하나님의 자녀가 되는 권세를 주셨으니 이는 혈통으로나 육정으로나 사람의 뜻으로 나지 아니하고 오직 하나님께로서 난 자들이니라."10)

2. 초자연적인 실재를 사랑하며 그와의 관계를 동경하는 사람은 먼저 입문자에게 가서 주교에게 안내해달라고 부탁하며 자기에게 주어지는 모든 것에 완전히 순종하기를 약속합니다. 그는 주교에게 자신의 교육 및 미래의 생활과 관련된 모든 것을 맡겨달라고 부탁합니다. 부탁을 받은 사람은 그 사람의 구원을 원하면서도, 인간적인 상황과 그 일의 중요함을 비교하고서 두려움과 불확실성에 사로잡힙니다. 그러나 결국 그는 호의를 갖게 되어 자신에게 요구된 일을 행하기로 동의하며, 그 사람을 주교에게 데려갑니다.

3. 주교는 이 두 사람과 더불어 기뻐합니다. 그는 마치 잃었던 양을 찾아 어깨에 메고 가는 사람과 같습니다.11) 그는 감사하고 찬송합니

---

9) 딤전 2:4
10) 요 1:12-13

다. 그는 감사하는 마음을 가지고 엎드려 부름 받은 사람을 부르시고[12] 구원받은 사람을 구원하신 자비한 근원을 공경합니다.

4. 그 후 주교는 자기가 속한 계급의 성직자들을 모두 거룩한 장소에 모이게 하여 함께 이 사람의 구원을 찬양하며 하나님의 선하심에 감사합니다. 주교는 먼저 모든 사람들과 함께 성경에서 인용한 찬송을 부릅니다. 그 다음에는 거룩한 식탁에 입을 맞추고, 기다리고 있는 지원자에게로 가서 그곳에 온 이유를 묻습니다.

5. 지원자는 하나님의 사랑으로 충만하여 자기의 후견인이 가르쳐 준 대로 대답합니다. 그는 자신의 불경함, 참으로 아름다운 것에 대한 지식의 부족, 내면에 하나님의 것이 된 삶의 부재 등과의 관계를 끊습니다. 그는 하나님 및 하나님의 일과 만날 수 있도록 중재해줄 것을 주교에게 요청합니다. 주교는 지극히 완전하시고 흠이 없으신 하나님께 접근하려면 자신을 완전히 바쳐야 한다고 말해줍니다. 주교는 하나님의 소유가 된 삶에 대해 가르쳐주고, 그러한 삶을 원하느냐고 묻습니다. 지원자가 "예"라고 대답하면, 주교는 지원자의 머리에 손을 얹고 십자표를 긋습니다. 그런 후에 사제들에게 지원자와 후견인을 입회시키라고 말합니다.

6. 그들을 입회시킨 후에, 거룩한 기도를 드립니다. 모인 사람들은

---

11) 눅 15:5
12) 마 22:3

모두 함께 기도합니다. 그는 지원자의 신발 끈을 풀고, 부제들에게 그의 옷을 벗기게 합니다. 그 다음에 그는 지원자로 하여금 혐오의 몸짓으로 두 손을 벌리고 서쪽을 바라보게 합니다. 그리고 사탄을 거부하고 포기한다고 말하라고 세 번 명령합니다. 주교가 세 번 말하면, 지원자가 그 말을 복창합니다. 그 다음에 그는 지원자에게 동쪽으로 향하고 위를 바라보며 두 손을 하늘을 향해 들게 한 후에 그리스도와 거룩하게 주어진 모든 가르침에 복종하라고 명령합니다.

7. 그런 후에, 지원자에게 세 번 신앙고백을 하라고 요구하며, 지원자가 그대로 행한 후에 그를 위해 기도하고 그를 축복하고 그에게 안수합니다. 부제들이 지원자의 옷을 완전히 벗기고, 사제들이 도유식을 위해 거룩한 기름을 가져옵니다. 주교는 세 번 십자표를 그으면서 도유식을 시작하고, 사제들로 하여금 지원자의 몸을 완전히 기름으로 바르게 하고, 주교 자신은 모든 거룩한 입양의 근원을 향해 나아갑니다. 주교는 거룩한 기원을 하면서 물을 축성하고 매번 십자표를 그으면서 거룩한 기름을 세 번 물에 탑니다. 기름을 탈 때마다 하나님께서 선지자들에게 감화하셨던 거룩한 노래를 부릅니다.[13] 주교는 지원자를 자기에게 데려오게 합니다. 사제들 중 한 사람이 지원자와 후견인의 이름을 부릅니다. 그 다음에 사제들은 지원자를 물이 있는 곳으로 데려가서 주교에게 인계합니다. 주교는 조금 높은 장소에 섭니다. 주교는 지원자를 세 번 물속에 담그는데, 그가 물속에 들어갈 때마다 건너편에서 사제들이 그의 이름을 외칩니다. 지원자가 물속에

---

13) 즉 "알렐루야"

들어갔다가 나올 때마다, 주교는 복되신 삼위께 기도합니다. 그 다음에 사제들은 지원자를 다시 후견인에게 데려가서 그와 함께 지원자에게 옷을 입힌 후에 다시 주교에게 데려갑니다. 주교는 거룩한 기름을 사용하여 그에게 십자성호를 그으면서 그가 성찬에 참여할 준비가 되었다고 선언합니다.

8. 부차적인 모든 과정을 마친 후, 주교는 다시 일어나서 근본적인 것을 관상합니다. 그는 자신의 임무와 관련이 없는 것 때문에 곁길로 벗어나지 않기 위해서, 한 가지 거룩한 실체에서 다른 실체에게로 나아가는 일을 멈추지 않기 위해서, 그리고 항상 거룩한 성령의 인도하심 아래 거하기 위해서 그렇게 행합니다.

III. 관상(contemplation)

1. 거룩한 탄생을 상징하는 이 성례의 인지할 수 있는 상징들 안에는 부적당하거나 불경한 것이 없습니다. 그것은 인간의 지성에 적합한 자연적인 묵상에 의해서 하나님에게 합당한 관상 과정의 수수께끼를 숙고합니다.14) 이 의식들을 행하는 이유들과는 상관없이, 그것이 거룩한 가르침으로 지원자에게 거룩한 생활방식을 가르치는 것, 물로 몸을 씻음으로써 그가 고결하고 하나님께 헌신하는 삶을 살 때에 자신에게서 악을 완전히 제거해야 한다는 것을 가르치는 것이 어

---

14) 고전 13:12

찌 잘못된 것처럼 보일 수 있겠습니까? 비록 더 이상의 거룩한 의미를 지니지 않는다고 해도, 상징적으로 행해지는 이 일들의 전통에는 불경한 것이 없다고 생각됩니다. 왜냐하면 그것은 거룩한 생활방식을 가르치며, 물로 온 몸을 씻을 때에 악한 생활 방식을 완전히 정화한다고 제안하기 때문입니다.

2. 이것은 입문하지 않은 사람들을 위한 초보적 지침입니다. 왜냐하면 그것은 하나의 위계를 단결시키고 통합해주는 것들과 많은 비속한 것들에 속하는 것들을 구분해주며 각각의 계급에게 알맞은 분량의 상승을 배당하기 때문입니다. 그러나, 우리는 경건하게 눈을 들어 이 의식들의 근원을 바라보며, 그것들에 대한 가르침을 받았으므로 이러한 흔적들의 원형과 이러한 상징들로 표현된 보이지 않는 것들을 인지할 것입니다. 나는 『개념적인 것과 인식 가능한 것』(*The Conceptual and the Perceptible*)이라는 책에서 거룩한 상징들은 개념적인 것들의 인지할 수 있는 표식이라고 지적한 바 있습니다. 그것들은 개념적인 것들에게로 가는 길을 보여주고 그것들에게로 이끌어줍니다. 개념적인 것들은 인지할 수 있는 위계의 표현들의 기초가 되는 이해요 근원입니다.

3. 그러므로 거룩하고 선한 복은 영원히 그 자체를 닮지만, 그럼에도 불구하고 지성의 눈으로 바라보는 보는 사람에게 유익한 빛을 넉넉히 비추어줍니다. 그러나 지적 존재들은 자유의지 때문에 정신의 빛을 저버릴 수 있으며, 악한 것을 원하기 때문에 그러한 시각 및 본

성적인 조명의 능력을 폐쇄할 수 있습니다. 그들은 끊임없이 제공되며 그들의 보지 못하는 눈을 비추어주는 이 빛을 자신에게서 제거합니다. 이 빛은 지극히 선하기 때문에, 도망치는 그들을 서둘러 좇아갑니다.

또 이러한 존재들은 자신의 시력의 한계 너머로 움직이며, 시력의 한계를 능가하는 광선을 응시할 수도 있습니다. 여기에서 빛은 빛으로서의 본성에 역행하지 않을 것입니다. 영혼은 절대적인 온전함에게 충분히 헌신하지 않기 때문에 자신과 관계가 없는 실체들에게 도달하지 못할 뿐만 아니라, 오만하게 행동하여 자신이 이용할 수 있는 것까지도 빼앗길 것입니다. 그러나, 앞에서 말했듯이 빛이신 하나님은 빛을 응시해야 하는 정신의 눈에게 끊임없이 자신을 제공하십니다. 하나님은 항상 그곳에 계시며, 항상 자신을 선물로 주실 준비를 하고 계십니다. 거룩한 주교는 이것을 본받아 영감을 받은 자신의 가르침의 빛을 모든 사람들에게 아낌없이 부어주며, 하나님을 본받아 항상 자신에게 나아오는 모든 사람에게 빛을 줄 준비가 되어 있으며, 이전의 배교나 범죄에 대해 불평이나 불경한 노염을 나타내지 않습니다. 그는 자신에게 나아오는 모든 사람에게 경건하고 계층적으로 인도해주는 빛을 주되, 조화롭고 질서정연하게, 그리고 각 사람이 거룩한 것을 향하는 성향에 비례하여 줍니다.

4. 그러나 거룩한 존재들의 지성이 자기인식을 획득하는 분량의 기준이 되는 이 거룩한 배열의 근원은 하나님이시므로, 자신의 본성을 성찰하려는 사람은 처음에는 자신의 본체를 발견할 것이며, 빛을

올려다본 결과로서 이 첫 번째 거룩한 선물을 획득할 것입니다. 그는 편견이 없는 시선으로 자신의 참 모습을 성찰한 후에 무지의 어두운 구덩이를 피할 것입니다. 그러나 그는 아직 하나님과의 완전한 연합과 참여에 대해 충분히 배우지 못할 것이며, 또 그의 내면에서 이것을 향한 열망이 솟아나지도 않을 것입니다. 그는 자기보다 더 진보한 사람들의 중재 덕분에 점진적으로 높은 단계로 올라갈 것입니다. 그는 거룩한 계급의 규칙에 따라서 자기보다 높은 수준에 있는 사람들의 도움, 궁극적으로는 최상위 계급에 속한 사람들의 도움을 받으면서 하나님이 계신 정상으로 올라갈 것입니다.

이 조화롭고 거룩한 질서를 나타내는 상징은 지원자의 공손한 태도, 자기인식, 후견인의 도움을 받아 성직자에게로 가는 길 등입니다. 이렇게 진보한 사람에게는 그에 알맞은 하나님의 복이 주어지며, 분명한 상징으로서 빛의 표식이 주어집니다. 그는 신화되어 거룩한 모임을 이룬 사람들의 무리에 받아들여집니다. 이것들을 나타내는 거룩한 상징은 주교가 지원자에게 십자성호를 긋는 것과 사제들이 그와 후견인의 이름을 거룩한 명부에 기록함으로써 그들 두 사람을 구원받은 자들에 포함시키는 것입니다. 이는 지원자는 참으로 진리를 향한 생명을 주는 여정을 열망하며 거룩한 지도자를 따르고, 후견인은 추종자를 하나님께서 전해주신 길로 확실히 인도하기 때문입니다.

5. 우리는 양립하지 않는 실체에 동시에 관여할 수 없으며, 진정으로 하나님 안에 참여하기를 원하면서 하나님과의 교제에 들어가는

사람은 분열된 삶을 살지 못합니다. 그러한 사람은 이 교제를 해치는 모든 것을 대적해야 합니다. 지원자에게서 과거의 삶을 빼앗고 이 세상에 대한 마지막 애착들을 제거하며 그로 하여금 맨발로 벌거벗고서 서쪽을 향해 서서 두 손을 내밀어 악의 어두움과의 모든 거래를 부인하고 하나님과의 일치를 대적하는 모든 것을 버리게 하는 이 상징적인 전통은 이 모든 것을 암시합니다. 이렇게 튼튼해지고 자유롭게 된 그는 동쪽을 향해 서며, 악을 버렸으므로 깨끗하게 하나님의 빛을 바라볼 수 있다는 말을 듣습니다. 유일하신 하나님을 향하겠다는 거룩한 서원을 할 때에, 진리를 향한 사랑 때문에 하나가 된 그 사람은 전통 안에 받아들여집니다.

위계들을 이해한 사람들은, 하나님에게 이르기 위해 지속적으로 노력하는 지적 존재들에게는 반대되는 것의 완전한 죽음과 붕괴에 의해 거룩한 것의 형상을 완전히 모방하는 불변의 능력이 주어진다는 것을 분명히 알 것입니다. 악한 행동을 완전히 버리는 것만으로는 충분하지 못하며, 단호해야 합니다. 모든 타락을 담대하게 대면해야 합니다. 진리를 향한 거룩한 사랑이 조금이라도 감소해서는 안 됩니다. 끊임없이 경건하게 힘껏 그것을 향해 올라가야 하며, 항상 하나님의 궁극적인 온전함을 향해 상승해야 합니다.

6. 위계에 따른 교회 의식들은 이러한 현실들을 나타내는 정확한 상징들입니다. 경건한 주교가 거룩한 기름부음의 의식을 시작하지만, 실제로 지원자에게 기름을 바르는 것은 사제들입니다. 그들은 지원자에게 그의 훈련자인 그리스도와 함께 거룩한 경기를 하라고 명

합니다. 하나님이신 그리스도는 경기를 준비하시며, 성인들은 경기의 규칙을 진술하며, 승리자가 받을 상은 아름다움입니다. 또 선수들은 선으로써 자신의 자유를 지키고 사망과 멸망의 세력을 정복합니다. 지원자는 거룩한 경기라고 알고 있는 것에 기꺼이 참여할 것이며, 지혜로운 경기의 규칙들을 따르고 지킬 것입니다. 그의 희망은 선하신 경기의 주최자가 명하신 대로 훌륭한 위치를 상으로 받는 것입니다. 그는 최상위의 선수들의 선에 의해 확립된 거룩한 트랙을 따라 달려갈 것입니다. 그는 거룩한 경기를 모방한 예선 경기에서 자신의 신화를 방해하는 모든 존재와 모든 행위를 대적하여 싸울 것입니다. 우리는 세례를 받을 때에 죄에 대해 죽음으로써 그리스도의 죽음에 참여한다고 말할 수 있을 것입니다.15)

7. 상징들이 거룩한 것들을 얼마나 적절하게 전달하는지 살펴보겠습니다. 우리는 죽음이란 생명의 완전한 소멸이 아니라 연결되어 있던 두 부분의 분리라고 여깁니다. 죽음은 영혼을 눈에 보이지 않는 세계로 데려가며, 영혼은 그곳에서 몸을 상실하고서 형태가 없이 됩니다. 그리고 몸은 땅 속에 감추어져서 유형적 형태가 변화되어 인간의 모습을 빼앗깁니다. 그렇기 때문에, 지원자는 형태가 소멸되는 이 죽음과 매장의 상징인 물속에 완전히 잠겨야 합니다.

이 상징적인 교훈은 세례를 받는 사람이 세 번 물에 들어갔다가 나옴으로써 사흘 밤낮을 무덤에 계셨던 분, 이 세상의 통치자가 전혀 죄가 없다고 여기신 분, 생명을 주시는 예수님의 거룩한 죽음을 모방하

---

15) 롬 6:3f.; 골 2:12; 딤후 2:11.

는 신비를 가르쳐줍니다.

8. 그 다음에 사제들은 지원자에게 흰색 옷을 입힙니다. 그의 용기와 하나님을 닮음, 일자를 향한 확고한 추진력은 다른 불순한 것들에 대해 무관심하게 만듭니다. 그의 내면의 무질서 위에 질서가 임합니다. 형상이 없는 것을 형상이 인수합니다. 그의 삶 전체를 빛이 비추어줍니다.

지원자에게는 성유를 발라 주었기 때문에 향기가 납니다. 이는 완전히 거룩한 탄생은 지원자들을 하나님의 영과 결합해주기 때문입니다. 이렇게 향기롭게 하고 온전하게 하는 사역을 행하는 것은 정신의 영역에 속하는 것이므로 말로 묘사할 수 없습니다. 나는 이것을 지혜롭게 인식하는 방법에 관한 설명은 하나님의 영과 교제하는 권리를 획득한 사람들에게 맡기겠습니다. 의식을 마친 후, 주교는 지원자를 온전하게 해줄 성찬에 참여하게 합니다.

제3장

I. 성찬 예배 집회[16]

앞에서 성찬식을 언급했으므로, 그것을 간과하고 위계의 다른 기능을 설명하는 것은 옳지 않을 듯합니다. 나의 스승께서 선언하셨듯이, 이것은 성례전들 중의 성례전입니다. 나는 위계에 대한 거룩한 성경의 전승을 사용하여 그것에 대한 거룩한 기사들에 대해 논하고, 하나님의 영의 감화에 의해서 상승하여 그것을 관상해야 합니다.

우선, 다른 성례전들의 특징이기도 하지만 무엇보다도 이 성례, 특히 "성찬식"과 "성찬 예배 집회"라고 언급되는 것의 특징이 무엇인

---

[16] 다음을 보라: E. Boularant, "L'Eucharistie d'après le pseudo-Denys l'Aléopagite," *Bullitin de littérature ecclésistique* 58 (1957): 193-217, 59 (1958): 129-69: I. P. Sheldon-Willams, "The Ecclesiastical Hierarchy of Pseudo-Dionysius," *Downside Review* 82 (1964): 293-302, 83 (1965): 20-31; P. Scheppens, "La liturgie de Denys le Pseudo-Aréopagite," *Ephemrides ligurgicae* 63 (1949): 357-75.

지 살펴보겠습니다. 모든 거룩한 입문 활동은 우리의 분해된 삶을 통합된 신화(神化)로 이끌어줍니다. 그것은 분열된 우리 내면을 거룩한 통일체를 만듭니다. 그것은 우리에게 하나님과의 교제와 연합을 부여해줍니다. 그러나 위계를 표현하는 다른 상징들의 완성은 성찬식의 거룩하고 완전하게 해주는 선물들에 의해서만 성취됩니다. 모든 성례전을 행할 때에 각각의 의식의 절정으로서 성찬식을 행하며 성찬을 받는 사람을 위해 영적으로 모이며, 하나님이 주시는 선물로서 신비하게 온전하게 해주는 능력들을 수여하며, 그 사람과 하나님과의 교제를 온전하게 해야 합니다. 각각의 성례전은 하나님을 향한 모임과 교제를 완성하지 못하는 만큼 불완전하며, 또 불완전하기 때문에 우리를 철저하게 완전하게 할 수 없습니다. 각각의 성례전의 주된 목적은 참석자에게 하나님의 신비를 전해주는 것입니다. 따라서, 교회의 위계와 관련된 전승에서는 성취되는 것의 본질적인 특징을 상징하는 이름을 만들어냈습니다.

거룩한 탄생의 성례도 마찬가지입니다. 그 성례는 거룩한 조명의 원천으로서, 먼저 빛을 소개합니다. 그렇기 때문에 우리는 그 성례전을 찬미하며 조명이라는 이름을 부여합니다. 주교의 활동에는 하나님의 빛을 지원자들에게 전하는 일이 포함되지만, 그럼에도 불구하고 이 성례는 나에게 처음으로 보는 은사(gift of sight)를 주었습니다. 이 성례에서부터 오는 빛은 나로 하여금 다른 거룩한 것들을 보게 해주었습니다.

이제 계층적 순서에 따라서 이 거룩한 성례의 상세한 행위와 관상

(contemplation)에 대해 살펴보겠습니다.

II. "성찬 예배 집회" 또는 성찬식의 신비

집전자(주교)는 거룩한 제단 앞에서 기도한 후에 분향하고 그 거룩한 장소를 돕니다. 그는 제단으로 돌아와서 시편 찬송을 부르기 시작하며, 참석한 사람들 모두가 함께 찬송을 부릅니다. 그 후에 부제들이 거룩한 책의 봉독을 시작합니다. 그런 후에 예비신자들은 거룩한 장소를 떠나며, 귀신들린 자들과 참회자들도 나갑니다. 그리하여 거룩한 것을 보고 성찬을 받을 자격이 있는 사람들만 남습니다. 몇 명의 부제들이 거룩한 장소의 문이 열리지 않도록 지킵니다. 다른 부제들은 자신의 직위에 알맞은 직무를 행합니다. 사제들을 비롯하여 선택된 부제들이 제단에 축복의 잔과 떡을 올려놓습니다.[17] 이렇게 하기 전에 회중들은 보편적 믿음의 찬송을 부릅니다. 그 후에 주교는 기도를 하고 모두에게 거룩한 평화를 권합니다. 나머지 사람들은 모두 의식적인 입맞춤을 나누며, 거룩한 책의 낭독이 끝납니다. 주교와 사제들이 물로 손을 씻은 후, 사제들과 부제들은 제단을 둘러싸고, 주교는 제단 중앙에 앉습니다. 주교는 하나님의 거룩한 역사를 찬미하고, 가장 거룩한 행동을 시작하기 시작합니다. 그는 제단에 배설된 상징들을 통해서 상징되는 것들을 들어 올려 보여줍니다. 그는 성찬을 받고 나누어준 후에 감사함으로 마칩니다. 회중들이 거룩한 상징

---

17) 고전 10:16

들을 보고 만족하는 동안, 주교는 성령에 의해서 성례 의식의 가장 거룩한 원천으로 들려 올라갑니다. 그는 복되고 개념적인 관상 안에서, 그리고 하나님과 일치하는 그의 삶의 특징인 깨끗함으로 행합니다.

III. 관상

1. 이제 거룩한 원형의 진리와 일치하는 이 비유적 표현에 따라서 아직 기초 교육을 받고 있는 예비 신자들에게 영적 지침을 제공해야 합니다.

상징들의 다양하고 거룩한 구성은 그것들의 외적 특성만 제공하지만, 그렇다고 해서 유익이 없는 것은 아닙니다. 성가 영창과 성경 낭독은 고결한 삶의 규칙들을 가르쳐줍니다. 특히, 파괴적인 악으로부터 자아를 정화해야 할 필요성을 가르칩니다. 떡과 포도주를 평화롭고 거룩하게 나누는 것은 동일한 음식을 먹은 그들의 삶이 영감을 받은 음식을 완전히 나누는 일에 참여해야 한다는 것을 규범으로 진술합니다. 또 그것은 모든 의식들의 최초의 상징인 거룩한 만찬을 기억하게 합니다. 이 모든 상징들의 창시자는 자신에게 헌신하지 않은 사람을 거룩한 식사에 참석하지 못하게 하셨습니다.[18] 따라서 그것은 거룩한 떡과 포도주를 받기에 합당하게 된 사람에게는 그것들과 동화되고 교제할 수 있는 은혜가 주어진다는 것을 가르쳐줍니다.

---

18) 마지막 만찬 때에 유다는 다른 제자들로부터 떨어져 있었다(요 13:21-30).

2. 그러나 관상에 관한 초보적 교육을 받지 못한 사람들을 위해서는 내면의 성소에 들어가는 것에 관해 묘사된 이 상징들을 다루지 않는 것이 좋습니다. 그러나 거룩한 성찬예배 집회가 결과에서 원인에게로, 그리고 예수께서 주실 빛 안에서 움직여야 한다고 생각할 때에는 원래의 복된 아름다움을 반영하는 개념적인 것들을 희미하게 관상할 수 있을 것입니다. 오, 지극히 거룩한 성례여, 당신을 둘러싸고 있는 불가해한 상징적인 옷을 거두십시오. 우리에게 당신을 분명히 보여 주십시오. 베일을 벗은 통합해주는 빛으로 우리의 정신의 눈을 채워 주십시오.

3. 이제 거룩한 것들 속으로 들어가서 상징들 중 으뜸이 되는 것의 의미를 살펴보겠습니다. 우리는 그것에게 거룩한 형상을 주는 아름다움을 주의 깊게 바라보아야 합니다. 그리고 주교가 제단에서 분향하면서 거룩한 장소의 끝까지 갔다가 돌아오는 모습을 경건하게 바라보아야 합니다. 모든 존재를 초월하시는 복된 하나님은 그 선하심 때문에 성찬에 참여하는 사람들과 교제하기 위해서 점차 바깥쪽으로 나아가지만, 근본적인 안정성과 부동성에서 벗어나지 않습니다. 그분은 힘껏 하나님께 순응하는 사람을 비추어 주시면서도 본질적인 주체성을 유지하십니다. 마찬가지로, 성찬예배 집회에서 거룩한 성찬은 있는 그대로, 고유하게, 단순하게, 그리고 분할할 수 없게 남아있지만, 그럼에도 불구하고, 인간을 위한 사랑 때문에 그것은 상징들로 구성된 거룩한 다양성 가운데서 많은 형태로 드러납니다. 그것은 자신을 확대해서 모든 위계적인 이미지를 포함합니다. 그런 후에

이 다양한 상징들을 모두 하나의 통일체로 모아들이며, 자신의 고유한 하나 됨으로 복귀하며, 그것을 향해 거룩하게 들려 올려진 모든 것을 위해 통일성을 수여합니다. 동시에 그는 위계에 관한 자신의 특별한 이해를 하급자들에게 전합니다. 그는 무수히 많은 거룩한 수수께끼들을 의지합니다. 그 다음에 자기보다 하위에 있는 어떤 것에게도 방해를 받지 않고 아무런 손해도 입지 않고 자유로이 출발점으로 돌아갑니다. 그는 정신적으로 하나님(the One)을 향해 여행합니다. 그는 분명한 시선으로 거룩한 의식들의 근저에 있는 실재들의 근본적 통일성을 바라봅니다. 그가 인간을 향한 사랑 때문에 시작한바 이차적인 것을 향해 나아가는 전진의 목표는 근본적인 것들로의 거룩한 복귀입니다.

4. 시편 찬송은 성사(聖事)의 일부이며, 모든 성사들 중에서 가장 위계적인 것을 동반해야 합니다. 성경에는 성례전의 거룩하고 경건한 들어 올림에 뿌리를 두고 신화될 수 있는 사람들을 위한 교훈이 담겨 있습니다. 성경은 법적인 위계와 사회를 포함하여 이처럼 존재하는 모든 것에게 하나님께서 본질과 배열을 주신다는 것을 가르칩니다. 성경은 하나님의 백성과 관련이 있는 제비뽑기와 분배와 나눔에 의해서 분할을 규정합니다. 성경은 하나님 안에서 생활한 거룩한 사사들과 지혜로운 왕들과 제사장들의 전승을 가르쳐 줍니다.[19] 성경은 우리의 조상들로 하여금 많은 불행들을 참고 견딜 수 있게 해주었던 강력하고 확고한 관점을 표현합니다.[20] 성경은 삶을 위한 지혜로

---

[19] 사사기; 사무엘상하; 열왕기 상하; 역대기 상하; 에스라서; 느헤미야서

교회의 위계 | The Ecclesiastical Hierarchy   323

운 지침들,21) 하나님의 사랑을 묘사하는 노래들,22) 장래에 관한 예언들,23) 인간 예수의 거룩한 말씀,24) 하나님이 주셨으며 하나님을 본받는 공동체들,25) 그리고 주님의 제자들의 거룩한 가르침26) 등을 줍니다. 성경에는 가장 사랑받은 제자가 본 은밀하고 신비한 환상27)과 예수님에 관한 초자연적인 하나님의 말씀이 있습니다. 게다가, 거룩한 찬송들은 하나님의 말씀과 솜씨를 찬미하며, 하나님의 사람들이 말하고 행한 모든 것을 찬미합니다. 그것들은 거룩한 것들을 다룬 시적인 이야기이며, 경건한 정신을 가진 모든 사람으로 하여금 교회의 성례를 받고 전할 수 있게 해줍니다.

5. 이 거룩한 찬송들 및 그것들이 요약하는 거룩한 진리들은 우리의 영으로 하여금 우리가 곧 찬양할 것과 하나가 될 준비를 갖추어줄 때, 그것들이 우리를 신적인 조화를 이루게 하며 신적 실재들뿐만 아니라 우리의 독립된 자아들 및 다른 사람들과 조화를 이루어 거룩한 사람들의 순일(純一)한 합창대를 이루게 할 때, 거룩한 본문들이 제공하는 이해할 수 있는 무수히 많은 상징들과 선언들이 시편찬송이 제공하는 요약된 내용과 분명치 않은 윤곽을 설명해줍니다. 경건한

---

20) 욥기
21) 잠언
22) 아가서
23) 불특정의 예언서들
24) 공관복음
25) 사도행전
26) 불특정의 서신서들
27) 요한계시록

시선으로 이러한 본문들을 고찰한다면, 통일성을 가져다주고 성실한 감정이입을 명시해주는 것을 보게 될 것인데, 그것의 원천은 하나님의 영입니다. 그렇기 때문에, 과거의 전승을 계승하여 세상에 신약성서를 전파하는 것이 옳습니다. 하나님에게서 오는 것이며 위계의 질서에 의해 규정된 이 순서는 과거의 전승이 예수님의 신적 사역을 어떻게 예고하며 신약성서가 실제로 예수께서 그러한 사역을 어떻게 성취했는지를 증명해줍니다. 전자는 상징들에 의해서 진리를 기록했고, 후자는 실제로 일어난 일을 묘사했습니다. 전자가 예고한 것의 진리는 후자가 묘사한 사건들에 의해 확인되었습니다. 신적 사역들은 신적 말씀의 완성입니다.

6. 거룩한 성례전이 가르치는 것에 대해 무관심한 사람들은 상징들을 이해하지 못합니다. 그들은 거룩한 탄생을 가져다주는 구원의 입문을 거부했고, "우리가 주의 도리 알기를 즐겨하지 아니 하나이다"[28]라는 성경말씀을 그대로 되풀이하여 답하여 멸망했습니다. 예비신자들과 귀신들린 자들과 참회자들은 교회의 위계의 가르침들을 따르고 시편찬송과 거룩하게 영감 된 글들의 낭독을 경청해야 합니다. 그들은 잇달아 발생하는 거룩한 행동들 및 완전한 것들을 완전히 보기 위해 예비 된 관상에 합류하지 못합니다. 이는 하나님에 순응하는 교회의 위계에는 거룩한 의가 충만하기 때문입니다. 교회의 위계는 각 사람에게 합당한 것을 주며, 모든 사람에게 구원을 위해서 거룩한 것들을 적당하게 나누어줍니다. 그것은 거룩한 선물들을 적절

---

28) 욥 21:14

한 시기에 조화롭고 알맞은 분량만큼 나누어줍니다. 예비신자들은 가장 낮은 계급에 속합니다. 그들은 아직 입문하지 못했고, 그렇기 때문에 교회의 거룩한 의식들에 참여하지 못합니다. 그들은 신적 탄생 안에 있는 영감 된 존재를 받지 못했지만, 온정적인 성경에 의해 부화되고 있습니다. 그들은 신적 탄생의 첫 번째 생명과 빛과 복된 도입을 얻기 위해서 생명을 주는 글들에 의해서 형성되고 있습니다. 그것은 조산된 아기의 상황과 같습니다. 그들은 사산된 태아처럼 준비되지 않고 형태도 갖추지 못합니다. 그들에게는 생명도 없고 빛도 없습니다. 그들의 겉모습을 보고서 그들이 어머니의 자궁의 어두움에서 나왔기 때문에 빛에 도달했다고 말하는 것은 어리석은 말일 것입니다. 어쨌든 인간의 몸에 대해서 많은 것을 다루는 임상의학에 의하면 빛이 작용하려면 그것을 받아들일 수 있는 기관들이 있어야 합니다.

그러나 예비신자들을 부화시키는 데 우선적으로 작용하는 것은 거룩한 것들에 대한 지혜로운 이해입니다. 그것은 그들에게 형태를 주고 생명으로 인도해주는 성경의 초보적 양식을 줍니다. 후일 그들의 생명이 충만해지고 신적 탄생에 이르게 되면, 그것은 그들의 구원을 위해 작용하며, 그들로 하여금 장차 그들을 조명해주며 온전하게 해줄 것과의 교제를 허락합니다. 그러나 그들의 온전함이 아직 불완전하기 때문에, 이 거룩한 것들의 조화를 보호하며 예비신자들의 부화와 생명을 지키기 위해서 그들이 온전한 것들을 소유하지 못하게 합니다. 이것은 위계에 의해 작성된 거룩한 질서에 따른 것입니다.

7. 귀신들린 자들의 미사는 그 자체가 불경한 것이지만, 가장 낮은 계급인 예비신자들보다는 한 단계 위입니다. 아직 입문하지 않았거나 거룩한 의식에 참여하지 않은 사람과 현재 적대적인 주술이나 혼란에 붙들려 있는 사람의 지위는 동등하지 않습니다. 그러한 사람들에게는 거룩한 떡과 포도주를 보며 성찬에 참여하는 것을 금하는 것이 마땅합니다. 실제로 거룩한 사람, 성찬을 받을 권리가 있는 사람, 온전하게 하는 완전하게 해주는 신화로 말미암아 들려 올려져서 가능한 최고의 한도까지 하나님과 일치한 사람이 진정으로 육에 속한 실체들에게 무관심하다면, 그는 최고 한도로 신화되고 하나님의 영의 전이요 동료가 될 것입니다. 그는 자신이 상징적으로 표현하는 분처럼 망상이나 대적에 대한 두려움에 사로잡히지 않을 뿐만 아니라 그들을 조롱할 것입니다. 만일 대적이 나타난다면, 그는 그들을 저지하고 추적할 것입니다. 그는 피동적이지 않고 적극적으로 행동할 것입니다. 그는 무감각과 인내를 자기의 상태의 주도적 규범으로 택했기 때문에 마치 이런 것들에게 사로잡힌 사람들을 도와주는 의사처럼 보일 것입니다.

이런 까닭에, 지혜롭게 판단하는 교회의 위계의 구성원들은 귀신들린 자들, 즉 거룩한 본보기를 따르는 삶을 버리고 혐오스러운 귀신들의 생각과 특성을 받아들인 사람들이 최악의 세력에 노출되어 있다는 것을 이해합니다. 그들은 매우 어리석기 때문에 참으로 실재하는 것, 불멸의 재산과 영원한 축복을 저버립니다. 그들은 변화, 물질의 특징인 다양한 정념들, 사라지고 썩어질 쾌락, 사물의 불안정성, 외관상의 행복을 동경하고 또 그것들을 위해 일합니다. 사람들을 구분하는 책임을 맡은 부제는 제일 먼저 이들을 구분해냅니다.29) 이는 그들은 선한 것으로의 복귀를 목표로 하는 성경적 가르침이 아닌 의식에 참석하는데, 그것은 옳지 않기 때문입니다. 결국 거룩한 의식은 이 세상에 속한 것이 아닙니다. 심지어 과거에는 참석했었던 참회자들도 참석하지 못합니다. 거룩한 사람들만이 참석할 수 있습니다. 그것은 지극히 정결한 상태에서 이렇게 말합니다: "어떤 종류의 불완전함 때문에 하나님과의 일치의 중요한 지점에 이르지 못한 사람은 나를 볼 수 없으며, 나와 교제하지 못한다." 이 지극히 정결한 음성은 가장 거룩한 것에 참여할 자격을 가진 사람들과 하나의 정신이 되지 못한 모든 사람들을 거부합니다. 이런 까닭에 정념에 개입되어 있는 귀신 들린 자들의 미사는 불경한 것이며 떡과 잔을 보고 받을 수 없다고 간주됩니다.

  우선적으로 성례전과 관련하여 불완전한 사람들은 본당 회중석에 들어가지 못하며 그러한 의식에 참석할 수 없습니다. 그 다음으로는 거룩한 생활방식을 포기한 사람들도 참석할 수 없습니다. 그 다음은 비겁하게도 적대적인 두려움과 망상에 굴복하는 사람, 영속적인 신화를 부여해줄 거룩한 것들과 일치하는 데 이르지 못한 사람들도 참석할 수 없습니다. 그 다음에는 적대적인 삶은 버렸지만 하나님을 향한 희석되지 않은 열망이 영구적인 것이 되지 못하여 헛된 상상들을 완전히 버리지 못한 사람들도 참석할 수 없습니다. 마지막으로, 아직 완전히 하나님을 닮지 못했으며, 율법의 표현을 빌자면 흠이나 얼룩

---

29) 이것은 귀신들린 사람들을 예배 의식에서 제거하는 것을 의미한다.

이 완전히 제거되지는 않은 사람들이 참석할 수 없습니다.30)

가장 거룩하게 성찬에 참석하며 환상을 좋아하는 사람들은 가장 거룩한 성례전을 경건하게 바라보며 선을 행하시고 나누어주시는 분, 참석하는 사람들을 신화시키는 수단이 되는 구원의 성례를 제정하신 근원이 되시는 분을 기리기 위해 찬송을 부릅니다. 이 찬송은 때로는 찬양의 고백, 경모의 상징이라고 불립니다. 또 이 찬송은 하나님에게서 오는 모든 복된 선물의 요약이기 때문에 교권적인 감사기도라고 불립니다. 이 찬송은 우리를 위해 행하시는 하나님의 모든 역사를 찬양하는 것이라고 생각됩니다.31) 그것은 우리가 하나님의 선하심 때문에 존재와 생명을 소유한다는 것, 하나님은 영원한 아름다움의 본보기를 사용하셔서 우리는 자기의 형상으로 지으셨다는 것, 그리고 우리로 하여금 신적인 상태에 참여하고 상승할 수 있게 해주셨다는 것을 상기시켜 줍니다. 또한 우리가 어리석음 때문에 하나님의 선물을 상실했을 때에 하나님은 우연한 선물들을 통해서 우리의 원래의 상태를 상기시켜 주셨다는 것, 인간의 본성을 취하심으로써 우리로 하여금 하나님의 본성에 완전히 참여할 수 있게 해주셨다는 것, 그럼으로써 우리로 하여금 하나님 자신 및 신적 실재와 교제할 수 있게 해주셨다는 것을 상기시켜 줍니다.

8. 이처럼 인간을 향한 하나님의 사랑을 찬미한 후에, 덮개를 씌운

---

30) 예를 들면, 출 29:1; 레 1:3, 3:1; 민 6:14; 시 119:1.
31) 이것은 사도신경을 언급하는 듯하다. 사도신경은 5세기말에 비로소 전례에 도입되었다.

거룩한 떡과 축복의 잔을 가져옵니다. 그리고 평화의 입맞춤을 합니다. 그 후에 거룩한 책을 낭독합니다. 이는 우리가 서로 분열되어 있으면 함께 모여 하나님을 예배하고 하나님과 평화로운 연합을 이룰 수 없기 때문입니다. 그러나, 만일 우리가 하나님에 대한 관상과 지식의 조명을 받는다면, 우리는 연합되고 거룩한 통일성을 획득할 수 있게 되며, 대등한 사람들이 육체적이고 정념에 물든 적대감의 근원이 되는 욕망의 분열에 굴복하지 않을 것입니다. 이것이 평화의 입맞춤이 우리를 위해 규정하는 나누이지 않은 통일된 삶인 듯합니다. 그것은 비슷한 사람들끼리 결합해주며, 거룩하고 특별한 환상들로부터 분열된 것들을 제거해줍니다.

9. 평화의 입맞춤을 한 후에는 거룩한 글을 낭독합니다. 이때에 거룩하게 살면서 고결한 생활을 완성하기 위해서 지속적으로 노력한 사람들의 이름이 발표됩니다. 그리하여, 우리는 그들의 본보기를 따르며 하나님과 일치하는 데서 오는 행복을 보장해줄 생활 방식을 채택하라는 권유를 받습니다. 이때에 아직 죽지 않았지만 하나님의 말씀이 가르치는 것처럼 사망에서 완전히 거룩한 삶으로 옮겨간 사람들은 산 사람이라고 선포됩니다.32) 물론, 거룩한 생활을 상기하게 해주는 이 경건한 사람들에게는 기념하게 해주는 비유적 표현을 사용할 필요가 없기 때문에 이들의 이름이 기념할 사람들의 복된 명부에서 포함되는 것은 아닙니다. 그것은 하나님께서는 하나님과의 일치를 통해서 온전함을 얻는 사람들을 아시며 영원히 영광을 주신다는

---

32) 요일 3:14; 요 5:24

것을 적절한 방식으로 전달하려는 의도입니다. 성경은 "주께서 자기 백성을 아신다 하며"33) "성도의 죽는 것을 여호와께서 귀중히 보시는도다"34)라고 말합니다(여기에서 성도의 죽는 것이란 그들의 경건의 완성을 의미합니다). 거룩한 제단 위에 그리스도를 상징하는 경건한 상징들을 놓는 동안 성인들의 이름을 낭독함으로써 그들이 거룩하고 초자연적인 연합 안에서 그리스도의 확실히 결합되어 있음을 분명히 합니다.

10. 위에 묘사된 방식으로 이러한 의식들을 행한 후, 집전자인 주교는 거룩한 상징물인 성찬 앞에 섭니다. 그는 물로 손을 씻습니다. 성경이 말하는 대로, 이미 목욕한 사람은 머리와 사지 외에는 씻을 필요가 없습니다.35) 그는 이렇게 손을 씻음으로써 하나님과의 일치의 완전한 순수함을 보존하게 되었으므로 더럽혀지지 않고 자유로이 머물면서 부차적인 임무를 행할 수 있을 것입니다. 그는 완전히 하나가 될 때에 즉시 하나님께로 돌아갈 수 있으며, 더러움이 없이 깨끗하게 하나님께로 돌아감으로써 하나님께 대한 일치의 충만함과 일관성을 유지할 수 있습니다.

앞에서 정결례가 율법 시대의 성직 정치의 특징이었다고 말했는데, 이것이 집전자들과 사제들이 손을 씻는 의식의 기초입니다. 이 지극히 거룩한 행동에 임하는 사람들은 영혼 안에 있는 환상들까지

---

33) 딤후 2:19
34) 시 116:15
35) 요 13:10

도 정화해야 합니다. 그들은 자신이 거행하는 의식의 순수함에 합당하게 정결해야 하며, 그럼으로써 더 거룩한 환상들의 조명을 받을 것입니다. 이는 초자연적인 광선들은 그들의 심상 안에 만들어진 거울에 자신의 영광을 더욱 순수하고 밝게 발산하려 하기 때문입니다.

집전자와 사제들이 거룩한 성찬 앞에서 사지, 또는 손가락 끝까지 씻는 것은 그리스도께서 우리의 모든 생각, 심지어 은밀한 생각들까지 아신다는 것, 그리고 널리 미치는 시선과 철저히 공정하고 완전한 판단에 따라 이처럼 사지를 씻도록 규정하신 분이 그리스도라는 것을 보여주려는 것입니다. 그리하여 집전자는 거룩한 실재와 하나가 됩니다. 그는 하나님의 거룩한 행위를 찬양한 후에 가장 거룩한 의식을 거행하면서 찬양된 것을 들어 올려 보게 합니다.

11. 이제 우리를 대상으로 하는 하나님의 활동들에 대해 설명해보려 합니다. 나는 그것들 모두를 찬양하는 말을 하거나, 그것들을 철저히 알거나, 사람들을 그것들의 신비 속으로 인도할 수 없습니다. 그러나 만일 교회의 위계의 도움을 받는다면, 적어도 하나님의 사람들인 주교들이 무엇을 찬양하고 찬미하는지 말할 수 있습니다.

태초부터 인간의 본성은 어리석게도 하나님이 주신 선한 것들로부터 벗어났습니다. 인간의 본성은 다양한 욕망들에 속한 삶을 의지했고, 결국 죽음이라는 대재앙에 이르렀습니다. 그 후에 참으로 선한 것을 거부했습니다. 즉, 낙원에서 인간을 위해 정해진 거룩한 법을 무시하게 되었습니다. 생명을 주는 멍에를 벗어버린 인간은 하나님의 축복에 반항하고 제멋대로 행하여 마귀의 유혹과 악한 공격을 받았습니다. 또 영생 대신에 죽을 운명을 선택했습니다. 인간은 썩어질 것으로부터 태어났기 때문에, 세상에 태어났던 것처럼 다시 세상을 떠나야만 합니다. 그는 자유의지에 의해서 거룩한 상승적인 삶을 버리고 반대 방향으로 끌려가서 더러운 정념 속에 빠졌습니다. 인류는 파괴적이고 악한 무리의 유혹을 받아 바른 길에서 벗어나 방황하면서[36] 참 하나님을 버리고 신들이나 친구들을 섬긴 것이 아니라, 본성적으로 경건이 부족하기 때문에 잔인하게 인간의 약점을 이용하여 존재의 와해와 멸망의 위험으로 끌고 가는 원수를 섬겼습니다.

　인간을 무한히 사랑하시는 선하신 하나님은 우리에게 끊임없이 그 섭리적 선물들을 부어주십니다.[37] 하나님은 죄를 제외하고는 인간의 본성적인 특징들을 모두 취하셨습니다. 그분은 자신의 진정한 상태를 전혀 상실하지 않으시고 전혀 변화도 없이 비천한 우리와 하나가 되셨습니다. 그분은 동등하게 탄생한 우리가 그분과 교제하며 그분의 참된 아름다움에 참여하는 것을 허락하셨습니다. 그리하여 우리의 감추어진 전승이 가르치는 것처럼, 그분은 압도적인 힘을 통하지 않고 성경에서 가르치는 것처럼 의롭고 분별력 있는 행위에 의해서 우리를 반역한 자들의 세계에서 탈출할 수 있게 하셨습니다.[38] 그분은 자비롭게도 우리의 본성을 완전히 변화시키셨습니다. 그분은 우리의 어둡고 기형적인 정신을 자비롭고 거룩한 빛으로 채우시고 신화된 상태에 어울리는 사랑스러움으로 치장해 주셨습니다. 그

---

36) 딛 3:3
37) 딛 3:4
38) 사 42:1-4

분은 우리의 본성을 거의 완전한 파멸 상태에서 구해주시고, 우리 영혼의 거처를 저주받은 정념과 멸망할 더러움에서 구해주셨습니다. 마지막으로, 그분은 우리에게 초현세적인 들어올림과 감화된 생활 방식을 보여주시며 우리의 능력이 닿는 한도까지 그것에 맞추어 우리를 형성해 주셨습니다.

12. 거룩한 찬송과 교회가 정한 거룩한 행동에 의해서 끊임없이 하나님의 거룩한 행위를 기억하지 않는 것 외에 다른 방식으로는 하나님을 닮을 수 없습니다. 성경이 말한 것처럼, 우리는 그분을 기념하여 이것을 행합니다.[39] 이것이 하나님의 사람인 집전자가 거룩한 제단 앞에 서는 이유입니다. 그는 예수께서 영광스럽게 이루신 거룩한 일들, 이 세상에서 인류의 구원을 위해 거룩하신 섭리를 발휘하신 것을 찬양합니다. 성경이 말하는 것처럼, 그는 지극히 거룩하신 아버지와 성령의 기쁨을 위해서 이것을 행합니다.[40] 집전자는 이 모든 장엄한 일을 찬양하는 노래를 부르고, 개념적인 관상을 하기 위해서 정신의 눈으로 이 광경을 봅니다. 그는 계속하여 하나님이 정하신 규칙에 따라서 자기의 임무인 상징적인 거룩한 행위를 수행합니다. 이것이 그가 하나님의 행위를 찬양한 후에 자기가 감당할 수 없이 거룩한 임무를 행하는 데 대해 사과하는 이유입니다. 그는 경건하게 "이것은 너희를 위하는 내 몸이니 이것을 행하여 나를 기념하라"[41]고

---

39) 고전 11:24f.; 눅 22:19
40) 마 3:17; 막 1:11; 눅 3:22
41) 고전 11:24f.; 눅 22:19

외칩니다.

  그 다음에 그는 이 거룩한 임무를 행하기에 족하게 해달라고 기도합니다. 그는 자신이 그리스도처럼 거룩한 일을 행할 수 있게 해달라고 기도합니다. 또 자신이 지혜롭게 성찬을 나누어줄 수 있고, 또 성찬에 참여하는 사람들도 불경함이 없이 참여할 수 있게 해달라고 기도합니다. 그런 후에 가장 거룩한 행동을 하면서 거룩한 상징들을 통해 찬미된 떡과 포도주를 들어 올립니다. 떼지 않은 상태로 뚜껑을 덮어 놓았던 떡을 꺼내어 여러 조각으로 나눕니다. 또, 그는 포도주를 모든 사람들에게 나누어주는데, 이것은 상징적으로 배가하여 나누는 것입니다. 그리하여 집전자는 거룩한 행동을 마칩니다. 선함과 인류를 향한 사랑 때문에, 지극히 거룩한 말씀이신 예수님의 감추인 단순한 통일성은 우리를 위해 성육의 과정을 취하셨고, 또 아무런 변화를 겪지 않은 채 눈에 보이는 복합적인 실체가 되셨습니다. 그분은 우리를 위해서 자신과의 통합하는 교제를 이루셨습니다. 그분은 자신의 탁월한 신성과 우리의 비천함을 결합하셨습니다. 우리는 죄가 없는 거룩한 생활과 동행하는 일치에 의해서 한 몸의 지체들처럼 그분에게 매달려야 합니다.42) 우리는 썩게 만드는 정념이 만들어내는 죽음에 복종하거나, 완전하고 온전한 거룩한 몸의 지체와 일치하지 못하게 되거나, 지체들과 하나가 되어 헌신된 삶 안에서 그들과 함께 살지 못하게 되어서는 안 됩니다. 만일 우리가 그분과의 교제를 열망한다면, 육체 안에 있는 그분의 신적 생명에 주목해야 합니다. 우리가

---

42) 엡 5:30; 롬 12:5; 고전 12:27

경건하고 흠이 없는 상태를 원하려면 그분의 죄 없으심을 본보기로 삼아야 합니다. 이것이 주께서 우리에게 자신의 형상과의 교제를 허락해 주시는 방법입니다.

13. 이것이 거룩한 의식을 거행하면서 집전자가 성찬의 덮개를 제거할 때, 떡을 나눌 때, 분배된 성찬과 그것을 받는 사람들이 하나가 될 때, 참석한 모든 사람의 완전한 교제가 이루어질 때에 계시되는 것입니다. 그는 지각할 수 있는 것, 비유적 표현에 의지하여 우리의 전인에게 생명을 주는 것을 분명히 합니다. 그는 우리에게 예수 그리스도를 보여줍니다. 그는 그리스도께서 인간을 향한 사랑 때문에 신성의 감추임을 벗어나서 인간의 형상을 취하신 것, 섞이지 않은 상태에 머물면서도 우리 가운데 성육하신 것을 보여줍니다. 그는 본성적인 통일체이신 주님이 변화됨이 없이 분해된 인간의 수준으로 내려오신 것을 보여줍니다. 우리가 온전함을 이루어 하나님 및 거룩한 것들과의 교제를 얻기 위해서 그분의 신적 생명과 하나가 되고 본받으려 한다면, 인간을 향한 사랑에 고취된 그분의 자비로운 행동들이 인류를 자신에게 참여하여 자신의 선에 동참하라고 부르신다는 것을 그는 보여줍니다.

14. 집전자는 친히 거룩한 성찬을 먹고 분배한 후에 전체 회중들과 함께 감사기도로 예식을 마칩니다. 성찬을 분배하기 전에 먹는 것이 옳습니다. 성찬을 분배하는 것보다 받는 것이 항상 우선합니다. 이것이 보편적인 순서이며 거룩한 성찬에 알맞은 조화로운 배열입

니다. 거룩한 인도자는 우선 하나님께서 사람들에게 주라고 명하신 거룩한 성찬을 받은 후에 사람들에게 나누어줍니다.

거룩한 생활방식을 지배하는 규칙에도 동일한 이치가 적용됩니다. 스스로 규칙적으로 거룩함을 실천하기 전에 사람들에게 거룩함을 가르치려 하는 사람은 악한 사람이며 거룩한 규범을 알지 못하는 사람입니다. 가장 빛나고 깨끗한 생물은 우선 태양 광선으로 채워진 후에 그 풍성한 빛을 다른 생물들에게 전해주듯이, 하나님의 감화와 택함에 의해 지도자의 임무로 부름을 받지 않았거나 아직 완전하고 영속적인 신화를 획득하지 못한 사람은 다른 사람들을 지도하려 하지 말아야 합니다.

15. 거룩한 계급에 속한 사람들은 모두 모여 거룩한 성찬에 참여한 후에 감사 기도로 예식을 마칩니다. 그들은 하나님의 활동의 선물을 공개적으로 선언하고 찬미합니다. 하나님의 무한한 선물들은 본질적으로 감사를 받아야 마땅하지만, 거룩한 것에 참여하지 않고 알지 못하는 사람들은 감사기도에 참여하지 않습니다. 앞에서 말한 것처럼 악을 향하는 사람들은 하나님의 선물에 주의를 기울이지 않습니다. 하나님의 활동에 대해 끝없이 감사해야 하지만, 그들은 악하기 때문에 배은망덕하게 됩니다. 성경은 "맛보라"43)고 말합니다. 하나님의 선물들에 대한 초보적 가르침을 받은 예비 신자들은 자신이 받은 큰 선물들을 알아볼 것입니다. 그들은 이러한 선물들을 받음으로 말미암아 그것들이 얼마나 훌륭한 것인지 보게 될 것입니다. 그들은

---

43) 시 34:8

그것을 받은 후에야 비로소 그것들의 장엄함이 얼마나 높고 넓은지 깨달을 것입니다. 그 때에 그들은 하늘로부터 내려오는 하나님의 거룩한 선물들을 찬미하고 감사할 수 있을 것입니다.

제4장

I. 도유식, 그리고 그것에 의해 온전해지는 것[44]

1. 앞에서 거룩한 성찬예배 집회, 그리고 하나님과 우리의 교제와 모임을 가져오는 정신의 훌륭한 통찰에 대해 살펴보았습니다. 그러나 동일한 계급에 속하는 또 다른 온전함의 의식(儀式)이 있습니다. 우리의 교사들은 그것을 도유식이라고 불렀습니다. 우리는 그 의식의 각 부분이 제공하는 거룩한 상징들을 상세히 살펴보고, 각 부분을

---

44) 도유식에 대한 연구서로는 다음을 보라: W. Strothmann, *Das Sakrament der Myron-Weibe in der Schrift De ecclesiastica hierarchia der Pseudo-Dionysius Areopagita* (Wiesbaden: Harrassowitz, 1977-1978; *Göttinger Orientforschungen*, Riehe I, Bd. 15); Jacob Thekeparampil, "Weihreachsymbolik in den syrischen Gebeten des Mittelaters und bei Pseudo-Kionyisios," in *Typus, Symbol, Allegorie bei den östlichen Vältern und ihren Parallelen in Mittelater*, ed. Margot Schmidt (Regensbufg: Friedrich Pusstet, 1981), pp. 131-45 (Eichstätten Beiträge, 4).

통해 위계적 관상을 하면서 상승할 것입니다.

II. 도유식의 신비

성찬 예배 집회 때와 마찬가지로, 집전자가 거룩한 곳에서 분향할 때에 불완전한 계급에 속한 사람들은 퇴장하며, 참석자들은 경건하게 시편 찬송과 성경 독서를 행합니다. 그런 후에 집전자는 성유를 제단으로 가져갑니다. 모두 하나님이 예언서에서 감화하신 거룩한 노래를 부릅니다. 기름을 성별하는 기도를 드립니다. 이 기름은 거룩한 성화의 성례전에서 교회의 거의 모든 성별 의식을 위해 사용됩니다.

III. 관상

1. 이 성별 의식에는 성유를 거룩하게 다루는 방법에 대한 초보적이고 상승적인 교훈이 있는 듯합니다. 그것은 거룩한 사람들이 정신 안에 있는 거룩한 향기를 은밀하게 덮어두는 것을 보여주려는 것입니다. 하나님은 거룩한 사람들이 숨어 계시는 하나님을 닮기 위한 고결한 노력의 아름다움과 향기를 헛되이 사방에 뿌리는 것을 금하셨습니다. 이러한 거룩한 아름다움들은 감추어져 있습니다. 그것들의 향기는 이해력의 수고를 초월하는 것이며, 남용을 피합니다. 그것들은 이해할 수 있는 정신에게만 자신을 드러냅니다. 그것들은 부패하지 않는 장점을 지닌 적절한 상징들에 의해서만 우리의 영혼 안을 비

추어줍니다. 이런 까닭에 하나님께 일치하는 것은 개념적이고 향기로운 아름다움에 시선을 고정할 때에 그 대상의 참된 상징으로 나타날 수 있습니다. 이러한 조건에서, 영혼은 자신에게 감동을 줄 수 있으며 내면에서 사랑스러움을 모방할 수 있습니다.

지각할 수 있는 형상들의 분야에서, 화가는 끊임없이 원본을 바라보며, 눈에 보이는 다른 물체에 관심이 분산되는 것을 허락하지 않습니다. 만일 그의 관심이 분산된다면, 그는 묘사하려는 대상이 무엇이든지 간에 또 다른 것을 만들어낼 것이며, 따라서 그 두 가지 실체가 실제로는 상이한 본질을 가졌음에도 불구하고 그는 후자를 전자라고 생각할 것입니다.

정신적으로 아름다움을 사랑하는 예술가들의 경우도 동일합니다. 그들은 정신 안에 그것의 상을 만듭니다. 그들은 이 향기롭고 은밀한 아름다움을 집중적이고 지속적으로 관상함으로써 정확하게 하나님을 닮은 것을 만들어낼 수 있습니다. 그리하여 이 거룩한 예술가들은 개념적이고 초자연적이고 향기로운 사랑스러움과 비슷하게 정신의 능력을 형성합니다. 그들이 하나님을 본받음으로써 요구되는 덕목들을 실천하는 것은 사람들에게 보이기 위한 것이 아닙니다.45) 그들은 하나의 상징인 도유식 안에 감추어져 있는 무한히 거룩한 것들을 거룩하게 바라봅니다. 그렇기 때문에 그들 역시 하나님을 모방하고 묘사하면서 자신의 정신 안에 있는 거룩하고 경건한 것들을 감춥니다. 그들은 오로지 개념적인 원형만 응시합니다. 그들은 상이한 것들

---

45) 마 23:5; cf. 마 6:1-5

교회의 위계 | The Ecclesiastical Hierarchy 341

을 바라보지 않을 뿐만 아니라, 그것들에게 시선을 두지도 않습니다. 그러한 사람들은 참으로 아름답고 옳은 것만 열망하며 무의미한 겉모습을 바라지 않습니다. 그들은 어리석은 대중이 찬미하는 영광을 바라보지 않습니다. 그들은 하나님을 본받기 때문에 진정한 아름다움과 진정한 악을 구분할 수 있습니다. 그들은 무한히 거룩하고 향기로운 하나님의 형상들입니다. 이것은 참으로 향기롭기 때문에, 그들에게는 대중을 속이는 가짜에게로 돌아갈 시간이 없습니다. 그것은 자신의 참된 형상들인 영혼들에게만 감명을 줍니다.

2. 이 거룩한 예식의 외관을 살펴보았으므로, 이제 그 의식의 거룩한 아름다움을 살펴보겠습니다. 이 예식의 참 모습, 그 복된 광채 안에서 탁월하게 이용할 수 있으며, 지성적인 사람들만 분명히 알 수 있는 향기로 우리를 채워주는 참 모습을 살펴보겠습니다. 집전자 주위에 있는 사람들은 기름을 성별하는 것을 봅니다. 그들은 군중의 시계를 초월해 있는 것을 관상할 수 있기 때문에, 이 성례전을 볼 수 있습니다. 그들에게는 교회법의 명령에 따라 이 광경을 일반인들로부터 분리하여 감추어야 할 거룩한 의무가 있습니다. 이는 지극히 거룩한 것들의 광선이 순수하고 직접적으로 하나님의 사람들을 비추어주기 때문입니다. 그것은 그들의 정신의 이해력 안에 향기를 퍼뜨립니다. 그러나 그들보다 낮은 계급에 있는 사람들에게는 이 향기가 비슷한 방식으로 전파되지 않습니다. 게다가, 하나님과 일치하는 삶을 살지 않는 사람들의 수중에서 악용되는 것을 피하기 위해서, 은밀하게 개념적인 것을 보는 사람들은 기름을 불가해한 것, 낮은 계급에 속한 착

한 사람들에게는 가치가 있는 것 아래 감추어둡니다.

3. 지금 내가 말하는 성별 의식은 주교들의 완전하게 하는 능력과 질서의 일부입니다. 그 의식은 효율과 권위에 있어서 성찬예배 집회 의식과 동등한 수준이므로, 우리의 거룩한 지도자들은 그것을 묘사하기 위해서 실질적으로 동일한 상징들을 사용하고 동일한 신비적 계급들과 찬송들을 규정했습니다. 따라서 집전자는 거룩한 장소를 떠나서 가장 거룩하지 않은 지역으로 나아가면서 분향한 후에 출발점을 돌아옵니다. 그럼으로써 거룩한 성찬은 감소되거나 변화됨이 없이, 그리고 거룩한 불변성의 핵심에 있어서 그들의 것인 속성들을 보존하며, 거룩한 사람들은 모두 공로에 따라서 성찬에 참여한다고 가르칩니다.

마찬가지로, 찬송과 성경을 읽는 것은 입문하지 않은 사람들을 양육하여 생명을 얻고 아들이 되게 해줍니다. 그것들은 귀신에게 사로잡힌 사람들을 돌아오게 합니다. 그것들은 용기가 부족하여 귀신에게 잡힌 사람들을 원수의 저주로부터 구해주며, 각 사람에게 하나님과 일치하는 방법을 보여 줍니다. 이렇게 능력을 받고 강해진 사람들은 원수의 군대를 두렵게 만들며 다른 사람들을 치유하는 책임을 맡습니다. 그들이 하나님을 본받은 결과로서 소유하게 된 덕들 및 그들을 공격하는 두려움에 저항할 능력을 깨끗이 보존하는 것만으로 충분하지 못합니다. 그들은 자신을 아낌없이 주어야 합니다. 열등한 것들을 몰아내고 거룩함을 향하게 된 정신은 독서를 통해서 악에 빠지지 않도록 보호하는 거룩한 능력을 얻을 것입니다. 그것들은 철저히 거룩해지기 위해서 무엇인가를 필요로 하는 사람들을 완전히 정화해줍니다. 그것들은 거룩한 것들을 보고 교제하는 데 필요한 거룩한 상징들에게로 거룩한 사람들을 인도해줍니다. 그것들은 온전한 사람들을 양육해주며, 그들에게 복되고 개념적인 광경들을 채워주며, 하나님을 닮은 모양과 통합해줍니다.46)

4. 성찬예배 집회 때와 마찬가지로 아직 완전히 정화되지 않은 계급의 사람들은 이 성별 의식에 참여하지 못합니까? 이것은 비유적 표현의 형상으로만 거룩한 사람들 앞에 놓이며, 진실로 거룩한 사람들만이 이 의식을 보고 거행하며 위계에 의해 상승하지 않습니까? 이것에 대해서는 여러 번 언급했기 때문에, 다시 이야기하기보다는 여섯 겹으로 주름 잡힌 그릇에 담긴 성유를 가져다가 축성하는 의식을 거행하는 집전자에 대해 이야기하겠습니다. 기름은 향기로운 물질들을 혼합한 것이며 강한 향기를 지닙니다. 참석자들은 각기 능력에 따라서 이 향기를 받습니다. 그리하여 거룩한 예수님의 초자연적인 향기가 우리의 지적 능력 위에 그 개념적인 선물을 나누어주며 거룩한 기쁨으로 채워준다는 것을 알게 됩니다. 감각적인 향기를 통해서 기쁨을 누리려면, 만일 그것이 우리의 냄새를 구분하는 감각에 큰 기쁨을 제공하려면, 이 감각이 건강해야 하며, 자신에게 임하는 향기를 받아들일 능력이 있어야 합니다. 우리의 지적 능력에 대해서도 비슷한 말을 할 수 있습니다. 만일 우리의 지적 능력을 더럽히는 악한

---

46) 이 단락은 예비신자로부터 수도사들에 이르는 모든 범주의 평신도들에게 성경 독서가 주는 영향에 관심을 둔다.

충동이 임하지 않는다면, 만일 우리의 지적 능력이 분별하는 능력의 본성적인 활력을 유지한다면, 하나님께서 우리를 위해 일하시고 우리가 신적인 것을 향해 복귀함으로써 하나님의 은혜에 응답할 때에 이 능력들은 하나님의 향기 안에 모여들 수 있으며 거룩한 행복과 하나님의 자양분으로 채워질 수 있습니다.

그러므로, 기름의 성분은 상징적인 것으로서 형상이 없는 것에게 형상을 줍니다. 그것은 예수님이 거룩한 향기의 풍부한 근원이심을 상징적으로 보여줍니다. 예수님은 신성에 알맞은 방식으로 하나님께 가장 근접하게 일치한 사람들을 향하시고 거룩한 향기를 그들에게 부어주심으로써 지성을 즐겁게 해주시고 하나님의 은사를 갈망하게 하시며 개념적 양식을 먹게 해주십니다. 각각의 지적 능력은 신적인 것에 관여하는 부분에 비례하여 이 향기로 채워집니다.

5. 신성에 있어서 우리보다 우월한 존재들은 근원에 더 가깝기 때문에 더 많은 향기를 받습니다. 매우 집중적인 지적 능력을 가진 이들은 한층 더 쉽고 분명하게 이 향기를 받기 때문에, 이 향기의 물결이 그들에게 넘쳐흐르며, 강력하고 풍성하게 그들에게로 흘러들어 갑니다. 그러나 그들보다 수용적이지 못하고 저급한 지적 존재들은 그것을 순수하게 보지 못하고 그것에 관여하지 못합니다. 그것과 조화를 이룬 존재들에게는 신성에 알맞은 분량의 향기가 주어집니다.

그렇기 때문에 열두 개의 주름은 세라핌 계급을 의미합니다. 세라핌은 우리를 초월하는 거룩한 존재들의 선두에 위치합니다. 그들은 예수님 주위에 서며, 당연히 그분의 얼굴을 보며, 무한히 깨끗한 영혼의 그릇에 예수님의 영적 선물들을 충만히 받습니다. 감각 인식의 표현을 사용하자면, 그들은 조금도 작아지지 않는 음성으로 영광스럽게 찬양을 부릅니다. 초월적 존재들의 특징인 거룩한 지식은 결코 꺾이지 않습니다. 하나님을 향한 그들의 열망은 결코 시들지 않습니다. 높은 신분의 그들은 악과 망각을 초월합니다. 그들은 항상 변함 없이 하나님의 진리를 알고 이해하기 때문에 침묵하지 않고 감사하면서 진지하게 크게 소리칩니다.

6. 성경은 세라핌의 개념적 본성을 전해주는 지각할 수 있는 상징으로 세라핌의 특징들을 묘사합니다. 이것들에 대해서는 천사들의 위계에 대해 논의하면서 충분히 묘사했다고 생각합니다. 그러나 지금 집전자를 둘러싸고 서 있는 사람들은 이 탁월한 계급과 흡사한 모습을 제공해주므로, 우리는 다시 거룩한 눈으로 그들의 지극히 거룩한 영광을 바라보아야 합니다.

7. 그들의 많은 얼굴들과 발들은 가장 거룩한 조명을 대면하는 탁월한 능력을 상징한다고 생각됩니다. 그것들은 거룩한 선의 영원히 움직이고 항상 활동하는 개념을 상징합니다. 성경에서 언급된 여섯 날개는 어떤 사람들이 생각하는 것처럼 거룩한 숫자를 가리키는 것이 아니라 하나님 주위에 있는 탁월한 계급의 천사들의 지적이고 경건한 능력들—으뜸이 되는 것과 중간 것과 마지막 것—과 관련이 있는데, 그것들은 초자연적이며, 우리를 상승시켜주고 자유하게 해준다고 생각합니다. 이런 까닭에 지혜의 성경에서는 날개라는 상징을

사용할 때에 얼굴과 중앙과 발 앞에 날개를 둠으로써 그들이 참되신 하나님을 향해 들려 올려지는 능력의 최고 단계를 소유하고 있음을 지적합니다.

8. 만일 그들이 날개로 얼굴과 발을 가린다면, 만일 그들이 중간의 날개로만 난다면, 초자연적인 존재들 가운데서 가장 탁월한 계급의 천사들은 자신의 지성으로 이해할 수 있는 것보다 더 높고 귀한 모든 것을 조심스럽게 바라본다는 것, 그 중간의 날개로 상승하여 하나님을 본다는 것, 그것의 생명을 하나님의 강압에 복종시킨다는 것, 그리고 그럼으로써 자신의 한계를 인식하게 된다는 것을 알아야 합니다.

9. 성경에서 "서로 창화한다"47)고 선언한 것은 그들이 하나님을 바라본 것 결과로서 얻은 개념들을 불평 없이 서로에게 나누어준다는 것을 의미하는 듯합니다. 히브리어 성경에서는 이 가장 거룩한 천사들은 끊임없이 그들을 자극하는 거룩한 생명 때문에 불같이 뜨겁게 끓어오른다는 의미를 전달하기 위해서 이들에게 세라핌이라는 호칭을 부여한다는 것을 기억해야 합니다.

10. 만일 히브리어 주석가들이 주장하는 것처럼 하나님의 말씀이 거룩한 세라핌을 "불타는 천사들"과 "뜨거운 천사들" 등 그들의 본질적인 특성을 지적하는 이름으로 부른다면, 거룩한 기름이라는 상

---

47) 사 6:3

징적 의미가 담긴 표현에 의하면 그것은 이들이 생생한 향기를 나타내고 전파하도록 자극하는 능력을 가지고 있기 때문일 것입니다.

이해의 능력을 완전히 초월하는 향기를 소유한 이 존재는 가장 뜨겁고 정화하는 정신의 자극을 받아 자신을 드러내기를 즐기며, 특별히 초자연적인 방식으로 자신을 부르는 사람들에게 기꺼이 거룩한 영감을 나누어줍니다. 이런 까닭에 가장 거룩한 계급의 천사들은 거룩한 예수께서 우리를 거룩하게 하기 위해서 우리 가운데 오셨다는 것을 모르지 않습니다. 그들은 예수께서 말할 수 없이 거룩한 선하심 때문에 우리 중 한 사람이 되셨다는 것을 충분히 이해합니다. 그들은 인간의 형상을 입으신 예수님이 아버지와 예수님 자신과 성령에 의해 성화되시는 것을 보며, 예수님이 태초부터 지니셨던 생생한 신성으로서의 상태가 본질적으로 변화되지 않고 남아 있다는 것을 압니다. 이런 까닭에 거룩한 상징들의 전통에서는 그리스도께서 완전한 인간이 되셨을 때에도 영원히 변화됨이 없이 머무신다는 것을 보여주고 증명하기 위해서 세라핌에게 거룩한 기름을 바릅니다. 또 거룩한 기름은 거룩한 것들을 축성하는 데 사용되는데, 그럼으로써 성경에서 말하는 것처럼 축성되는 것을 축성하시는 분이 모든 선한 일을 행하시면서도 영원히 동일하게 머무신다는 것을 보여줍니다. 이런 까닭에 기름으로 행하는 축성은 거룩한 탄생의 은사와 은혜를 완성합니다. 집전자가 기름을 부어 십자 형태를 만들면서 세례반을 정화하는 의식도 이와 비슷하게 설명할 수 있을 것입니다. 집전자는 이 행동을 바라보는 사람들에게 지극히 거룩하고 영광스럽게 세상에 내려오신 예수님께서 우리의 거룩한 탄생을 위해서 기꺼이 십자가에 달려 죽으셨다는 것, 성경에서 신비하게 표현한 것처럼 세례를 받아 그의 죽음에 참여한 사람들을 멸망의 죽음의 구덩이에서 건져내시며 영원한 생명 안에서 새롭게 하신다는 것을 보여줍니다.

11. 거룩한 탄생의 성례를 행하면서 기름을 바르는 것은 성령의 임하심을 상징합니다. 이 상징적 표현은 신성에 있어서는 변화됨이 없이 인간의 모습으로 우리를 위해 성령의 성화를 받으셨던 분께서 이제 우리에게 성령의 은사를 준비하신다는 것을 의미합니다.

12. 또, 거룩한 성례전들을 위한 예식법에서는 제단에 기름을 부어 축성해야 한다고 규정합니다. 이것의 의미는 우리 안에서 모든 거룩한 역사를 이루는 완전하게 하는 능력, 본질, 근원 안에서 발견되어야 합니다. 이는 우리의 거룩한 제단이신 예수 위에서 지적 존재의 거룩한 축성이 성취되기 때문입니다. 성경이 말하듯이, 우리는 예수 안에서 성별되어 신비하게 번제로 바쳐집니다. 그러므로, 우리는 초월적 눈으로 거룩하게 하는 축성이 행해지는 거룩한 제단, 거룩한 기름으로 축성되는 제단을 바라보아야 합니다. 거룩한 예수님은 우리를 위해 자신을 축성하십니다. 예수님은 자신 위에서 축성되는 모든 것을 하나님의 자녀들에게 후히 주십니다.

교회의 지도자들은 하나님으로부터 교회의 위계에 관한 상징사용에 대한 이해를 받았습니다. 그들은 이 도유의 의식을 *TELETES*라고 불렀습니다.48) 그것은 온전함을 이루는 거룩한 사역을 이중의 의

---

48) 이 용어는 이 책에서는 "성례전"이라고 번역되었다.

미로 찬미하는 온전하게 하는 의식입니다. 우선 하나님은 인간이 되신 후에 우리를 위해 성별되셨고, 두 번째로 이 거룩한 행동은 모든 온전함과 성별의 근원입니다. 하나님께서 선지자들에게 감화하신 거룩한 노래와 관련하여, 히브리어를 아는 사람들은 그것을 다음과 같이 번역합니다: "여호와를 찬양하라." 하나님의 출현과 사역들은 상징들로 표현될 수 있습니다. 여기에서는 하나님께서 선지자들에게 계시하신 찬송을 생각해보려 합니다. 왜냐하면 그것은 하나님의 후한 선물들은 거룩하게 찬미되어야 한다는 것을 가르치기 때문입니다.

제5장

I. 성직자들의 계급, 권력, 활동, 그리고 성직수임에 관하여

1. 앞에서는 기름을 축성하는 의식에 대해서 살펴보았습니다. 이제는 성직자들의 계급과 선발, 그들의 권력, 활동, 성직수임, 그들이 형성하는 세 계급 등에 대해 말하겠습니다. 이는 교회의 위계의 배열을 보여주며, 이 위계가 어떻게 무질서와 부조화와 혼동과 관련된 모든 것을 거부하고 버렸는지를 증명하기 위해서입니다. 교회의 위계는 그 안에 포함된 거룩한 계급들에게 적절한 질서와 조화와 특성을 나타내왔습니다.

모든 위계의 세 가지 구분에 관하여서는 이미 충분히 이야기했다고 생각합니다. 나는 우리의 거룩한 전통에서는 모든 위계가 셋으로 나뉜다고 설명했습니다. 지극히 거룩한 성례전들이 있고, 하나님의 감화를 받아 그것들을 이해하고 공급하는 사람들이 있습니다. 또 이들에 의해 입문하게 되는 사람들이 있습니다.

2. 거룩한 천사들 중에서 가장 거룩한 위계는 하나님 및 하나님의 일들에 관한 매우 영적인 개념들의 성례전적인 능력을 소유합니다. 가능한 한 하나님을 닮고 하나님을 모방해야 하는 것이 그들의 운명입니다. 이들은 하나님과 가장 가까이에 있는 존재들로서 다른 존재들을 인도하며, 자신의 빛을 가지고 이 거룩한 온전함을 향해 그들을 인도합니다. 그들은 하위의 거룩한 계급들에게 각기 그들의 능력에 비례하여 하나님의 활동에 대한 지식, 절대적인 온전함이요 지적 존재들의 지혜의 근원이신 하나님께서 주신 선물로서 이용할 수 있는 지식을 후히 수여합니다. 이 최고위 천사들의 뒤를 잇는 계급들은 그들의 중재에 의해 상승하여 하나님의 거룩한 활동에 대한 가르침을 받습니다. 그들은 예비자(입문자)들의 계급을 형성합니다.

이 초자연적인 하늘의 위계에 이어, 하나님은 그 거룩한 선물들을 인간의 영역으로 확대하여 베풀어 주시며, 성경의 표현을 빌자면, 우리를 마치 "어린아이"[49]처럼 다루십니다. 하나님은 불분명한 상징으로 진리를 덮으셨습니다. 하나님은 원본들의 가장 희미한 복사본들을 사용하셨습니다. 하나님은 매우 분명하지 않은 것들 및 의미를 분별하기 어려운 상징을 사용하셨습니다. 또 약한 눈에 피해를 주지 않기 위해서 눈이 바라볼 수 있는 만큼의 빛만 허락해 주셨습니다. 이 율법의 위계에서 "성례전"은 영적으로 예배할 수 있도록 상승하는 것으로 이루어집니다. 율법에 속한 고위 성직자들 중에서 가장 탁

---

49) 고전 3:1, 13:11; 시 28:1; 갈 4:3

월한 안내자요 지도자인 모세가 거룩한 성막으로 안내했던 사람들이 안내자들입니다. 모세는 사람들을 가르치기 위해서 거룩한 성막 안에 율법의 위계에 속한 법령들을 묘사했습니다. 그는 율법의 모든 거룩한 작용을 시내 산에서 자신에게 계시된 것의 상징으로 묘사했습니다. 이러한 율법의 상징들은 예비자들을 보다 완전한 입문의 상태로 들어올려 줍니다.

하나님의 말씀은 교회의 위계는 율법의 위계의 성취요 완성이라는 점에서 보다 완전한 입문 상태를 표현한다고 주장합니다. 그것은 하늘의 위계와 율법의 것 중간에 위치하므로, 그 둘 모두에 속합니다. 그것은 이해력에 속한 관상을 하늘의 위계와 함께 공유하며, 지각세계에서 유래된 다양한 상징들, 신적인 것을 향해 상승하는 수단이 되는 상징을 사용하는 데 있어서는 율법의 위계와 함께 합니다. 모든 위계가 그렇듯이, 교회의 위계도 셋으로 구분됩니다. 즉 가장 거룩한 성례전들의 작용, 거룩한 것들을 분배하는 자들, 그리고 능력에 따라서 그들의 인도함을 받아 거룩한 것을 향하는 사람들로 구분됩니다. 앞에서 율법의 위계와 교회의 위계보다 더 거룩한 위계와 관련하여 말한 것처럼, 교회의 위계의 세 부분은 그 힘에 있어서 다시 세 단계로 나누어집니다. 이것은 거룩한 목적에 알맞은 균형을 이루기 위해서, 그리고 조화롭고 결집력이 있는 교제를 이루기 위해서 모든 요소들을 종합하기 위한 것이었습니다.

3. 성례전의 가장 거룩한 사역이 지닌 첫 번째 능력은 비입문자들의 정화입니다. 중간 단계의 능력은 이미 정화된 사람들을 조명하고

초보 지식을 전수하는 것입니다. 마지막 능력은 앞의 두 가지 능력을 포함하는 것으로서 예비자들로 하여금 이미 전수된 것을 보다 완전히 이해하게 하는 것입니다.

거룩한 성직자들의 계급은 다음과 같이 나누어집니다. 그들의 첫째 능력은 성례전에 의해서 비 입문자들을 정화하는 데 있습니다. 중간 능력은 정화된 사람들을 조명해주는 것입니다. 마지막으로, 그들은 가장 놀라운 능력, 하나님의 빛 안에서 교제하는 모든 사람들을 포용하는 능력, 관상된 조명에 대한 완전한 이해에 의해서 이들을 완전하게 하는 능력을 소유합니다.

예비자들의 첫 번째 능력은 정화되는 것입니다. 그들의 중간 능력은 정화된 후의 조명으로서 그들로 하여금 몇 가지 거룩한 것들을 관상할 수 있게 해줍니다. 마지막으로, 그들은 다른 능력들보다 더 거룩한 능력, 즉 그들이 관상하도록 허락된 거룩한 조명들에 대한 완전한 이해 안에서 비추임을 받는 능력을 소유합니다.

성례전의 거룩한 사역과 관련된 삼중 능력에 대해서는 이미 어느 정도 이야기한 바 있습니다. 성경에서는 거룩한 탄생은 정화요, 조명해주는 비추임이라는 것, 성찬예배 집회와 도유 의식은 하나님의 활동에 대한 완전한 지식과 이해를 제공해준다는 것, 그리고 이것을 통해서 하나님을 향한 통합적 상승 및 하나님과의 지극히 복된 교제가 이루어진다는 것을 보여주었습니다. 이제 성직자의 계급이 세 가지 균형을 이룬 계급들－정화하는 계급, 조명하는 계급, 그리고 온전함을 이루는 계급－로 이루어져 있는 방식을 이야기해야 합니다.

4. 이차적인 것들이 우선적인 것들의 중재를 통해서 거룩한 하나님의 빛을 향해 상승해야 한다는 것이 하나님의 명령입니다. 우리는 지각할 수 있는 것들의 세계에서 기본적인 종류의 생물이 동류의 생물과 만나고, 그 다음에 다른 생물들에게 영향을 주는 행동을 하는 것을 볼 수 있습니다. 그러므로, 눈에 보이는 질서와 보이지 않는 질서의 기초가 되는 근원은 하나님의 활동의 빛이 먼저 더 경건한 존재들에게 주어지도록 배열합니다. 왜냐하면 그들의 정신이 더 분별력이 있으며 빛을 받아 전할 수 있는 선천적인 능력을 가지고 있기 때문입니다. 또 이 근원은 그들의 중재를 통해서 하위의 존재들에게 그 능력에 비례하여 자신을 드러내고 빛을 전달해줍니다. 그러므로, 하나님을 보는 첫째 계급의 임무는 자신이 보는 거룩한 빛을 둘째 계급에 속한 자들에게 적절히 전해주는 것입니다. 자신의 위계와 관련이 있는 모든 것에 대한 하나님의 비밀을 배웠으며 성례전적 입문의 능력을 받은 사람들의 의무는 사람들에게 위계에 대해 초보를 전수하는 것입니다. 성직 수임을 받은 완전하고 이해력이 있는 협력자들의 직무는 모든 거룩한 것을 적절히 전달하는 것입니다.

5. 거룩한 주교들의 계급은 우선적으로 하나님을 봅니다. 그들은 첫째 계급인 동시에 마지막 계급이기도 합니다. 왜냐하면 그들 안에서 인간의 위계의 배열이 완성되기 때문입니다. 또 모든 위계가 예수님 안에서 끝나듯이, 각각의 위계의 조건은 자체의 영감을 받은 주교에게서 이루어집니다. 주교 계급의 힘은 거룩한 무리 전체에게 미치며, 모든 계급에게 자신의 위계의 특별한 신비를 행합니다. 그러나

하나님의 법은 다른 계급보다는 특히 이 계급에게 거룩한 사역의 활동을 부여했습니다. 그들의 의식들은 하나님의 능력의 상징들로서, 이것에 의해서 가장 거룩한 상징과 모든 거룩한 계급들을 온전하게 합니다. 사제들은 존숭되는 상징들 중 어떤 것을 관장할 수 있지만, 사제는 성유가 없이 세례식을 행할 수 없고, 또 먼저 제단 위에 거룩한 교제의 상징들을 올려놓지 않은 채 성찬식을 거행할 수 없습니다. 게다가, 성직에 임명될 때에 이러한 소명을 받지 않은 사람은 사제가 될 수도 없을 것입니다. 하나님의 소유가 된 주교들의 성례전적인 능력만이 성직 계급의 성화, 성유 축성, 그리고 거룩한 제단을 축성하는 의식을 이룰 수 있다는 것이 하나님의 뜻이기 때문입니다.

6. 그러므로 주교들의 계급은 축성 능력을 완전히 소유합니다. 특히, 모든 축성 의식을 행합니다. 그들은 사람들을 가르쳐 이해하게 하며 그들의 거룩한 것들과 알맞은 특징들과 거룩한 능력들을 설명합니다. 빛을 전달하는 사제 계급들은 예비자들을 성례전의 거룩한 광경으로 인도합니다. 그들은 자신의 사역의 직무를 함께 수행하는 영감을 받은 주교들의 권위에 의해서 그렇게 행합니다. 그들은 거룩한 상징들에 의해서 하나님의 일들을 알리며, 예비자들로 하여금 거룩한 성례전을 관상하고 참여할 준비를 갖추게 합니다. 그들은 관상되고 있는 거룩한 의식들에 대한 완전한 이해를 동경하는 사람들을 주교들에게 보냅니다.

부제들은 내면에 하나님의 모양을 지니고 있지 않은 사람들이 사제들이 행하는 거룩한 의식에 참석하기 전에 그들을 분별하고 정화합니다. 그들은 거룩한 의식에 접근하는 사람들을 악한 것들을 가지고 노닥거리는 데서 끌어냄으로써 그들 모두를 정화합니다. 그들은 그러한 사람들로 하여금 의식적인 광경과 교제를 받아들이게 만듭니다. 그런 까닭에 거룩한 세례식을 거행하는 동안 부제들은 지원자가 입었던 옷을 치웁니다. 그들은 지원자의 신발 끈을 풉니다. 그들은 맹세를 하기 위해 지원자를 서쪽을 향하게 한 후에 동쪽을 향하게 합니다. 이는 그들에게는 명령과 정화의 능력이 있기 때문입니다. 그들은 지원자에게 옛 생활의 옷을 버리라고 요구합니다. 그들은 이제까지 지원자가 어두움 속에 살았다는 것을 보여줍니다. 그들은 지원자에게 어두움을 버리고 빛을 향하라고 가르쳐 줍니다.

그러므로, 부제들은 정화의 임무를 지니며, 정화된 사람들을 사제들의 거룩한 행동에게로 들어올려 줍니다. 그들은 불완전한 사람들을 깨끗하게 하며, 성경의 가르침들에 의해서 자라게 합니다. 또, 그들은 사제들이 불경한 사람들과 접촉하지 못하게 합니다. 교회의 위계의 명령에 따라 그들에게는 성소의 문을 맡는 책임이 주어져 있습니다. 그들은 지원자가 거룩한 성찬에 참여하기 전에 완전히 정화되어야 한다는 것을 증명합니다. 그러므로, 그들은 그들이 거룩한 광경과 교제에 접근하는 일을 정화하는 능력들에게 맡기며, 이것들을 통해서 그들을 흠이 없이 받아들입니다.

7. 지금까지 주교들에게 축성과 온전함의 임무가 있다는 것, 조명해주는 사제들은 빛을 가져온다는 것, 그리고 부제들의 임무는 불완전한 사람들을 분별하고 정화하는 것임을 이야기했습니다. 그러나

주교들이 온전함에만 전념하는 것은 아닙니다. 그들은 조명과 정화도 행합니다. 마찬가지로 사제들도 조명하고 정화하는 통찰력을 지닙니다. 하급자들이 불경하게 상급자들의 직무들을 침해하지 못하겠지만, 보다 거룩한 능력들은 자신의 직무 외에도 하위 계급의 통찰을 자신의 온전함의 일부로 소유합니다. 주교의 직무의 차이점들은 상징적으로 하나님의 활동들을 표현하며 이러한 활동들의 혼동됨이 없고 순수한 질서에 상응하는 가르침을 수여하므로, 하나님의 활동의 정돈되고 조화로운 본성의 형상을 표현하기 위해서 그들의 거룩한 활동들과 거룩한 명령들은 세 등급으로 배열되었습니다.

하나님은 먼저 자신이 접촉한 정신들을 정화한 후에 조명하십니다. 조명한 후에는 그들을 온전하게 하여 하나님과 완전히 일치하게 합니다. 그러므로, 하나님의 활동들은 완전히 거룩하고 깨끗하며 질서가 현저하고 분명하다는 것을 드러내기 위해서, 거룩한 것을 반영하는 위계는 독특한 계급들과 능력들로 나누입니다.50) 이제까지 성직자들의 계급, 그들의 택함, 능력, 활동에 대해서 설명했고, 이제는 그들이 성별되는 방법에 대해 설명해 보겠습니다.

II. 성직 수임 의식

성직에 임명되는 사람은 수임 의식을 행할 때 제단 앞에 무릎을 꿇

---

50) 정화와 조명과 온전함이라는 하나님의 세 가지 능력 역시 성직자들에 의해 모방된다.

습니다. 그는 머리에 하나님의 계시된 말씀을 얹고, 집전자는 그의 머리에 안수합니다. 집전자는 거룩한 기원으로 임명식을 거행합니다. 사제도 제단 앞에 무릎을 꿇습니다. 집전자는 그의 머리에 오른손을 얹고, 성별하는 기원으로 그를 성화합니다. 부제는 제단 앞에서 한쪽 무릎만 꿇습니다. 집전자는 그의 머리에 오른손을 얹고 자신이 성별하는 부제의 직무에 알맞은 기원을 합니다. 집전자는 자신이 임명하는 모든 사람에게 십자표를 그으며, 그들을 성직에 임명했음을 공표하고 입을 맞춥니다. 집전자에 이어 예식에 참석한 모든 성직자가 성직에 임명된 사람에게 입을 맞춥니다.

III. 관상

1. 주교와 사제와 부제 임명의 공통점은 제단 앞에 무릎을 꿇는 것, 집전자가 안수하는 것, 십자 성호, 공표, 마지막 입맞춤 등입니다. 성직자를 임명하는 특별한 의식들은 다음과 같습니다: 머리에 성경을 얹는 것; 이것은 하위 계급의 성직자들을 임명할 때에는 행하지 않습니다; 무릎을 꿇는 것, 부제들을 임명할 때에는 한쪽 무릎만 꿇습니다.

2. 제단 앞에 무릎을 꿇는 것은 성직 수임을 받는 사람들 모두가 자신의 삶 전체를 성별의 근원이신 하나님께 헌신한다는 것을 가르칩니다. 그것은 그들이 자신의 정신을 하나님의 정신에 맞추고 이 거룩하고 신성한 하나님의 제단에 합당하게 깨끗하고 거룩하게 하여 하

나님께 바친다는 것을 가르칩니다. 이 제단은 하나님과 일치하는 그들의 정신을 성별해줍니다.

3. 집전자가 안수하는 것은 성직에 임명되는 사람들이 모든 축성의 근원이신 분으로부터 나름의 특성과 권력, 아울러 적대적인 권세들로부터의 자유를 받는다는 것을 증명합니다. 그들은 아버지의 돌봄을 받는 거룩한 자녀들과 같습니다. 그 의식은 그들에게 하나님의 명령에 따라 행동하며 하나님을 모든 행동의 안내자로 모시는 것처럼 성직을 행하라고 가르쳐 줍니다.

4. 십자 표시를 하는 것은 육에 속한 욕망을 완전히 버리는 것을 가리킵니다. 그것은 하나님을 본받고 성육하신 예수님의 거룩한 삶을 확고히 바라보는 데 바쳐진 삶을 가리킵니다. 예수는 죄가 없으시지만 자신을 낮춰 십자가에 달려 죽으셨으며, 죄가 없으신 것을 상징하는 십자가로써 자신을 본받는 모든 사람들에게 표시를 하십니다.

5. 집전자가 성직 임명 의식과 임명을 받는 사람들과 관련하여 공표하는 것은 임명을 행하는 사람이 하나님의 사랑 안에서 하나님의 선택을 설명한다는 것, 임명 받는 사람들을 부른 것은 집전자가 아니라 그를 감화하시는 하나님이라는 것을 표시합니다. 따라서 율법의 위계 안에서 성직을 수여하는 자였던 모세는 형 아론이 하나님의 친구이며 제사장 직에 합당하다고 생각했지만, 하나님께서 명령하시고 모든 성별의 근원이신 하나님의 이름으로 성직 수임을 허락하신 후에야 아론을 제사장으로 임명했습니다.51) 그러나 우리를 향한 무

한한 사랑 때문에 우리를 성별하는 임무를 맡으신 예수님은 "스스로 영광을 취하지 않으셨습니다."52) 성별자는 "네가 영원히 멜기세덱의 반차를 좇는 제사장이라"53)고 말씀하신 분이셨습니다. 또 하나님이신 그분은 모든 성별의 근원이셨지만 제자들에게 거룩한 임무를 맡기실 때에 위계에 따라서 이 성별 행위를 거룩하신 아버지와 성령께 맡기셨습니다. 성경에서 보여주듯이, 그분은 제자들에게 "예루살렘을 떠나지 말고 내게 들은바 아버지의 약속하신 것을 기다리라 요한은 물로 세례를 베풀었으나 너희는 몇 날이 못 되어 성령으로 세례를 받으리라"54)고 말씀하셨습니다. 마찬가지로, 수제자인 베드로는 열두 번 째 제자를 선택하기 위해 열 명의 제자들을 모이게 하고는 "주여 이 두 사람 중에 누가 주의 택하신바 되어 봉사와 및 사도의 직무를 대신할 자를 보이시옵소서"라고 말하며, 선택을 하나님께 맡겼습니다.55) 그는 하나님의 선택에 의해 정해진 사람을 열두 제자의 무리에 받아들였습니다. 맛디아를 선택한 하나님의 결정은 어찌 되었습니까? 이에 대해서는 많은 설명이 있지만 만족스럽지 못하므로, 나의 생각을 이야기하겠습니다. 성경에서 하나님의 "택하심"은 제자들의 무리에게 하나님이 택하신 사람을 보여주는 은사를 의미하는 듯합니다. 왜냐하면 주교는 개인적인 행동에 의해서 사제 임명을 하는 것이 아니기 때문입니다. 그는 하나님의 자극을 받아 거룩하게

---

51) 출 28:1-4, 29:4-9
52) 히 5:5a; cf. 요 17:1
53) 히 5:6; cf. 창 14:18:20; 히 7:17
54) 행 1:4f.
55) 행 1:24

교회의 위계 | The Ecclesiastical Hierarchy   361

이러한 신성한 의식을 행해야 합니다.

6. 성직 수임식을 마치면서 행하는 입맞춤도 거룩한 의미를 지닙니다. 주교 계급에 속하는 사람들 모두뿐만 아니라 집전자도 수임자에게 입을 맞춥니다. 성직 활동의 예표와 하나님의 소명과 성화에 의해 정신이 거룩하여져서 성직 수임식에 참여하는 사람은 가장 거룩한 계급들에 속하는 모든 사람들과 동료들의 사랑을 받을 자격이 있습니다. 그는 하나님과 완전히 일치하게 해주는 아름다움에게로 들려 올려졌습니다. 그는 동일한 정신을 가진 사람들을 사랑하며, 또 그들의 거룩한 사랑을 받습니다. 이처럼 동료 성직자들이 서로 입을 맞추는 거룩한 의식은 매우 적절한 것입니다. 그것은 서로 닮은 사람들에 의해 형성되는 거룩한 교제, 그리고 교회의 위계 전체에게 하나님과 일치하는 것의 아름다움을 보장해주는 즐거운 사랑의 나눔을 표현합니다.

7. 이상이 모든 성직 수임식에서 공통적으로 행하는 의식들입니다. 그러나 거룩한 성경은 집전자의 머리에만 얹습니다. 모든 성별의 근원인 하나님의 선하심에 의해서 모든 성직자들을 이해하고 완전하게 하는 능력이 하나님의 사람들인 주교들에게만 주어졌으므로, 하나님께서 친히 전해주셨으며 우리에게 하나님에 대해 알 수 있는 모든 것, 하나님의 모든 행위와 말과 표현, 간단히 말해서 하나님께서 인간의 위계에게 전해주려 하신 모든 것, 하나님이 행하시고 말씀하신 모든 것을 우리에게 계시해주는 거룩한 성경은 주교의 머리에

만 없어야 합니다. 하나님과 일치하는 생활을 하며 주교로서의 능력을 완전하게 소유한 사람은 단순히 교회의 의식에서 행하는 말과 행동에서 오는 거룩하게 조명해주는 참된 이해에 만족하지 않습니다. 그는 그것들을 교회의 위계의 계급에 따라서 적절히 사람들에게 전해줍니다. 그에게는 가장 거룩한 지식과 상승시키는 가장 큰 능력이 주어졌기 때문에, 그는 교회 안에서 가장 거룩한 성별식들을 집전합니다. 성직수임 때에 두 무릎을 꿇는 것은 사제들의 특징이며, 부제들은 한쪽 무릎을 꿇습니다.

8. 무릎을 꿇는 것은 겸손을 드러냅니다. 세 계급의 거룩한 전수자들은 세 가지 거룩한 성례전과 능력을 통해서 세 계급의 입문자들을 주관하며 거룩한 멍에를 메고서 그들의 구원의 접근을 이룹니다. 그러므로 단지 정화하는 직무만 맡는 부제들은 정화되는 사람들의 한 가지 접근만 수행하며, 더러움을 완전히 씻은 사람들이 이 세상을 초월하는 방식으로 거룩해지는 장소인 거룩한 제단 앞에 서야 합니다. 그러나 사제들의 직무는 나아오는 사람들의 정화에만 한정되지 않으므로, 두 무릎을 꿇습니다. 사제들은 그들에게서 더러움을 제거한 후에 분명한 의식들에 의해서 그들을 들어올리며, 그들이 관상할 수 있는 능력을 확고히 소유하게 하기 위해서 그들을 온전하게 합니다. 집전자는 두 무릎을 꿇고서 하나님이 전해주신 성경을 머리에 얹습니다. 집전자는 부제들에 의해 정화되고 사제들에 의해 조명을 받은 사람들을 인도하여 그들이 본 거룩한 것들을 이해하게 합니다. 그는 교회의 위계에 따른 법에 따라서 그들의 능력에 어울리게 이 일을 행

합니다. 그러므로 그는 예비자들의 성화가 가능한 한 완전한 것이 되게 하기 위해서 그들을 온전하게 합니다.

제6장

I. **예비자들의 계급들에 관하여**56)

1. 위에서 성직자들의 계급, 선택, 그들의 권한, 활동, 성직수임 등에 대해 이야기했습니다. 이제는 그들에게 종속되는 예비자들의 세 계급에 대해 이야기해야 합니다.57)

정화되는 사람들의 계급들은 축성의 거룩한 의식과 행동에 참석하지 못하는 사람들입니다. 첫째, 부제들로부터 참 생명을 얻게 하는 성경에 대한 가르침과 교육을 받는 사람들이 있습니다.58) 그 다음은

---

56) R. Roques, "Éléments pour une théologie de l'état monastique selon Denys l'Aréopagite," *Theologid de la vie monastique: études sur la tradition patristique-Théologie* 49 (1961): 281-314, reprinted in *Structures*, pp. 198-225을 보라.
57) 입문자들의 세 범주가 정화, 조명-관상, 온전함으로 요약되었다.
58) 가장 낮은 계급은 예비신자들이다.

과거에 버렸던 거룩한 생활방식으로 복귀하게 하기 위해서 계속 성경 말씀을 배우는 사람들이 있습니다.59) 여전히 대적의 공격을 두려워하며, 성경의 능력의 튼튼하게 해주는 과정을 통과하는 약한 사람들이 있습니다. 그 다음에는 아직도 죄에서 거룩으로 향하는 길로 인도함을 받는 사람들이 있습니다. 또 비록 복된 습관과 견고함에 매력을 느끼지만 아직 이러한 습관이 확고히 자리 잡지 못한 사람들이 있습니다. 이상이 부제들의 정화하는 능력에 의해 정화되는 사람들의 계급들입니다. 그들은 부제들의 거룩한 능력 때문에 정화되어 가장 훌륭한 성례전 의식을 보고 참여할 수 있습니다.

2. 중간 계급은 이미 훌륭히 정화되었기 때문에 몇 가지 거룩한 것들을 보며 능력이 닿는 한도 내에서 거기에 참여하는 사람들로 구성됩니다. 이들을 조명해주는 것은 사제들의 직무입니다. 이 그룹에 속한 사람들은 모든 보기 흉한 더러움이 제거되고 거룩하게 형성된 정신을 지녔기 때문에 규칙적으로 관상할 수 있는 단계로 인도됩니다. 그들은 힘이 닿는 한 거룩한 상징들과 교제하는데, 이러한 관상과 교제는 그들에게 복된 기쁨을 채워줍니다. 그들은 상승하는 능력 때문에, 자신이 이해하는 것에 대한 거룩한 사랑을 향해 능력이 닿는 한도까지 올라갑니다. 이들은 거룩한 사람들(sacred people)의 계급입니다. 그들은 완전한 정화를 통과했기 때문에 가장 훌륭한 성례전을 보고 참여할 수 있습니다.

---

59) 즉 회개하는 사람들이다.

3. 예비자들 중에게 가장 높은 계급은 모든 더러움에서 정화되고 완전한 능력과 거룩한 행동을 소유하는 수도사들입니다. 그들은 지적 관상과 교제를 성취한 사람들로서 허락된 한도 안에서 거룩한 관상활동을 합니다. 이 계급에 속한 사람들은 하나님의 사람들, 즉 주교들의 지도를 받습니다. 주교들의 조명해주는 활동과 전통들은 이들을 성례전의 거룩한 작용에게로 인도해줍니다. 그들의 거룩한 이해력 덕분에, 이들은 이 계급에서 가능한 가장 완전한 온전함에 이릅니다. 그렇기 때문에 우리의 지도자들은 그러한 사람들에게 몇 가지 거룩한 호칭을 부여했습니다. 어떤 사람들은 그들을 "치료사"(theraputae), 또는 종들이라고 불렀습니다. 때로는 하나님께 대한 그들의 직무와 봉사의 순수함 때문에, 그리고 그들의 삶이 분심을 배제하며 하나님과 일치하는 단순한 생활방식을 성취할 수 있게 해주며 하나님의 완전함 사랑에 대해 개방하게 해주는 통합적이고 거룩한 묵상에 독점되어 있기 때문에 그들을 "수도사"라고 불렀습니다. 이런 까닭에 하나님은 그들에게 완전하게 하는 은혜를 주셨고, 그들이 주교의 업무가 아니라 이 이차적인 의식을 행하는 경건한 사제들의 직무인 성화의 기원을 할 자격이 있다고 여겼습니다.

II. **수도사 서원식**

사제는 제단 앞에 서서 수도사를 위해 기원합니다. 수도사가 되려는 사람은 무릎을 꿇지 않고 사제 뒤에 섭니다. 그의 머리에는 성경을 없지 않습니다. 사제가 그를 위해 은밀하게 기원하는 동안 그는 그대로 서 있습니다. 기원을 마친 사제는 수도사 지원자에게로 다가갑니다. 사제는 먼저 그에게 생활방식을 산만하게 만들 수 있는 것을 완전히 버릴 뿐만 아니라 생각도 하지 않겠느냐고 질문합니다. 그리고 완전한 생활을 다스리는 규칙들을 상기시키며, 중도적인 생활방식을 뛰어넘어야 한다고 말합니다. 지원자가 이 모든 일을 행하기로 약속한 후, 사제는 그에게 십자표시를 그어줍니다. 사제는 그의 머리를 자르고 복되신 삼위의 이름으로 기도합니다. 사제는 그의 옷을 완전히 벗긴 후에 다른 사람들에게 넘겨줍니다. 그 다음에는 예식에 참석한 모든 사람들과 함께 그 사람에게 평화의 입맞춤을 하고, 성찬에 참여할 수 있는 권리를 부여합니다.

III. 관상

1. 무릎을 꿇지 않는 것, 성경을 머리에 얹지 않는 것, 사제가 기도하는 동안 서 있는 것 등은 수도사들은 다른 사람들을 지도하는 임무를 지니지 않으며 거룩한 독거자의 신분을 유지하는 것, 성직자들의 계급 다음에 위치한다는 것, 그리고 그들에 의해 자신의 계급에 알맞은 거룩한 것들을 이해하게 된다는 것을 보여줄 것입니다.

2. 산만한 삶으로 이어질 수 있는 모든 망상과 활동을 부인하는 것은 통합해주는 계명들에 대한 이해가 활발히 활동하는 지혜로운 수도생활을 가리킵니다. 수도사들은 입문자들 중에서 가장 높은 계급

을 차지한다고 말한 바 있습니다. 이런 까닭에 중간 계급의 사람들에게 개방된 것이 수도사들에게는 금지되기도 합니다. 이는 그들은 단일한 정신으로 생활해야 하며, 오직 하나님과 하나가 되는 것, 거룩한 통일체와 연합하는 것, 힘이 닿는 한 다른 예비자들의 계급보다 그들과 흡사한 성직자들의 생활을 본받아야 하기 때문입니다.

3. 십자 표시를 하는 것은 육체적인 욕망의 완전한 죽음을 선포합니다. 삭발은 방해되지 않는 깨끗한 생활, 정신이 만들어낸 무가치한 현상들로 치장하지 않으며, 인간이 만든 것이 아니며 통일체 안에서 수도적 상태에 있는 영혼을 하나님과 일치하는 상태로 들어 올려주는 아름다움들 덕분에 자유로이 상승하는 삶의 표시입니다.

4. 낡은 옷을 벗기고 다른 옷을 입히는 것은 중간 계급의 삶에서 보다 완전한 삶으로 이동하는 것을 가리킵니다. 세례식에서는 정화된 삶이 보다 높은 관상과 조명의 단계를 향해 상승하는 것을 의미하기 위해서 옷을 바꾸어 입힙니다.

사제를 비롯하여 여러 사람들이 예비자에게 입을 맞추는 것은 하나님과 조화를 이루는 모든 사람들이 사랑의 유대에 의해 연합되는 거룩한 교제의 상태의 표식입니다.

5. 의식이 끝나면, 사제는 예비자를 성찬에 초대합니다. 이것은 예비자가 진실로 수도사의 통합된 상태를 획득했다면 자신에게 계시된 거룩한 의식들을 보고 중간 계급과 함께 성찬에 참여할 뿐만 아니라, 자신이 참석한 의식을 알게 되었기 때문에 중간 계급과는 다른

방식으로 성찬에 참여하게 되리라는 것을 보여줍니다. 같은 이유에서, 그들의 안수식의 절정으로서 집전자는 성직자 계급들을 거룩한 성찬에 참여하라고 초대합니다. 이것은 성찬을 받는 것이 모든 성직 정치 참여의 정점일 뿐만 아니라, 모든 거룩한 계급들은 상승하여 거룩하게 됨에 따라서 이 성찬의 거룩한 선물에 적절히 참여할 수 있기 때문입니다.

이제 요약해 보겠습니다. 거룩한 성례전들은 정화와 조명과 온전함을 일으킵니다. 부제들은 정화하는 계급을 형성합니다. 사제들은 조명해주는 계급입니다. 하나님과 일치하여 사는 주교들은 완전하게 하는 계급입니다.

정화되는 사람들은 정화의 단계에 머무는 한 거룩한 광경을 보거나 성찬에 참여하지 못합니다. 거룩한 사람들은 관상적인 계급입니다. 온전해진 사람들의 계급은 전심으로 살아가는 수도사들의 계급입니다. 따라서 교회의 위계는 조화롭게 하나님의 계시와 일치하여 여러 계급으로 나뉘며, 그렇기 때문에 천국의 위계들과 동일한 순서로 배치됩니다. 교회의 위계는 하나님을 닮고 하나님과 일치할 수 있게 해주는 특징들을 나름의 방식으로 유지합니다.

6. 당신은 하늘의 위계 안에서는 정화되는 계급을 발견하지 못한다고 말할 것입니다. 천사들의 위계 안에 부정한 계급이 있다고 말하는 것은 옳지 않을 것입니다. 천사들이 완전히 깨끗하지는 않으며 초자연적인 정결을 풍부하게 소유하지는 않는다고 말한다면, 거룩한

것들의 의미가 완전히 상실될 것입니다. 악에 사로잡힌 천사는 자신이 천국의 조화와 거룩한 천사들의 순수한 무리로부터 추방된 것을 발견할 것입니다. 그는 배교자들의 어두운 계급으로 전락할 것입니다.

그러나 혹자는 하늘의 위계 안에는 하급자들의 정화에 상응하는 것, 즉 지금까지 그들에게 알려지지 않았던 것을 계시해주는 가르침이 있다고 주장할 것입니다. 그것은 그들로 하여금 신적 지식을 더욱 완전히 이해하게 만듭니다. 어떤 의미에서, 그것은 그들을 이전에 이해하지 못했던 진리들에 대한 무지로부터 정화해줍니다. 비록 으뜸이 되는 거룩한 천사들의 중재를 통해서이기는 하지만, 그것은 그들을 가장 높고 훌륭한 하늘의 영광으로 끌어올려 줍니다.

또 혹자는 천사들의 위계를 완전히 조명된 자들, 지극히 완전한 자들, 그리고 정화와 조명과 온전함을 공급해주는 계급 등으로 구분할 것입니다. 가장 높고 거룩한 천사들은 자기보다 열등한 계급들을 무지로부터 정화해주고 신적 조명을 충만히 수여해주며 신적 개념들에 대한 가장 훌륭한 이해 안에서 그들을 완전하게 해주는 임무를 지닙니다. 앞에서 말한 것처럼, 천사들의 계급들은 하나님의 모습에 대해 정확하게 동일하게 조명된 이해력을 소유하지 않습니다. 하나님은 직접 첫째 계급들을 조명해주시며, 그들의 중재를 통해서 간접적으로 하위 계급들을 그 능력에 따라 조명해주시되 그들 가운데 거룩한 광선의 광채를 펼치십니다.

제7장

I. 죽은 자들을 위한 의식

1. 이제는 죽은 자들을 위한 거룩한 의식에 대해 이야기하겠습니다. 거룩한 사람들과 경건하지 못한 사람들은 살아 있을 때의 삶이 상이하므로, 이들을 위한 장례 의식은 동일하지 않습니다. 거룩하게 살았던 사람들은 부활 때에 모든 사람이 보게 될 진리의 소유자이신 하나님의 참된 약속에 매달렸던 사람들입니다. 그들은 거룩한 기쁨으로 채워집니다. 그들은 강하고 참된 희망의 자극을 받아 죽음의 영역, 말하자면 거룩한 경주의 종착점에 이릅니다. 그들은 자신의 부활이 완전한 부활이 되리라는 것, 그리고 그것이 완전하고 영원한 생명과 구원 가운데 임하리라는 것을 압니다. 거룩한 영혼들은 이 세상에서 죄 가운데 빠질 수 있지만 장래에 부활할 때에는 확실한 하나님과의 일치를 얻을 것입니다. 그리고 이 거룩한 영혼들과 연결되어 함께 여

행하는 정화된 육신들 역시 하나님을 섬기면서 흘린 땀에 대한 보상을 받을 것입니다. 그들은 영혼에게 주어지는 거룩한 생명과 부활의 상을 받아 누릴 것입니다. 이 세상에서 자신의 동반자인 거룩한 영혼과 결합되었던 그들은 어떻게 해서인지 "그리스도의 지체들"[60]이 됩니다. 그들은 하나님과의 영원한 일치 안에서 불멸과 복을 누릴 것입니다. 그렇기 때문에 성도들은 거룩한 싸움을 마칠 때에 즐겁고 확고한 희망을 가지고 잠듭니다.

2. 경건하지 못한 사람들 중에는 어리석게도 우리 몸의 본질이 소멸된다고 믿는 사람들이 있습니다.[61] 또 어떤 사람들은 영혼이 몸의 구속을 받으면서 거룩한 생명과 복을 누린다는 것은 온당치 못하므로, 몸과 영혼의 연결이 영원히 파괴된다고 생각합니다. 그런 사람들은 거룩한 일치에 대해 잘못 알고 있기 때문에 그리스도께서 이미 하나님과 완전히 일치하는 인간적인 생활의 본보기를 제공하셨다는 사실을 간과합니다. 또 영혼에게 다른 몸이 주어질 것이라고 주장하면서 거룩한 영혼의 싸움에 동참해온 몸에 대해 옳지 못한 견해를 고수하는 사람들이 있습니다. 그들은 영혼들이 거룩한 경주를 마칠 때에 확보한 상급을 인정하지 않습니다. 또 유물론적인 생각에 빠졌기 때문에 성도들에게 약속된 완전한 지복의 거룩한 평화가 세상적인 행복과 같은 것이라고 생각하며 불경하게도 천사들과 동등하게 된 사람들이 이 변화하기 쉬운 삶의 특징인 음식을 먹는다고 주장하는

---

60) 고전 6:15; cf. 엡 5:30; 롬 12:5.
61) 솔로몬의 지혜 2:2-5

사람들도 있습니다.62)

거룩한 사람들은 결코 그처럼 잘못된 생각을 하지 않을 것입니다. 왜냐하면 그들은 자신을 그리스도처럼 만들어줄 평화가 자신의 전 존재에게 주어질 것을 알기 때문입니다. 그들은 이 세상에서의 삶이 마지막에 이를 때, 영원한 생명으로 가는 길을 분명히 보고 하나님의 은사를 찬양합니다. 그들에게는 거룩한 기쁨이 가득하며 더 이상 죄에 빠지는 것을 두려워하지 않습니다. 왜냐하면 그들은 자신이 획득한 공정한 상급을 소유하고 있다는 것을 잘 알기 때문입니다. 죄와 더러움이 가득하며 거룩한 지식을 어느 정도 배웠지만 어리석게도 그것을 거부하고 멸망할 욕망에 복종한 사람들이라도 성경에 기록된 하나님의 법을 멸시할 수 있다고 생각하지는 않습니다. 이런 사람들은 자신이 정욕적으로 집착했던 치명적인 쾌락, 어리석게도 자신이 포기했던 거룩한 생활방식을 새로운 관점으로 보게 됩니다. 그들은 이 세상에서의 태만한 생활 때문에 그들을 인도해줄 거룩한 소망이 없이 불쌍하고 불확실한 상태로 이 세상을 떠납니다.

3. 그러나 거룩한 사람들이 죽을 때에는 결코 이런 일이 발생하지 않습니다. 의로운 사람은 이 세상을 떠날 때에 거룩한 기쁨이 충만하며, 행복하게 거룩한 부활의 길을 여행합니다. 그가 신실하고 성공적으로 목표에 도달했기 때문에, 그의 동료들, 하나님과 함께 거하는 그의 이웃들, 그와 닮은 생활을 하는 사람들은 그를 축복합니다. 그들은 그로 하여금 승리하게 해주신 분에게 감사의 찬송을 드리며, 자

---

62) 눅 20:36; 마 22:30; 막 12:25

기들에게도 그러한 평화의 은혜를 달라고 기도합니다. 그런 후에 그들은 죽은 사람의 시신을 주교에게로 가져갑니다. 주교는 거룩한 법에 따라 거룩하게 죽은 사람들을 기리기 위해 제정된 복된 의식을 거행합니다.

II. 거룩하게 죽은 사람들을 위한 의식

집전자는 거룩한 모임을 개최합니다. 만일 죽은 사람이 성직자 계급에 속한 사람이라면, 그의 시신을 제단 앞에 둡니다. 그런 후에 사제장은 하나님께 기도와 감사를 시작합니다. 만일 고인이 거룩한 수도사이거나 중간 계급에 속하는 사람이라면, 집전자는 그의 시신을 성직자들만 들어갈 수 있는 거룩한 출입구 앞의 성소 앞에 둔 후에 하나님께 드리는 감사의 기도문을 낭송합니다. 그 후에 부제들이 거룩한 부활에 관한 성경의 약속들을 낭독하고 동일한 주제를 담은 시편을 노래합니다. 그 후에 부제들의 지도자가 예비자들을 해산시킵니다. 그는 이미 죽은 성도들의 이름을 낭독하고 가장 최근에 죽은 사람이 그들과 함께 기념될 자격이 있다고 판단합니다. 그는 모든 사람들에게 그리스도 안에 있는 궁극적인 복을 위해 기도하라고 요구합니다. 그 다음에 집전자가 나와서 죽은 자들을 위해 기도한 후에 고인에게 입을 맞추고, 그와 함께 있는 모든 사람들도 그리합니다. 모든 사람들이 입을 맞춘 후에, 집전자는 고인에게 기름을 바르고, 모두를 위해 기도하고, 시신을 그가 속한 계급의 다른 사람들의 시신들과 함께 둡니다.

III. 참관

1. 만일 불경한 사람들이 이러한 의식들을 본다면, 그들은 우리를 조롱하며 미혹되었다고 불쌍히 여길 것입니다. 그러나 그들이 조롱한다고 해서 놀랄 필요가 없습니다. 왜냐하면 성경은 "만일 너희가 믿지 아니하면 정녕히 굳게 서지 못하리라"63)고 말하기 때문입니다. 한편, 예수께서 빛을 주셨기 때문에 우리는 이 거룩한 의식들의 의미를 이해합니다. 그러므로, 우리는 집전자가 죽은 자를 그의 계급에 속한 사람들을 위한 장소에 안치하는 데에는 이유가 있다고 인정해야 합니다. 그는 부활할 때에 각 사람의 운명이 이 세상에서의 삶에 상응하리라는 것을 거룩한 방식으로 가리키는 것입니다. 이 세상에서 하나님과 일치하는 거룩한 생활을 한 사람은 내세에서 그 분량만큼 거룩한 복을 누릴 것입니다. 만일 어떤 사람이 거룩한 생활을 하면서 하나님과 일치의 최고점에 이르지 못했다면, 이 세상에서 얻은 공덕에 알맞은 상을 받을 것입니다. 집전자는 이와 같은 하나님의 공의에 감사하면서 기도하고 우리를 모든 불의하고 포악한 세력으로부터 구하여 하나님의 공정하신 심판으로 인도해주신 하나님을 찬미합니다.

---

63) 사 7:8

2. 하나님의 약속들을 낭독하고 찬양하는 것은 이 세상에서 온전하게 된 사람들이 영원히 누릴 복된 유업에 대해 말해줍니다. 집전자는 고인의 복된 본보기를 확인하며, 살아있는 사람들에게 그와 동일한 온전함을 얻기 위해 노력하라고 권합니다.

3. 정화된 자들의 계급에 속한 사람들은 장례식에 참석하지 못하는 것이 아니지만, 예비자들은 신성한 구역에는 들어가지 못합니다. 예비자들은 아직 어느 성례전에도 입문하지 못했으므로 거룩한 의식을 참관하는 것은 아주 부당한 일일 것입니다. 이는 그들은 세례 때에 주어지는 첫 번째 빛의 은사를 경험하지 못했고, 따라서 거룩한 의식을 볼 수 있는 능력을 받지 못했기 때문입니다. 정화 단계에 있는 사람들 중 나머지 계급들은 이미 거룩한 전승에 대한 초보적 지식을 배운 사람들입니다. 그들은 어리석게도 보다 큰 온전함을 향해 올라가지 못하고 죄에 이끌립니다. 그것이 그들이 거룩한 상징들에 의해 표현되는 거룩한 장면들과 교제에 참석하가지 못하고 해산해야 하는 이유입니다(만일 그들이 합당치 못하게 이 같은 복된 예식에 참석하려 한다면, 그들은 자신의 어리석음의 우선적인 희생자가 될 것이며 거룩한 실재들과 그들 자신에 대한 존경심이 감소될 것입니다). 그러나 이 의식은 우리가 죽음을 두려워하지 않는 것, 성경의 진리에 의해 성도들에게 약속된 상, 그리고 경건하지 못한 사람들에게 약속된 영원한 슬픔을 가르쳐주므로, 그들이 이 의식에 참석하는 것을 허락하는 것은 꽤 유익할 것입니다. 거룩한 임종을 맞은 사람이 영원히 성도들의 교제에 등록되었다고 부제가 선포할 때에 그들이 그곳에

참석하는 것이 유익할 것입니다. 그들은 곧 그와 동일한 운명을 열망하며 그리스도 안에서 온전해진 사람이 참으로 복된 사람이라는 것을 알게 될 것입니다.

4. 그 후에 집전관이 앞으로 나와서 고인을 위해 기도한 후에 고인에게 입을 맞추고, 나머지 사람들도 모두 고인에게 입을 맞춥니다. 고인이 인간적인 연약함 때문에 범한 모든 죄를 사해 달라고 부탁하며, 그를 "생명의 빛"64) "슬픔과 탄식이 달아날"65) "아브라함과 이삭과 야곱의 품"66)에 세워달라고 기도합니다.

5. 나는 이것들이 성도들이 받을 가장 복된 상급이라고 생각합니다. 고통이 없고 빛이 가득한 영생을 무엇과 비교할 수 있겠습니까? (이것들은 어쩔 수 없이 보잘 것 없는 인간의 언어로 표현되어야 합니다. 이 약속들은 인간의 모든 이해를 초월하는데, 그것들을 지칭하는 단어들은 그 안에 담긴 진실을 표현하지 못합니다. 우리는 성경이 말하는 진리를 받아들여야 합니다: "하나님이 자기를 사랑하는 자들을 위하여 예비하신 모든 것은 눈으로 보지 못하고 귀로도 듣지 못하고 사람의 마음으로도 생각지 못하였다."67) 복된 주교들과 다른 모든 성도들의 품이란 이 거룩한 유업 및 하나님과 일치하는 삶을 살았던 모든 사람들이 영원히 낡지 않고 새로워지는 행복에 받아들여지

---

64) 시 56:13, 116:9
65) 사 35:10, 51:11
66) 눅 16:22; cf. 마 8:11; 눅 13:28
67) 고전 2:9

는 이 완전한 복을 의미한다고 생각됩니다.

6. 당신은 내 말에 동의하면서도 집전자가 선하신 하나님께 고인의 죄 사함을 구하며 하나님과 일치하면서 살았던 사람들과 동일한 계급과 운명을 달라고 기도하는 이유를 이해할 수 없다고 말할 수도 있을 것입니다. 만일 하나님의 공의의 활동 아래서 각 사람이 이 세상에서 행한 선이나 악에 대해 그대로 보상을 받는다면, 그리고 고인이 세상에서의 활동을 마쳤다면, 그가 세상에서 획득한 상태가 아닌 다른 상태로 변화되기 위해서 집전자는 어떤 기도를 할 수 있겠습니까? 성경은 주님이 문을 닫으시며[68] "각각 선악 간에 그 몸으로 행한 것을 따라 받을"[69] 것이라고 말하므로, 각 사람은 장차 받을 만한 것을 받을 것입니다. 또 성경의 진리는 의인의 기도는 내세가 아니라 현세에서 자격이 있는 사람들에게만 소용이 된다고 말해줍니다.[70] 사울은 사무엘로부터 혜택을 받았습니까?[71] 히브리 백성들은 선지자의 기도의 도움을 받았습니까?[72] 두 눈을 뽑힌 사람이 빛을 보는 것처럼 행동하는 것이 어리석듯이, 하나님의 선물들을 받아들이기를 거부하고 하나님의 계명들 중에서 가장 훌륭한 계명을 멸시함으로써 성도들의 거룩한 활동들을 몰아낸 사람이 그들의 중보를 얻으려는 헛된 희망에 매달리는 것도 어리석습니다.

---

68) 눅 13:25
69) 고후 5:10
70) 약 5:16
71) 삼상 15:35-16:1
72) 렘 7:16, 11:14

그럼에도 불구하고, 하나님의 은사를 갈망하며 그것을 받을 준비를 마친 사람, 그리고 자신의 연약함을 알기 때문에 거룩한 사람을 찾아가서 자신의 조력자가 되어 함께 기도해달라고 간청하는 사람에게는 이 세상에 있는 성도들의 기도가 매우 소중합니다. 그러한 도움은 그가 바라는 가장 거룩한 은사를 얻게 해줄 것이기 때문에, 그에게는 유일하게 가능성 있는 도움이 될 수 있습니다. 그의 적절한 성향, 성도들을 향한 존경심, 바라는 은사들을 달라고 구하는 열심, 그리고 하나님과 일치하여 조화롭게 산 삶 때문에, 선하신 하나님은 그를 받아들여 주실 것입니다. 하나님의 은사들은 나누어줄 자격이 있는 사람들의 중재를 통해서 받을 자격이 있는 사람에게 주어져야 한다는 것이 하나님의 판단입니다. 어떤 사람은 이기심 때문에 이 거룩한 장치를 존중하지 않으며 자신이 성도들의 중재를 무시하고 하나님과 직접 관계할 수 있다고 상상할 것입니다. 만일 어떤 사람이 하나님의 은사를 받으려는 큰 소원을 품지 않은 채 하나님께 부당하고 불경한 요구를 한다면, 보잘것없는 기도의 열매까지 상실할 것입니다. 그러므로 집전자가 고인을 위해 드리는 기도에 관해서는 우리가 지도자들로부터 전수받은 것에 따라 설명해야 합니다.

7. 성경에서 말하는 것처럼 거룩한 주교는 "만군의 여호와의 사자"[73])이므로 하나님의 판단을 알려줍니다. 그는 성경에 기록된 하나님의 말씀을 통해서, 경건하게 살았던 사람들에는 밝고 거룩한 빛이 주어진다는 것을 압니다. 하나님은 인간을 사랑하시기 때문에 인간

---

73) 말 2:7

의 연약함에서 오는 허물들을 보지 않으십니다. 성경은 더러움이 없는 사람은 하나도 없다고 말합니다.74) 주교는 성경이 약속한 것을 잘 알며, 그 약속들이 이루어지며 거룩하게 산 사람들이 복된 상을 받게 해달라고 기도합니다. 그는 다른 사람들을 위해 의도된 선물들을 구함으로써 하나님의 선하심을 본받습니다. 그는 하나님의 약속들이 분명히 실현되리라는 것을 알며, 하나님 안에서 완전하게 사는 사람에게는 구하는 은사들이 주어질 것이라고 참석한 사람들에게 가르칩니다. 주교는 하나님의 공의를 해석하는 한에 있어서는 하나님의 뜻 및 하나님께서 주기로 약속하신 것과 상충되는 것을 구하지 않으려고 조심할 것입니다. 따라서, 그는 불신앙의 상태에서 죽은 사람들을 위해서는 이러한 기도를 드리지 않습니다. 그런 기도를 하는 것은 해석자로서의 직무에서 벗어나는 일입니다. 그런 기도를 하는 것은 모든 의식의 근원이신 하나님의 지도를 받지 않고 교회의 위계 안에서 자신의 주도권에 따라 행하는 행동이 될 것입니다. 그의 불의한 기도는 거부될 것이며, 하나님께서는 다음과 같은 공의로운 성경 말씀으로 대답하실 것입니다: "구하여도 받지 못함은 정욕으로 쓰려고 잘못 구함이니라."75) 주교는 하나님의 사람이기 때문에 오직 하나님의 약속들에 알맞은 것과 하나님을 기쁘게 하는 것, 그리고 하나님께서 아낌없이 주실 것만 요청합니다. 그럼으로써 그는 자신의 행동이 항상 하나님을 모방한다는 것을 선을 사랑하시는 하나님께 증명하며, 장차 성도들이 받을 선물을 참석한 사람들에게 보여줍니다.

---

74) 욥 14:4
75) 약 4:3

주교는 하나님의 심판을 알리는 일을 하기 때문에 출교시킬 권세도 소유합니다. 전지하신 하나님은 그의 사려 깊지 못한 충동에 굴복하시지 않습니다. 주교는 모든 의식의 근원이요 자신이 대변하는 분이신 성령에게 복종합니다. 그는 하나님께서 이미 심판하신 자격 없는 사람들을 출교합니다. 성경은 "성령을 받으라 너희가 뉘 죄든지 사하면 사하여질 것이요 뉘 죄든지 그대로 두면 그대로 있으리라"76)라고 말합니다. 또 성경에서는 거룩하신 아버지의 계시의 빛을 받은 사람에게 "네가 땅에서 무엇이든지 매면 하늘에서도 매일 것이요 네가 땅에서 무엇이든지 풀면 하늘에서도 풀리리라"고 말합니다.77) 따라서 베드로와 모든 주교들은 자신에게 계시된 아버지의 판단을 소유하며, 또 그들 자신이 계시와 설명을 제공하는 사람이기 때문에 하나님의 친구들을 받아들이고 경건하지 못한 사람들을 몰아내는 임무를 지닙니다. 성경이 보여주듯이, 베드로의 신앙고백은 베드로 자신에게서 온 것이 아니고 인간적인 계시에서 온 것이 아니라, 그가 알고 있는 것을 가르쳐주신 하나님의 감화와 이해로부터 온 것입니다.78) 마찬가지로, 하나님의 주교들은 모든 의식의 근원이신 하나님이 감화하시는 한도 내에서 성직자로서의 여러 권한과 출교하는 권한을 사용해야 합니다. 또 사람들은 그렇게 행동하는 주교에게 복종해야 합니다. 왜냐하면 그는 하나님의 감화를 받고 있기 때문입니다. 성경은 "너희를 저버리는 자는 곧 나를 저버리는 것이요"79)라고 말

---

76) 요 20:22f.
77) 마 16:19
78) 마 16:17

합니다.

8. 이제는 위에서 다룬 기도 다음에 행하는 것에 대해 이야기하겠습니다. 주교는 기도를 마친 후 참석한 모든 사람들과 함께 고인에게 평화의 입맞춤을 합니다. 이는 하나님과 일치하는 생활을 하는 사람들은 거룩한 생을 마친 사람에게 만족하고 그를 존경하기 때문입니다. 주교는 입맞춤을 한 뒤에 고인에게 성유를 붓습니다. 거룩한 세례식 때에 세례를 받기 전에 예비자에게 성유를 발랐고, 세례를 받은 후에 새 옷으로 바꾸어 입혔던 것을 기억하십시오. 이제는 반대로, 모든 의식을 마칠 때에 고인에게 성유를 붓습니다. 과거에 거룩한 도유는 예비자를 불러 거룩한 전투에 참여하게 했지만, 이제는 고인이 이 거룩한 전투에서 승리했음을 드러내줍니다.

9. 이러한 의식들을 행한 뒤에, 주교는 고인을 같은 계급의 성도들의 시신이 있는 장소에 안치합니다. 만일 고인이 영육 간에 하나님이 기뻐하시는 삶을 살았다면, 그의 시신은 거룩한 싸움에서 동반자였던 영혼들에게 주어지는 영광에 참여할 자격이 있을 것입니다. 그렇기 때문에 영혼에게 마지막 판결을 할 때에 하나님의 공의는 몸과 혼을 연결합니다. 이는 몸도 거룩함이나 불신앙의 길의 여정에 참여했기 때문입니다. 이런 까닭에 복된 성찬식에서는 몸과 영혼 모두에게 거룩한 성찬을 줍니다. 그것은 거룩한 의식들에 대한 이해와 더불어 순수한 관상에 의해 영혼을 위해 행하는 것입니다. 그것은 거룩한 기

---

79) 눅 10:16

름이라는 상징에 의해서, 그리고 성찬의 거룩한 상징을 통해서 몸을 위해 행하는 것입니다. 그러므로 전인이 거룩해지며, 그의 구원의 역사가 포괄적인 것이 되고, 의식들 전체는 장차 이루어질 부활의 완전함을 알게 합니다.

10. 성별을 구하는 기원(祈願)들과 관련하여, 그것들이 의미하는 것을 기록하는 것은 온당치 못하며, 또 그것들의 감추어진 의미 및 그 안에서 역사하는 하나님의 능력을 공개적으로 드러낼 수도 없습니다. 거룩한 전승의 가르침에 의하면, 우리는 공개적이지 않은 입문 과정을 통해서 그것들을 배워야 합니다. 하나님을 향한 사랑과 거룩한 활동에 의해서 우리의 거룩하고 상승적인 생활 방식이 완전해져야 합니다. 모든 의식을 조명해주는 근원이 되시는 분께서 우리를 들어올려 그것들을 탁월하게 이해하게 해주실 것입니다.

11. 그러나 거룩한 것들을 이해할 수 없는 유아들에게 세례와 성찬을 베푸는 것이야말로 불신자들의 조롱거리가 될 수 있다고 말하는 사람도 있을 수 있습니다. 사실, 주교가 이해할 수 없는 사람들에게 거룩한 것들을 가르치며 파악할 수 없는 사람들에게 거룩한 전승을 전달하는 것처럼 보일 수도 있습니다. 조롱거리가 될 수 있는 또다른 원인은 사람들이 유아들을 위해서 의식적인 극기와 약속을 하는 관습입니다.

그러나 우리는 잘못 이해하고 있는 사람들에게 화를 내기보다는, 그들의 반론을 사랑으로 논박하고 거룩한 법이 명하는 대로 우리의 지식은 하나님의 신비에 상응할 수 없다는 것을 알려줌으로써 그들을 빛으로 인도해야 합니다. 하나님의 신비들 중 다수는 우리가 파악할 수 없으며, 우리의 이해력을 초월하는 의미를 지닙니다. 그것들은 우리의 인간적 상태보다 우월한 계급들에게만 알려지며, 그들은 그것들의 신적 본성에 상응하는 신분을 지닙니다. 하나님의 비밀들 중 다수는 가장 고귀한 존재들조차 알려지지 않으며, 모든 지혜의 근원이신 전지하신 하나님만이 완전히 아십니다.

그러나 나는 우리의 복된 교사들이 가장 초기의 전승에 대해 알고 있는 대로 우리에게 전해준 것을 이야기하려 합니다. 그들은 다음과 같이 말합니다. 거룩한 훈계에 따라서 양육된 어린이들은 거룩한 습관을 획득할 것입니다. 그들은 잘못된 믿음과 부정한 생활의 유혹을 피할 것입니다. 이 진리를 이해한 우리의 지도자들은, 거룩한 일에 대한 가르침을 받았으며 영적 아버지요 구원의 후견인으로서 아이에게 종교적 가르침을 제공할 수 있는 사람에게 부모가 아이를 맡긴다는 전제 하에 어린이들을 교회에 받아들이는 것이 좋다고 결정했습니다. 이렇게 어린이를 거룩한 삶의 길로 인도하며 양육하는 일을 맡은 사람에게 주교는 의식적 극기에 동의하고 약속의 말을 하라고 요구합니다. 후견인이 어린이를 대신하여 하나님의 신비로 입문하는 것이라고 생각하고서 이 의식을 조롱하는 것은 잘못입니다. 왜냐하면 그는 "나는 아이를 위해서 극기와 약속을 합니다"라고 말하는 것이 아니라 "그 아이가 배정되고 등록되었습니다"라고 말하기 때문입니다. 사실 그 때에는 다음과 같이 말합니다: "나는 이 아이가 거룩한 진리를 이해할 수 있을 때에 가르치고 훈계로 양육하여 장차 이

교회의 위계 | The Ecclesiastical Hierarchy

아이가 마귀의 모든 유혹을 버리고 거룩한 약속들을 굳게 붙들며 실현되게 할 것을 약속합니다."

그러므로, 만일 어린아이의 거룩한 습관을 형성해주며 마귀의 시험에 맞서 보호해줄 거룩한 지도자와 후견인이 있다면, 어린아이가 경건하게 양육되는 것은 결코 어리석은 일이 아니라고 생각합니다. 주교가 어린아이에게 성찬을 허락하는 것은 그것으로부터 양분을 얻게 하며 평생 쉬지 않고 거룩한 것을 보면서 살고 성찬을 행하면서 진보하며 거룩하고 영속적인 생활방식을 획득하며 하나님과 일치하는 생활을 하는 거룩한 후견인의 지도를 받아 거룩하게 양육되게 하기 위함입니다.

지금까지 교회의 위계가 제공하는 통합적인 것들을 이야기했습니다. 통찰력이 있는 사람이라면 내가 이야기한 것보다 더 많은 것을 볼 수 있을 것입니다. 그런 사람은 한층 더 탁월하고 하나님과 일치하는 광경을 볼 것입니다. 만일 당신이 내가 말한 것을 거룩한 빛을 향해 올라가는 계단으로 사용한다면, 더욱 놀랍고 거룩한 아름다움들이 당신을 비추어줄 것입니다. 사랑하는 친구여, 하나님에 보다 근접하고 보다 사랑스러운 아름다움을 배움으로써 당신의 것이 될 완전하고 분명한 조명을 내게 보여주십시오. 내가 말한 것이 당신의 내면에서 잠자고 있는 하나님의 불꽃을 다시 타오르게 할 것이라고 확신합니다.

편지들

The Letters

편지 1[1]

가이오 수도사에게

빛이 있으면 어두움이 사라집니다. 빛이 많으면 어두움이 더욱 많이 사라집니다. 지식은 무지를 사라지게 만들며, 많은 지식은 더욱 그러합니다.

이것을 박탈의 개념으로 생각하지 말고 초월의 개념으로 생각하십시오. 그러면 보다 참된 말, 즉 하나님에 관한 무지는 우리로 하여금 유형적인 빛과 인간적인 지식을 소유하는 일을 피하게 해준다고 말할 수 있을 것입니다. 하나님을 보면서 자신이 본 것을 이해하는 사람은 실제로 하나님을 본 것이 아니라 하나님의 것 중에서 생명을 가졌으며 우리가 알 수 있는 것을 본 것입니다. 이는 하나님은 정신과 생명을 초월하시기 때문입니다. 하나님은 완전히 미지의 존재이시며 비존재이십니다. 하나님은 생명을 초월하여 존재하시며, 정신을 초월하여 알려지십니다. 이 완전한 무지는, 알려진 모든 것을 초월하시는 분에 대한 지식입니다.

---

[1] 처음 네 편의 편지는 로마서 16:23, 고린도전서 1:14, 사도행전 19:29, 20:14에서 언급된 바울의 동료인 "가이우스"수도사에게 보낸 것이다.

편지 2

가이오 수도사에게

만물을 초월하시는 분이 어떻게 또한 신성의 근원을 초월하시며, 모든 선의 근원을 초월하실 수 있습니까? 만일 신성과 선이 우리를 선하고 거룩하게 만들어주는 은사의 본질을 의미한다면, 그리고 신성과 선을 초월하시는 분을 특별하게 본받는 것을 의미한다면, 이것이 가능합니다. 만일 이것이 거룩하고 선하게 지음을 받은 모든 것이 선하고 거룩하게 되는 근원이라면, 여기에서 언급되는 신성과 선을 포함하여 모든 근원을 초월하시는 분은 신성과 선의 근원을 초월하십니다. 그분은 독특하고 파악할 수 없는 상태에 머무시는 한도만큼 모방과 이해, 그리고 모방되거나 관여되는 모든 존재를 초월하십니다.

편지 3

가이오에게

우리의 희망과는 달리 이전의 불분명함으로부터 드러나는 것은 "홀연"[2]이라고 묘사됩니다. 하나님의 말씀에서는 초월자께서 자신의 감추임을 제거하고 인간이 되심으로써 자신을 드러내신 것을 암시하기 위해서 인간을 위한 그리스도의 사랑이라는 용어를 사용합니다. 그러나 그분은 이렇게 자신을 드러내신 후에도 여전히 감추어져 계십니다. 달리 표현하자면, 그분은 계시 가운데서도 감추어져 계십니다. 예수님의 이 신비는 감추어져 있으며, 말로나 정신에 의해서 끌어낼 수 없습니다. 그것에 대해 언급되어야 하는 것을 말할 수 없고, 그것에 대해 이해되어야 하는 것은 이해할 수 없습니다.

---

2) 말 3:1

편지 4

가이오에게

당신은 만유를 초월하시는 예수님을 어떻게 본성에 있어서 모든 사람들과 동일한 상태에 둘 수 있느냐고 질문합니다. 여기에서는 예수님이 인간의 원이 되신다는 의미가 아니라 모든 근본적인 점에서 참된 인간이라는 의미에서 인간이라고 불립니다. 그러나 우리는 예수님에 대한 정의를 인간적인 영역으로 제한하지 않습니다. 이는 예수님은 단순히 한 인간이 아니며, 또 단순히 인간이시라면 초월적 존재가 아닐 것이기 때문입니다. 예수님은 인간을 향한 크신 사랑 때문에 초인이시면서 인간들 가운데 하나인 인간이 되셨지만 초월성이 충만합니다. 예수님은 영원히 초월하시는 분이십니다. 예수님은 실존을 취하시며, 존재를 초월하시는 존재이십니다. 이것은 처녀가 초자연적으로 예수님을 잉태하신 것,3) 그리고 예수께서 물위를 걸으신 것4)이 증명해줍니다. 그 밖에도 많은 증거가 있습니다. 이것을 신적인 방식으로 고찰해보면, 인류를 향한 예수님의 사랑에 관한 모든 진술에는 초월성을 향한 부정의 힘이 있다는 것을 깨달을 것입니다.5) 간단히 표현하자면, 예수님은 인간도 아니고 인간이 아닌 것도

---

3) 마 1:18-25; 눅 1:27-31; cf. DN 2 648A.
4) 마 14:26; 막 6:45-52; 요 6:16-21

아니셨습니다. 예수님은 비록 인간으로 태어나셨지만 인간보다 크게 우월하셨고, 인간들보다 우월하셨지만 인간이 되셨습니다. 게다가, 예수님은 신이셨기 때문에 신적인 일들을 행하신 것이 아니며 인간이셨기 때문에 인간적인 일들을 행하신 것이 아닙니다. 예수님은 하나님이 지으신 인간이라는 사실에 의해서 우리 가운데서 새로운 일, 즉 신인(God-man)의 활동을 하셨습니다.

---

5) 이 편지에서 인류를 향한 예수님의 사랑은 성육신에 의해 정의된다.

편지 5

도로테우스 부제에게

신적 어두움이란 하나님이 거하시는 "가까이 가지 못할 빛"6)입니다. 만일 그것이 너무 투명하기 때문에 보이지 않는다면, 만일 그것에게는 초자연적인 빛의 선물이 충만하기 때문에 가까이 갈 수 없다면, 그곳에서 모든 사람들은 하나님을 알고 바라볼 자격을 얻습니다. 그러한 사람은 그분을 보지도 못하고 알지도 못하기 때문에 보는 것과 지식을 완전히 초월하는 곳에 도착합니다. 그는 그분이 지각되고 인식되는 모든 것을 초월하신다는 것을 알기 때문에, 선지자와 함께 "이 지식이 내게 너무 기이하니 높아서 내가 능히 미치지 못하나이다"7)라고 소리칩니다.

이런 의미에서 우리는 바울이 하나님을 알았다고 말합니다. 왜냐하면 그는 하나님이 정신의 모든 행위와 모든 앎의 방법을 초월하신다는 것을 알았기 때문입니다. 또 그는 "그의 판단은 측량치 못할 것이며 그의 길은 찾지 못할 것이로다,"8) "말할 수 없는 그의 은사,"9) "모든 지각에 뛰어난 하나님의 평강"10)이라고도 말합니다. 이는 그

---

6) 딤전 6:16; cf. 출 20:21, MT 1 1000C 33f.
7) 시 139:6
8) 롬 11:33
9) 고후 9:15

가 만물을 초월하시는 분을 발견했고, 또 만유의 원인은 만유를 초월하신다는 것을 알았기 때문입니다.

---

10) 빌 4:7

편지 6

제사장 소시바더(Sosipater)에게[11]

존경하는 소시바더여, 당신이 이교 신앙이나 선하지 못한 것처럼 보이는 관점을 비난하고 있다고 해서, 그것을 승리로 여기지 마십시오. 또 그것을 철저히 반박했다고 해서 소시바더의 일이 모조리 좋게 된 것이라고 생각하지도 마십시오. 왜냐하면 우리는 거짓과 겉으로 드러난 현상 가운데서 감추어진 진리를 놓칠 수 있기 때문입니다. 붉은 것은 흰 것이 될 수 없으며, 말은 인간일 수 없습니다.

나를 신뢰한다면 이렇게 행하십시오. 다른 사람들을 비난하는 일을 멈추고, 진리에 대하여 누구도 반박할 수 없는 말을 하십시오.

---

11) 소시바더라는 이름은 로마서 16:21에 등장한다.

편지 7

폴리캅 주교에게

1. 나는 한 번도 그리스인들이나 다른 사람들을 공개적으로 비난한 적이 없습니다. 나는 선한 사람은 진리를 있는 그대로 알고 힘껏 전파하는 데 만족한다고 생각합니다. 진리의 규범에 의해서 어떤 것의 실제 모습이 표현되고 확정되면, 다른 것들, 심지어 그것과 비슷한 진리를 가진 것도 실체와는 다른 이질적인 것, 진정한 것이 아닌 허울만 좋은 것으로 논박될 것입니다. 그러므로 진리를 설명하는 사람은 사람들과 논란을 벌일 필요가 없습니다. 왜냐하면 각 사람은 진리의 어느 부분을 위조한 것을 가지고 있으면서도 자신이 가진 것이 참된 것이라고 말하기 때문입니다. 만일 당신이 이런 사람들을 잇달아 논박한다면, 누군가가 그것에 대해 열심히 논의할 것입니다.

하나의 논거가 나름의 진리 때문에 확정된다면, 다른 모든 사람들의 반대 논거들에 맞서 논박되지 않고 확립된다면, 직접적이고 흔들림이 없는 진리에 의해 이 논거와 완전히 일치하지 않는 것들은 자동적으로 폐지될 것입니다. 나는 이것이 건전한 원리라고 여기며, 그렇기 때문에 한 번도 그리스인이나 다른 사람들과의 논쟁을 원한 적이 없습니다. 나는 먼저 진리에 대해 알고, 그 뒤에 내가 알고 있는 것에 대해 적절히 이야기하는 것으로 만족합니다. 하나님, 나에게 이런 마음을 주십시오!

2. 당신은 소피스트인 아폴로파네스(Apollophanes)가 나를 욕하고 반역자라고 부르며 그리스인들을 공격하기 위해서 그리스의 것들을 불경하게 사용한다고 비방한다고 말합니다. 그 사람에게는 그리스인들이야말로 하나님을 공격하기 위해서 경건한 것들을 불경하게 사용하고 있다고 대꾸해야 할 것입니다. 그들은 하나님께서 주신 지혜를 사용하여 신적 공경심을 몰아내려 합니다. 지금 나는 시인들의 이야기에 정욕적으로 집착하며 "피조물을 조물주보다 더 경배하고 섬기는"12) 사람들의 신앙에 대해 말하는 것이 아니라 하나님을 공격하기 위해서 경건한 것을 불경하게 사용하는 아폴로파네스에 대해 말하고 있습니다. 이 존재들에 대한 지식, 즉 그가 철학이라고 불렀고 거룩한 바울이 "하나님의 지혜"13)라고 묘사한 것은 참된 철학자들을 인도하여 만물의 원인이 되실 뿐만 아니라, 만물에 대해 우리가 소유할 수 있는 지식의 원인이신 분에게로 올라가게 만들었어야 했습니다.

그러나 나는 다른 사람들이나 아폴로파네스의 견해를 논박함으로써 내 신조를 거스르고 싶지 않습니다. 그가 지혜로운 사람이라면 하늘의 질서와 운행 안에 있는 것들은 그것을 만들고 지탱해주는 원인에 의해 움직여지지 않는 한 변할 수 없다는 것을 알았어야 합니다. 성경에서 말하듯이 이 원인은 모든 것을 만들고 재배열합니다. 그런

---

12) 롬 1:25
13) 고전 1:21-24, 2:7

데 왜 그는 이 모든 것 안에서 우리가 인지하는 분, 만유의 참 하나님을 예배하지 않습니까? 왜 그는 만물의 원인이며 인간의 묘사를 초월하는 능력을 지니신 하나님에게 놀라지 않습니까? 이것 때문에 하나의 표적 아래서 해와 달은 움직임을 멈추는 놀라운 능력에 따라 완전히 정지했고, 모든 것이 하루 종일 정지하여, 다른 천체들을 수용하는 보다 높은 천체들은 그 회전 운동에 낮은 천체들을 따르게 하지 않은 채 공전했습니다.14) 또 다른 놀라운 일은 그날 낮이 일반적인 날보다 거의 세 배나 오래 지속되어 거의 이십 시간 동안 온 세상이 반대 방향으로 끌려갔다가 매우 놀라운 방식으로 되돌아섬으로써 원래의 길로 복귀했다는 것입니다. 또 해가 열 시간 동안 그 운행의 다섯 단계를 중단하였다가, 다시 열 시간 후에 그 운행을 회복했습니다.15) 이 징조가 바벨론 사람들을 놀라게 하였으므로, 그들은 히스기아를 하나님과 동등한 초인으로 여겨 싸우지 않고 항복했습니다.

나는 이집트에서 발생한 기적16)이나 다른 지역에서 하나님이 행한 표적에 대해서는 말하지 않겠습니다. 다만 온 세상 모든 사람들이 찬양하는 잘 알려진 하늘의 표적들만 언급하겠습니다. 아폴로파네스는 그러한 기적들이 발생했다는 것을 받아들이지 않습니다. 그럼에도 불구하고, 그것들은 페르시아 인들의 거룩한 책에 기록되어 있으며, 오늘날도 동방의 박사들은 세 미트라(Mithras)를 기념합니다.

---

14) 수 10:12-14; 집회서 46:4
15) 왕하 20:8-12, 사 38:8, 39:1. 만일 지구나 태양이 열 시간 동안 거꾸로 운행한 후에 정상적인 운행을 회복했다면, 하루가 이십 시간 길어졌을 것이다.
16) Cf. 출 10:21-29

아폴로파네스가 무지하거나 경험이 없기 때문에 이것을 받아들이지 않는다고 가정하고, "주님이 십자가에 달리셨을 때에 발생한 일식에 대해서 무엇이라고 말하려는가?"라고 질문해 보십시오. 그 당시에 우리 두 사람은 헬리오폴리스에 있으면서 달이 해를 가리고, 제9시부터 저녁 때까지 달이 해의 중앙에 위치하는 특별한 현상을 목격했습니다. 그밖에도 그가 알고 있는 다른 일을 기억해 보십시오. 우리는 달이 동쪽에서부터 해를 가리기 시작하여 서쪽까지 갔다가 다시 정상으로 돌아옴으로써 빛의 감추임과 회복이 정상적인 방향으로 발생하지 않고 반대 방향으로 발생하는 것을 보았습니다. 이것들은 "기이한 일을 셀 수 없이"[17] 행하시는 분, 만유의 원인이신 그리스도에게만 발생할 수 있는 놀라운 일들이었습니다.

3. 아폴로파네스에게 가능하다면 그것을 논박하라고 말하십시오. 그 때에 나는 당신과 함께 있었습니다. 우리 두 사람은 함께 모든 것을 보고 자세히 조사하고 놀랐습니다. 아폴로파네스가 이러한 사건들을 해석하면서 일종의 예언처럼 "디오니시우스여, 이것들은 하나님의 행위의 변화를 미리 알려줍니다"라고 말했음을 잊지 마십시오.

이 편지에서는 이만큼만 이야기하려 합니다. 당신에게는 이 편지에서 다루지 않은 것을 채울 능력이 충분히 있습니다. 또 당신은 이 사람을 하나님께 돌아오게 할 수 있습니다. 왜냐하면 그는 매우 지혜로우며 모든 지혜를 크게 능가하는 우리 종교의 진리를 배우는 것이 자신의 품위를 손상시킨다고 생각하지 않을 것입니다.

---

17) 욥 5:9, 9:10, 34:24

편지 8

수도사 데모필루스에게: 일과 친절에 관하여

1. 데모필루스(Demophilus)여, 히브리인들의 역사서들은 모세가 그 온유함 때문에 하나님을 볼 수 있었다는 사실을 증언합니다.18) 만일 모세가 이따금 하나님을 보지 못했다면, 그것은 온유함을 잃었기 때문이었을 것입니다. 히브리인들의 역사서들은 모세가 하나님의 계획을 거슬러 행동할 때마다 여호와께서 그에게 노하셨음을 보여줍니다.19) 그러나 공의로우신 하나님께서 모세가 은총을 받을 자격이 있다고 여겼음을 언급할 때에는 먼저 그가 하나님의 선하심을 본받은 방식이 묘사됩니다. 히브리 역사서들은 "그가 매우 온유했다"고 말하며, 그것이 모세를 하나님의 종이라고 부르는 이유입니다. 또 모세가 어느 선지자보다 하나님을 볼 자격이 있었다고 증거합니다.20)

그러나 모세와 아론이 건방진 특성들 때문에 대제사장직과 지도자 직에 적합하지 못하게 되었을 때, 모세는 개인적인 자부심과 정치적 힘을 마음에 두지 않았으며 백성들을 지도하는 문제를 하나님의

---

18) 민 12:3, 8
19) 출 4:14, 24-26
20) 민 12:3, 7, 8

판단에 맡겼습니다. 또 과거의 일 때문에 백성들이 모세를 대적하여 일어나 혹평하고 위협하였을 때, 그리고 그에게 폭력을 행하려 했을 때, 온유한 사람 모세는 선하신 하나님께 구원을 부탁했으며, 또 전에 발생한 백성들의 불행에 대한 비난에 맞서 온유하게 자신을 변호했습니다.21) 그는 선하신 하나님과 교제하며 사는 사람은 할 수 있는 한 그분을 닮아야 한다는 것, 그리고 기본적으로 선을 위한 하나님의 사랑의 행위들을 잘 알아야 한다는 것을 잘 알고 있었습니다.

다윗이 하나님의 사랑을 받은 이유는 무엇입니까? 그것은 그가 원수들에게까지 선했기 때문입니다. 선을 초월하시는 분, 선을 사랑하시는 하나님은 "내가 이새의 아들 다윗을 만나니 내 마음에 합한 사람이라"22)고 말씀하셨습니다. 실제로, 원수의 소유인 짐승들까지도 돌보아 주라는 법이 전해져 내려왔습니다.23) 욥은 자신에게 가해진 악행에 대해 초연했기 때문에 의롭다함을 받았습니다.24) 요셉은 자기를 저버린 형들에게 복수하지 않았습니다.25) 아벨은 자신을 죽이려 하는 형을 의심하지 않고 겸손하게 따라갔습니다.26) 이처럼 악한 일을 계획하지도 않고 행하지도 않은 사람들, 다른 사람들의 악에 맞서 그보다 더 큰 선을 소유한 사람들, 하나님과 일치하여 살았던 사람들을 하나님의 말씀에서는 선하다고 일컫습니다. 그들은 자신에게

---

21) 민 16:1-11
22) 행 13:22
23) 출 23:4-5
24) 욥 42:10
25) 창 45:5-15
26) 창 4:8

불의를 행하는 사람들에게 풍성한 선을 행함으로써 그들로 하여금 자신처럼 행동하게 만들었습니다.

그러나 이보다 더 높은 곳을 바라봅시다. 우리는 인간들의 친구들이며, 나라들을 불쌍히 여겨 그들을 위해 하나님께 호소하며, 파괴적이고 악을 행하는 무리를 벌하며, 악인들로 인해 슬퍼하며, 초대받은 사람들이 선을 되찾은 것으로 인해 기뻐하는 천사들27)의 관대함이나 하나님의 말씀이 천사들의 선한 행위에 대해서 가르쳐주는 모든 것, 그리고 성인들의 관대함을 찬양하는 데 만족해서는 안 됩니다. 우리는 잠잠히 초자연적으로 선하신 그리스도의 빛을 받아야 하며, 그 빛의 인도함을 받아 그리스도의 선한 행위를 향해야 합니다. 결국, 그리스도는 말할 수 없고 이해할 수 없는 선 때문에 사물들을 존재하게 하시며28) 만물이 항상 자신을 닮으며 자신과 교제하기를 원하십니다. 그분은 자신을 저버렸던 사람들에게 사랑으로 다가오십니다. 그분은 그들에게 자기의 사랑을 버리지 말라고 요구하십니다. 그분은 자기를 고발한 사람들의 편을 들고 변론하십니다.29) 심지어 그분은 그들에게 관심을 기울이겠다고 약속하십니다. 그들이 그분을 버리고 멀리 떨어져 있어도 돌아오기만 하면 그분은 그들을 만나주십니다. 그분은 두 팔을 벌리고 그들을 맞아주시고 평화의 입맞춤을 하십니다. 그분은 과거에 발생한 것을 다시 비난하지 않습니다. 그분은

---

27) 눅 15:10
28) Cf. 요 1:3; 롬 4:17
29) 눅 23:34

돌아온 그들에게 자비로운 사랑을 부어주십니다. 그분은 잔치를 벌이시고 선한 친구들을 초대하여 온 집에 기뻐하는 사람들이 가득하게 하십니다.30)

이러한 행위는 선을 대적하는 모든 사람에게 책망이 되며, 데모필루스에게도 책망이 됩니다. 그것은 그에게 선을 말해주며, 그가 보다 선한 사람이 되도록 도와줍니다. 그것은 그에게 다음과 같이 말해줍니다: 선하신 하나님은 잃어버렸던 사람들의 구원과 죽었던 사람들의 부활로 인해 기뻐하셨습니다.31) 그분은 길을 잃었다가 돌아온 자를 어깨에 태우시며, 선한 천사들을 자신의 기쁨에 참여하라고 초대하십니다.32) 그분은 "은혜를 모르는 자와 악한 자에게도 인자하시며"33) "해를 악인과 선인에게 비춰게 하시며"34) 심지어 자기에게서 달아난 자들을 위해 "목숨을 버리십니다."35)

그런데, 당신의 편지를 보면, 당신이 어떻게 현장에 있었는지는 알 수 없지만 당신이 악한 죄인이라고 간주하는 사람이 제사장 앞에 엎드렸을 때에 당신은 그를 거부하는 결정을 내렸음을 알 수 있습니다. 그는 탄원했습니다. 그는 자신이 악한 길을 고치기를 원한다고 말했습니다. 그러나 당신은 탄식하지 않았습니다. 당신은 이 회개하는 사

---

30) 눅 15:20-25
31) 눅 15:23f.
32) 눅 15:5
33) 눅 6:35
34) 마 5:45
35) 요 10:11

람을 불쌍히 여기고 "경건치 아니한 자를 의롭다 하신"36) 선한 제사장을 노골적으로 비난했습니다. 당신은 그 제사장에게 비켜서라고 말하고는 다른 사람들과 함께 성소 안으로 들어가는 악한 행동을 했습니다. 당신은 지성소를 덮쳤습니다. 그러나 당신은 그렇게 함으로써 바야흐로 해를 입을 찰나에 있는 성물들을 구하고 더럽혀지지 않게 했다고 주장합니다. 내 말을 들어 보십시오. 만일 제사장이 거룩한 것을 남용했거나 규칙을 범했다고 해도, 당신의 상급자인 부제들이나 같은 계급인 수도사들에게는 제사장의 잘못을 바로잡을 권한이 없습니다. 심지어 거룩한 법령과 조례가 무질서와 혼동으로 인해 손상된다고 해도, 하나님께서 세우신 질서를 뒤집는 것은 허락되지 않습니다. 하나님은 내분을 겪지 않습니다. 그렇지 않다면, 어찌 하나님의 나라가 설 수 있겠습니까?37) 또 만일 성경이 주장하는 것처럼 "재판은 하나님께 속한 것"38)이라면, 또 제사장들은 하나님의 재판을 전하는 사자요 해석자들로서 대제사장들 다음에 위치한다면,39) 적절한 시기에 당신이 수도사가 될 자격이 있다고 판단한 부제들을 통해서 능력껏 당신에게 하나님의 일을 가르치는 것이 그들의 일입니다.

거룩한 상징들이 그렇게 외치지 않습니까? 참석자들 모두가 지성소에 들어가지 못하는 것은 아닙니다. 우선적으로 배제되는 계급은

---

36) 롬 4:4
37) 마 12:25
38) 신 1:17
39) 말 2:7

예비자들입니다. 그 다음에는 사제들과 부제입니다. 수도사들은 내부 성소의 문 앞에 서서 기초 지식을 배우고 그곳에 머뭅니다. 그러나 그들은 보초처럼 그곳에 서는 것이 아니라, 각 사람이 자기 고유의 계급을 유지하며 제사장들보다는 평신도들에게 더 가깝다는 것을 의식하기 위해서 그곳에 섭니다. 거룩한 일에 있어서 모든 계급의 거룩한 근원이 되시는 분은 그들이 성물에 관여하는 것을 허락하셨지만, 그것들을 그러한 것들에 더 가까이 있는 사람들에게 나눠주는 임무를 주셨습니다. 제단 앞에 있는 사람들의 위치는 그들이 속한 계급을 상징합니다. 그들은 자기 앞에 현시된 거룩한 것들을 분명히 보고 듣습니다. 그 후에 그들은 거룩한 휘장 밖에 있는 사람들에게로 나옵니다. 그들은 순종하는 수도사들, 거룩한 사람들, 정화의 과정에 있는 계급들에게 더럽혀지지 않은 성물들을 알려주므로 마침내 당신은 오만하게도 지성소에 침입하게 됩니다.

당신은 자신이 성물을 지키며 보존하고 있다고 말합니다. 그러나 실제로 당신은 제사장들의 특권에 대해서는 아무 것도 알지 못하고 듣지 못하고 소유하지도 못하고 있습니다. 당신은 성경의 진리를 알지 못하면서 날마다 그것을 남용하여 당신의 말을 듣는 사람들을 불행하게 만듭니다.

황제의 허락이 없이 총독의 직무를 행사하려는 사람은 응당 벌을 받을 것입니다. 재판관이 피고에게 무죄 판결이나 유죄 판결을 내렸는데, 배석한 판사들 중 한 사람이 무례하게도 그에게 질문을 했다고 가정해 보십시오. 그는 공공연하게 재판관의 권위를 선취하는 것처럼 보이지 않을까요? 당신이 선하고 온유한 사람 및 그가 순종하는 교회의 법에 대해 나타내는 오만함이 바로 그러한 것입니다.

그러므로 누구도 이런 식으로 주제넘게 행동하지 않게 하기 위해서는 적절하지 못한 행동을 하는 사람, 심지어 바른 일을 행하는 것처럼 사람에게도 이 말을 해 주어야 합니다. 웃시야가 하나님을 기리기 위해서 분향한 것, 사울이 제물을 드린 것, 마귀들이 예수님의 신성을 선포한 것 등은 결코 부당한 것이 아닙니다.40) 그러나 하나님의 말씀은 사람이 자기 것이 아닌 임무를 취하는 것을 금합니다. 또 모든 사람은 자기가 맡은 단계의 사역에만 종사해야 한다는 것,41) 대제사장에게만 지성소에 들어갈 권리가 있는데 그것도 일 년에 한 번 율법이 요구하는 정결한 상태에서 들어갈 수 있다는 것을 가르칩니다.42) 제사장들은 성물들을 덮으며, 레위인들이 성물을 만지면 죽습니다.43) 이것이 웃시야의 대담함 때문에 여호와께서 진노하신 이유이며 율법의 수여자인 모세를 지배하려 한 미리암이 문둥병에 걸린 이유입니다.44) 악귀들은 스게와의 아들들을 공격했습니다.45) 성경은 "이 선지자들은 내가 보내지 아니하였어도 달음질하며 내가 그들에게 이르지 아니하였어도 예언하였다,"46) 그리고 "어린 양으로 제사 드리는 것은 개의 목을 꺾음과 다름이 없다"47) 라고 말합니다.

---

40) 웃시야: 대하 26:16-21; 사울: 삼상 13:12-15; 마귀들: 막 3:11
41) 민 7:5
42) 레 16:34; 출 30:10; 히 9:7
43) 민 4:15
44) 웃시야: 대하 26:16-21; 미리암: 민 12:10
45) 행 19:11-17
46) 렘 23:21
47) 사 66:3

요약해 보겠습니다. 하나님의 공의는 율법을 범한 사람들을 거부합니다. 만일 그들이 "우리가 주의 이름으로 많은 권능을 행하였습니다"라고 주장한다면, "내가 너희를 도무지 알지 못하니 불법을 행하는 자들아 내게서 떠나가라"고 대답하실 것입니다.48) 이런 까닭에 성경 말씀에 의하면 비록 공의로운 일이라도 합당치 않게 행하는 것은 허락되지 않습니다. 모든 사람은 자신을 살피며, 더 고귀하거나 심오한 임무를 생각하지 말고 자기에게 배정된 임무만 생각해야 합니다.49)

2. 당신은 경건하지 못한 제사장, 또는 다른 꼴사나움 때문에 정죄된 사람들은 어떻게 되느냐고 질문할 수도 있습니다. "율법을 자랑하는 자들이 율법을 범함으로 하나님을 욕되게"50) 할 수 있을까요? 그렇다면 어떻게 제사장들이 하나님의 해석자들이 될 수 있겠습니까? 어찌 자신의 능력을 알지 못하는 그들이 백성들에게 거룩한 덕을 선포할 수 있겠습니까? 그들이 어두움 속에 살면서 어찌 사람들에게 빛을 가져다 줄 수 있겠습니까? 그들이 성령이 계시다는 것을 자신의 생활방식 안에서, 그리고 진리 안에서 확신하지 못한다면, 어찌 성령을 전달할 수 있습니까?51)

위와 같은 질문들에 대답하겠습니다. 데모필루스는 결코 원수가 아니며, 나는 사탄이 당신을 자기의 것이라고 주장하는 것을 허락하

---

48) 마 7:22f.
49) 딤전 4:16; 집회서 3:22
50) 롬 2:23
51) 행 19:2

지 않겠습니다.

하나님 가까이에 있는 각각의 계급들은 멀리 떨어져 있는 계급들보다 더 많이 하나님을 닮습니다. 참 빛에 가장 가까이 있는 계급은 더 많은 빛을 받아 전할 수 있습니다. 여기에서 가까움을 물리적인 거리로 생각하지 마십시오. 내가 말하는 가까움이란 하나님을 받아들일 수 있는 최대한의 능력입니다. 만일 제사장 계급이 가장 많은 조명을 전달할 수 있다면, 조명을 줄 수 없는 사람은 제사장 계급 및 제사장이 소유하는 권리를 누릴 수 없습니다. 이는 그가 조명을 받지 못한 사람이기 때문입니다. 이렇게 제사장직을 박탈당한 사람이 부끄러움이나 두려움을 모르고 합당치 않게 제사장의 직무를 수행하는 것은 무례한 일입니다. 그는 자신의 내면에서 진행되고 있는 것을 하나님은 알지 못하신다고 생각합니다. 그는 자신이 거짓으로 "아버지"라고 부르는 하나님을 속일 수 있다고 생각합니다. 그는 감히 그리스도처럼 되려 하며, 기도라고 부를 수 없는 불경한 모독의 말만 늘어놓습니다. 이 사람은 제사장이 아닙니다. 그는 스스로 미혹되어 속이는 원수, 양의 옷을 입고 하나님의 백성을 공격할 준비를 하고 있는 늑대입니다.52)

3. 그러나, 율법은 데모필루스에게 그러한 일들을 바로잡을 권리를 부여하지 않습니다. 하나님의 말씀은 "마땅히 공의만 좇으라"고 명합니다.53) 각 사람이 모든 사람에게 정당한 몫을 주고자 하는 것이

---

52) 마 7:15
53) 신 16:20

공의를 추구하는 것입니다. 모든 사람들은 자신의 계급과 자격 이상으로 이것을 추구해서는 안 됩니다. 천사들은 응당 자신의 몫을 얻지만, 그들의 몫을 결정하는 것은 우리가 할 일이 아닙니다. 하나님께서 결정하신 것을 상급 천사들이 그들에게 전해주듯이, 그들의 임무는 중재자로서 행동하며 그것을 전해주는 것입니다.

간단히 표현해 보겠습니다. 첫째 계급에 속한 천사들은 하나님의 섭리에 의해서 자기들에게 배정된 모든 선하고 의로운 것들을 둘째 계급에게 전해줍니다. 하나님의 명령에 의해서 다른 사람들을 맡은 사람들에게는 자기들보다 하위에 속한 사람들에게 응분의 몫을 나누어줄 권리가 주어집니다. 그러므로, 데모필루스는 내면에 이성과 노염과 욕망을 둘 권리가 있습니다. 그로 하여금 내면의 정당한 질서를 해치지 않도록 하십시오. 이성은 그 중요성으로 인해 열등한 것들보다 우세해야 합니다. 만일 우리가 어느 공적인 장소에서 주인이나 노인이나 아버지가 하인이나 젊은이나 아들에게서 공격을 받거나 매 맞는 것을 보고서 서둘러 그 사람들을 돕지 않는다면, 이 사람들이 과거에 무슨 잘못을 했든지 상관없이 우리는 그들이 존경을 받지 못하고 있다고 생각할 것입니다. 그러므로, 우리 안에서 불의하게도 걱정과 무질서와 부조화가 격동할 때에 이성이 하나님이 주신 권위로부터 쫓겨나 노염과 욕망으로 인해 해를 입는 것을 보면서 어찌 수치를 피할 수 있겠습니까? 그런 까닭에 하나님이 주신 우리의 복된 입법자는 자기 집의 질서를 유지하지 못하는 사람은 하나님의 교회 안에서 권위를 누리기에 합당하지 못하다고 선포했습니다.54) 자제하는 사람은 다른 사람을 지배할 수 있고, 다른 사람을 지배하는 사람은 가정을 다스릴 수 있습니다. 가정을 다스리는 사람은 도시를 다스릴 것이며, 도시를 다스리는 사람은 국가를 다스릴 것입니다. 간단히 말해서, 지극히 작은 것에 성실한 자는 큰 것에도 성실하고 지극히 작은 것에 성실하지 못한 사람은 큰 것에도 성실하지 못할 것입니다.55)

4. 그러므로 욕망, 노염, 그리고 이성에게 알맞은 위치를 부여하십시오. 거룩한 부제들이 당신에게 배정해준 위치를 받아들이십시오. 부제들은 사제들이 배정해준 위치를 받아들이십시오. 사제들은 주교들이 배정해준 것을 받아들이십시오. 주교들은 사도들 및 사도들의 후계자들에게 복종하십시오. 만일 주교들 중 한 사람이 임무를 이행하지 못한다면, 동료 주교들이 그를 바로 세워주어야 합니다. 이렇게 하면, 질서가 침해되지 않을 것이며, 각 사람은 자신의 계급에 머물면서 자신의 사역을 행할 것입니다. 이것이 당신이 알고 행해야 할 것에 대해 말하고픈 것입니다.

당신이 이 사람을 불경하고 악하다고 선포하고 비인간적으로 대한 것과 관련하여, 나에게 소중한 사람의 몰락으로 인해 얼마나 슬퍼해야 할지 모르겠습니다. 내가 당신을 누구의 종으로 세웠다고 생각하십니까? 만일 당신이 선하신 하나님의 종으로 세움을 받지 않았다면, 당신은 나와는 상관이 없는 사람일 것입니다. 그럴 경우에 지금은 당신이 다른 하나님과 다른 사제들을 찾고 있겠지만, 그들 가운데

---

54) 딤전 3:5; 딛 1
55) 눅 16:10

서는 결코 온전해지지 않을 것입니다. 당신은 사나운 짐승, 당신의 마음에 드는 비인간성을 섬기는 모진 성직자가 될 것입니다.

 우리는 완전히 거룩해졌기 때문에 하나님께서 우리에게 보여주신 인간을 향한 사랑을 필요로 하지 않습니까? 성경에서 말하는 것처럼, 우리는 두 가지 죄를 범하는 불경한 사람들처럼 처음에는 자신이 얼마나 범죄하는지를 알지 못함으로써, 두 번째로는 자신을 정당화하며 자신의 실제 모습을 보지 않음으로써 죄를 짓지 않습니까? 하늘이 이 일을 인하여 놀랐고,56) 나 자신도 놀라 믿을 수 없었습니다. 만일 내가 그 편지를 접하지 못했다면, 많은 사람들이 증언한다고 해도 당신이 행한 일을 믿지 못했을 것입니다. 데모필루스가 하나님의 선하심 및 인간을 향한 하나님의 사랑을 그처럼 의식하지 못했을 수 있다는 것, 자기에게 자비하신 구주를 얼마나 필요한지 망각할 수 있었다는 것, 자신의 연약함을 의식하며 선하기 때문에 "백성의 허물"57)을 담당할 자격이 입증된 사제들을 거부할 수 있었다는 것을 나는 결코 믿지 않았을 것입니다. 거룩한 교사는 다른 길을 따랐습니다. 성경이 증거하듯이,58) 그분은 양들을 자비롭게 돌보는 것을 자신을 향한 사랑의 증거로 삼으셨습니다.59) 엄청난 은혜를 입었음에도 불구하고 동료의 빚을 탕감해주지 않은 종을 "악하다"고 그분은 비난하십니다. 이것이 데모필루스와 내가 조심해야 할 것입니다.

---

56) 렘 2:12
57) 히 9:7
58) 히 7:26
59) 요 21:15-17

예수님은 고난을 받으시면서도 자신을 불경하게 다룬 사람들을 용서해 달라고 아버지께 부탁하셨고,60) 자신을 영접하지 않은 사마리아 인들에게 벌을 내리기를 원한 제자들을 꾸짖으셨습니다.61) 당신은 편지에서 거듭 당신 자신의 복수가 아니라 하나님의 복수를 구하고 있다고 말합니다. 그러나 우리는 선을 악으로 갚아야 하지 않습니까?

5. "우리에게 있는 대제사장은 우리 연약함을 체휼하지 아니하는 자가 아닙니다."62) 그분은 "더러움이 없고"63) "자비하십니다."64) "그는 다투지 아니하며 목소리를 높이지 아니합니다."65) 그분은 "마음이 온유하며"66) "우리 죄를 위한 화목 제물"67)이십니다. 그러므로, 당신이 열심을 내며 비느하스68)와 엘리야69)의 예를 인용해도, 우리는 당신의 공격을 묵인하지 않을 것입니다. 온유함과 선한 정신이 부족했던 제자들이 이들의 예를 인용했지만, 예수님을 납득시키지 못했습니다.70) 이것은 지극히 거룩한 우리의 교사께서 하나님의

---

60) 눅 23:34
61) 눅 9:52-55
62) 히 4:15
63) 히 7:26
64) 히 2:17
65) 사 2:2; 마 12:19
66) 마 11:29, 21:5
67) 요일 2:2
68) 민 25:6-12
69) 왕상 18:36-40; 왕하 1:9-12
70) 눅 9:51-55

가르침을 "거역하는 자를 온유함으로 징계"71)하실 때에 사용하신 방법입니다. 알지 못하는 사람들은 벌을 받아야 하는 것이 아니라 가르침을 받아야 합니다. 우리는 소경과 부딪히지 않고, 손을 잡아 인도해줍니다.

그런데, 당신은 이제 눈을 들어 빛을 바라보기 시작한 사람을 공격합니다. 안타깝게도 당신은 호의를 가지고 당신을 찾아온 사람을 몰아냈습니다. 그러나 선하신 그리스도께서는 산에서 길을 잃은 사람을 찾으러 가십니다. 그리스도는 도망치고 있는 그의 이름을 등 뒤에서 부르시며, 그에게 다가가서 어깨를 잡으십니다.72)

우리는 서로 악을 행하지 맙시다. 서로에게 칼을 들이대지 맙시다. 다른 사람들에게 악을 행하는 사람, 또는 반대로 옳은 일을 행하는 사람은 자신이 원하는 것의 성취 여부와는 상관없이 내면에 악이나 선을 만들어내며, 동물적인 정욕이 가득하거나, 반대로 거룩한 덕이 가득하게 될 것입니다. 후자는 장차 선한 천사들의 길을 함께 가는 동반자가 되어 세상에서처럼 높은 곳에서도 완전한 평화를 누릴 것이며, 악에서 해방될 것이며 영원한 복을 누릴 것입니다. 또 영원히 하나님과 함께 거할 것입니다. 그렇지 않은 사람들은 계속 자기 자신 및 하나님과 다툴 것이며, 현세에서나 내세에서 잔인한 악귀들의 제물이 될 것입니다.

그러므로 우리는 선하신 하나님 가까이에 머물며 항상 주님과 함께 거하려고 열심을 내야 합니다.73) 우리는 악인들과 같은 계급으로

---

71) 딤후 2:25; cf. 고전 4:21
72) 마 18:12; 눅 15:5

분류되어서는 안 됩니다. 이것이 내가 가장 두려워하는 것입니다. 나는 어떤 악에도 관여하지 않게 해달라고 기도합니다. 당신이 원하신다면, 어느 거룩한 사람이 본 거룩한 환상에 대해 말씀드리겠습니다. 웃지 마십시오. 이제 내가 말하는 것은 실제의 일입니다.

6. 나는 크레테에서 거룩한 카르포스(Carpus)라는 거룩한 사람의 환대를 받았습니다.74) 그는 하나님을 볼 수 있을 정도로 정신이 깨끗한 사람이었습니다. 그가 성찬식 전에 기도할 때에는 반드시 자비로운 환상이 그에게 주어졌습니다. 그는 자신이 어떤 사람의 불신앙 때문에 얼마나 근심했었는지 이야기했습니다. 이 사람이 세례를 받으려는 사람으로 불신앙으로 돌아서 교회를 떠나게 만들었기 때문에, 카르포스는 매우 슬펐습니다. 카르포스는 두 사람을 위해 기도하면서 둘 중 한 사람이 선으로 나머지 한 사람을 이기게 해 달라고 하나님께 기도하기로 했습니다.75) 그는 주저하지 않고 그들을 권면하여 하나님에 대한 지식으로 돌아오게 하려 했습니다. 그들에게 의심스럽고 불분명한 모든 것을 분명히 설명함으로써 그들이 참된 공의의 강권을 받아 어리석고 무례한 행위를 포기하게 만들려 했습니다.

그러나 그는 내면에서 전에 경험하지 못했던 것, 엄청난 적개심과 앙심을 느꼈습니다. 그는 이처럼 좋지 않은 마음을 품은 채 잠자리에

---

73) Cf. 살전 4:17
74) 디모데후서 4:13에서 가보가 언급되지만, 사도 바울은 크레테 사람들이 진실하지 못하다고 언급한다(딛 1:12).
75) 롬 12:21

들었습니다. 그는 잠을 설치다가 늘 하던 대로 한 밤중에 하나님을 찬미하기 위해 깨어났습니다. 그는 좋지 않은 태도로 기도하려고 일어섰습니다. 그는 화가 나 있었습니다. 그는 불경한 사람들, 여호와의 길에서 벗어난 사람들이 생명을 유지하는 것을 허락하는 것은 공정하지 못하다고 말했습니다. 그는 하나님께 벼락을 쳐서 두 사람을 당장 죽게 해 달라고 기도했습니다. 이렇게 기도하는 순간 그가 있는 방이 흔들리면서 천정에서부터 아래로 둘로 갈라져서 하늘이 보였습니다. 하늘에서 빛나는 화염이 그에게로 내려오는 것 같았습니다. 하늘이 펼쳐지면서 인간의 모습을 한 무수히 많은 천사들 가운데 예수님이 나타나셨습니다. 카르포스는 그 광경을 보고 놀랐습니다. 그는 땅을 내려다보았는데, 땅이 갈라지는 것처럼 보였고, 그가 저주했던 두 사람이 가장자리에 있었습니다. 두 사람은 불쌍하게도 두려워 떨고 있었습니다. 그들이 선 곳은 미끄러웠기 때문에 그들은 조금씩 갈라진 틈으로 빠져 들어가기 시작했습니다. 구덩이 밑바닥에서 뱀들이 나와서 두 사람의 발 주위에 도사리고 있었습니다. 뱀들은 그들을 잡아당기고 끌어당겼습니다. 그것들은 그들을 구덩이에 빠지게 만들려고 혀를 내밀고 꼬리를 흔들면서 위협했습니다. 그런데 뱀들 가운데 사람들이 있었습니다. 그들은 이 두 불쌍한 사람들을 붙잡아 밀고 찌르고 때려 실신하게 만들었습니다. 그들은 어쩔 수 없으면서도 자발적으로 점차 악에 의해 파괴되었고 동시에 그것에게 매력을 느끼게 되었습니다.

카르포스는 자신이 내려다 본 광경 때문에 기뻐했다고 말했습니다. 그는 하늘 위의 광경을 잊었습니다. 악한 두 사람이 아직 땅 속으로 떨어져 들어가지 않았기 때문에, 그는 조급했습니다. 그는 뱀들을 도와주려고 노력했지만 무력했기 때문에 성을 내며 저주했습니다. 마침내 그는 시선을 들어 하늘에서 이전과 동일한 광경을 보았습니다. 그는 동정심을 느껴 신실하지 못한 두 사람에게 내려가서 그들을 구하기 위해서 손을 내밀었습니다. 천사들이 그를 도와주었습니다. 그는 두 사람을 자기의 양 옆에 두고 꼭 붙잡았습니다.

그 때에 예수님이 카르포스에게 이렇게 말씀하셨습니다: 이제 손을 올려 나를 붙잡아라. 나는 또 다시 인간을 구원하기 위해 고난 받을 준비가 되어 있다. 만일 이렇게 하여 사람들을 죄에 빠지지 않게 할 수 있다면 기꺼이 고난을 받을 것이다. 아마 너는 하나님, 그리고 인간의 친구인 선한 천사들과 함께 살지 못하고 뱀들과 함께 구덩이에서 살지도 모른다.

이것은 내가 들은 이야기이며, 나는 이것이 사실이라고 믿습니다.

편지 9

디도 주교에게. 지혜의 집이 무엇이며, 섞는 그릇이 무엇이며, 그 음식과 음료가 무엇인지를 묻는 편지

1. 사랑하는 디도에게, 디모데가 내가 해석해준 신학적 상징들을 알지 못한 채 떠났는지 나는 알지 못합니다. 나는 『상징 신학』에서 보통 사람에게는 매우 특별한 것처럼 보이는 하나님에 관한 성경 구절들에 대해 상세히 설명해 주었습니다. 지혜의 아버지들이 거룩하고 신비하며 불신자들이 접근할 수 없는 진리를 은밀하고 대담한 수수께끼를 사용하여 알릴 때에, 무지한 사람들은 그들이 무척 어리석다고 느낍니다. 그렇기 때문에 많은 사람들은 하나님의 비밀을 설명해도 믿지 않습니다. 우리는 감각적인 상징들에 의해서만 하나님의 비밀들을 관상합니다.

지극히 깨끗한 하나님의 비밀들을 보려면 그것들을 드러내야 합니다. 이런 식으로 그것들을 봄으로써, 우리는 그 자체에게로 흘러들어가는 "생수의 근원"76)을 예배할 수 있습니다. 우리는 그것, 특이하

고 단순한 힘, 자체의 운동과 활동의 근원, 결코 부족함이 없으며 자체의 영속적인 자기-정관에 의해서 모든 지식을 아는 지식이 되는 것이 그 자체 안에 남아 있는 것을 봅니다.

나는 성경에서 하나님을 계시하기 위해서 사용하는 다양한 상징들을 설명해야 한다고 생각했습니다. 왜냐하면 외부에서 보면, 그것들은 믿을 수 없고 인위적인 망상으로 가득 차 있는 것처럼 보이기 때문입니다. 몇 가지 예를 들어 보겠습니다. 하나님의 초자연적인 발생과 관련하여, 성경은 하나님의 자궁이 육체적으로 하나님을 낳는다고 말합니다.77) 성경은 말씀이 인간의 마음에서 호흡처럼 나온다고 말합니다.78) 또 입에서 숨을 쉬듯이 성령이 나온다고 묘사합니다. 그리고 하나님의 아들을 포옹하는 하나님의 품을 이야기하며, 육적인 방식으로 그것을 우리에게 제시합니다.79) 성경은 나무,80) 나뭇잎,81) 꽃,82) 뿌리,83) 솟아오르는 샘,84) 빛의 근원,85) 그밖에 초자연적인 하나님의 말씀 안에 있는 계시적 묘사들을 상징으로 사용합니다. 정신, 하나님의 섭리의 영역에서 하나님의 선물들, 능력들, 속성

---

76) 렘 17:13; cf. 렘 2:13; 시 36:9
77) 시 2:7
78) 시 45:1
79) 요 1:18
80) 호 14:8; 계 2:7
81) 사 27:6
82) 사 26:6; 아 2:1
83) 사 53:2
84) 요 7:38
85) 히 1:3

들, 몫, 거처, 소유, 특성, 연합 등은 인간의 형상, 야생 짐승이나 가축, 식물, 돌 등의 형상으로 다양하게 표현됩니다. 하나님은 여성의 장식품86)이나 야만인의 갑옷을 입습니다. 하나님에게는 기술공이나 토기장이87)나 용광로88) 등의 속성이 주어집니다. 하나님은 말,89) 전차,90) 보좌91) 위에 좌정하십니다. 하나님을 위해 잔치가 벌어집니다. 하나님은 마시고, 취하고, 주무시는 분으로 표현됩니다.92) 그분의 노염,93) 슬픔,94) 다양한 맹세95) 등은 어떠합니까? 그분의 마음의 변화,96) 저주,97) 격노, 약속을 피하기 위해서 사용하시는 다양하고 의심스러운 궤변들은 어떠합니까? 창세기에 묘사된 거인들의 싸움은 어떠합니까? 그 때에 그 힘센 사람들은 다른 사람들을 해치려는 것이 아니라 그들 자신의 구원을 위해서 탑을 쌓고 있었음에도 불구하고 하나님은 그들을 두려워하고 속이셨습니다.98) 아합을 속이기 위해 하늘에서 개최된 회의는 어떠합니까?99) 또 아가서에는 창녀들

---

86) 계 1:13
87) 사 29:16, 45:9; 렘 18:5f.
88) 슥 11:13; 말 3:2f.; 솔로몬의 지혜 3:6
89) 합 3:8
90) 시 68:17
91) 시 45:6f.; 시 103:19; 스 1:26; 사 6:1; 단 7:9; 계 4:2
92) 아 5:1; 시 44:23, 78:65
93) 출 4:14, 15:7, 32:10-12
94) 창 6:6; 사 57:17; 미 6:3
95) 창 22:16, 26:3; 시 105:9; 눅 1:73; 행 2:30; 히 6:17
96) 삼상 15:35; 대상 21:15; 시 106:45; 호 11:8
97) 신 29:20f., 27
98) 창 6:4, 11:9
99) 왕상 22:20-23

에게나 어울리는 정욕적인 열망이 있습니다.100) 그밖에도 하나님을 표현하는 데 사용된 대담한 묘사들이 있습니다. 따라서 감추어진 것이 겉으로 드러나고 배가되며, 독특하고 나누이지 않은 것이 나누어지며, 형상이나 형태를 소유하지 않은 것에게 여러 가지 형상과 형태가 주어집니다. 이 모든 것은 우리로 하여금 이러한 상징들 안에 감추어진 아름다움을 보고서 그것들이 참으로 신비하게도 하나님께 적합하며 신학적 통찰이 가득하다는 것을 발견할 수 있게 하기 위한 것입니다.

그러나 이와 같이 인위적인 상징들의 겉모습이 그 자체를 위해 존재한다고 생각하지 마십시오. 그것은 일반 대중은 말할 수 없고 볼 수 없는 것에 대한 이해를 보호하는 외관입니다. 그것은 거룩한 것들을 불경한 사람들이 쉽게 다루지 못하게 하고 진정으로 거룩함을 사랑하는 사람들에게만 그것들이 계시되도록 하기 위한 것입니다. 거룩을 사랑하는 사람들만이 거룩한 상징들과 관련하여 유치한 상상력의 작용을 거두어두는 방법을 알고 있습니다. 그들만이 상징들의 단순하고 놀랍고 초자연적인 진리를 넘는 단순한 정신과 수용적이고 관상적인 능력을 소유합니다.

한 가지 더 이해해야 할 것이 있습니다. 신학적 전승은 말로 표현할 수 없고 신비적인 측면과 공개적이고 분명한 측면을 소유합니다. 신비한 측면은 상징 사용을 의지하며 입문을 포함합니다. 반면에 분명하고 공개적인 측면은 철학적이며 증명이라는 방법을 채택합니다.

---

100) 아 1:1

전자는 설득을 사용하며 주장되는 것에게 진실성을 부과합니다. 후자는 학습될 수 없는 신비에 의해서 영혼들을 확실히 하나님 앞에 둡니다. 이런 까닭에 우리의 전통에 속한 거룩한 교사들 및 율법의 전통에 속한 교사들은 하나님의 신비의 성례전들과 관련하여 하나님께 적절한 상징을 거리낌 없이 사용합니다. 우리는 복된 천사들이 하나님의 비밀들을 가르치기 위해서 수수께끼를 사용하는 것을 봅니다.101) 예수님은 하나님에 대해서 비유로 말씀하시며, 식탁이라는 상징을 사용하여 자신의 거룩한 활동의 비밀을 우리에게 전해 주십니다. 지성소는 오합지졸에게 오염되지 않게 지켜져야 하며, 분열된 인간 생활은 적절한 방법으로 신적 지식의 조명을 받아야 합니다. 영혼의 무감각한 요소는 거룩한 것들의 형태를 소유하는 상징들의 단순하고 내적인 모습에 맞춰 조율됩니다. 한편, 영혼의 열정적인 요소는 그 본성에 합당하게 세심하게 결합된 표현의 요소들에 의해서 가장 거룩한 실재들을 기리고 그것들을 향해 올라갑니다. 이 상징적 베일들은 영혼의 그 부분과 흡사하며, 가려지지 않고 분명하게 하나님의 일에 대한 가르침을 받은 사람들이 자신이 경청해온 신학적 가르침을 인식하게 해주는 이미지를 그리게 되는 것과 같습니다.

2. 바울이 말한 것처럼, 눈에 보이는 세계의 질서 있는 배열은 보이지 않는 하나님의 일들을 알려줍니다.102) 마찬가지로, 성경기자들은 하나의 주제를 고찰할 때에 어떤 때는 사회적이고 율법적인 관

---

101) 슥 3:4
102) 롬 1:20

점에서 다루며, 어떤 때는 다른 것과 혼합되지 않은 순수한 관점으로 바라봅니다. 그들은 때로는 인간적이고 중간적인 차원에서 다루고, 때로는 초자연적인 방식으로 온전함이라는 상황에서 다룹니다. 때로 그들은 보이는 것을 지배하는 법을 의지하며, 때로는 보이지 않는 것을 지배하는 법칙을 의지하는데, 이 모든 것은 거룩한 글들이나 정신이나 영혼과 일치하는 것을 의지합니다. 문제를 전체적으로 보든지 개별적인 세부 내용으로 보든지 간에, 그들은 완전히 역사적인 영역에서 논술하는 것이 아니라 생명을 주는 온전함과 관계가 있는 논술을 행합니다.

그러므로, 우리는 집단의 편견에 맞서야 하며, 거룩한 상징들의 핵심으로 들어가야 합니다. 그것들을 무시하지 말아야 합니다. 왜냐하면 그것들은 거룩한 것의 자손들로서 그 거룩한 흔적을 담고 있기 때문입니다. 그것들은 말할 수 없이 놀라운 광경들의 분명한 이미지들입니다. 그것은 다양한 상징적 형태로 묘사되는 초자연적인 빛들과 개념적인 것들—간단히 말하자면 거룩한 것들—입니다. 예를 들면, 초자연적인 하나님을 "불"103)로 묘사하거나 하나님의 개념적 성서의 의미는 "정미하다"104)라고 묘사됩니다. 또 하나님께 순응하는 천사들도 갖가지 형상으로 표현되는데, 특히 불이라는 상징으로 표현됩니다. 불이라는 상징은 모든 개념을 초월하시는 하나님을 언급하는지, 하나님의 섭리적 활동이나 이성을 언급하는지, 아니면 천사들을 언급하는지에 따라 상이한 의미를 취합니다. 경우에 따라 우리

---

103) 신 4:24, 9:3; 사 33:14; 히 12:29
104) 삼하 22:31; 시 18:30, 119:40; 잠 30:5

는 어떤 때는 "원인"이라는 표제 하에 생각하며, 어떤 때는 "본질"이라는 표제 하에, 때로는 "참여"라는 표제 하에, 때로는 그것들의 지혜로운 배열이 결정하는 데 따라 다른 표제 하에 생각합니다. 물론 거룩한 상징들을 함부로 사용할 수는 없습니다. 그것들은 대변하는 것의 원인과 본질과 능력과 질서와 권위에 알맞은 방식으로 설명되어야 합니다.

그러나 나는 이 편지를 지나치게 길게 쓸 의사가 없습니다. 당신이 나에게 제기한 문제를 생각해 봅시다. 나는 다음과 같이 말하렵니다. 모든 음식물은 그것을 먹는 사람을 완전하게 해줍니다. 그것은 그에게서 불완전하고 부족한 모든 것을 채워줍니다. 그것은 그의 연약함을 위한 치료법을 제공하며, 그의 생명을 보살펴 활력을 얻고 소생하게 합니다. 그것은 그의 삶에 즐거움을 줍니다. 간단히 말해서, 그것은 고통과 불완전함을 제거하여 그에게 완전함과 기쁨을 줍니다.

3. 그러므로, 성경은 그 친절한 지혜를 찬양합니다. 왜냐하면 지혜는 신비한 그릇을 준비하며, 먼저 단단한 음식을 만든 후에 거룩한 음료수를 붓고, 그 다음에 큰 소리로 그것을 필요로 하는 모든 사람들을 부르기 때문입니다.[105]

그러므로 하나님의 지혜는 두 종류의 음식, 단단하고 견고한 음식과 유동식을 준비합니다. 그것은 그릇에 섭리의 하사품들을 준비합니다. 이 둥글고 뚜껑이 없는 이 그릇은 시작도 없고 끝도 없으며 만

---

[105] 잠 9:1-5

유에게 개방되어 있고 만유를 포용하는 섭리의 상징이 되어야 합니다. 그것은 만물에게로 나아가지만, 그 안에 머물며 변함이 없는 자아로 계속 존재합니다. 그것은 안전하고 안정된 상태를 유지하는 그릇처럼 부족함이 없는 완전하게 존재합니다.

지혜는 스스로 집을 짓고 그릇을 물론이요 단단한 음식과 음료를 준비한다고 합니다. 따라서 거룩한 것에게 거룩한 의미를 부여하는 사람은 존재와 행복의 보편적 원인은 단계적으로 만물을 향해 나아가는 완전한 하나님의 섭리이기도 하다는 것을 분명히 발견할 것입니다. 따라서 하나님의 섭리는 모든 곳에서 발생합니다. 지혜는 모든 것을 포함합니다. 동시에 초자연적으로 실재물 안에 실재합니다. 그것은 결코 무(無) 안에 있는 무가 아닙니다. 그것은 만물을 능가하며, 영원히 동일하며, 결코 변화하지 않으며, 자아를 벗어나지 않으며, 자신이 완전한 섭리에 충만히 종사하는 자신의 거처와 기지를 떠나지 않습니다. 그곳에서 지혜는 끊임없이 자체 안에 머물면서 단계적으로 만물에게로 내려갑니다. 그것은 항상 휴식하고 움직이며, 결코 쉬거나 움직이지 않습니다. 다시 말해서 그것은 본질적으로, 그리고 초자연적으로 머물면서도 섭리적 활동에 종사하며, 섭리적 활동을 하면서도 머무는 일에 종사할 수 있습니다.

4. 이 단단한 음식과 유동식은 무엇을 의미합니까? 온유한 지혜는 동시에 두 가지 섭리적 선물을 만든다는 말로 찬양됩니다. 나는 단단한 음식은 지적이고 안정된 계급의 완전함과 동일함을 묘사한다고 생각합니다. 거룩한 존재들은 이것에 의해서, 그리고 안정되고

강력하고 독특하고 통합된 지식을 발휘하면서 감각 인식의 지적 작용에 동참합니다. 지혜를 받은 바울은 이런 방식으로 단단한 음식을 나누어주었습니다.106)

유동식이란 풍부한 유출입니다. 그것은 모든 존재에게로 열심히 뻗어나가며, 많은 다양한 것들을 통과하여 안내해주며, 그것을 먹는 사람들을 하나님에 대한 단순하고 안정된 지식에게로 인도해줍니다. 이런 까닭에 거룩한 성경은 이슬, 물, 젖,107) 포도주, 꿀108) 등으로 비유되는데, 이는 성경은 물처럼 생명을 만들어내는 능력, 젖처럼 성장하게 하는 능력, 포도주처럼 기운을 나게 해주는 능력, 꿀처럼 정화하고 보존하는 능력을 지니기 때문입니다.

이것들은 하나님의 지혜가 온유한 마음을 가지고 가까이 오는 사람들에게 주시는 선물들입니다. 이것이 지혜가 그들에게 다함이 없는 즐거움을 풍성하게 부어주시는 방법입니다. 그것들은 참된 즐거움입니다. 이것이 지혜가 생명을 주며 어린아이를 양육하며 새롭고 완전하게 하시는 분이라고 찬미되는 이유입니다.

5. 어떤 사람은 이 거룩한 설명에 따라 거룩한 즐거움을 취하면서 모든 선의 원인이신 하나님이 "취하셨다"109)고 말하는데, 이것은 정신으로는 측량할 수 없는 지극히 풍성한 즐거움을 전하려는 것입니다. 또 그것은 하나님의 행복의 철저하며 묘사할 수 없이 무한함을

---

106) 히 5:12-14
107) 고전 3:2; 벧전 2:2; 히 5:12-13; 아 4:11
108) 계 1:9-10; 시19:10, 119:103
109) 아 5:1

전하려는 것입니다. 인간의 어법에 의하면, 취한다는 것은 무절제하게 과음하여 정신을 잃는다는 경멸적인 의미를 지닙니다. 그러나 그 용어를 하나님에게 적용할 때에는 좋은 의미를 지닙니다. 따라서 취한다는 것은 제일 원인이신 하나님 안에 선한 것들이 측량할 수 없이 풍성하게 존재한다는 것을 의미한다고 이해해야 합니다. 취한 상태에서 정신을 잃는 것과 관련하여, 하나님의 경우에 그것은 하나님의 불가해한 풍성함을 의미하는 것으로 이해되어야 하는데, 이 풍성함은 그분의 이해하는 능력이 모든 이해력이나 이해되는 상태를 초월하는 데 사용됩니다. 그분은 존재 자체를 초월하십니다. 간단히 말해서, "취하신" 하나님에게는 모든 선한 것이 넘치도록 가득하기 때문에 이 모든 것들의 외부에 위치하십니다. 그분은 측량할 수 없는 모든 것을 초월하시며, 그분의 거처는 하늘이시며 존재하는 모든 것을 초월하는 곳입니다.

우리는 하나님의 나라에서 벌어지는 성도들의 잔치도 같은 방식으로 이해할 것입니다. 이는 왕이 친히 오셔서 "종들을 자리에 앉히고 나아와 수종하리라"110)고 기록되어 있기 때문입니다. 이것은 성도들이 하나님의 선한 것을 조화롭게 공유한다는 것, "하늘에 기록한 장자들의 총회와 교회와 만민의 심판자이신 하나님과 및 온전케"111) 되고 모든 선한 것으로 채워진 의인들의 영을 가리킵니다. 식탁으로 인도하는 것은 많은 수고를 마친 후의 휴식, 고생이 없는 삶, 빛과 산 자들의 땅에서 누리는 하나님과의 교제, 거룩한 기쁨의 충만,

---

110) 눅 12:37
111) 히 12:23

행복으로 충만하게 만들어주는 모든 선하고 복된 것이 무한히 공급되는 것이라고 생각해야 합니다. 성도들을 기쁘게 하고 식탁으로 인도하시고 시중드시고 영원한 휴식을 주시며 충만한 아름다움을 주시는 분은 예수님이십니다.

6. 당신은 하나님께서 주무시거나 깨어나신다는 말의 의미를 설명해달라고 나에게 부탁하려 할 것입니다.112) 하나님의 잠은 거룩한 초월성, 그리고 하나님의 섭리적 돌봄의 대상들이 직접 하나님과 교제할 수 없다는 것을 가리킵니다. 하나님의 깨어 계심은 하나님을 필요로 하신 사람들의 교육과 구원을 공급하기 위한 하나님의 배려를 가리킵니다. 이것에 대해 설명하고 나면, 당신은 다른 신학적 상징들을 다룰 수 있을 것입니다. 나는 계속 다른 상징들을 다룸으로써 앞으로도 이야기해야 할 새로운 것이 있다는 인상을 줄 필요가 있다고 생각하지 않습니다. 나는 당신의 질문에 대해 충분히 대답했다고 생각합니다. 만일 지금 이 편지를 끝낸다면, 그것은 다른 곳에서 이 문제들을 논의했기 때문입니다. 당신에게 『상징 신학』을 보내드리겠습니다. 당신은 그 책에서 지혜의 집, 일곱 기둥, 그리고 희생의 제물과 떡으로 나뉘어지는 단단한 음식 등에 대한 설명을 발견할 것입니다.113) 그 책에서는 포도주를 섞는 것과 하나님이 취하신 것 및 지금까지 논의해온 다른 상징들을 사용한 것과 관련된 모든 것을 보다 상세히 다루었습니다. 나는 그 책에서 이 모든 상징들을 훌륭하게 연구

---

112) 시 44:23, 78:65, 아 5:2
113) 잠 9:1-5

했으며, 그 책에 거룩한 전통과 성경의 진리와 일치한다고 여깁니다.

편지 10

신학자요 사도요 복음서 기자요, 밧모 섬에 유배된 요한에게

당신에게는 무슨 말보다 사랑받는 복된 영혼이라는 말로 인사할 수 있습니다. 당신은 진실로 사랑받는 제자, 참으로 그리움과 희구와 사랑의 대상이십니다.

그리스도께서 진리를 말씀하시는 것, 불의한 사람들이 도시에서 제자들을 몰아낸 것이 놀랄 일일까요?114) 분명 이 사람들은 스스로 자기가 받을 벌을 초래합니다. 그들은 범죄하여 스스로 거룩한 사람들과의 관계를 끊지 않습니까?

보이는 것들은 보이지 않는 것들의 형상입니다. 때가 되면, 하나님께서 악인들로부터 멀어지시는 것이 아니라 악인들이 하나님으로부터 완전히 멀어질 것입니다. 사실, 우리는 어떤 사람들이 이 세상에서 이미 하나님과 연합하는 것을 봅니다. 그들은 진리를 사랑하며 물

---

114) 마 23:34

질에 대한 욕망을 버린 사람들입니다. 그들은 모든 악에서 완전히 자유하며, 선한 것을 향한 거룩한 열망의 자극을 받습니다. 그들은 평화와 거룩을 사랑합니다. 그들은 현세에서 내세를 고대합니다. 그들은 정념에서 완전히 자유하기 때문에 사람들 가운데서 천사처럼 삽니다. 그들은 쉬지 않고 거룩한 이름을 찬양합니다. 그들은 선을 비롯하여 모든 덕을 실천합니다.

나는 당신이 고난을 당하지 않는다고는 생각하지 않으며 당신이 분별할 수 있는 한도까지만 육체의 고난을 감지한다고 생각합니다. 당신을 불의하게 대했으며, 복음의 태양을 추방했다고 생각한 사람들은 마땅히 비난을 받아야 합니다. 그러나 나는 그들이 스스로에게 가하고 있는 악을 버리고 선으로 돌아올 것이며 당신의 빛에 동참하기 위해서 당신을 부를 것이라는 희망을 가지고서 그들을 위해 기도합니다. 누구도 나에게서 영원한 요한의 빛을 빼앗을 수 없습니다. 나는 당신의 신학적 가르침의 진리를 기억하고 새롭게 하고 있습니다. 그러나, 대담한 말인 것처럼 보이겠지만, 나는 곧 당신과 합류할 것입니다.

하나님께서 당신에 대해 나에게 알려주신 것들—즉 당신이 밧모섬의 감옥에서 석방되리라는 것, 당신이 아시아로 돌아와서 하나님을 본받아 계속 활동하며 후손들에게 당신의 유산을 넘겨주리라는 것—을 전하고 가르치는 나의 말은 지극히 신빙성이 있습니다.

참고 문헌

B. Corderius in P. Migne, *Patrologiae Cursus Completus*, Series Graeca III(Paris, 1857).

Campbell, Thomas, L. *The Ecclesiastical Hiearchy*, Washington, D. C.: University Press of Ameraca, 1981.

Gandillac, Maurice de. *Oeuvres Complètes du Pseudo-Denys L'Aréopagite*. Paris: Aubier Éditions, 1943.

Hathaway, Ronald F. *Hierarchy and the Definition of Order in the Letters of Pseudo-Dionysius*. The Hague: Martinus Mijhoff, 1969. Pp. 130-160.

Jones, John D. *The Divine Names and the Mystical Theology*. Milwaukee: Marquette University Press, 1980.

Rolt, C. E. *The Divine Names and the Mystical Theoloigy*. London: SPCK, 1920.

Roques, R.; Heil, G.; and Gandillac, M. de. *La Hiéarchie Céleste*. Paris: Les Éditions du Cerf, 1958. (Sources Chrétiennes 58).

Iamblichus. *De Mysteriis* (Les Mystères d'Egypte). E. des Places, ed. Paris: Les Belles Lettres, 1966.

Proclus. *The Elements of Theology*. E. R. Dodds, ed. Oxford: Clarendon, 1963.

연구서

Brons, Bernard. *Gott und die Seinden. Untersuchungen zum Verhältnis von neuplatonischer Metaphysik und christlichen Tradition bei Dionusius Areopatiga*. Göttingen: Vandenhoeck und Ruprecht, 1976(*Forschungen zur Kirchen und Dogmengechichte*, 28).

Brons, B. *Sekundäre Testparteien im Corpus Pseudo-Dionysiacum? Literakritische Beobachtungen zu ausgewählten Textellen*. Göttingen: Vandenhoeck und Ruprecht, 1975.

Gersh, Stephen. *From Iamblichus to Eriugena: An Investigation of the Prehistory and evolution of the Pseudo Dionysian Tradition*. Leiden: E. J. Brill, 1978.

Hathaway, Ronald F. *Hierarchy and the Definition of Order in the Letter of Pseudo Dionysius*. The Hague: Martinus Nijhoff, 1969.

Koch, Hugo. *Pseudo Kionusius Areipagita in seinen Beziehungen zum Neoplatonismus und Mysterienwesen*. Mainz: Franz Kirchheim, 1900.

Lilla, Salvatore. "Osservasioni sul testo del De Divinis Nominibus dello Ps. Dionigi l'Areopagita," *Annali della Scuola Nomale Superiore di Pisa. Classe di Letere e Filosofia*. Serie III, Vol. X, I. (Pisa, 1980). Pp. 125-202.

Roques, René. *L'Univers Dionysien, Structure hiérarchique du monde selon pseudo-Denys*. Paris: Bubier, 1954.

_____. *Sturctures théologiques de la Gnose à Richard de Saint Victor. Essais et analyses critiques*. Paris: Presses Universitaires de France, 1962. *(Bibliothèque de l'École des Hautes Études. Section des sciences religieuses*, volume 72).

Rorem, Paul. *Biblical and Liturgical Symbols within the Pseudo-Dionysian Synthesis*. Toronto: Pontifical Institute of Mediaeval Studies, 1984.

Saffrey, H. D. "Nouveaux liens Objectifs entre le Pseudo-Denys et Proclus," *Revues scientifiques philoslphiques et théoloques 63* (1979): 3-16. "New Objective Links between the Pseudo-Dionysius and Proclus," Neoplatonism and Christian Thought. Dominic J. O'Meara, ed. Albany, N.Y.: State University of New York Press, 1982. Pp. 64-74.(Studies in Neoplatonism: Ancient and Modern, III).

Scazzoso, Piero, *Ricerche sulla struttura del linguaggiodello Pseudo-Dionigi Areopagita*. Milan: Società Editrice Vita e Pensiero, 1967.

Vanneste, Jan. *Le Mystère de Dieu. Essai sur la structure rationnelle de la doctrine mystique du pseudo-Denys l'Aréopagite*. Brussels: Desclée de Brouwer, 1959.

Völker, Walther. *Kontemplation und Ekstase bei Pseudo-Dionysius Areopagita*. Wiesbaden: Franz Steiner, 1958.